낙관성 학습

LEARNED OPTIMISM: HOW TO CHANGE YOUR MIND AND YOUR LIFE
by Martin E.P. Seligman
Copyright ⓒ 2006 by Martin E.P. Seligman
All rights reserved.

This Korean edition was published by Mulpure Publishing in 2012
by arrangement with Martin E.P. Seligman c/o Arthur Pine Associates, Inc., New York through
KCC(Korea Copyright Center Inc.), Seoul.

이 책의 한국어판 저작권은 KCC(Korea Copyright Center Inc.)를 통한
Martin E.P. Seligman c/o Arthur Pine Associates, Inc.,와의 독점계약으로
한국어 판권을 물푸레가 소유합니다.
저작권법에 의하여 한국 내에서 보호를 받는 저작물이므로
무단전재와 복제를 금합니다.

LEARNED OPTIMISM

낙관성 학습

어떻게 내 마음과 삶을 바꿀까? 긍정심리학의 행복 가이드

마틴 셀리그만 지음 | 우문식 · 최호영 옮김

도서출판 물푸레

옮긴이 우문식

안양대학교 경영행정대학원을 졸업하였으며, 동대학 일반대학원 박사 과정을 수료하고 긍정심리학이 조직성과에 미치는 영향에 대한 논문을 준비하고 있다. 2002년, 2006년 마틴 셀리그만과 그의 저서 마틴 셀리그만의 《긍정심리학》을 만난 후 셀리그만의 영향을 받아 그가 꿈꾸던 정치를 포기하고 긍정심리학과 행복을 연구하고 전하게 되었다. 안양대학교 외래 교수와 한국긍정심리연구소 소장, 도서출판 물푸레 대표를 맡고 있으며 긍정심리학을 개인과 직장, 사회에 널리 알리기 위해 강의와 저술, 프로그램 개발과 교육에 전념하고 있다. 저서로는 《긍정심리학의 행복》 역서로는 마틴 셀리그만의 《플로리시》, 《낙관성 학습》 그리고 《긍정심리학 코칭 기술》, 《절대 회복력》이 있다. 'N세대'란 신조어를 만들고 긍정심리학을 우리나라에 처음 소개하기도 한 옮긴이는 현재 한국긍정심리연구소에서 전문가와 일반인들에게 마틴 셀리그만의 긍정심리학 중심으로 '긍정심리학의 행복과 웰빙 코스' 프로그램을 운영 하고 있으며, 포스코, LIG생명, 현대백화점 등에서 긍정심리학의 긍정적 정서, 대표강점, 낙관성, 회복력 중심으로 강의 및 워크숍을 진행하고 있으며 '긍정심리학의 행복'을 전하고 있다.

옮긴이 최호영

베를린 자유대학에서 '온건구성주의의 전망'이라는 주제로 박사학위를 받은 이론심리학자다. 현재 고려대학교 지혜과학연구센터 연구교수로 활동하면서 '지식에서 지혜로' 패러다임 전환을 모색하는 지혜과학의 구상에 몰두하고 있다. 《앎의 나무》, 《학습된 낙관주의》, 《지혜의 탄생》, 《뇌의식과 과학》 등을 번역했으며 매슬로의 《동기와 성격》 한역판을 감수했다.

**마틴 셀리그만의
낙관성 학습**

1판 1쇄 인쇄 | 2012년 7월 11일
1판 4쇄 발행 | 2022년 5월 15일

지은이 | 마틴 셀리그만
옮긴이 | 우문식 · 최호영
펴낸이 | 우문식
펴낸곳 | 도서출판 물푸레

등록번호 | 제 1072 등록일자 | 1994년 11월 11일
주소 | 경기도 안양시 동안구 호계동 950-51 정현빌딩 201호
전화 | (031) 453-3211
전송 | (031) 458-0097
www.mulpure.com
ISBN-978-89-8110-311-8 13180

값 28,500원
책에 관한 문의는 mpr@mulpure.com으로 해주시기 바랍니다.

'희망'은 한 마리 새

영혼 위에 걸터앉아

가사 없는 곡조를 노래하며

그칠 줄을 모른다.

— 에밀리 디킨슨

| 옮긴이의 말 |

비관적인 사람도 낙관적인 사람으로 바뀔 수 있다

인류는 빙하시대였던 홍적세(洪積世)에 나타난 동물이다. 이 시기에 추위와 열기, 가뭄과 홍수, 풍요와 갑작스런 기근이 십만 년에 걸쳐 번갈아 몰아친 파멸적인 이상기후가 있었는데, 이것이 인류의 정서적 특성에 영향을 끼친 가장 큰 사건이라고 볼 수 있다. 우리 선조들은 이런 홍적세를 이겨내면서 앞날을 끊임없이 걱정하고 날씨가 화창해도 다가올 모진 겨울을 준비하는 등 염려하는 능력을 키웠다. 그리고 우리는 이런 선조들의 뇌뿐만 아니라 좋은 일보다 궂은 일을 먼저 보는 능력과 함께 비관성의 잔소리도 물려받았다.

성공은 한순간이다. 이내 위험이 닥칠 것이다. 비극이 우리 앞에 놓여 있다. 낙관하는 것은 오만한 짓이다… 그러나 빙하시대의 가혹한 현실을 정확히 반영했던 이 두뇌는 이제 현대인의 덜 가혹한 현실에 어울리지 않는다. 그럼에도 우리는 아직도 낙관성보다 비관성의 지배를 더 받고 있다.

낙관성은 미래에 대해 긍정적인 기대와 전망이며, 미래의 일들이 긍정적인 방향으로 잘 펼쳐질 것이라는 전반적인 기대이고, 자신의 행동과 노력으로 인해서 추구하는 목표를 성취할 수 있을 것이라는 희망이다.

옮긴이는 긍정심리학을 연구하고 가르치면서 낙관성에 대한 관심을 더 크게 느낀다. 지속되는 사업실패에 따른 무기력 학습으로 급격한 무기력증에서 빠져 나오지 못하던 시절이 있었기 때문이다. 그 당시 이 책에 제시된 무기력을 극복할 수 있는 방법들을 알았더라면 내 삶의 행복한 시간들을 더 많이 늘리고, 빠르게 회복될 수 있었을 거란 아쉬움이 남는다. 그러다보니 강의나 교육과정의 낙관성 시간에는 나와 같은 시행착오를 줄여주기 위해 목청을 더 크게 높인다.

낙관적인 사람은 자신의 역경을 일시적이고 얼마든지 극복할 수 있는 것으로 받아들인다. 그러나 비관적인 사람이 어려움에 빠지면, 자신은 그 문제를 도저히 극복할 수 없을 뿐만 아니라, 그 문제가 영원히 자신의 삶을 송두리째 망쳐놓을 거라고 믿는다. 대부분 무기력 학습으로 무기력에 빠져 심한 우울증을 겪게 된다. 오늘을 살아가는 현대인들에게 가장 중요하게 생각되는 우울증, 성취, 건강은 낙관성을 학습해서 적용할 수 있는 가장 분명한 영역들에 속한다.

미국에서는 해마다 약 5만 명 이상의 성인이 자살을 하고 있으며 원인은 대부분 우울증에 있다고 한다. 우울증의 한 가지 특징인 무기력은 자살을 예측할 수 있는 가장 정확한 요인이다. 자살할 가능성을 갖고 있는 사람들은 현재 자신들이 겪고 있는 불행은 영원히 지속될 것이며 어떤 일을 해도 불행하다고 확신한다. 그리고 그 고통을 끝낼 수 있는 방법은 죽는 길밖에 없다고 생각한다. 낙관적인 사람은 비관적인 사람보다 질병에도 덜 걸리고 수명도 더 긴 것으로 연구결과 알려졌다.

미네소타 로체스터에 있는 메이요 클리닉에 근무하는 심리학자들은 40년 동안 진료를 받아온 환자 839명을 대상으로 '낙관성이 인간의 수명을 예측할 수 있는지'에 대해 연구했다. 이 병원은 환자가 입원할 때 건강 검진은 물론 몇 가지 심리 검사를 함께 실시하는데, 그중 하나가 낙관성 검사다. 이 환자들 중에서 2000년까지 200명이 사망했는데, 그들의 예상 수명을 기준으로 볼 때 낙관적인 사람이 비관적인 사람보다 19% 더 오래 산 것으로 나타났다. 낙관적인 사람들이 병에 덜 걸리고 오래 사는 이유는 무엇일까? 낙관성은 사람들을 심장혈관 질환에 덜 취약하게 만들고, 비관성은 더 취약하게 만든다고 한다. 어떻게 그럴 수 있는 걸까? 그 가능성은 크게 세 가지 범주로 나뉜다.

첫째, 낙관적인 사람은 행동을 취하고 더 건강한 라이프 스타일을 갖고 있다. 낙관적인 사람은 자신의 행동이 중요하다고 믿는 반면, 비관적인 사람은 자신은 무기력하고 자신의 어떤 행동도 중요하지 않을 거라고 믿는다. 낙관적인 사람은 시도하는 데 반해, 비관적인 사람은 수동적인 무기력 상태에 빠진다. 그러므로 낙관적인 사람은 의학적 조언에 따라 기꺼이 행동한다. 금연율도 비관적인 사람이 아닌 낙관적인 사람들이 더 높다. 낙관적인 사람은 자신을 더 잘 보살핀다. 훨씬 더 일반적인 사실은 삶의 만족도가 높은 사람은 삶의 만족도가 낮은 사람보다 몸매 관리하고, 금연하고, 규칙적으로 운동할 확률이 훨씬 더 높다는 것이다. 행복한 사람은 불행한 사람보다 잠도 더 잘 잔다. 낙관적인 사람은 의학적 조언에 기꺼이 따를 뿐 아니라 미리 조치해서 부정적 사건을 피하는 반면, 비관적인 사람은 수동적이다. 부정적 사건을 많이 겪을수록 병에 더 자주 걸린다.

둘째, 낙관적인 사람은 친구가 더 많고 삶에 사랑이 더 풍부할수록 병에 덜 걸린다. 조지 베일런트는 새벽 세 시에 거리낌 없이 전화해서 자신의 문제를 털어놓을 수 있는 한 사람을 갖고 있는 이들이 더 건강하다는 것을 발견했다. 존 카치오포는 외로운 사람이 사교적인 사람보다 건강이 현저히 더 나쁘다는 것을 발견했다. 한 실험에서 피험자들은 낯선 사람에게 전화해서 주어진 원고를 우울한 목소리 또는 명랑한 목소리로 읽었다. 낯선 사람은 낙관적인 사람보다는 비관적인 사람의 전화를 더 빨리 끊었다. 행복한 사람의 인적 네트워크는 불행한 사람의 것보다 더욱 광범위하고, 나이가 들면서 친교 범위와 친밀도가 신체 건강과 정신 건강에 기여한다. 불행은 친구를 동반하지만, 친구는 불행을 동반하지 않는다. 비관성에서 비롯된 고독은 질병으로 이어진다.

셋째는 생물학적 메커니즘이다.

낙관성 효과를 가능케 하는 것 같은 다양한 생물학적 경로가 존재한다. 그 하나가 면역 체계다. 낙관적인 사람의 혈액은 비관적인 사람의 혈액보다 위협에 더욱 공격적으로 반응했다. 다시 말해서, 침입한 이물질과 싸우는 백혈구 세포가 더 많이 증식했다는 것이다.

낙관적인 사람은 인내심이 강해서 어려운 역경을 극복하는 회복력이 높으며 성공할 확률도 높다. 메트라이프 생명보험회사는 매년 6만 명의 응시자 가운데 가장 우수한 직원 5,000명을 뽑는다. 이중 1년이 지나면 50%, 4년이 지나면 80%가 회사를 그만 둔다고 한다. 한사람 뽑는데 1인당 3만 달러의 비용이 드는 데 이것은 어마 어마한 투자 금액이다. CEO인 존 크리톤이 이 책의 저자인 마틴 셀리그만에게 해결 방법을 문의 했을 때 셀리그만은 낙관성 검사를 제안했고 그 결과 2년 만에 퇴직율이 감소하고 실적이 상승하여 업계의 선두자리를 탈환했다. "직장을 그만두는 대표적인 이유가 무엇인가요?" 셀리그만의 질문에 대한 크리톤의 답변이다.

"가장 훌륭한 사원조차 하루도 빠짐없이 상당수의 사람들한테서 거절을 당합니다. 거절하는 사람들이 보통 줄지어 있다고 보시면 됩니다. 때문에 평범한 사원이라면 의욕이 꺾이기 쉽지요. 그리고 일단 의욕이 꺾이면 거절당하는 것이 점점 더 견디기 어려워집니다. 다시 기운을 차려 그 다음 전화를 하기가 점점 더 힘들어지지요. 그래서 전화를 미루게 됩니다. 전화나 방문을 미룰 핑계거리를 찾아 빈둥거리는 시간이 점점 많아지지요. 그럴수록 그 다음 전화를 하기가 더욱 더 어려워집니다. 결국 실적이 떨어질 수밖에 없고 사직에 관해서 생각하기 시작하지요. 이렇게 벽에 부딪히면 이것을 어떻게 넘어설지 또는 돌아갈 수 있을지 대부분 망막해집니다."

낙관성의 개인적 통제에는 아주 중요한 두가지 개념인 '학습된 무기력'과 '설명양식'이 있다. 학습된 무기력은 자신은 뭔가를 변화시킬 수 없다고 여기고 스스로 포기하는 것이다. 자신이 할 수 있는 게 하나도 없는 충격적인 사건을 처음 경험한 동물들이 점차 수동적으로 변해서 역경에 맞서는 것을 포기한다는 사실을 발견했다. 최초의 충격적인 사건을 무기력하게 경험하고 나면, 동물들은 그 후부터 경미한 전기 충격에도 그저 가만히 앉아 고통을 고스란히 겪으며 도망치려는 시도도 하지 않고 충격이 사라지기만을 기다렸다. 첫 번째 경험에서 똑같은 강도의 전기 충격을 받았지만 도망칠 수 있었던 30% 동물들은 그 후에 무기력해지지 않았다. 그들은 학습된 무기력에 대한 면역이 생긴 것이다. 그것이 낙관성 학습으로 발전되었다.

설명양식은 사건이 일어난 이유를 스스로에게 습관적으로 설명하는 방식이다. 이것은 학습된 무기력을 크게 좌우하는 역할을 한다. 낙관적인 설명양식은 무기력을 없애고 비관적인 설명양식은 무기력을 퍼뜨린다. 일상 속에서 실패나 중대한 패배에 직면할 때, 과연 얼마나 무기력에 빠져들지 또는 다시 기운을 차릴지는 스스로에게 사건을 설명하는 방식에 달렸다. 설명양식이란 "마음속 세상"을 비추는 거울과도 같은 것이다. 사람들은 저마다 가슴 속에 "아니야" 또는 "그래"라는 말을 품고 산다. 둘 가운데 어떤 말이 자기 마음속에 있는지 검사를 통해서 자신의 낙관성 또는 비관성 수준을 정확하게 알 수 있다.

낙관성 학습은 설명양식과 ABC확인하기로 비관적인 사람을 낙관적인 사람으로 바꾸어 준다. 설명양식은 개인적 차원(책임의 주체)으로 나쁜일은 "내탓(내부)"인가 "남탓(외부)"인가?, 지속성 차원은 나쁜 일이 "항상" 일어나는가 "가끔" 일어나는가?, 만연성 차원은 나쁜 일이 "전부"를 실패했는가 "일부"를 실패했는가?, 희망과 절망 차원은 "절망적인 태도"로 보는가 "희망적인 태도"로 보는가? 가 있으며, ABC확인하기는 불행한 사건 (Adversity), 왜곡된 믿음(Belief), 잘못된 결론 (Consequence) 이다. 실제 사례와 예제를 따라서 하노라면 비관적인 사람에서 낙관적인 사람으로 바뀌게 된다.

이 책은 긍정심리학의 창시자인 마틴 셀리그만의 베스트셀러인《마틴 셀리그만의 긍정심리학》, 《플로리시》, 《낙관적인 아이》와 함께 세계인의 사랑을 받고 있다. 초판이 발행된 지 15년이 넘었지만 지금도 가장 많이 읽히는 심리학, 긍정심리학 분야의 스터디셀러이다. 오늘날 긍정심리학이 짧은 역사임에도 많은 사람들에게 지지를 받고 세계적으로 힘차게 뻗어 나갈 수 있는 것도 학습된 무기력과 낙관적 학습이 중요한 역할을 해주었기 때문이라고 생각한다.

　마틴 셀리그만은 낙관성이 어떻게 삶의 질을 높이고 누구나 연습을 통해 배울 수 있는지 보여주기 위해 30년이 넘도록 임상 연구에 몰두했다. 그는 여러 가지 간단한 기술을 소개함으로써 "포기"하는 습관을 물리치고, 자신의 행동을 해석하는 설명양식을 더욱 건강하게 발달시키고, 긍정적인 내적 대화가 자신에게 얼마나 이로운지 경험할 수 있는 방법들을 설명하고 있다. 이런 기술들은 우울증을 해소하고, 면역 체계를 튼튼히 하고, 잠재력을 계발시키고, 더욱 행복해지는데 도움을 준다. 이 책은 직장인, 주부, 학생, 기업인, 운동선수, 우울증 환자에 이르기까지 모든 분야의 사람들에게 도움이 된다. 누구나 쉽게 무기력과 비관성을 극복하고 자신감 넘치는 행복하고 성공적인 삶을 살아갈 수 있게 도와주기 때문이다.

　마틴 셀리그만의 긍정심리학을 처음 읽고 그를 만나 정치를 포기하고 긍정심리학을 공부하고 연구한 지 10여 년이 됐다. 아이러니하게도 금년 국회의원 선거 때에 그동안 준비한 책(긍정심리학의 행복)이 출간됐다. 나는 국회의원에 당선된 것 보다 더 뿌듯함을 느꼈고 행복했다. 긍정심리학은 나에게 환경과 조건에 지배당하지 않고 행복하게 살아가는 방법과 내 삶의 의미를 찾아주었기 때문이다. 지금은 행복 메이커로서 그동안 연구와 경험을 더 많은 사람들에게 알리고 나누기 위해, 행복을 만들어 주기 위해 '긍정심리학의 행복'을 가르치고 전한다. 교육현장과 강의 현장에서 행복해 하며 삶이 변화되는 많은 사람들을 본다. 셀리그만이 그의 신간 《플로리시(flourish)》에서 "이제 당신을 플로리시(번성: 행복의 만개)하게 만들어 줄 수 있다."고 말했듯이 나도 이제 긍정심리학을 통해서 행복을 만들어 줄 수 있다는 확신을 갖는다. 그만큼 긍정심리학의 행복은 과학적이며, 누구나 자신의 삶에 쉽고 재미있게 적용시킬 수 있는 도구를 제공해 주기 때문이다.

끝으로 국내에서 새롭게 출간될 수 있도록 번역에 동참할 수 있게 기회를 주신 최호영 박사님께 감사를 드린다.

행복 메이커
우문식

차례

옮긴이의 말 · 6

서문 · 16

제1부 낙관성의 탐구

- 1장 삶을 바라보는 두 가지 관점 · 31
- 2장 학습된 무기력 · 53
- 3장 불행에 대한 변명 · 77
- 4장 극단적 비관성 우울증 · 111
- 5장 우울증에서 벗어나는 법 · 138

제2부 낙관성과 삶

- 6장 낙관적인 사람이 직장에서 성공한다 · 177
- 7장 어린 시절의 설명양식이 평생을 좌우한다 · 215
- 8장 낙관적인 학생이 성적도 좋다 · 242
- 9장 낙관적인 운동선수가 승리한다 · 273
- 10장 낙관적인 사람이 비관적인 사람보다 오래 산다 · 294
- 11장 새로운 역사심리학의 시도 · 323

제3부 낙관성의 실천

- 12장 비관적인 사람에서 낙관적인 사람으로 · 359
- 13장 자녀의 낙관성 키워주기 · 398
- 14장 낙관적인 조직으로의 변화 · 424
- 15장 유연한 낙관성의 실천 · 462

감사의 글 · 482

주석 · 491

참고문헌 · 498

| 서문 |

　낙관성학습에 관한 작업을 처음 시작했을 때 나는 내가 비관성에 관한 일을 하고 있다고 생각했다. 임상 심리학을 배경으로 가진 대부분의 학자들처럼, 나 역시 사람들이 갖고 있는 문제가 무엇이며 그 문제를 어떻게 고칠 것인가에 초점을 맞추고 있었던 것이다. 이미 갖고 있는 좋은 점을 자세히 들여다보고 그 부분을 더욱 좋게 만든다는 생각은 전혀 하지 못했다.
　1988년 리처드 파인과의 만남은 나에게 중요한 전환점이 되어 주었다. 그는 운명과도 같이 작가로서의 내 대리인이 되어 주었고, 지적인 조언자 겸 소중한 친구가 되어 주었다. 비관성에 관해 내가 하고 있는 작업을 설명해 주자 리처드는 이렇게 말했다. "그건 비관성이 아니라 낙관성에 관한 것인데요." 그때까지 누구한테도 들어보지 못한 말이었다. 얼마간의 충격에 휩싸여 그의 사무실을 나오려는데 그가 외쳤다. "정말 그런 책을 썼으면 좋겠군요. 그런 책이 나오면 종교가 생길지도 몰라요!"
　결국 나는 그렇게 했다. 새로운 종교는 생겨나지 않았다. 하지만 책은 15년 동안 꾸준히 팔려나갔다. 그리고 새로운 분야가 열렸다. 바로 긍정 심리학이다. 1996년 나는 이 책의 인기와 함께 그 책 때문에 생겨난 새로운 연구 분야 덕분에 역사에 큰 공헌을 했다는 이유로 미국 심리학회 회장으로 선출되었다.

미국심리학회 회장은 연구 주제에 대한 발의권을 갖고 있다. 현대 심리학의 역사를 돌이켜 봤을 때 나의 연구 주제는 리처드가 알려 준 것이나 다름없다. 당시 심리학은 나에게 반쪽만 익혀진 상태처럼 보였다. 익혀진 그 반쪽은 사람들이 겪는 고통과 피해자, 정신 질환, 트라우마에 집중되어 있었다. 심리학은 50여 년 동안, 제대로 된 삶을 꾸리지 못하는 사람들의 병적인 측면에만 꾸준히 집중되었고 상당한 성과도 거두었다. 내가 꼽은 주요 정신 질환 열네 가지는 정신 치료 요법이나 약물을 통해 치료가 가능하다. 그 중 두 가지(공황장애, 피와 상처에 대한 공포증)는 실제로 완치될 수 있다. 그러나 임상 심리학자들은 치료 과정에서 뭔가 당황스러운 부분을 인식하기 시작했다. 드물게 치료가 대단히 잘 진행되고, 환자들이 우울증과 불안, 분노에서 벗어나도록 도와주어도 그들이 반드시 행복을 느끼는 것은 아니라는 것이다. 치료 결과 공허감을 갖게 된 환자들도 그리 드문 경우는 아니었다. 어떻게 이럴 수 있을까?

부정적인 면을 치료한다고 해서 긍정적인 면이 생겨나는 것은 아니다. 전문 용어로 말해서, 슬픔과 기쁨의 상관관계는 이상한 말이지만 사람은 기쁨과 슬픔을 함께 느낄 수 있다(꼭 같은 순간은 아니라고 해도). 사실 정서적으로 더 불안정한 존재인 여성은 동시에 기쁘고 슬픈 기분을 남성보다 더욱 크게 느낀다. 행복해지는 기술은 슬프지 않거나 불안하지 않거나 화가 나지 않는 기술과 거의 별개인 것으로 밝혀졌다. 심리학은 고통과 환자들에 대해, 그리고 어떻게 해야 슬픔과 불안을 극복하는 기술을 익힐 수 있는지 많은 것들을 밝혀냈다. 하지만 행복해지는 기술을 밝히는 것은 놀이 동산이나 영화, 맥주 광고 등의 역할로 미루어버렸다. 학문은 아무런 역할도 하지 못했다.

밤에 침대에 누워 자신의 삶과 자신이 사랑하는 사람들의 삶을 가만히 떠올려 볼 때 우리는 보통 −5에서 −2로 가는 방법이 아니라 +2에서 +6으로 가는 방법을 생각하게 된다. 그러나 심리학은 고통에서 벗어나는 법을 알려주는 것이 고작이었다. 삶에서 가장 좋은 것이 무엇이며 어떻게 해야 그에 따라 살 수 있는지에 대해서는 말해주지 못했다. 이 부분이 바로 덜 익혀진 심리학의 반쪽으로 결국 긍정심리학으로 나타나게 된 부분이다.

《낙관성 학습(Learned Optimism)》은 긍정심리학에 대한 내 생각의 기초를 이루며, 이후 그에 관해 출간된 세 책 중 처음 나온 책이다. 1996년 나는 이 책에서 소개한 지식과 기술을 초등학생과 십대에 적용시키는 내용의 《낙관적인 아이(The Optimistic Child)》를 출간했다. 2002년에는 이 시리즈의 세 번째 책인 《마틴 셀리그만의 긍정심리학(Authentic Happiness)》을 발표했다. 이 책에는 삶의 긍정적인 면에 대해 더욱 폭넓은 이론이 소개되어 있다. 즉 "행복"은 학문적으로 다루기 힘든 개념이긴 하지만 세 가지 형태로 추구할 수 있다는 것이다. "즐거운 삶"을 위해서는 최대한 긍정적인 정서를 갖도록 하고, 그런 정서를 확장시키는 기술을 익히는 것을 목표로 해야 한다. "만족한 삶"을 원한다면 자신이 가진 최고의 강점과 재능을 찾아내어 일과 사랑, 친구 관계, 자녀 양육, 여가 시간에 최대한 활용함으로써 그런 삶을 만들어 가야 한다. "의미 있는 삶"을 살고 싶다면 자신보다 더 크다고 믿는 무언가에 소속되고 그것을 섬기는데 자신이 가진 최고의 강점과 재능을 활용해야 한다.

《낙관성 학습》은 이 세 가지 혹은 모든 형태의 행복에 이르는 길에 당신을 놓아줄 수 있다. 이 책에서 읽게 될 기술들은 긍정적 정서가 지속되는 시간과 강도를 늘려줄 것이다. 그 기술들은 당신이 가진 대표 강점과 재능을 훨씬 효과적으로 활용하도록 도와줄 수도 있다. 끝으로, 낙관성은 의미 있는 삶을 위해서도 매우 중요하다. 긍정적인 미래에 대해 확실한 믿음을 갖고 있다면 당신은 자신보다 더 크다고 생각하는 것에 위해 헌신할 수 있게 될 것이다.

2005년 7월 15일, 펜실베이니아 윈우드에서
마틴 셀리그만

| 개정 2판 서문 |

내가 심리학자로 살아온 평생 동안 나는 한편으로 무기력과 다른 한편으로 개인적 통제를 확대하는 방법을 연구해왔다. 《낙관성 학습》은 일반 독자들을 위해 이 주제를 다룬 네 권의 책 가운데 첫 번째 것이었다. 이 책을 처음 페이퍼백 형태로 출판한 지도 벌써 6년이 흘렀다. 따라서 그 사이 일어난 중요한 발전에 관해 새 독자들에게 이야기하고자 한다. 낙관성의 학습프로그램을 통한 우울증의 예방이 바로 그것이다.

4장과 5장에서 서술했듯이 오늘날 미국에서는 (그리고 그 밖의 선진국들 대부분에서) 우울증이 특히 젊은 사람들 사이에 전례가 없을 정도로 널리 퍼져 있다. 오늘날 미국은 과거 어느 때보다도 부와 권력, 음반과 책, 교육기회 등이 더 많은데 어째서 우울증이 이처럼 만연해 있는 것일까?

오늘날 세 세력이 한곳으로 모이고 있다. 나는 그 중 세 번째 것을 강조하고 싶은데, 왜냐하면 그것이 가장 놀랍고 낯선 것이기 때문이다. 다른 두 세력에 대해서는 이 책의 마지막 장에서 논의하였다. 간단히 말해 첫 번째 세력은 우울증이 대개 "나"의 장애, 다시 말해 우리 각자의 관점과 목표에 따라 우리 각자가 실패할 때 생기는 것이라는 점과 관계가 있다. 개인주의가 판치는 사회에서 사람들은 자기가 세계의 중심이라고 점점 더 확신하게 된다. 이런 신념체계에서는 실패한 개인이 아무데서도 위로를 받지 못한다.

이제까지는 두 번째 세력인 더 큰 "우리"가 개인의 실패를 완충하는 역할을 해왔다. 우리 조부모 세대 때는 개인이 실패해도 편안하게 쉴 수 있는 정신적 가구가 갖추어져 있었다. 대부분의 사람들은 신, 사랑하는 조국, 공동체와 대가족에 대한 관계를 유지하고 있었다. 그러나 지난 40년 동안 신에 대한 믿음, 공동체, 국가, 대가족 등이 모두 쇠퇴하였고, 그 결과 우리가 앉아서 쉴 정신적 가구는 점점 더 빈약해졌다.

그러나 내가 강조하고 싶은 것은 세 번째 세력인 자기존중 운동이다. 내게는 다섯 자녀가 있는데 나이가 4살에서 28살까지 이른다. 때문에 나는 여러 세대에 걸쳐 매일 밤 아동서적을 읽을 수 있는 특권을 누려왔다. 그러면서 지난 25년 동안 아동서적에 일대 변화가 일어났음을 알게 되었다. 25년 전에 (당시는 경제 대공황의 시기였다) 전형적인 아동서적은 《씩씩한 꼬마 기관차》였다. 이것은 세상일들을 잘하기, 끈기 있게 장애를 이겨내기에 관한 책이었다. 그런데 요즘은 많은 아동서적들이 기분 좋아지기, 자부심 갖기, 자신감 개발하기 따위를 다룬다.

이것은 우연치 않게도 1960년대에 캘리포니아에서 시작된 자기존중 운동의 표현이다. 1990년에 캘리포니아 주의회가 후원한 보고서에 따르면 오늘날 약물중독, 자살, 생활보조비 의존, 십대 임신, 우울증 같은 사회 병폐의 '예방백신'으로 모든 학교에서 자기존중을 가르치고 있다고 한다. 자기존중 운동은 위력적인 운동이다. 이것은 IQ 점수가 낮은 아동들이 자괴감에 빠지지 않도록 IQ 검사를 소멸시키는 데 기여하였다. 이것은 성적이 낮은 학생들이 자괴감에 빠지지 않도록 공교육에서 성적의 추적을 없애는 데 기여하였다. 이것은 '경쟁'을 더러운 단어로 만들어버렸다. 이것은 전통적인 궂은일들을 덜 평이하게 만드는 데 기여하였다. 셜리 맥레인은 빌 클린턴 대통령에게 각료급의 자기존중 장관을 신설하자고 제안하였다.

나는 자기존중에 반대하지 않는다. 그러나 나는 자기존중이 어떤 체계의 상태를 나타내는 계측기일 뿐이라고 생각한다. 자기존중 자체가 목적은 아니라는 얘기다. 우리가 학교나 직장에서 일을 잘한다면, 우리가 사랑하는 이들과 잘 지낸다면, 우리가 경기에서 좋은 성적을 낸다면 자기존중이라는 계측기는 높은 수치를 보일 것이다. 그리고 반대로 우리가 이런 일들을 잘하지 못한다면 이 계측기는 낮은 수치를 보일 것이다. 나는 자기존중에 관한 문헌들을 훑어보면서 상관관계가 아닌 인과관계가 있는지 살펴보았다. 다시 말해 캘리포니아 의회보고서의 주장대로 젊은이들 가운데 강한 자기존중감이 성적 향상, 인기 증가, 십대 임신의 감소, 복지제도 의존도의 감소 등에 대해 원인으로 작용한다는 증거가 있는지 찾아보았다. 간단한 실험설계를 통해 인과관계를 상관관계에서 완벽하게 분리해낼 수 있다. 예를 들어 성적이 B인 학생들만을 새 학기에 선발하여 그들의 자기존중감을 측정한 뒤 학기가 끝나기를 기다린다. 만약 자기존중감이 성적 변화의 원인이라면, 자기존중감이 강한 학생들은 성적이 B에서 A로 올라가는 경향을 보일 것이다. 반면에 자기존중감이 약한 학생들은 B에서 C로 내려가는 경향을 보일 것이다. 그러나 이런 종류의 연구는 어느 문헌에서도 찾아볼 수 없었다. 그러므로 자기존중은 개인이 세상일들을 얼마나 잘하고 있는가 하는 문제의 증상 또는 상관물에 지나지 않는 듯하다.

1996년 1월까지만 해도 나는 자기존중이 인과적 효과는 거의 없는 계측기일 뿐이라고 생각했다. 그러나 〈심리학 리뷰〉 대표논문을 읽은 뒤로는 내가 틀렸다는 것을 깨달았다. 자기존중도 인과적 작용을 하였다. 로이 바우마이스터와 그의 동료들은 집단 살인범, 살인청부업자, 폭력배 두목, 기타 폭력범죄자들에 대한 연구문헌을 검토하였다. 이 논문에 따르면 범죄자들이 강한 자기존중감을 가지고 있으며 이 근거 없는 자기존중감이 폭력을 불러일으킨다는 것이다. 이것은 다시 말해 학교에서 아이들에게 터무니없이 강한 자기존중감을 심어주면 문제가 생길 수 있음을 뜻한다. 이 아이들 가운데 일부는 비열한 성향을 지니고 있을 수 있다. 이런 아이들이 학교에서 배운 것만큼 자기가 대단하지 않다는 것을 깨닫게 해주는 현실에 직면하는 순간 이들에게서 폭력적인 반응이 터져 나올 수 있다. 이렇게 볼 때 오늘날 미국의 젊은이들 사이에 만연한 우울증과 폭력은 둘 다 그들이 세상일들을 얼마나 잘하고 있는지에 대한 우리의 평가보다 그들이 자신에 대해 어떤 감정을 가지고 있는지를 더 중시하는 잘못된 관심의 소산일지 모른다.

자기존중감을 부추기는 것이 우리 사회에 만연한 우울증을 제어하기 위한 해결책이 아니라고 한다면 우리는 무엇을 해야 하는가?《낙관성 학습》초판이 발행된 뒤로 나와 내 동료들은 펜실베이니아대학에서 두 가지 연구계획을 수행하고 있다. 하나는 펜실베이니아대학 신입생들을 대상으로 한 것이고 다른 하나는 사춘기 직전의 아동들을 대상으로 한 것이다.

우리의 목표는 우울증에 시달릴 위험이 있는 젊은이들에게 이 책 11~13장에 실린 낙관성의 기법들을 가르쳐 우울 및 불안 장애를 예방할 수 있는지 살피는 것이었다. 1991년 봄부터 시작해 대학 입학이 확정된 학생들은 나의 회답편지를 받았다. 거기에는 3장에 실린 것과 같은 종류의 질문지가 들어있었는데 대부분의 학생들은 이 질문지를 작성해 내게 다시 보내주었다. 우리는 그것을 평정하여 낙관성 점수가 하위 4분의 1에 속하는 학생들에게 다시 편지를 보냈다. 거기에서 우리는 새 학기가 시작되면 생소한 새 환경에 적응하기 위한 훈련과정이 운영될 것이며, 지원자를 통제집단 또는 연수집단으로 무작위 배정할 것이라고 설명하였다. 이런 식으로 지난 수년간 펜실베이니아대학 신입생들 가운데 가장 비관적인 4분의 1에 속하는 학생들은 이 연수집단에 또는 평가만 하는 통제집단에 속하게 되었다.

훈련과정에서 학생들은 10명 단위로 임상심리학 전공의 재능 있는 대학원생들의 지도 아래 두 종류의 기법을 배웠다. 하나는 11~13장에 자세히 소개된 기법들이었고 다른 하나는 자기주장훈련, 단계적 과제할당, 스트레스 관리 등이 포함된 일련의 행동기법들이었다.

이런 일을 18개월 동안 계속한 결과 우리는 16시간짜리 낙관성 학습과정에 참여한 106명의 학생들과 119명의 통제집단 학생들을 토대로 한 첫 결과를 보고할 수 있게 되었다. 연구에 참여한 학생들은 모두 6개월에 한 번씩 종합적인 집단면접을 받았다. 그리고 우리는 그것을 토대로 우울이나 불안이 경미하거나 심각하게 나타난 사례들을 살펴보았다. 그 결과 통제집단 학생들의 32%가 경미하거나 심각한 우울을 경험한 반면, 예방훈련과정에 참여한 집단에서는 22%의 학생들만이 그러한 것으로 나타났다. 일반불안장애에 대해서도 비슷한 결과가 나왔다. 통제집단의 15%가 일반불안장애를 경험한 반면, 훈련과정에 참여한 사람들의 7%만이 같은 증상을 경험했다. 그밖에도 우리는 비관성에서 낙관성으로 변화한 것이 우울과 불안을 예방한 원인이었다는 사실도 확인하였다.

나와 내 동료들은 최근에 다양한 연령의 어린 학생들을 대상으로 위와 비슷한 낙관성 학습프로그램을 시작했다. 5개 연구에 걸쳐서 10~12살 아동들에게 이 책 11~13장에 나오는 우울예방용 행동 및 인지 기법들을 가르쳤다. 이 연구들에서 우리는 두 가지 위험요인을 기준으로 아동들을 선발하였다. 한 요인은 경미한 우울증상이었고 다른 한 요인은 부모가 자주 다투는 집이었다. 이것들은 각각 아동의 우울을 예측케 하는 요인이다. 이 두 요인 가운데 하나에서 높은 점수를 보인 아동들은 우리의 훈련 프로그램에 뽑힐 자격이 있었다. 이런 아이들을 방과 후에 10명 단위로 묶어 아이들에게 우울예방 기법들을 가르쳤다. (이때 촌극, 만화, 역할 연기 등을 이용하였으며 많은 다과도 제공되었다.) 이 기법들은 13장에 대강 소개되어 있으며 자세한 것은 《낙관적인 아이》에 실려 있다.

여기서는 가장 오랫동안 추적조사가 이루어진 한 연구만 소개하겠다. 이것은 필라델피아 근처의 애빙톤 군구에서 수행된 연구다. 이 연구의 결과는 다음과 같았다.

1. 2년의 추적조사 기간 동안에 경미하거나 심각한 우울증상을 보인 아동들의 비율은 전반적으로 놀라울 만큼 높았다 (20~45%).
2. 낙관성 학습과정에 참여한 아동들 가운데 경미하거나 심각한 우울증상을 보인 아동들의 비율은 통제집단에 비해 오직 절반 정도였다.
3. 통제집단이 낙관성 학습과정에 참여한 집단보다 상당히 더 많은 우울증상을 보인 것은 학습과정이 끝난 직후였다.
4. 낙관성 학습의 혜택은 시간이 지남에 따라 늘어났다. 사춘기를 지나면서 사회적 또는 성적 거절을 처음으로 경험하고 중학교 때 최상층에서 고등학교 때 최하층으로 떨어지는 상황에 직면했을 때 통제집단의 아동들은 낙관성 집단의 아동들보다 점점 더 우울해졌다. 24개월에 걸쳐 통제

집단의 44%가 경미하거나 심각한 우울증상을 보인 반면, 낙관성 집단의 22%만이 경미하거나 심각한 우울증상을 보였다.

사춘기 전에 아이들에게 낙관성을 가르치는 것은 (그러나 너무 일찍 가르치는 것은 아이들이 생각에 대해 생각할 능력이 없으므로 부적합하다) 매우 효과적인 전략이다. 낙관성 학습을 통해 이미 면역력을 갖게 된 아이들이 사춘기 때 첫 거절에 직면하여 이 기법들을 이용한다면 이것들에 점점 더 능숙해질 것이다. 우리의 분석에 따르면 비관성에서 낙관성으로 바뀐 것이 우울증상의 예방에 적어도 부분적으로 기여하였다.

이 책에서 서술했듯이 오늘날 미국에서는 성인은 물론 아동들 사이에서도 우울증이 만연해 있다. 6~10장에 실린 증거들이 보여주듯이 우울증은 그저 정신적인 고통의 문제에 그치지 않는다. 이것은 또한 생산성 저하와 건강 악화의 문제이기도 하다. 만약 우울증이 오늘날처럼 계속 만연한다면 미국의 세계적 위상이 위태로워질 것이라고 나는 믿는다. 미국은 자신의 경제적 지위를 미국보다 덜 비관적인 국가들에게 넘겨주어야할 것이다. 나아가 이 비관성 때문에 미국에 사회정의를 구현하려는 의지가 점차 약화될 것이다.

이것은 우울증 치료제로 끝낼 수 있는 문제가 아니다. 한 세대 전체에게 항우울증 약물을 투여해서는 안 될 것이다. 항우울증 약물은 사춘기 이전의 아동들에게 효과가 없다. 게다가 한 세대 전체가 자신들의 기분과 생산성을 약물에 의존하게 될지 모른다는 심각한 도덕적 위험이 존재한다. 그렇다고 해서 한 세대 전체에게 심리치료를 시행하는 일도 가능하지 않다. 왜냐하면 그 많은 일들을 감당할 좋은 치료사가 그렇게 많지 않기 때문이다.

우리가 할 수 있는 것은 당신이 이 책에서 배우게 될 기법들을 교육용으로 옮기는 것이다. 미국의 모든 학교와 가정에서 우리는 우울증에 시달릴 위험이 있는 모든 젊은 사람들에게 이 기법들을 가르칠 수 있다. 그럼으로써 우리는 우리 자신의 삶과 우리 자녀들의 삶 속에서 우울증을 몰아낼 수 있을 것이다.

1997년 7월 31일
펜실베이니아 윈우드에서

제1부
낙관성의 탐구

1장

삶을 바라보는 두 가지 관점

아빠는 갓 태어난 딸이 요람에서 자는 모습을 내려다보고 있다. 방금 병원에서 집으로 데려온 어여쁜 아기의 모습에 경외감과 감사의 마음이 복받친다. 고개를 돌려 자기를 바라보지 않을까 기대하면서 딸의 이름을 불러보지만 아기의 눈은 움직이지 않는다.

아빠가 요람 난간에 달린 작은 장난감을 집어 흔들자 그 안에 있는 방울이 딸랑인다. 그래도 아기의 눈은 움직이지 않는다.

아빠의 가슴이 두근거리기 시작했다. 침실에 있는 아내에게 달려가 얘기한다.

"여보, 아기가 소리에 전혀 반응을 보이지 않아. 혹시 듣지 못하는 게 아닐까?"

"괜찮을 거예요."

아내가 잠옷을 추스르며 말한다.

엄마는 아기의 이름을 부르며 딸랑딸랑 방울소리도 내보고 손뼉도 쳐본다. 아기를 안아 번쩍 들고 치켜올려 흔들어도 보고 얼러보기도 한다.

남편이 말한다.

"이를 어째! 아무런 소리도 들리지 않나봐."

"아니야."

아내가 반박한다.

"그렇게 말하기엔 너무 일러. 태어난 지 얼마나 됐다고 그래요? 아직 눈이 초점을 잡지 못하는 것뿐이야."

"그래도 그렇지. 손뼉을 아무리 세게 쳐봐도 꼼짝도 않잖아."

"육아 책에 뭐라고 쓰여 있는지 보자."

책장에서 책을 한 권 꺼낸 아내는 '청각' 항목을 찾아 소리 내어 읽는다.

"신생아가 큰 소리를 듣고도 놀라지 않는다거나 소리 나는 쪽으로 몸을 돌리지 않는다고 놀라지 마십시오. 깜짝 놀라는 반사행동과 소리에 주의를 기울이는 행동이 발달하는 데는 어느 정도 시간이 걸릴 수 있습니다. 필요하다면 소아과를 방문하여 아기의 청각에 대한 신경학검사를 의뢰할 수 있습니다."

"이제 좀 안심이 돼?"

아내가 말한다.

"별로야. 아기에게 청각장애가 있을 가능성에 대해서는 전혀 얘기가 없잖아. 어쨌든 내가 아는 것은 우리 애가 아무것도 듣지 못한다는 사실이야. 불길한 느낌이 들어. 우리 할아버지가 청각장애인이셨기 때문인지도 몰라. 만약 우리 예쁜 딸이 듣지 못하게 된다면, 그게 정말 내 탓이라면, 나 자신을 절대로 용서하지 못할 거야."

"잠깐! 왜 자꾸 나쁜 쪽으로만 생각해? 월요일에 바로 소아과에 전화해 보면 되잖아. 일단 기운을 내라고. 자, 담요 정리하게 애기 좀 안고 있어. 다 흘러내려 버렸네."

남편은 아기를 받아 안았다가 다시 아내에게 안겨 준다. 주말 내내 남편은 다음 주 업무를 준비할 여력이 없다. 아내를 따라 집안을 왔다 갔다 하며, 만약 딸이 정말로 청각장애인이라면 딸의 일생이 어떻게 될까 시름에 잠겨 있다. 듣지 못하면 언어도 발달하지 못할 것이며 결국에는 사회와 격리된 채 소리도 없는 세상에 갇혀 살지도 모른다는 등 최악의 경우만 머릿속에 떠올린다. 그는 절망에 빠진 채 일요일 밤을 보내야 했다.

아내는 소아과 전화 예약 서비스를 통해 월요일 이른 시간으로 진료 예약을 해 두었다. 그리고는 집안일도 하고 책도 읽고 남편도 진정시키며 주말을 보냈다.

소아과 검사결과는 충분히 부모를 안심시킬 만한 것이었다. 그럼에도 남편의 마음은 가벼워지지 않았다. 일주일 후, 트럭이 지나가면서 내는 '부릉' 하는 소리에 아기가 처음으로 깜짝 놀라는 반응을 보이자 비로소 마음이 풀리면서 딸을 얻은 기쁨을 다시 누리기 시작했다.

이들은 서로 다른 눈으로 세상을 바라보고 있다. 남편은 뭔가 안 좋은 일이 생기기만 하면 최악의 경우를 상상한다. 예를 들어 세무조사를 받게 되면 파산하거나 감옥에 갈 것을 연상하고, 아내와 말다툼을 하면 이혼을 생각하며, 사장이 눈살만 찌푸려도 해고로 이어지는 것은 아닐지 노심초사한다. 쉽사리 우울해지고 한동안 매사를 귀찮아하며 그 때문에 건강까지 영향을 받는다. 그와 반대로 아내는 나쁜 일이 닥쳐도 부정적인 쪽으로는 거의 생각하지 않는다. 나쁜 일은 그저 일시적인 현상일 뿐, 모든 일은 이겨낼 수 있고, 극복해나갈 수 있다고 생각한다. 뜻밖의 일을 당해도 금세 털어버리고 곧 원기를 회복하는 그녀는 건강상태도 매우 좋다.

낙관적인 사람과 비관적인 사람. 나는 지난 25년 동안 이들에 대해 연구해왔다. 비관적인 사람들은 나쁜 일들이 오랫동안 계속될 것으로 믿고 있으며 나쁜 일들이 그들이 하고 있는 모든 일을 위태롭게 할 것으로 생각한다. 나아가 이런 것들을 모두 쉽게 자기 탓으로 돌려버리는 경향이 있다. 낙관적인 사람은 세상을 살면서 똑같이 어려운 일에 부딪혀도 비관적인 사람과는 정반대로 생각한다. 낙관적인 사람은 실패를 겪어도 그저 일시적인 후퇴로 여기며 그 원인도 이번에만 국한된 것으로 본다. 실패는 자기 탓이 아니라 주변 여건이나 불운 또는 다른 사람 때문에 생긴 것이라고 생각하며, 이런 사람들은 실패에 주눅이 들지 않는다. 안 좋은 상황에 처하면 이것을 오히려 도전으로 여기며 더 열심히 노력한다.

  일의 원인을 해석하는 두 가지 사고방식은 많은 차이를 가져온다. 이에 관한 수백 가지 연구는 비관적인 사람이 더 쉽게 포기하고 더 자주 우울해진다는 사실을 그대로 증명하고 있다. 나아가 이런 실험들은 낙관적인 사람이 학교나 직장에서 또는 놀이를 할 때에도 훨씬 뛰어나다는 사실을 보여준다. 낙관적인 사람이 적성검사의 예측을 뛰어넘는 일은 흔히 있는 일이다. 공직 선거에 출마한 경우에도 비관적인 사람보다 낙관적인 사람이 선출될 확률이 더 높다. 낙관적인 사람은 건강도 꽤 좋은 편으로, 중년에 흔히 겪는 신체적 질병도 훨씬 덜 겪으면서 건강하게 나이를 먹는다. 게다가 낙관적인 사람이 수명도 길다는 것을 시사하는 증거들도 있다.

  수십만 명의 사람들을 대상으로 검사해본 결과 나는 의외로 많은 사람들이 심각한 비관적인 사람이며, 해로울 정도로 비관적 경향을 지닌 사람도 상당수임을 발견했다. 그리고 자신이 비관적인 사람인지 아닌지 알아차리는 것이 그리 쉽지만은 않다는 것과 실제 깨닫고 있는 것보다 훨씬 많은 사람들이 비관성의 그림자 속에서 살고 있다는 것을 알게 되었다. 결코 자신이 비관적인 사람이라고 생각지 않을 사람들을 검사해보더라도 이들의 말 속에서 비관성의 흔적을 종종 발견할 수 있고, 게다가 다른 사람들도 이들의 말에 부정적으로 반응함을 확인할 수 있다. 그만큼 비관성은 우리 사회에 널리 퍼져있다.

비관적인 태도는 영원하리만치 깊이 뿌리내린 것처럼 보이기도 한다. 그러나 비관성이란 떨쳐버릴 수 있는 것이며, 실제 비관적인 사람도 낙관적인 사람이 되는 법을 배울 수 있다. 하지만 신나는 가락을 읊조린다거나 "나는 매일 모든 면에서 점점 나아지고 있다"는 식으로 진부하게 외쳐댄다고 될 일은 아니다. 이런 기계적인 수법 대신 새로운 인식의 기법을 익혀야만 한다. 새로운 기법은 인기 방송매체를 통해서 창조된 것이 아니라 주요 심리학자들과 정신과 의사들의 연구실과 병원에서 발견되어 엄격한 검증을 거친 것이다.

이 책은 당신 자신이나 당신이 돌봐야 하는 사람들이 지니고 있을지 모를 비관적 경향을 발견하는 데 도움이 될 것이다. 또한 이 책은 수천 명의 사람들의 몸에 밴 비관성 습관과 그것의 연장으로 생긴 우울증을 떨쳐버리는 데 도움이 되었던 기법들을 소개한다. 당신은 이 책을 통해 자신의 실패를 새로운 눈으로 바라볼 수 있는 기회를 얻게 될 것이다.

주인 없는 땅

비관성의 핵심에는 또 다른 현상이 자리 잡고 있는데, 그것은 바로 무력감이다. 무력감이란 자신에게 무슨 일이 일어나든 스스로의 처지를 바꿀 수 없는 상황에서 생기는 감정이다. 예를 들어 내가 당신에게 '단번에 이 책의 104쪽을 펼친다면 1000달러를 주겠다'고 약속한다면 아마 당신은 그렇게 하기로 할 것이다. 그러나 만약 내가 '순전히 의지로만 눈동자를 수축시킬 수 있다면 1000달러를 주겠다'고 약속했을 경우, 당신은 아무리 애를 써도 그 일을 해내지 못할 것이다. 다시 말해 당신은 눈동자를 수축시키는 데 '무력'한 처지에 놓여 있는 것이다. 책장을 넘기는 일은 자유의지대로 가능하지만 눈동자를 수축시키는 근육은 마음대로 움직일 수 없기 때문이다.

인간의 삶은 아주 무력한 상태에서 시작된다. 갓 태어난 아기가 스스로 할 수 있는 일이라곤 반사행동 외에는 아무것도 없다. 아기가 울면 엄마가 다가오게 된다. 하지만 그렇다고 해서 아기가 엄마를 자기 쪽으로 오도록 통제하고 있는 것은 아니다. 아기가 우는 것은 고통이나 불편에 대한 단순한 반사행동일 뿐, 울 것인지 아니면 울지 않을 것인지 선택할 능력이 아기에게는 없다. 아기가 아주 미약하게나마 자발적으로 통제할 수 있는 일련의 근육은 젖을 빠는 데 쓰는 부분 정도다. 아기가 정상적으로 성장해가는 과정은 무력감 속에 주저앉지 않고 앞으로 나아가는 과정이라 할 수 있다. 이런 과정을 통해 비로소 아기는 걸음마를 배우게 되고 두 살 때는 변 가리기를 익히게 된다. 나아가 자기가 원하는 낱말들을 찾아내는 능력을 키움으로써 말을 할 수 있게 되고 주의를 기울여 생각하는 능력도 갖게 된다.

아기는 긴 성장과정을 거치면서 차차 무력감에서 벗어나 **개인적 통제력**을 갖게 된다. **개인적 통제력이란 자신의 자발적인 행동을 통해서 주변 사물을 바꾸는 능력이다.** 이것은 무력감과 정반대의 것으로, 태어난 지 3~4개월이 되면 아기는 팔다리를 움직이는 몇 가지 기본 동작을 자발적으로 할 수 있게 된다. 무작정 휘두르던 팔 동작이 다듬어져 무언가를 향해 손을 뻗는 동작이 되며, 부모에게는 곤란한 일이겠지만 나아가 우는 행동도 자발적인 것이 된다. 그러면 아기는 엄마가 필요할 때마다 큰소리로 울어댈 수 있다. 아기는 새롭게 획득한 이 능력을 심지어 통하지 않을 때까지 심술궂게 남용하곤 한다. 생후 1년이 다 되어가면 두 가지 놀라운 자발적 통제력이 생겨 아기가 첫 걸음을 떼기 시작하고 간단한 말도 하게 된다. 아기의 정신적·신체적 욕구들이 적어도 최소한으로나마 충족되면서 별다른 문제가 생기지 않는다면, 이어지는 아기의 성장기는 무력감이 줄어들고 개인적 통제력이 늘어나는 시기로 특징지을 수 있을 것이다.

물론 인생에는 우리가 통제할 수 없는 것들도 많다. 예컨대 눈의 색깔이나 우리가 속한 인종, 미국 중서부 지방의 가뭄 같은 것들은 우리 마음대로 할 수 없다. 그러나 우리가 살면서 스스로 통제력을 발휘할 수 있거나, 다른 사람이나 운명에 통제력을 넘길 수 있는 일종의 '주인 없는 땅'도 부지기수다. 어떤 삶을 살 것인지, 다른 사람들을 어떻게 대할 것인지, 어떻게 생계를 꾸려갈 것인지 등과 관련된 많은 행동영역들이 이런 주인 없는 땅에 해당한다. 우리 삶의 모든 측면에 걸쳐 대개는 어느 정도 선택의 여지가 있게 마련인 법이다. 삶의 이런 영역들에 관해서 우리가 어떻게 생각하느냐에 따라 실제로 이 영역들에 대한 우리의 통제력이 늘어날 수도 있고 줄어들 수도 있다. 생각이란 주위에서 일어나는 사태들에 대한 단순한 반응이 아니라 뒤이어 무슨 일이 일어날지에 영향을 미치는 행위다. 예를 들어 자녀의 장래에 별 영향을 끼칠 수 없다고 생각하는 부모는 이 문제를 대면할 때 무력한 마비상태에 놓일 것이다. '해도 소용없다'는 생각 자체가 행동을 막고 있다. 그러면 자녀에 대한 통제력은 자녀의 친구, 교사, 주위 환경에게로 넘어간다. 자신의 무력감을 과대평가한 나머지 다른 힘들이 자녀의 장래를 통제하고 결정하도록 놔둔 셈이다.

이 책 뒷부분에서는 사려 깊게 형성된 약간의 비관성도 나름대로 의미가 있음을 살펴볼 것이다. 하지만 내가 25년의 연구를 통해 확신하게 된 사실이 있다. 비관적인 사람들이 흔히 그러하듯 불행은 다 자기 탓이며 앞으로도 무슨 일을 하건 불운이 따를 것이라고 습관적으로 생각하는 사람은 그렇지 않은 사람보다 더 많은 불행을 겪을 것이라는 점이다. 나아가 이런 생각에 빠진 사람은 더 쉽게 우울해지고 자신의 잠재력을 충분히 발휘하지 못하며 하물며 신체적인 질병도 더 자주 앓게 될 것이다. 이는 비관적 예언이 그대로 적중되는 셈이다.

내가 전에 강의했던 대학에서 알게 된 한 여학생 엘리자베스의 사례는 이 점을 잘 보여준다. 지난 3년 동안 그녀의 영문학과 지도교수는 엘리자베스에게 열성적으로 도움을 주었다. 이 교수의 후원으로 그녀는 높은 학점을 받았을 뿐만 아니라 3학년 때는 옥스퍼드대학에서 장학생으로 1년간 공부할 수 있게 되었다. 그런데 영국에서 돌아온 뒤 그녀의 관심은 지도교수의 전공분야인 디킨즈Dickens에서 다른 교수의 전공분야인 영국 초기 소설가들, 특히 제인 오스틴Jane Austen에게로 옮아갔다. 지도교수는 디킨즈에 관해 졸업논문을 쓰라고 설득했다가 결국엔 오스틴에 관해 쓰겠다는 그녀의 결정을 특별히 불쾌한 감정 없이 받아들였고 부지도교수로 계속 도움을 주기로 약속한 것처럼 보였다.

그런데 구두시험 3일 전, 그 지도교수는 그녀의 졸업논문이 표절한 것이라고 심사위원회에 통지했다. 제인 오스틴의 청년기에 관해 서술하면서 관련된 내용 두 부분의 학술적 출처를 밝히지 않아 결과적으로 자신이 직접 발견한 것처럼 됐으므로 표절이라는 것이었다. 표절은 학계에서 가장 큰 죄악에 해당했기에 엘리자베스는 대학원 진학은 물론 졸업 자체까지도 위협받게 되었다.

표절로 지적된 두 문구를 살핀 그녀는 이 두 정보가 같은 출처, 곧 그 교수 자신에게서 나온 것임을 알게 되었다. 이전에 그 교수와 우연히 대화를 나누던 중 교수가 마치 자신의 생각인양 그 사실들에 관해 이야기해서 알게 된 내용이었다. 그때 교수는 그 사실이 이미 논문으로 발표되었다는 점을 전혀 언급하지 않았다. 그녀는 제자를 잃은 지도교수의 질투심에 걸려들고 만 것이었다.

대부분 이런 상황에 놓이면 분개한 나머지 그 교수에게 달려가 따질 것이다. 하지만 엘리자베스는 달랐다. 그녀의 비관적인 사고습관이 나타난 것이다. 심사위원들에게는 자기가 잘못한 것으로 보일 거라고 믿어 의심치 않았으며, 달리 증명할 방도가 없다고 생각했다. 자신이 어떤 주장을 해봤자 상대가 교수이므로 아무 소용이 없을 거라고 여긴 것이다. 결국 그녀는 자신을 방어하는 대신 상황을 모든 면에서 가장 부정적인 시선으로 바라보면서 내면적으로 무너지고 말았다. 그녀는 결국 모든 게 다 자기 탓이라며 자책했다. 그 교수가 정보를 다른 누군가로부터 얻어 온 것일지도 모른다는 사실은 중요치 않았다. 그 교수를 출처로 언급하지 않았으므로 결국은 그 정보를 '훔친' 셈이며, 곧 자신이 부정행위를 저지른 것이었다. 자기는 원래 사기꾼이었고 지금껏 늘 그래왔던 것 같다고 생각했다.

엘리자베스에게 명백히 잘못이 없었는데도 그녀가 이처럼 스스로를 비난했다는 사실이 믿기지 않을 수도 있다. 그러나 비관적인 사고습관에 빠지면 대수롭지 않은 실패가 재난으로 탈바꿈할 수 있다는 것은 연구를 통해 객관적으로 밝혀진 사실이다. 이때 비관적인 사람들이 하는 한 가지 행동은 실패가 자기 잘못이 아님에도 자기 탓으로 돌리는 일이다. 엘리자베스는 자신의 극단적인 판정을 뒷받침할 만한 기억들을 스스로 들춰내었다. 중학교 1학년 때 친구의 답안지를 훔쳐보았던 일, 영국에 머물면서 몇몇 영국 친구들이 자기를 부잣집 딸로 오해했을 때 가만히 있었던 일,

그리고 이번에 논문을 쓰면서 저지른 이 '사기' 행위까지…… 결국 엘리자베스는 심사위원회의 심문을 받을 때 아무런 항변도 없이 잠자코 있었고 결국 학위도 받지 못하고 말았다.

이 이야기의 결말은 너무도 불행하다. 자신의 꿈이 물거품이 되자 그녀의 삶 자체가 무너져내렸다. 그녀는 지난 10년 동안 별다른 야망도 없이 판매사원으로 일하고 있다. 더 이상 글을 쓰지 않았고 문학작품을 읽으려고도 하지 않았다. 스스로 판결한 자신의 죗값을 여전히 치르고 있는 것이다.

문제는 범죄가 아니라 비관적 사고습관이라는 흔한 인간적 결함에 있다. 만약 그녀가 '내가 사기를 당했지. 저 질투심 많은 놈이 나를 열 받게 하네'라고 생각했다면 스스로를 방어하면서 자신의 사정을 이야기했을 것이다. 그랬더라면 그 교수가 이전에 똑같은 행동으로 면직된 적이 있었다는 사실도 자연스럽게 드러났을 것이며, 그녀는 높은 점수로 대학을 졸업할 수 있었을 것이다. 살다 보면 때때로 겪게 되는 나쁜 일들에 대해 조금만 다른 방식으로 생각한다면 이처럼 큰 차이가 생길 수 있는 것이다.

사고습관이란 영구불변한 것이 아니다. 심리학에서 지난 20년 사이에 발견된 가장 중요한 사실 가운데 하나가 바로 우리 각자가 자신의 사고방식을 선택할 수 있다는 점이다. 심리학이라는 학문은 이제까지 개인의 사고방식과 행동에 관해서, 어쩌면 개인 자체에 관해서 별 관심을 가지지 않았다. 오히려 그 정반대다. 25년 전 내가 심리학과 대학원생이었을 때만 해도 위와 같은 문제 상황은 오늘날과 다른 방식으로 설명되었다. 당시만 해도 인간은 환경의 산물로 간주되었다. 인간 행동은 우리 내부의 충동이 우리를 '떠밀거나' 외부의 사태가 우리를 '끌어당기는' 것으로 설명되었다. 구체적으로 어떻게 밀고 당기는지는 이론에 따라 달랐지만 당시 유행했던 이론들은 모두 동일한 가정을 깔고 있었다. 프로이트Freud 학파는 성인의 행동이 아동기에 해결되지 않았던 갈등의 산물이라고 주장했다. 스키너Skinner의 추종자들은 행동이 외적으로 강화될 때만 반복된다고 주장했다. 동물행동학자들은 인간이 유전자에 의해 결정된 일정한 행동방식에 따라 행동한다고 주장했다. 클라크 헐Clark Hull을 따른 행동주의자들은 내부 충동을 줄이고 생물학적 욕구를 충족시키는 방향으로 우리의 행동이 조종된다고 주장했다. 그러나 인간 행동에 대한 설명방식은 대략 1965년을 기점으로 근본적인 변화가 일었다. 환경이 개인의 행동에 미치는 영향은 점점 더 작게 평가되었고, 인간 행위[1]에 대해 외부의 힘보다는 자기통제로 더 잘 설명할 수 있을 것이라고 보는 네 가지 조류가 생겨났다.

- 1959년에 노암 촘스키Noam Chomsky는 스키너의 중심 저작인 《언어행동Verbal Behavior》을 통렬히 비판했다. 여기서 촘스키는 언어를, 그리고 더 나아가 인간 행위를 과거에 강화된 설명양식의 결과로 보는 것은 잘못이라고 주장했다. 촘스키에게 언어란 본질적으로 생성적인 것이었다. 때문에 우리는 이전에 한 번도 들어봤거나 말해본 적 없는 문장도 곧바로 이해할 수 있는 것이다.[2]
- 스위스의 위대한 아동발달 연구자인 장 피아제Jean Piaget는 아동 인지발달과정을 과학적으로 연구할 수 있다는 사실을 거의 전 세계 사람들에게 확실히 보여주었다.
- 1967년에 출판된 울릭 나이서Ulric Neisser의 《인지심리학Cognitive Psychology》은 젊은 실험심리학자들로 하여금 행동주의의 독단을 벗어나 새로운 영역에서 상상력을 펼치도록 고무시켰다. 인지심리학은 컴퓨터의 정보처리과정을 모델로 삼아 인간 마음의 작동방식과 그 결과를 측정

하고 탐구할 수 있을 것이라고 주장했다.
- 행동심리학자들은 동물과 인간의 행동을 충동과 욕구로만 설명하는 것이 부적절함을 깨닫고, 복잡한 행동을 설명하기 위하여 개인의 인지과정 또는 생각에 관해 연구하기 시작했다.

이런 과정을 거치면서 1960년대 말 심리학의 주요 이론들의 초점이 환경의 힘에서 개인의 기대, 기호, 선택, 결정, 통제, 무력감 등으로 옮아갔다.

심리학 분야에서 일어난 이러한 근본적인 변화는 우리들 삶 자체의 변화와 밀접한 관계가 있다고 생각한다. 기술, 대량 생산 및 분배, 기타 이유들로 인해 역사상 처음으로 많은 수의 사람들이 자신의 삶에 대해 상당히 폭넓은 선택과 통제를 행사할 수 있게 되었고, 이 선택의 적지 않은 부분이 자신의 사고습관과 관련된다. 사람들은 이런 통제력을 대체로 환영했다. 우리가 살고 있는 사회는 개인 구성원들에게 지금까지 누려본 적 없는 큰 권한을 부여하고 있다. 현재 우리는 개인의 쾌락과 고통을 매우 진지하게 취급하고 자아를 찬미하며, 개인의 성취를 삶의 정당한 목표 혹은 거의 신성한 권리로 간주하는 사회에 살고 있다.

우울증에 대한 견해

자유에는 위험이 따른다. 자아의 시대는 우울증의 시대이기도 하다. 우울증은 비관성과 밀접한 관계가 있는 현상이며 비관성의 궁극적 표현이라 하겠다. 우리는 우울증이라는 유행병에 둘러싸여 있는데, 이것은 자살로 연결되어 에이즈만큼이나 많은 사람들의 목숨을 앗아갔으며 에이즈보다도 더 널리 퍼져있다. 오늘날 심각한 우울증에 시달리는 사람들의 숫자는 50년 전보다 10배나 늘었다. 우울증에 시달리는 사람들은 남자보다 여자가 2배 많으며, 연령도 한 세대 전과 비교해 평균 10년 빨라졌다.

우울증에 관한 이론은 최근까지만 해도 정신분석적 이론과 생의학적 이론밖에 없었다. 정신분석적 이론은 프로이트가 약 75년 전에 쓴 논문에 바탕을 둔 것으로 그의 이론은 실험보다는 자유로운 상상의 산물이라 할 수 있다. 프로이트는 우울증이 자신에 대한 분노라고 주장했다. 우울증 환자는 자신을 쓸모없는 존재로 비난하면서 결국 자신을 죽이려 한다는 것이다. 프로이트에 따르면 우울증 환자는 어릴 적 엄마 품안에 있었을 때 이미 이렇게 자신을 미워하는 법을 배운다. 적어도 아이의 관점에서 어릴 적 엄마가 자신을 돌보지 않고 버려두는 일이 생기는 경우에 아이는 크게 분노한다. 예를 들면 엄마가 휴가차 집을 비운다거나 너무 늦게 귀가한다거나 다른 아이를 돌보고 있는 경우다. 그러나 아이는 엄마를 너무 사랑하기 때문에 엄마에게 화를 내지 못한다. 대신 좀 더 화를 내기 쉬운 대상에게 분노를 돌리게 되는데, 그것이 바로 자기 자신이라는 것이다. 좀 더 정확히 말하자면 엄마와 동일시된 자신의 일부가 분노의 대상이 된다고 한다. 이것이 파괴적인 습관으로 굳어져 성인이 돼서도 누군가에게 다시 버림을 받으면 실제 가해자 대신 자신에게 분노를 일으키게 된다. 그 결과로 자기혐오, 상실에 대한 반응인 우울증, 자살이 뒤따를 수 있다.

프로이트의 견해에 따르면 우울증을 벗어나기란 쉽지 않다. 왜냐하면 우울증이란 미해결 상태로 남아있는 어릴 적 갈등의 산물로 그 위에 겹겹의 방어망이 쳐있기 때문이다. 오로지 이 방어망을 뚫고 들어가 어릴 적 갈등을 해결해야만 우울증 경향이 줄어들 것이라고 프로이트는 믿었다. 수년에 걸친 정신분석, 곧 치료자의 지도 아래 자신을 향한 분노의 기원을 깨닫기 위한 투쟁이 프로이트의 우울증 처방이다.

비록 프로이트의 이론이 미국인들, 특히 맨해튼 사람들[3]의 상상력을 많이 자극한 것은 사실이지만, 나는 이것이 어처구니없는 이론이라고 생각한다. 그의 이론은 사람들로 하여금 멀고도 어두침침한 과거에 관해서 수년 동안 일면적인 대화를 나누도록 강요한다. 하지만 이런 대화를 통해 극복하고자 하는 문제란 대개 몇 달 지나면 자연히 사라지는 것이다. 우울증의 90퍼센트 이상의 사례가 일시적이다. 생겼다가는 다시 사라지며 증상의 지속기간은 3~12달 정도다. 게다가 지금까지 수천 명의 환자가 수십만 번의 치료시간을 가졌음에도 정신분석의 우울증 치료효과는 증명되지 않았다.

더욱 심각한 문제는 정신분석이 우울증에 걸린 사람들을 비난한다는 점이다. 이 이론은 사람들이 성격적 결함 때문에 스스로 우울증에 빠진다고 주장한다. 사람들 스스로가 우울해지길 원하는 셈이다. 자기처벌의 충동에 사로잡혀 무수한 나날을 불행하게 보내면서, 할 수만 있다면 자신을 제거하려고 한다는 것이다.

그렇다고 해서 내가 프로이트의 사상을 통째로 비난하려는 것은 아니다. 프로이트는 위대한 해방의 사상가였다. 뚜렷한 신체적 원인 없이도 마비 같은 신체 증상을 일으키는 히스테리에 관한 초기 저작에서, 그는 당시 금기시되었던 인간의 성욕에 대해 연구하면서 그것의 어두운 면들을 직시했다. 그러나 프로이트가 성욕의 이면에 주목해 히스테리를 설명할 수 있었던 경험으로부터 일정한 공식을 끌어내어 남은 생애 동안 사용한 것은 애석한 일이라 하겠다. 이 공식에 따르면 모든 정신질환은 사람들이 지닌 비열한 부분이 변형되어 나타난 것이다. 그리고 바로 이 비열한 부분이 인간의 가장 근본적이며 보편적인 속성이라고 프로이트는 믿었다. 인간의 본성을 욕되게 하는 이런 불합리한 가정은 아래와 같은 말들이 통용되는 시대를 불러왔다.

너는 네 어머니와 성교하길 원하고 있다.

너는 네 아버지를 죽이고 싶어 한다.

너는 갓 태어난 네 아기가 죽을 것이라는 환상을 숨기고 있지만, 실제로 너는 아기의 죽음을 바라고 있다.

너는 끝없이 불행한 나날을 보내길 바라고 있다. 네가 가장 혐오하고 숨기려하는 비밀이 바로 네게 가장 본질적인 것이다.

이런 식의 화법에서 말은 현실과 유리될 수밖에 없다. 이런 말들은 우리 인류가 공유하는 경험과 감정으로부터 너무나도 멀리 떨어져 있다. 만일 시칠리아의 무장한 마피아 단원에게 위와 같은 말을 한다면 과연 무슨 일이 벌어질까?

우울증을 바라보는 좀 더 그럴듯한 또 다른 견해는 생의학적인 것이다. 생의학적 경향의 정신과 의사들은 우울증이 일종의 신체질환이라고 말한다. 이들은 우울증이란 아마도 염색체 11번의 가지에 위치한 뇌 화학물질의 불균형을 초래하는 유전적인 생화학적 결함의 결과일 것이라고 본다. 이들은 우울증을 치료하기 위하여 약물이나 전기충격요법을 사용하는데, 시술이 빠르고 비용이 적게 들며 제법 효과적인 치료법이다.

정신분석적 견해와 달리 생의학적 견해는 일부 옳다고 생각한다. 실제로 몇몇 우울증은 뇌 기능 결함의 결과인 듯하며 어느 정도 유전된다. 나아가 많은 우울증 환자들이 항우울증 약물에는 천천히, 그리고 전기충격요법에는 활발하게 반응을 보일 것이다. 그러나 이런 성공은 부분적이며 혼합된 것이다. 항우울증 약물과 뇌를 지나는 고압 전류는 적지 않은 수의 우울증 환자들에게 고약하며 견디기 힘든 부작용을 일으킬 수 있다.

게다가 생의학적 견해는 약물에 반응하는 핵심적이며 유전적인 심각한 우울증에서부터 수많은 사람들이 시달리는 일상적이고 훨씬 더 흔한 우울증에까지 일반화시키는 경향이 있다. 우울증에 시달리는 상당수의 사람들에게 우울증이란 부모로부터 유전된 것이 아니다. 그리고 이런 가벼운 우울증도 약물로 치유될 수 있다는 증거는 존재하지 않는다.

생의학적 접근의 가장 부정적인 측면은 이것이 근본적으로 정상적인 사람들을 환자로 만든다는 사실이다. 나아가 이들을 외부의 힘, 즉 의사가 처방해주는 알약에 의존하게 만든다. 항우울증 약물이 일반적인 의미에서 중독성이 있는 것은 아니다. 다시 말해 약물 복용을 중지한다고 해서 그것에 대한 갈망이 생기는 것은 아니다. 하지만 성공적으로 치료를 받은 환자가 약물 복용을 중지하면 우울증이 재발하곤 한다. 약물에 의존하는 환자는 스스로 행복을 개척해 나아가고 정상적으로 행동할 자신의 능력보다 알약을 신뢰하게 되는 것이다. 항우울증 약물은 마음을 안정시키기 위해 먹는 진정제나 아름다움을 경험하기 위해 이용하는 환각제와 마찬가지로 우리 사회의 지나친 약물 남용을 보여주는 좋은 예다. 자신의 능력과 행위를 통해서도 해결할 수 있을 정서적 문제를 외부의 해결책에 맡겨버린다는 점에서 이들은 모두 동일한 것이다.

대부분의 우울증이 정신과 의사들이나 정신분석학자들이 주장하는 것보다 훨씬 단순한 것이라면 어떻게 할 것인가?

- 우울증이 내적 충동에 의해 마음속에서 생긴 것이 아니라 외부로부터 유발된 것이라면?
- 우울증이 병이 아니라 심한 저기압의 심리상태라면?

- 우리의 행동방식이 과거의 갈등에 얽매어 있지 않다면? 우울증이 사실상 현재의 어려움 때문이라면?
- 우리가 유전자나 뇌의 화학작용에 얽매어 있지 않다면?
- 우리 모두가 살다 보면 겪게 마련인 불운과 실패를 잘못 해석함으로써 우울증이 생기는 것이라면?
- 그저 실패의 원인을 비관적으로 해석하기 때문에 우울증이 생기는 것이라면?
- 학습을 통해 비관성을 떨쳐버리고 실패를 낙관적으로 바라보는 기술을 획득할 수 있다면?

성취에 대한 견해

우울증에 대한 전통적 견해와 마찬가지로 성취에 대한 전통적 견해도 재검토할 필요가 있다. 사람들은 흔히 직장이나 학교에서 성공하려면 재능과 욕망이 적절히 결합되어야 한다고 생각하며 실패하는 것은 재능이나 욕망이 모자라기 때문이라고 말한다. 그러나 재능과 욕망이 충분하더라도 낙관적 태도를 갖지 못하면 역시 실패할 수 있다.

학교에서는 학생들의 재능을 검사하기 위해 여러 가지 테스트를 실시한다. 이런 검사가 자녀의 장래를 위해 매우 중요하다고 생각하는 부모들은 돈을 내면서까지 자녀로 하여금 테스트를 받게 한다. 이런 테스트들은 각 성장단계의 아이들을 유능한 사람과 덜 유능한 사람으로 구분한다. 테스트로 어느 정도 재능을 측정할 수는 있지만 원래 재능 자체는 웬만해서 늘지 않는다. 주입식 과외학습 등을 통해 입학시험 점수를 어느 정도 올릴 수는 있겠지만 그렇다고 해서 진정한 의미의 재능이 늘어나는 것은 아니다.

한편 욕망은 또 다른 것이다. 욕망을 부풀리기란 너무 쉬운 일로, 전도사가 구원에 대한 사람들의 욕망을 뜨겁게 달구는 데는 한두 시간이면 족하다. 재치 있는 광고는 과거에 존재하지도 않았던 욕망을 순식간에 만들어내며, 직원교육을 통해 직원들의 동기를 북돋우고 그들을 열광케 하는 것도 그리 어려운 일이 아니다. 그러나 이런 모든 격정은 일시적인 것이다. 구원에 대한 뜨거운 욕망은 그것을 계속 부채질하지 않는 한 식게 마련이며, 어떤 상품의 매력은 몇 분도 안 돼 잊혀지거나 다른 상품의 매력으로 대체될 것이다. 동기부여를 위한 세미나는 기껏해야 며칠 또는 몇 주 효력을 발휘하고 말 것이며 다시 그렇게 되려면 또 다른 동기부여가 필요하게 될 것이다.

그러나 만약 성공의 전제조건에 대한 이런 전통적 견해가 틀렸다면 어떻게 할 것인가?

- 낙관성 또는 비관성이라는 제 3의 요소가 재능이나 욕망만큼 중요하다면?
- 성공에 필요한 재능과 욕망을 모두 갖췄지만 비관적인 사람이기 때문에 여전히 실패할 수 있다면?
- 학교에서든 직장에서든 놀이터에서든 낙관적인 사람이 더 뛰어나다면?
  - 낙관성을 학습할 수 있으며 이렇게 습득한 기술을 영원히 간직할 수 있다면?
- 자녀에게 이 기술을 심어줄 수 있다면?

건강에 대한 견해

건강에 대한 전통적 견해는 재능에 대한 전통적 견해만큼이나 문제가 많다. 낙관성 또는 비관성이 정신적 요소는 신체적인 요소만큼이나 건강에 큰 영향을 미친다.

대부분의 사람들은 건강을 전적으로 신체적인 문제로 간주한다. 그래서 체질, 건강습관, 세균감염의 회피 등에 따라 건강이 좌우된다고 생각한다. 흔히 체질의 많은 부분이 유전자에 의해 결정된다고 생각하지만, 다른 한편으로 올바른 식습관, 꾸준한 운동, 악성 콜레스테롤의 회피, 정기검진, 안전벨트의 착용 등으로 체질을 향상시킬 수 있는 것도 사실이다. 질병을 피하려면 예방접종, 청결한 위생상태, 안전한 성교, 감기에 걸린 사람과 접촉하지 않기, 하루 세 번 이 닦기 등등이 필요할 것이다. 따라서 건강이 나빠졌다면 이는 체질이 허약하거나 건강습관이 좋지 않거나 너무 많은 세균에 노출됐기 때문일 거라고 사람들은 확신한다.

건강에 대한 이런 전통적 견해는 한 가지 중요한 요인을 빠뜨리고 있다. 우리 자신의 생각이 바로 그것이다. 우리는 신체의 건강에 대해서 의외로 큰 통제력을 스스로 발휘할 수 있다. 예를 들자면 다음과 같다.

- 특히 건강에 관한 우리의 사고방식이 건강상태 자체를 바꿀 수 있다.
- 낙관적인 사람은 비관적인 사람보다 유행병에 덜 걸린다.
- 낙관적인 사람은 비관적인 사람보다 좋은 건강습관을 가지고 있다.
- 낙관적으로 생각하면 면역체계도 더욱 잘 작동할 것이다.
- 낙관적인 사람들이 비관적인 사람들보다 더 오래 산다는 경험적 증거가 있다.

우울증, 성공, 신체의 건강은 낙관성을 학습해서 적용할 수 있는 가장 분명한 영역들에 속한다. 그밖에도 이것은 우리로 하여금 새로운 자기이해에 도달하도록 할 수 있는 잠재력을 지니고 있다.

이 책을 다 읽고 나면 자신이 얼마나 비관적인지 또는 낙관적인지 알게 될 것이다. 자신의 배우자나 자녀가 얼마나 낙관적인지도 측정할 수 있을 것이며, 자신이 그동안 얼마나 비관적이었는지도 측정할 수 있을 것이다. 왜 자신이 울적한 마음에 시달리며 나아가 정말로 심각한 절망에 빠지곤 하는지, 또 무엇이 이런 우울증을 지속시키는지 훨씬 더 잘 알게 될 것이다. 그밖에 재능도 있었고 목표에 대한 욕망도 컸지만 결국 실패했던 일들에 관해 더 잘 이해하게 될 것이다. 우울증을 벗어나는 기술과 그것의 재발을 막는 법도 배우게 될 것이며, 하루하루를 살면서 도움이 필요할 때마다 이런 기술들을 활용할 수 있을 것이다. 계속 늘어나는 사례들에 비추어 볼 때 이런 기술들은 건강에도 도움이 될 것이다. 나아가 여기서 배운 기술들을 자신에게 중요한 사람들과 공유할 수도 있을 것이다.

이 책을 통해 당신은 무엇보다도 개인의 통제력에 대한 새로운 과학을 이해하게 될 것이다.

낙관성의 학습은 '긍정적 사고의 힘'의 재발견이 아니다. 낙관성의 기술은 행복한 사건들을 설파하는 핑크빛 주말학교에서 나온 것도, 단순히 긍정적인 주문을 외우는 것도 아니다. 우리는 수년간의 연구 결과 긍정적인 주문을 외워봐야 별 효과가 없음을 발견했다. 오히려 실패를 경험할 때 '부정적이지 않은 사고'의 힘을 이용해 어떤 생각을 하느냐가 중요하다. 우리 모두가 살다 보면 겪게 마련인 실패에 직면하여 자신에게 내뱉는 파괴적인 말들을 바꾸는 것이 낙관성의 핵심 기술이다.

대부분의 심리학자들은 전통적인 범주의 틀 안에서 연구하며 세월을 보낸다. 우울증, 성취, 건강, 정치적 혼란, 양육, 기업조직 등이 그런 범주들이다. 그러나 나는 많은 전통적 범주들을 뛰어넘는 새로운 범주를 확립하고자 노력해왔다. 나는 사건들을 개인적 통제의 성공 또는 실패의 관점에서 바라본다.

이런 식으로 사물을 바라보면 세상이 전혀 다르게 보인다. 겉보기에 무관한 사건들을 한번 나열해보자. 일상화되고 있는 우울증과 자살, 개인의 성취를 권리로까지 떠받드는 사회, 재빠른 사람이 아니라 자신감을 가진 사람에게 유리한 경주, 너무나도 일찍 만성질환에 시달리다 제대로 살아보지도 못하고 삶을 마감하는 사람들, 부모는 똑똑하고 헌신적인데 아이는 불안정하고 버릇없는 집, 그저 의식적인 사고과정을 바꾸어 우울증을 고치는 치료법 등. 이렇게 성공과 실패, 고난과 승리가 뒤범벅된 것이 다른 사람들에게는 어처구니없거나 불가사의하게 보일지 모르지만 내게는 이 모든 것이 단 한 가지로 보인다. 이 책은 좋든 나쁘든 이런 나의 관점을 따르고 있다.

우선 개인적 통제에 관한 이론을 살펴보자. 여기서 중요한 두 개념은 학습된 무기력과 설명양식이라는 것이다. 이 둘은 밀접하게 관련되어 있다.

학습된 무기력이란 포기반응, 어떻게 해도 안 된다는 생각에 단념하는 반응이다. 설명양식이란 왜 이러저러한 일들이 일어났는지 스스로에게 설명하는 습관적인 방식이다. 이것은 학습된 무기력을 크게 좌우하는 역할을 한다. 낙관적인 설명양식은 무기력을 없애고 비관적인 설명양식은 무기력을 퍼뜨린다. 일상 속에서 실패나 중대한 패배에 직면할 때, 과연 얼마나 무기력에 빠져들지 또는 다시 기운을 차릴지는 본인 스스로가 사태를 설명하는 방식에 달렸다. 설명양식이란 '마음속 세상'을 비추는 거울과도 같은 것이다.

사람들은 저마다 가슴 속에 "예" 또는 "아니오"라는 말을 품고 산다. 둘 가운데 어떤 말이 자기 마음속에 있는지 바로 느껴지지 않을 수 있지만 각자 어떤 말을 지니고 사는지 꽤 정확하게 알아낼 수도 있다. 곧 당신은 자신을 테스트함으로써 각자의 낙관성 또는 비관성 수준을 알게 될 것이다.

낙관성은 삶의 모든 영역은 아니더라도 일부 영역에서 중요한 자리를 차지한다. 낙관성은 만병통치약이 아니다. 그러나 낙관성은 우울증을 방지하고 성취도를 높일 수 있다. 나아가 신체의 건강을 향상시킬 수 있고 그 자체로 훨씬 즐거운 심리적 상태를 제공해준다. 다른 한편 비관성도 나름의 역할을 한다. 비관성의 보완적 역할에 관해서는 뒤에 가서 자세히 다루기로 하겠다.

혹시 검사 결과 자신이 비관적인 사람으로 판명되더라도 절망할 필요는 없다. 근본적 비관성은 대다수의 성격들과는 다르게 한 곳에 고정되어 변하지 않는 것이 아니다. 일련의 기술을 학습함으로써 비관성의 횡포에서 벗어나 낙관성을 선택하고 활용하는 것이 가능하다. 이런 기술이 기계적으로 쉽게 획득되는 것은 아니지만 그렇다고 터득 불가능한 것도 아니다. 그 첫 단계는 자기 마음속에 있는 말을 찾아내는 것이다. 또한 이것은 지난 25년 동안 발전해온 인간 마음에 대한 새로운 견해, 곧 자신의 통제력에 대한 이해가 운명을 바꾼다는 새로운 견해를 습득하기 위한 첫걸음이기도 하다.

2장

학습된 무기력

어렸을 적 우리 부모님은 가끔씩 하룻밤 자고 오라며 친구 제프리네로 데려다주곤 했다. 그럴 때마다 집에 무언가 문제가 생긴 것임을 눈치 챈 나는 그 당시에도 아버지에게 무슨 일이 있음을 직감했다. 여느 아버지들처럼 우리 아버지 역시 원래 조용하고 점잖은 분이셨는데, 어느 순간부터 자주 흥분하거나 화를 내시고, 갑자기 눈물을 보이기도 하셨던 것이다.

나를 제프리네 집에 데려다 주려던 어느 날 저녁, 어두워지는 뉴욕 주의 올버니 주택가 거리를 지나다 아버지는 갑자기 거칠게 숨을 들이쉬며 길가에 차를 세웠다. 얼마 동안 우리는 차 안에 잠자코 앉아 있었다. 마침내 아버지가 입을 열었는데, 1~2분 동안 몸 왼쪽의 감각이 모두 사라졌었다고 했다. 아버지가 느낀 두려움이 목소리를 타고 전달되면서 나는 불안에 몸을 떨었다.

아버지의 연세는 고작 마흔 아홉으로, 한참 정력적으로 활동하실 나이였다. 그러나 대공황이었던 당시 아버지는 법과대학원을 뛰어난 성적으로 졸업하시고도 수입이 더 나은 일자리를 찾는 대신 안전하게 공무원으

학습된 무기력 53

로 취직하셨다. 최근 아버지는 생애 처음으로 용단을 내리셨는데, 바로 뉴욕의 고위직에 입후보하기로 결심한 것이었다. 나는 그런 아버지가 매우 자랑스러웠다.

비록 어렸지만 그 당시에는 나 역시 생애 처음으로 위기의 시기를 보내고 있었다. 그해 가을 아버지는 나를 잘 다니고 있던 공립학교에서 군대식 사립학교로 전학시켰다. 올버니에서는 그곳이 유일하게 똑똑한 학생들을 좋은 대학에 진학시키는 곳이었기 때문이다. 그 학교에 입학해보니 나만 빼고 모두 부잣집 아이들이었다. 그 가운데 대부분이 올버니에서 250년 또는 그 이상을 살아온 집안 출신이었기에, 나만 혼자 따돌림받는다는 느낌이었다.

제프리네 집 앞에 도착하자 나는 놀란 마음을 억누르며 아버지께 작별 인사를 했다. 이튿날 새벽, 잠에서 깨어나자마자 공포감이 밀어닥쳤다. 무슨 일이 일어났을 것 같은 느낌에 서둘러 집으로 가야겠다고 생각한 나는 조용히 친구 집을 빠져나와 여섯 블록 떨어진 우리 집으로 달려갔다. 집에 다 왔을 즈음 집에서 들것이 나오는 것이 보였다. 거기에는 아버지가 누워 계셨다. 나는 나무 뒤에 숨어서 아버지가 애쓰시는 모습을 지켜보았다. 몸을 가누지 못한 채 헐떡거리는 아버지의 거친 숨소리가 들려왔다. 아버지는 나를 보지 못하셨고 내가 아버지의 가장 끔찍한 순간을 목격했다는 것도 전혀 눈치 채지 못하셨다. 그 뒤에도 세 번 더 발작증세가 있었고, 결국 아버지는 비애와 병적 흥분상태가 번갈아 일어나는 마비환자가 되고 말았다. 신체적으로나 정서적으로 무력한 처지에 놓이게 된 것이었다.

아버지는 병원에 입원하셨고 그 뒤 길더랜드 요양원으로 옮기셨는데, 그동안 어머니는 나를 한 번도 아버지께 데려가지 않았다. 그러다 마침내 아버지를 방문할 수 있는 날이 왔다. 아버지가 계신 방으로 들어가자 아버지는 나를 보고 근심어린 표정을 지으셨다. 나도 무력한 아버지의 모습에 두려운 마음이 들었다.

어머니는 아버지에게 하나님과 천국에 관하여 이야기하셨다. "여보, 나는 하나님을 믿지 않잖아"라고 아버지가 기운 없이 말씀하셨다. "나는 천국도 믿지 않아. 내가 믿는 것이라고는 당신과 아이들이 전부야. 나는 죽고 싶지 않아."

이 일은 나로 하여금 무력감이 얼마나 큰 재난을 가져오는지 절감하게 했다. 아버지가 몇 년 뒤 돌아가실 때까지 나는 아버지의 무력한 처지를 계속 지켜볼 수밖에 없었고, 이런 경험은 나의 연구에 큰 영향을 미쳤다. 아버지의 절망이 나의 학구열에 불을 지핀 셈이었다.

일 년쯤 지나 당시 대학생이던 누나는 조숙했던 나에게 대학에서 읽던 책들을 보여주곤 했는데, 그때 나는 처음으로 프로이트의 책을 읽게 되었다. 나는 방에 매달아 놓은 그물침대에 누워 프로이트의 《정신분석 입문》을 읽었다. 책에서 이가 빠지는 꿈을 자주 꾸는 사람들에 관한 이야기를 읽으면서 어떤 깨달음이 와 닿는 것 같았다. 나도 그런 꿈을 꿔보지 않았던가! 프로이트의 해석은 깜짝 놀랄 만한 것이었다. 이가 빠지는 꿈은 거세를 상징하며 자위에 대한 죄의식을 표현한다, 즉 그런 꿈을 꾸는 사람은 아버지가 자위의 벌로 성기를 거세할지 모른다는 공포를 가지고 있다는 것이었다. 프로이트가 어쩌면 그렇게 나를 잘 아는지 놀라지 않을 수 없었다. 원래 사람들은 사춘기 때 이런 꿈을 자주 꾸며 자위행위도 자주 한다는 사실을 바탕으로 프로이트가 독자들에게 뭔가 번뜩이는 깨달음의 느낌을 주는 것이라는 사실을 당시에는 알아차리지 못했다. 프로이트의 설명은 나를 매혹하기에 충분한 설득력을 지녔으며 더 많은 진실을 알려

줄 거라는 기대를 부추겼다. 그 순간 나는 프로이트가 했던 비슷한 물음들을 탐구하며 내 일생을 보내기로 결심했다.

몇 년 뒤 나는 심리학자나 정신과 의사가 될 작정으로 프린스턴대학에 입학했다. 당시 프린스턴대학의 심리학과는 그리 유명하지 않았던 반면 철학과는 세계적 수준이었고, 심리철학과 과학철학이 밀접한 관계가 있음을 알게 된 나는 현대철학 전공으로 학부를 졸업했다. 하지만 여전히 프로이트의 문제의식은 옳다고 확신하고 있었다. 다만 그의 설명은 더 이상 설득력 있게 보이지 않았으며, 특히 극히 소수의 사례를 지나치게 일반화하는 그의 연구방법은 어처구니없는 것으로 보였다. 나는 오직 실험을 통해서만 무기력 같은 정서적 문제와 관련된 인과관계를 과학적으로 밝힐 수 있으며 나아가 치료법도 개발할 수 있을 것이라는 확신을 갖게 되었다.

나는 실험심리학을 연구하기 위해 대학원에 진학했다. 1964년 가을, 스물한 살의 호기심 많은 청년이었던 나는 갓 취득한 학사학위만 달랑 들고 펜실베이니아대학 리처드 솔로몬Richard L. Solomon 교수의 실험실을 찾아갔다. 나는 솔로몬 교수 밑에서 연구하기를 간절히 희망했다. 그는 세계적으로 유명한 학습이론가였을 뿐만 아니라 내가 하고자 했던 바로 그런 종류의 연구를 하고 있었다. 그는 잘 통제된 동물실험을 바탕으로 정신질환의 기초과정을 추정하려고 시도하고 있었다.

솔로몬 교수의 실험실은 대학에서 가장 오래되고 낡은 건물인 헤어빌딩에 있었다. 낡아빠진 문을 열고 들어가면서 문이 빠지지 않을까 걱정될 정도였다. 방 저편에 있던 솔로몬 교수는 키가 크고 마른 몸매에 대머리였고, 그만의 독특한 지적 긴장감이 느껴졌다. 그런데 일에 몰두한 솔로몬 교수 때문에 갑자기 실험실이 온통 어수선해지고 말았다.

실험실의 최고참 학생이었던 중서부 출신의 브루스 오버미어라는 친구는 남 걱정까지 해줄 정도로 친절한 사람이었는데, 그가 즉각 설명을 하려고 나섰다.

"개 때문이야. 개들이 아무것도 하려 들질 않거든. 개들한테 무슨 문제가 있는지, 도무지 실험이 되질 않아."

그는 이어서 설명하길 '전이' 실험이라는 난해한 이름의 실험에서 개들에게 지난 몇 주 동안 파블로프 조건형성[4]을 시켰다고 한다. 개들에게 매일 두 종류의 자극, 곧 높은 음의 소리와 짧은 전기충격을 주었다는 것이다. 먼저 소리를 들려주고 그다음에 충격을 주는 식으로 두 자극을 짝지어 주었는데, 전기충격은 아주 고통스러울 정도의 것은 아니었다. 건조한 겨울날 문손잡이를 잡다가 느끼는 약간의 전기충격 정도의 것이었다. 개들로 하여금 중성자극인 소리와 고통을 일으키는 충격을 연합하게 만들어 나중에는 소리만 듣고도 마치 전기충격을 받은 것처럼 공포를 나타내는 반응을 하도록 만드는 것이 실험의 1차 목표였다.

그런 다음에 비로소 실험의 핵심 부분이 시작되었다. 낮은 벽으로 칸막이가 쳐진 두 칸짜리 큰 '이동상자' 안으로 개들을 넣고, 이런 상황에서도 소리를 들려주면 개들이 전기충격을 피하려고 장애물을 뛰어넘었던 이전 학습상황과 똑같이 반응하는지 관찰했다. 만약 그렇게 반응한다면, 그것은 정서적 학습이 상당히 다른 상황에까지 전이될 수 있음을 뜻하는 것이었다.

우선 전기충격을 피하기 위해 장애물을 뛰어넘는 것부터 학습시켜야 했다. 그래야 그다음 단계로 소리만 가지고도 똑같은 반응을 일으킬 수 있는지 검사할 수 있을 것이었다. 개들에게 이것은 식은 죽 먹기처럼 쉬워야 했다. 전기충격을 피하기 위해 개들이 할 일이란 상자의 칸막이인 낮은 장애물을 뛰어넘는 것이 전부였다. 개들은 보통 이런 것을 쉽게 학습한다.

그런데 오버미어의 설명에 따르면 이 실험실의 개들이 방금 낑낑거리며 바닥에 엎드려버렸다고 한다. 전기충격을 피하려는 시도도 하지 않고 말이다. 이런 상황에서 실험의 본래 목표인 다음 단계로 넘어갈 수 없음, 다시 말해 소리만 가지고 개들을 실험할 수 없음은 당연한 일이었다.

오버미어의 설명을 듣고 낑낑거리는 개들을 바라보면서 나는 이 전이 실험이 의도했던 어떤 결과보다도 훨씬 더 중요한 어떤 일이 일어났음에 틀림없다고 생각했다. 실험의 초기 단계에서 개들이 무기력을 학습한 것이 틀림없었다. 때문에 개들이 포기한 것 아니겠는가? 자극으로 들려준 소리는 이것과 아무 상관이 없었다. 파블로프 조건형성을 받는 동안에 개들은 자신이 무엇을 하건, 예를 들어 저항하며 짖어대거나 껑충 뛰건, 혹은 아무것도 안하건 상관없이 전기충격이 생겼다 없어졌다 한다고 느낀 것이다. 결국 개들은 자기들이 어떻게 하건 아무 소용없음을 '학습'한 것이었다. 그런 상황에서 무슨 시도를 하겠는가?

나는 이 결과에 깊은 뜻이 있음을 깨달았다. 만약 개들이 행동의 무익함 같이 복잡한 것을 학습할 수 있다면, 사람의 무기력도 이와 비슷하게 실험실에서 연구될 수 있을 것이라는 생각이 들었다. 도시의 가난한 사람들에서부터 갓 태어난 아기나 낙담한 채 벽만 쳐다보는 환자에 이르기까지 무력감이란 우리 주변 어디에서나 찾아볼 수 있었다. 내 아버지의 삶이 망가진 것도 무력감 때문이었다. 그러나 무기력에 대한 과학적 연구는 전혀 존재하지 않았다. 개들에게 일어난 상황이 사람의 무기력에 대한 실험모형이 될 수 있을까? 무기력이 어떻게 생기는지 이런 방법으로 밝혀낼 수 있을까? 그것을 치료 또는 예방하려면 어떻게 해야 할까? 어떤 약물이 효과가 있을까? 무기력에 특히 취약한 사람들은 어떤 사람들일까? 이런 저런 생각들이 꼬리를 물고 떠올랐다.

학습된 무기력을 실험실에서 목격한 것은 이번이 처음이었지만 나는 그것을 금방 알아차렸다. 물론 다른 사람들도 이미 그것을 보았지만 단지 연구의 방해물로 여겼을 뿐 그 자체를 연구 가치 있는 현상으로 바라보지 못했다. 나의 삶과 경험, 아마도 아버지의 마비증세가 내게 미친 영향이 나로 하여금 그것을 알아차리도록 어떤 식으로든 작용한 것이었다. 이 개들을 괴롭힌 것이 무기력이었다는 사실과 나아가 무기력은 학습될 수 있으며, 또한 재학습을 통해 제거될 수도 있다는 사실을 과학자공동체에 증명하기까지 나는 그 뒤 10년의 세월을 투자해야 했다.

이러한 새로운 사실의 발견가능성이 나를 흥분시켰지만, 다른 한편으로는 실망스러운 점도 있었다. 이 실험실의 대학원 학생들은 아무 죄도 없는 개들에게 어느 정도 고통스러운 전기충격을 주고 있었다. 과연 내가 이 실험실에서 일할 수 있을까라는 의문이 들었다. 나는 어릴 적부터 동물들을 좋아했고 특히 개를 사랑했다. 때문에 아무리 그 강도가 약하다고 해도 동물들에게 고통을 줘야한다는 생각은 결코 마음에 들지 않았다. 나는 주말을 다른 곳에서 보낸 뒤 내게 철학을 가르쳤던 교수 한 분을 찾아가 내 의구심에 대해 이야기했다. 이 교수는 나보다 불과 몇 살 더 나이가 많지만, 나는 그를 현명한 사람이라고 생각했다. 그와 그의 아내는 늘 나를 위해 시간을 내주었으며, 1960년대 대학생활을 특징지었던 까다로운 문제들과 모순들을 정리하는 데 큰 도움을 주었다.

"무기력을 이해하는 단서가 될 만한 것을 실험실에서 보았어요"라고 나는 말했다.

"지금까지 아무도 무기력에 대해 연구하지 않았어요. 하지만 과연 내가 그것을 연구할 수 있을지 확신이 서질 않습니다. 왜냐하면 개에게 전기충격을 주는 방법은 옳지 않다는 생각이 들거든요. 그게 꼭 잘못됐다고 말할 수는 없을지 몰라도 어쨌든 거부감이 들어요."

나는 내가 본 일들과 이런 일들이 결국 어디로 나아갈지에 대한 우려를 이야기했다.

이 교수는 윤리학과 과학사를 전공한 사람이었기 때문에 그의 사고방식도 이런 방향으로 흘렀다.

"마티, 무기력의 문제를 파헤칠 다른 방법은 없을까? 무기력한 사람들을 대상으로 한 사례연구는 어떨까?"

하지만 우리 둘 다 사례연구가 과학적으로는 별 전망이 없는 것임을 잘 알고 있었다. 사례연구란 그저 한 개인의 삶에 관한 일화일 뿐이다. 사례연구를 통해서는 무엇이 그 원인인지 정확히 밝혀낼 수가 없고, 도대체 실제로 일어난 일이 무엇인지조차 알아내기가 쉽지 않다. 기껏해야 당사자의 이야기를 통해서 알아내야 하는데, 당사자의 이야기란 늘 그 사람 자신의 관점을 반영하기 때문에 이야기가 왜곡되기 쉽다. 따라서 오로지 잘 통제된 실험을 통해서만 그 원인을 따로 연구하여 치료법도 발견할 수 있을 것이라는 사실 또한 분명했다. 그러나 연구를 목적으로 다른 사람에게 외상을 입힌다는 것은 윤리적으로 상상조차 할 수 없는 일이었다. 결국 동물실험이 유일한 대안인 듯했다.

"하지만 동물에게 고통을 입히는 것은 정당화될 수 있을까요?" 하고 나는 물었다.

교수는 오늘날 대부분의 사람들과 우리 주변의 애완동물들이 편안히 살 수 있는 것은 과거에 행해진 동물실험 덕분이라고 말했다. 그는 동물실험이 없었다면 소아마비나 천연두가 여전히 위력을 떨쳤을 것이라고 주장했다.

"그러나 자네도 알다시피 과학의 역사를 살펴보면 기초연구를 통해 지불되지 않은 약속어음들도 수두룩하지. 인간의 불행을 덜어줄 기술인양 떠벌였지만 실제로는 아무것도 한 것이 없는 경우들 말이야."

"자네가 하려는 일과 관련해 두 가지 질문을 하고 싶네. 첫째, 자네가 동물에게 단기적으로 입힐 고통보다 훨씬 더 많은 고통을 장기적으로 없앨 가능성이 어느 정도 있다고 생각하나? 둘째, 동물연구의 결과를 인간에게 일반화하는 것이 가능하다고 생각하나?"

이 두 질문 모두에 대해 나는 그렇다고 답했다. 첫째, 나는 인간 무기력의 비밀을 풀 만한 연구모형을 가지고 있다고 생각했다. 만약 그것이 실현된다면 그것이 사람들의 고통을 덜어줄 잠재력은 상당할 것이라고 생각했다. 둘째, 내가 알기로는 동물에서 사람에게로 일반화하는 것이 어떨 때는 타당하고 어떨 때는 그렇지 않은지를 판별하기 위한 확실한 검사법이 과학계에 이미 개발되어 있었다. 나 역시 이런 검사법을 사용할 작정이었다.

이 교수는 과학자들이 야망에 사로잡혀 애초의 이상을 편의적으로 잊곤 한다고 내게 경고했다. 그러면서 두 가지 결의를 할 것을 내게 요청했다. 첫째, 내가 알아내야만 하는 근본과정이 분명해지는 날, 나는 개를 대상으로 한 실험을 중단할 것이다. 둘째, 동물을 필요로 하는 주요 질문들에 대한 해답을 찾는 날, 나는 동물을 대상으로 한 실험을 모두 중단할 것이다.

나는 무기력에 관한 동물모형을 만들 큰 희망을 품은 채 실험실로 돌아갔다. 실험실에서는 스티븐 마이어라는 한 학생만이 내 연구계획에 관심을 보였다. 그는 뉴욕 브롱크스 지역 출신으로 수줍음이 많고 학구적인 젊은이였는데, 이내 내 연구계획에 함께 몰두하게 되었다. 가난하게 자란 그는 브롱크스 과학고등학교에서 뛰어난 학생이었다. 그는 무기력이 현실에서 무엇을 뜻하는지 잘 알고 있었으며 문제를 해결하고자 하는 야심도 가지고 있었다. 게다가 무기력에 관한 동물모형을 찾는 일에 자기 경력을 걸만하다는 통찰도 가지고 있었다. 우리는 함께 동물이 무기력을 학습할 수 있음을 증명할 실험을 고안했다. 우리는 이것을 함께 짝지어 놓은 세 집단의 동물들을 대상으로 했기 때문에 '3조' 실험이라고 불렀다.

첫째 집단에게는 피할 수 있는 전기충격을 줄 계획이었다. 곧 이 집단의 개가 코로 계기판을 누르면 전기충격이 꺼지도록 했다. 결국 이 집단의 개는 자기가 반응하기에 따라 상황에 대한 통제력을 가지고 있는 셈이었다. 둘째 집단에 대한 전기충격장치는 첫째 집단의 전기충격장치와 '짝지어' 놓았다. 다시 말해 이 집단은 첫째 집단과 완전히 똑같은 전기충격을 받도록 했다. 하지만 이 집단의 반응은 전기충격에 아무런 영향도 미치지 않을 것이었다. 둘째 집단의 개가 받는 전기충격은 오로지 첫째 집단의 '짝지은' 개가 계기판을 눌러야만 멈추도록 설계했다. 마지막으로 셋째 집단은 아무런 전기충격도 받지 않도록 했다.

개들을 이렇게 세 집단으로 나눠 실험을 진행한 뒤 모든 개들을 '이동상자'에 넣을 계획이었다. 그러면 전기충격을 피하기 위해 장애물을 뛰어넘는 것을 쉽게 배우리라고 생각했다. 그러나 둘째 집단의 경우에는 만약 개들이 무엇을 하건 아무 소용이 없음을 학습했다면 전기충격을 받아도 아무것도 하지 않고 그냥 엎드려버릴 것이라고 가설을 세웠다.

솔로몬 교수는 이 가설이 믿기지 않는다는 태도였다. 당시 심리학에서 유행하던 이론들에는 동물이나 사람이 무기력을 학습할 수 있다는 생각이 끼어들 여지가 없었다. 우리의 연구계획에 대하여 솔로몬 교수는 다음과 같이 말했다.

"유기체가 어떤 반응을 학습하는 것은 오직 그 반응에 보상이나 처벌이 뒤따를 때뿐이다. 자네들이 계획하는 실험에서는 반응이 보상이나 처벌과 연관되질 않는다. 왜냐하면 실험동물이 무엇을 하건 상관없이 보상 또는 처벌이 일어나기 때문이다. 그런 조건에서 학습이 일어날 수 있다고 보는 학습이론은 없다."

브루스 오버미어도 끼어들었다.

"자기들이 무엇을 하건 아무 소용없다는 것을 동물들이 도대체 어떻게 학습할 수 있다는 얘긴가? 과연 동물들에게 이런 고차원의 정신세계가 있을까? 내가 보기엔 동물들에게는 생각 자체가 없을 것 같은데."

비록 이 두 사람은 우리의 실험에 대해 회의적이었지만 실험하는 것을 계속 거들어주었다. 그리고 너무 성급히 결론내리지 말라는 경고도 했다. 설령 개들이 전기충격을 피하지 못했더라도 그것이 반응의 쓸모없음을 학습했기 때문이 아니라 다른 어떤 이유 때문일 수도 있다는 얘기였다. 전기충격이 주는 스트레스 때문에 개들이 자포자기 상태인 것처럼 보일 수도 있다는 것이었다.

나와 스티브는 우리의 '3조' 실험이 이런 가능성에 대해서도 답을 줄 것이라고 생각했다. 왜냐하면 전기충격을 피할 수 있는 집단이건 피할 수 없는 집단이건 개들이 받는 물리적 스트레스의 양은 똑같을 것이었기 때문이다. 만약 우리의 가설대로 무기력이 결정적 요인이라면 오직 전기충격을 스스로 피할 수 없는 개들만 포기반응을 보일 것이라고 생각했다.

1965년 1월 초에 우리는 충격을 피할 수 있는 개 한 마리와 충격을 피할 수 없는 개 한 마리에게 똑같은 전기충격을 주었다. 그리고 또 다른 개 한 마리는 그냥 놔두었다. 다음날 우리는 이 세 마리를 이동상자에 넣고 모두에게 전기충격을 주었다. 이동상자에서 개들은 두 칸을 나누고 있는 낮은 장애물만 뛰어넘으면 전기충격을 쉽게 피할 수 있는 상황에 있었다.

전기충격을 통제하는 법을 배웠던 개는 장애물을 뛰어넘어 전기충격을 피할 수 있다는 것을 몇 초 만에 알아챘다. 사전에 아무런 전기충격도 받지 않았던 개도 몇 초 지나지 않아 똑같은 사실을 알아챘다. 그러나 자기가 무엇을 하건 소용없다는 경험을 했던 개는 전기충격을 피하려는 노력을 전혀 하지 않았다. 낮은 장애물 저편으로 전기충격이 없는 칸을 쉽게 넘겨다볼 수 있었을 텐데도 그러했다. 애처롭게도 이 개는 전기충격을 일정한 간격으로 받으면서도 금방 단념하고 엎드려버렸다. 결국 이 개는 다른 칸으로 그저 건너뛰기만 하면 전기충격을 피할 수 있다는 것을 끝까지 알아차리지 못했다.

우리는 8회에 걸쳐 다른 개들을 대상으로 이 실험을 반복했다. 그 결과 무기력집단의 여덟 마리 개 가운데 여섯 마리가 상자 안에서 그냥 주저앉으면서 포기해버렸다. 반면에 전기충격을 통제할 수 있음을 학습했던 집단의 개 여덟 마리 가운데서 포기한 개는 한 마리도 없었다.

전기충격을 똑같이 받았어도 개가 그것을 통제할 수 있었던 경우에는 포기반응이 나타나지 않았으므로, 나와 스티브는 오로지 피할 수 없는 사건의 경험이 포기반응을 유발한 것이라고 확신하게 되었다. 자신의 행동이 쓸모없음을 동물들이 학습할 수 있으며, 그럴 경우 더 이상 행동하려 들지 않고 수동적으로 되는 것이 틀림없었다. 우리는 오직 어떤 반응에 보상이나 처벌이 뒤따를 때에만 학습이 일어난다는 학습이론의 중심가정을 문제 삼았고 그것이 틀렸음을 증명한 것이었다.

나와 스티브는 우리가 발견한 것을 논문으로 발표했는데, 이 글이 놀랍게도 당시 가장 보수적인 학술지에 속했던 「실험심리학회지」의 대표 논문으로 채택되었다. 전 세계의 학습이론가들에게 도전장이 던져진 것이었다. 두 명의 풋내기 대학원생들이 행동주의의 교주인 위대한 학자 스키너와 그의 모든 신봉자들에게 그들의 가장 근본적인 가정이 틀렸다고 말하고 있는 셈이었다.

당연히 행동주의자들은 선선히 항복하지 않았다. 우리가 속해 있던 대학의 심리학과에서 가장 존경받던 교수이자 20년 동안 「실험심리학회지」 편집발행인이었던 그 분이 내게 통지하기를 우리의 논문 초고를 읽고 '몸에' 병이 생겼다고 했다. 한 국제학술회의에서 스키너의 대표적 추종자 가운데 한 사람이 그것도 하필 화장실에서 내게 다가와 말을 걸더니 다음과 같이 이야기했다.

"동물은 특정한 사실을 학습할 수 없습니다. 오로지 반응을 학습할 뿐이지요."

심리학의 역사에서 결정적 중요성을 지녔다고 할 만한 실험은 그리 많지 않다. 그런데 당시 겨우 스물네 살이었던 스티브 마이어가 그런 결정적인 실험을 설계한 것이었다. 스티브의 실험은 당시 정설로 강력히 자리 잡고 있던 행동주의를 정면으로 공격하는 것이었기 때문에 굉장한 용기가 필요한 행동이었다. 행동주의는 60년 동안 미국 심리학을 지배하고 있었고, 학습과 관련된 분야의 유명한 인물들은 모두 행동주의자였다. 그리고 지난 2세대에 걸쳐 대학 심리학과의 좋은 자리는 거의 다 행동주의자들이 차지했다. 행동주의가 억지스런 이론임에 틀림없는데도 이런 모든 일이 일어난 것처럼, 과학에서는 이처럼 억설이 판칠 때가 종종 있다.

프로이트의 정신분석과 마찬가지로 행동주의의 중심 사상도 반反직관적인, 다시 말해 상식에 어긋나는 것이었다. 행동주의자들은 개인의 모든 행동이 일생동안 받은 보상과 처벌에 의해서만 결정된다고 주장했다. 보상받은 행동, 예를 들어 아기가 미소를 지었더니 엄마가 안아주었다면 그런 미소 짓는 행동이 되풀이될 가능성이 크고, 반대로 처벌받은 행동은 억제될 가능성이 크다는 것이었다. 그리고는 끝이었다.

이런 주장에 따르면 생각, 계획, 기대, 기억 등의 의식적 활동과정은 행동에 아무런 영향도 미치지 않는다. 이것은 마치 자동차의 속도계와 같다. 속도계는 차에서 일어나는 일을 반영하지만, 차를 움직이게 만들지는 않는다. 행동주의자들은 인간이란 전적으로 외부 환경에 의해 결정되는 존재라고 주장하면서 인간의 내부 생각에는 전혀 관심을 갖지 않았다.

학식을 갖춘 사람들이 이런 억지스런 주장을 오랫동안 지지했다는 것을 믿기 어렵지만, 실제로 1차 세계대전 이래 미국 심리학계에서는 행동주의의 교리가 지배권을 행사해왔다. 언뜻 봐도 말이 안 되는 행동주의가 사람들의 관심을 끈 이유는 기본적으로 이데올로기적인 것이었다. 행동주의는 인간 유기체에 대한 매우 낙관적인 견해를 바탕으로 진보를 아주 손쉬운 것으로 묘사한다. 행동주의에 따르면 개인을 변화시키기 위해 해야 할 일이란 환경을 바꾸는 것이 전부다. 사람들이 범죄를 저지르는 이유가 가난 때문이라면, 가난을 없애면 범죄도 사라질 것이며, 도둑의 재활교육은 그 사람의 주변 환경을 바꾸는 것으로 충분하다. 그 사람이 또다시 남의 물건을 훔친다면 처벌을 내리고 그가 뭔가 건설적인 행동을 한다면 보상을 해주는 것으로 충분하다. 편견은 무지에서 비롯되므로 편견의 대상이 되는 사람들에 관해 알게 해주면 편견도 극복될 것이다. 어리석음은 교육을 받지 못해 생기는 것이므로 학교교육을 대중화하면 사라질 것이다.

유럽에서는 성격특성, 유전자, 본능 등의 개념을 사용하여 발생학적으로 행동에 접근한 반면, 미국에서는 전적으로 환경에 의해 행동이 결정된다는 생각이 사람들의 관심을 끌었다. 행동주의가 번창했던 두 나라인 미국과 옛 소련이 적어도 이론상으로는 평등주의의 발상지였다는 사실은 그저 우연이 아닐 것이다. "인간은 모두 평등하게 태어났다"는 말과 "각자 능력대로 그리고 필요한 만큼!"은 미국과 옛 소련 정치체제의 이데올로기적 토대였을 뿐 아니라 행동주의의 토대이기도 했다.

우리가 행동주의에 대한 공격을 준비하던 1965년의 상황이 바로 이러했다. 우리는 모든 것이 결국 연합을 좌우하는 보상과 처벌의 문제라는 행동주의의 주장이 터무니없다고 생각했다. 음식을 먹기 위해 막대를 누르는 쥐의 행동을 행동주의자들이 어떻게 설명하는지 한번 살펴보자. 어쩌다 막대를 눌러 음식을 얻게 된 쥐는 또 다시 막대를 누를 것이다. 왜냐하면 막대 누르기와 음식 사이에 생긴 연합이 보상을 통해 강화되었기 때문이다. 그렇다면 행동주의자들이 인간의 노동에 대해서는 어떻게 설명하는가? 사람들이 일하러 가는 까닭은 오로지 과거에 일하러 가는 행동이 보상을 통해 강화되었기 때문이다. 이런 설명에서 보상에 대한 기대는 아무 역할도 하지 않는다. 행동주의 세계관에서 사람이나 쥐의 정신세계는 아예 존재하지 않거나 또는 아무런 인과적 역할을 하지 않는다. 그러나 우리는 정신적 사태가 인과적 작용을 한다고 생각한다. 쥐는 막대를 누르면 음식이 나올 것이라고 기대하며, 사람은 직장에 가서 일하면 나중에 수당을 받을 것이라고 기대한다. 우리의 견해로는 대부분의 자발적인 행위들은 그 행위가 불러올 결과에 대한 기대에 의해 동기를 부여받는다.

학습된 무기력과 관련하여 나와 스티브는 개들이 무엇을 하건 소용없음을 학습했기 때문에 그냥 주저앉은 것이라고 생각했다. 다시 말해 자신들의 행동이 앞으로도 아무 소용이 없을 것이라고 예상했기 때문인 것이다. 일단 이런 예상을 하게 되면 개들은 더 이상 어떤 행동을 하려 하지 않을 것으로 보았다.

"수동적인 태도에는 두 가지 원인이 있을 수 있습니다."

매주 열렸던 연구세미나에서 우리에게 점점 더 비판적으로 변했던 참석자들을 앞에 두고 스티브는 그런 분위기에 어울리지 않는 부드러운 브롱크스[5] 억양으로 말했다. "양로원의 노인들처럼 그것이 이득이 되기 때문에 수동적인 태도를 배울 수도 있습니다. 자기주장을 강력히 내세우기보다 순종적인 태도를 보이는 것이 양로원 직원들을 더 친절하게 만들 수 있기 때문이지요. 수동적인 태도를 갖게 되는 또 다른 경우는 완전히 포기할 때입니다. 자기주장적이든 순종적이든 자기가 하는 일이 아무 소용이 없다고 믿게 되면 수동적으로 될 수 있습니다. 개들이 수동적으로 된 까닭은 수동적인 태도가 전기충격을 없앤다고 학습했기 때문이 아닙니다. 자기들이 무엇을 하건 아무 소용이 없을 것이라고 예상하게 되었기 때문에 포기한 것이지요."

행동주의 관점에서는 '무기력한' 개들이 행동의 무용함에 대한 예상을 학습했다고 말할 수 없을 것이다. 왜냐하면 행동주의자들은 사람을 포함한 모든 동물이 학습할 수 있는 것은 오로지 행동, 혹은 운동반응뿐이라고 주장하기 때문이다. 개가 어떤 생각이나 기대를 학습한다는 것은 불가능한 일이었다. 그래서 행동주의자들은 자신들의 가정에 맞는 설명을 찾아 개들에게 무슨 일이 일어나서 그 자리에 주저앉는 행동이 보상을 받았을 것이라고 주장했다. 어떤 식으로든 보상을 받았기 때문에 그냥 주저앉았다는 것이다.

개들이 제어할 수 없는 전기충격을 받던 중 우연히 주저앉았더니 전기충격이 멈추었던 순간이 있을 것이라고 행동주의자들은 주장했다. 그 순간 고통의 중단이 강화물이 되어 주저앉는 행동을 강화했다는 것이었다. 일단 그렇게 되면 개들은 더 자주 주저앉을 것이고, 잠시 후 전기충격이

다시 중단되면 주저앉는 행동이 더욱 더 강화된다는 논리였다.

이 논리는 그동안 상당한 존경을 받았던, 그러나 내가 보기엔 잘못된 견해의 마지막 피난처였다. 그러나 똑같은 논리로 따지자면 개들이 주저앉음으로써 보상을 받은 것이 아니라 처벌을 받았다고도 말할 수 있을 것이다. 왜냐하면 개들이 주저앉아도 때때로 전기충격이 지속되었기 때문이다. 이것이 주저앉는 행동을 처벌하고 억제하는 작용을 했을 수도 있다. 행동주의자들은 자기들 주장에 담긴 이런 논리적 결함을 무시하고 오로지 개들이 주저앉는 반응을 학습했다고만 주장했다. 우리는 개들이 통제할 수 없는 전기충격에 직면하여 정보처리 과정을 거친 결과 자기들 행동이 아무 소용없음을 학습한 것임에 틀림없다고 응수했다.

바로 이런 상황에서 스티브 마이어가 재기 넘치는 실험을 생각해냈다. "그렇다면 행동주의자들의 말대로 개들을 아주 무기력하게 만들었다는 바로 그 과정을 실제로 개들에게 시험해보지요" 하고 스티브는 말했다.

"그냥 가만히 있는 행동이 보상을 받은 것이라고 말하지 않았나요? 그렇다면 실제로 가만히 있는 행동을 보상해보죠. 개들이 5초 동안 가만히 있을 때마다 전기충격을 끄는 겁니다."

이 실험은 행동주의자들이 우연히 일어났다고 주장한 바로 그 과정을 의도적으로 재현해보자는 것이었다.

행동주의자들의 예상에 따르면 가만히 있는 행동이 보상을 받을 경우 결과적으로 움직이지 않는 개들이 되어야 했다. 그러나 스티브는 다르게 생각했다.

"그냥 가만히 있으면 전기충격이 멈춘다는 것을 개들이 학습하게 되겠지요. 5초 동안 움직이지 않고 가만히 있으면 전기충격을 멈출 수 있다는 것을 학습하는 것이지요. 그러면 아마 개들은 '내가 상당한 통제력을 가지고 있네'라고 생각할 것입니다. 그러나 개들이 일단 통제력을 학습하게 되면 결코 무기력해지지 않을 것이라는 것이 우리의 이론입니다."

스티브는 실험을 두 단계로 설계했다. 우선 스티브가 '가만히 주저앉는 집단'이라고 이름붙인 집단의 개들은 5초 동안 움직이지 않고 가만히 있을 때에만 전기충격이 멈추도록 했다. 이 집단의 개들은 가만히 있음으로써 전기충격을 통제할 수 있는 셈이었다. 두 번째 집단은 이른바 '짝지은 집단'으로서 이 집단의 개들은 '가만히 주저앉는 집단'이 전기충격을 받을 때마다 똑같이 전기충격을 받도록 했다. 하지만 '짝지은 집단'의 개들이 무슨 행동을 하건 그것은 전기충격에 아무런 영향을 주지 않을 것이었다. 오로지 '가만히 주저앉는 집단'의 개들이 가만히 주저앉을 때에만 전기충격이 멈추도록 했다. 마지막으로 세 번째 집단은 '전기충격이 없는 집단'이었다.

실험의 두 번째 단계는 세 집단의 개들을 모두 이동상자에 넣어 전기충격을 피하기 위해 장애물을 넘는 행동을 학습시키는 것이었다. 행동주의자들의 예상에 따르면 '가만히 주저앉는 집단'과 '짝지은 집단'의 개들은 모두 전기충격을 받아도 가만히 있을 것이고 마치 무기력한 것처럼 보일 것이다. 왜냐하면 두 집단 모두 가만히 있을 때 전기충격이 멈추었던 경험을 통해 이미 보상받았기 때문이다. 이 두 집단 가운데 '짝지은 집단'은 오직 이따금 가만히 있는 행동이 보상받은 반면 '가만히 주저앉는 집단'은 일관되게 보상을 받았으므로 '가만히 주저앉는 집단'이 더 적극적으로 가만히 있을 것이라고 행동주의자들은 예상했다. 그리고 '전기충격이 없는 집단'은 이런 영향을 받지 않을 것이라고 예상했다.

하지만 인지주의[6] 입장에 섰던 우리의 생각은 달랐다. '가만히 주저앉는 집단'은 전기충격을 멈추도록 통제하는 방법을 학습했으므로 무기력해지지 않을 것이라고 예상했다. 이동상자에서 장애물을 뛰어넘어야할 상황이 되면 곧바로 그렇게 할 것이라고 예상했다. 반면에 '짝지은 집단'의 개들은 대부분 무기력해질 것이며, '전기충격이 없는 집단'은 당연히 이런 영향을 받지 않았으므로 전기충격을 재빨리 피할 것이라고 예상했다.

이런 실험설계에 따라 우리는 개들을 첫 번째 실험단계를 거쳐 이동상자에 넣었다. 그러자 다음과 같은 일이 일어났다. 우리와 행동주의자들 모두가 예상한 대로 '짝지은 집단'의 개들은 대부분 그대로 주저앉았다. '전기충격이 없는 집단'의 개들은 이런 영향을 받지 않았다. '가만히 주저앉는 집단'의 개들은 이동상자에서 몇 초 동안 움직이지 않고 가만히 있으면서 전기충격이 멈추길 기다렸다. 그래도 전기충격이 멈추질 않자 잠시 주변을 빙빙 돌면서 전기충격을 멈출 또 다른 수동적 방법을 찾는 듯했다. 그래도 멈추질 않자 이 개들은 민첩하게 장애물을 뛰어넘었다.

행동주의자들과 인지주의자들이 학습된 무기력에 관해 충돌한 경우처럼 두 개의 상반된 세계관이 충돌할 때, 한쪽을 변명의 여지없이 구석으로 몰아낼 실험을 설계하기란 매우 어려운 일이다. 고작 스물네 살의 스티브 마이어가 바로 이런 일을 해냈던 것이다.

행동주의자들의 억지스런 줄타기 시도는 과거에 소원小圓을 둘러싸고 진행되었던 문제를 상기시킨다. 문예부흥기의 천문학자들은 브라헤[7]의 세심한 천체관찰 때문에 난처한 입장에 놓였다. 행성들이 너무나 자주 방금 지나간 궤도를 되돌아가는 것처럼 보였기 때문이었다. 태양이 지구 주위를 돈다고 믿었던 천문학자들은 이런 후퇴를 설명하기 위하여 '소원'이란 개념을 생각해내었다. 대원大圓 둘레를 지나는 소원을 따라 천체가 정기적으로 우회한다고 주장하는 것이었다. 그리고 더 많은 천체관측이 보고됨에 따라 전통적인 천문학자들은 더 많은 소원을 가정해야만 했다.

지구의 실제 궤도는 타원형이지만, 결국엔 지구가 태양 주위를 원을 그리며 돈다고 믿는 사람들이 지구가 우주의 중심이라고 믿는 사람들을 무찔렀다. 그 이유는 설명에 그렇게 많은 소원을 끌어들일 필요가 없었고 따라서 설명이 훨씬 더 말끔했기 때문이었다. 언젠가부터 '소원을 추가하다'라는 말은 어떤 학문분야에서 자신의 위태로운 명제를 뒷받침할 목적으로 그럴듯하지도 않은 하위명제들을 필사적으로 가정하는 행동을 가리킬 때 쓰이게 되었다.

나와 스티브의 발견은 촘스키, 피아제, 그리고 정보처리 이론가들과 함께 마음에 대한 연구영역을 확장하고 행동주의자들을 완전히 퇴각시키는 데 이바지했다. 이미 1975년에는 쥐의 행동 연구 대신 사람이나 동물의 정신과정에 대한 과학적 연구가 박사논문의 중심 주제가 되었다.

스티브 마이어와 나는 학습된 무기력의 형성과정을 밝혀냈다. 그러나 원인은 밝혀냈지만 그것을 치유하는 방법은 아직 불확실했다.

우리는 무기력을 학습한 개들을 다시 데려다 이동상자 안에서 장애물을 넘어 왔다 갔다 하도록 강제로 끌어당겼다. 결국 개들은 스스로의 힘으로 움직이기 시작했고 자신들의 행동이 뭔가 효력을 발휘한다는 것을 깨닫게 되었다. 일단 개들이 그 사실을 깨닫게 되자 100퍼센트 확실하게 영구적인 치유가 가능했다.

나아가 우리는 무기력의 예방책에 관한 연구를 진행한 결과 우리가 '면역'이라고 이름붙인 현상을 발견했다. 이것은 자신의 반응이 중요함을 사전 학습하면 학습된 무기력이 실제로 예방됨을 뜻한다. 그리고 이런 사전 학습을 받은 강아지들은 커서도 학습된 무기력에 면역되어 있음을 발견했다. 이런 발견들이 인간에 대해 갖는 함의는 엄청난 것이었다. 이제 이론의 기초를 확립할 수 있게 된 우리는 이전에 프린스턴에서 동물실험의 윤리에 관해 토의하면서 내린 결심대로 개 실험을 중단하기로 했다.

쉽게 상처받는 사람과 그렇지 않은 사람

우리는 그 뒤 정기적으로 논문을 발표했다. 행동주의 학습이론가들의 반응은 예상대로였다. 그들은 불신과 적지 않은 불안, 그리고 성난 비판의 목소리를 쏟아냈다. 논쟁은 상당히 기술적이고 장황한 모습을 띤 채 20년 동안이나 지속되었다. 그러는 사이 논쟁은 그럭저럭 우리의 승리로 결말이 났다는 느낌이 든다. 결국 고집 센 행동주의자들조차 학습된 무기력에 관해 대학에서 가르치고 연구도 하기 시작했다.

가장 건설적인 반응을 보인 집단은 인간이 겪는 고통에 학습된 무기력을 적용하고자 했던 학자들이었다. 그중에서도 가장 흥미로운 반응을 보인 것은 서른 살의 도널드 히로토라는 오리건주립대학 대학원의 일본계 미국인 학생이었다. 박사논문 주제를 찾고 있던 그는 우리에게 연구의 자세한 내용에 대해 문의해왔다.

"저는 개나 쥐 대신에 사람을 대상으로 귀하의 연구를 검증해보고자 합니다. 그런데 저희 과 교수님들은 이 연구에 대해 매우 회의적입니다."

히로토는 우리가 개를 대상으로 했던 실험을 사람을 대상으로 하기로 작정했다. 그는 우선 한 집단의 사람들에게 방 안에 틀어놓은 시끄러운 소리를 끄는 방법을 찾아보라는 과제를 주었다. 첫 번째 집단의 사람들이 앞에 놓인 계기판의 단추들을 온갖 순서의 조합으로 눌러보았지만 소음은 멈추지 않았다. 이 집단의 경우 어떤 조합으로 단추를 누르더라도 소음을 끌 수 없도록 통제한 반면, 두 번째 집단의 경우에는 오른쪽 단추 몇 개를 누르면 소음을 끌 수 있도록 했다. 그리고 세 번째 집단에게는 아무런 소음도 들려주지 않았다.

실험의 두 번째 단계에서 히로토는 사람들로 하여금 일종의 이동상자와 비슷한 방으로 들어가도록 했다. 이 방에서는 한쪽 면에 손을 갖다 대면 시끄러운 소음이 들리고 다른 쪽 면에 손을 갖다 대면 소음이 멈추도록 되어 있었다. 1971년 어느 날 오후 히로토가 내게 전화를 했다.

"뭔가 의미 있는 결과가 나온 것 같아요. 어쩌면 대단한 결과인 것도 같고요. 처음에 피할 수 없는 소음자극을 받았던 사람들은 대부분이 '이동상자'에서 정말로 그냥 주저앉아 버렸어요."

히로토는 상당히 흥분한 듯했다. 그래도 학자로서의 침착함을 잃지 않으려고 애쓰면서 말을 이어갔다.

"마치 소음을 끄는 일에서 자신들의 무력감을 학습한 것처럼 그다음부터는 아예 시도조차 하지 않았어요. 시간과 장소 등등 모든 것이 바뀐 새로운 상황이었는데도 말이에요. 소음에 대한 무기력을 두 번째 실험에서도 그대로 지니고 있던 셈이지요. 그런데 말이죠, 처음에 피할 수 있는 소음자극을 받았던 사람들과 아무런 소음자극도 받지 않았던 다른 사람들은 모두 소음 끄는 방법을 아주 쉽게 알아냈거든요!"

이때 수년에 걸친 나의 연구가 절정에 이르고 있다는 느낌이 들었다. 사람들이 소음처럼 사소한 자극에도 무기력을 학습하게 되는 것이 사실이라면 실제로 살아가면서 자신의 행동이 쓸모없게 되거나 심각한 충격을 받았을 때도 무기력을 학습하게 될 수 있을 것이라는 생각이 들었다. 실연, 직장에서의 실패, 배우자의 사망 같은 상실에 대한 인간의 반응을 학습된 무기력의 관점에서 이해할 수 있을지 모른다는 생각이 들었던 것이다.[8]

히로토의 실험에서는 무기력을 학습시키려 했던 집단 가운데 1/3이 무기력에 굴복하지 않았다. 이것은 매우 중요한 의미를 지닌 듯했다. 왜냐하면 우리의 개 실험에서도 피할 수 없는 전기충격을 받았던 개들 가운데 1/3이 무기력해지지 않았기 때문이다. 그 뒤 사람들이 무엇을 하건 상관없이 빌 코스비의 비디오가 켜졌다 꺼졌다 하거나 또는 슬롯머신에서 5센트 동전들이 나왔다 말았다 하는 식으로도 실험을 해보았는데, 이것들은 모두 히로토의 실험결과를 뒷받침했다.

히로토의 실험결과는 또 다른 면에서도 흥미로웠다. 이전에 아무런 소음도 듣지 않았던 세 번째 집단의 경우, 약 1/10에 해당하는 사람들은 '이동상자'에서 성가신 소음을 들었을 때 이것을 끄려는 어떤 시도도 하지 않고 아예 처음부터 가만히 주저앉았다. 이것도 우리의 개 실험과 상당히 유사했다. 우리의 실험에서도 개들 가운데 1/10은 처음부터 무기력했기 때문이다.

실험에 대한 만족감에 뒤이어 어느덧 새로운 의문들이 솟구쳐 올랐다. 그렇다면 도대체 어떤 사람들이 쉽게 포기하고 어떤 사람들이 결코 포기하지 않는 것일까? 자신의 일이 쓸모없게 되었을 때 또는 사랑하던 연인이 떠나가 버렸을 때 이런 것을 이겨내는 사람들은 어떤 사람들일까? 과연 그들은 왜 그러는 것일까? 분명히 어떤 사람들은 좌절하여 무기력한 개처럼 주저앉아 버린다. 반면에 어떤 사람들은 무기력에 굴복하지 않았던 일부 실험 참여자들처럼 다시 기운을 내어 어려워진 삶을 재건하려 애쓴다. 이런 모습을 보고 '인간 의지의 승리'라거나 '삶의 용기'라고 말하는 감상주의자들이 있지만 이 같은 명칭은 정확한 설명이 아니다.

이제 7년에 걸쳐 실험연구를 해온 우리가 보기에 패배에 직면해서도 기운을 차리는 놀라운 속성은 더 이상 신비한 것이 아니었다. 이것은 타고난 속성이 아니라 학습될 수 있는 것으로, 이 발견에 담긴 어마어마한 의미를 밝혀내는 것이 지난 15년간 내가 해온 작업이다.

3장

불행에 대한 변명

옥스퍼드대학은 강연을 하기가 겁나는 곳이다. 대학 건물의 뾰족한 첨탑이나 괴물조각 때문도, 이곳이 700년 이상 세계 지성계를 이끌어왔다는 사실 때문도 아니다. 바로 그것은 옥스퍼드의 거물 교수들 때문이다. 1975년 4월 어느 날 이 분들이 젊은 미국 심리학자의 강연을 들으려고 떼를 지어 모여들었다. 당시 나는 런던 모즐레이병원 정신의학과에서 안식년을 보내고 있었는데 옥스퍼드에서 내 연구에 관해 발표할 기회가 생긴 것이었다. 연단에 서서 강연을 준비하며 긴장한 눈빛으로 강당을 둘러보니 1973년 노벨상 수상자인 동물행동학자 니코 틴버겐Niko Tinbergen이 보였다. 최근 아동발달 분야의 흠정欽定교수9로 임명되어 하버드에서 옥스퍼드로 옮겨온 저명한 심리학자 제롬 브루너Jerome Bruner도 보였다. 그밖에 현대 인지심리학의 창시자이자 세계에서 손꼽히는 응용심리학자인 도널드 브로드벤트Donald Broadbent, 영국 정신의학계의 최고참 마이클 겔더Michael Gelder, 불안과 뇌 분야 전문가로 유명한 제프리 그레이Jeffrey Gray도 있었다. 이들은 내가 일하고 있는 분야의 위인들이었다. 나는 마치 기네스, 길구드, 올리비에[10] 같은 대선배들 앞에서 독백을 읊기 위해 무대로 떠밀려진 배우와도 같은 심정이었다.

드디어 학습된 무기력에 관한 나의 강연이 시작되었다. 나의 주장에 고개를 끄덕이는 사람도 있었고, 농담을 할 때는 대부분 웃음을 터뜨리기도 하는 등 교수들은 내 강연에 상당히 긍정적인 반응을 보였다. 그러자 나는 어느 정도 안심이 되었는데, 앞줄 한가운데에 나를 불안하게 만드는 낯선 사람이 한 명 보였다. 그는 내가 농담할 때도 웃지 않았을 뿐 아니라 강연의 몇몇 결정적인 지점에서는 또렷이 고개를 가로저었다. 나도 모르게 저지른 실수들을 그가 전부 꿰뚫고 있는 듯했다.

드디어 강연은 끝을 맺었고 호의적인 박수 소리에 나는 안도의 한숨을 내쉬었다. 이제 중요한 일은 끝났고 토론자로 지정된 교수가 관례에 따라 행하는 의례적인 논평만이 남아있었다. 그런데 토론자가 바로 강연 중 앞줄에서 계속 고개를 가로젓던 존 티즈데일John Teasdale이라는 사람이었다. 이름은 들어본 적이 있었지만 그에 관해서 아는 것은 거의 없었다. 알고 보니 그는 런던 모즐레이병원 심리학과에서 옥스퍼드대학 정신의학과로 옮겨온 신참 전임강사였다.

티즈데일은 청중을 향해 말했다.

"솔직히 말해 연사의 매혹적인 이야기에 홀려서는 안 된다고 생각합니다. 이것은 완전히 부적절한 이론입니다. 셀리그만은 피험자들 중 1/3이 전혀 무기력해지지 않았다는 사실을 그럴싸하게 둘러대고 있습니다. 이 사람들이 왜 무기력해지지 않았을까요? 그리고 무기력해진 사람들 가운데 일부는 곧 기운을 차렸고 나머지는 그러지 못했습니다. 몇몇 피험자들은 오직 무기력을 학습했던 바로 그 상황에서만 무기력을 보였습니다. 소음을 피하려는 시도를 더 이상 하지 않았지요. 그런가 하면 다른 사람들은 아주 새로운 상황에서도 포기했습니다. 왜 그랬을까요? 어떤 사람들은 자신감을 잃고 소음을 피하지 못한 책임을 자신에게 돌렸습니다. 그러나 다른 사람들은 풀 수 없는 문제를 제시한 연구자를 탓했습니다. 과연 왜 그랬을까요?"

대부분의 교수들이 난처한 표정을 지었다. 티즈데일의 날카로운 비판은 모든 것을 의심스럽게 만들었다. 내가 강연을 시작할 때만 해도 10년의 연구 성과가 확실한 것으로 보였지만, 한 순간에 그것이 미해결된 문제들로 가득 차 보였다.

티즈데일의 말이 옳다는 생각이 든 나는 입을 열 수 없을 정도로 큰 충격을 받았다. 왜 스스로 그런 비판점들을 생각하지 못했는지 당황스러울 뿐이었다. 나는 과학이 진보하는 방식이 이런 것이 아니겠냐는 식으로 우물거렸다. 그리고 티즈데일이 내게 지적한 모순점들을 혹시 그 자신은 풀 수 있는지 반문했다.

"예, 풀 수 있을 것 같은데요"라고 그가 말했다.

"다만 지금은 시기나 장소가 적절치 않아 보입니다."

티즈데일의 해결책이 무엇이었는지는 차후에 얘기하기로 하겠다. 우선 독자들 스스로가 낙관적인 사람인지 아니면 비관적인 사람인지를 알아낼 수 있도록 간단한 검사를 해보았으면 한다. 왜 어떤 사람들은 전혀 무기력해지지 않았는지에 관한 티즈데일의 답변을 알고 나면 검사에 차질이 생길지 모르기 때문이다.

낙관성 자기진단법

충분히 여유를 가지고 아래 질문들에 답하기 바란다. 이 검사는 보통

15분 정도 걸린다. 아래 질문에 대해 맞거나 틀린 답이란 없다. 반드시 검사부터 치른 뒤에 그다음 분석을 읽기 바란다. 그렇지 않으면 질문에 대한 답변이 왜곡될 수 있기 때문이다.

각 항목에 서술된 상황을 읽고 스스로가 그런 상황에 놓여 있다고 생생하게 상상해보라. 직접 경험해보지 못한 상황도 있겠지만 그것은 중요하지 않다. 경우에 따라서는 어느 답변도 적당해 보이지 않을 수 있다. 그렇더라도 A와 B 둘 중 하나에 동그라미를 치도록 한다. 답변들이 마음에 들지 않을 수도 있지만 자신에게 좀 더 그럴듯한 이유를 고르면 된다. 어쨌든 바람직한 답변이나 다른 사람이 보기에 옳은 것을 고르는 것이 아니라 자신에게 가장 그럴듯한 답을 골라야 한다.

질문마다 하나의 답변에만 동그라미를 치도록 한다. 그리고 옆에 있는 기호와 숫자 코드는 일단 무시하기 바란다.

1. 내가 책임자로 있는 사업계획이 큰 성공을 거두었다.   PsG
A. 내가 팀원들의 일을 꼼꼼히 감독했기 때문이다.   1
B. 팀원들 모두가 많은 시간과 노력을 쏟아부었기 때문이다.   0

2. 남편/아내(또는 애인)과 다툰 뒤 화해했다.   PmG
A. 내가 상대를 용서해주었다.   0
B. 나는 상대를 늘 용서해준다.   1

3. 차를 몰고 친구 집을 찾아가다 길을 잃었다.   PsB
A. 내가 길을 잘못 들었다.   1
B. 친구가 길을 엉터리로 가르쳐줬다.   0

4. 남편/아내(또는 애인)이 놀랍게도 내게 선물을 했다.   PsG

A. 그 사람이 직장에서 돈이 생겼기 때문이다.	0
B. 어제 저녁 내가 근사하게 한 턱 냈기 때문이다.	1

5\. 남편/아내(또는 애인)의 생일을 깜박 잊었다.   PmB

A. 나는 원래 사람들 생일을 잘 기억하지 못한다.	1
B. 요즘 다른 일 때문에 정신이 없었다.	0

6\. 나를 흠모하는 누군가가 꽃을 보내왔다.   PvG

A. 그 사람이 나를 매력적으로 보았다.	0
B. 나는 사람들에게 인기가 좋다.	1

7\. 지방자치단체의 공직에 출마해 당선되었다.   PvG

A. 선거운동에 온 힘을 기울였다.	0
B. 나는 무슨 일이든 열심히 한다.	1

8\. 중요한 약속을 지키지 못했다.   PvB

A. 가끔씩 기억력이 떨어질 때가 있다.	1
B. 가끔 일정표 확인하는 것을 잊을 때가 있다.	0

9\. 지방자치단체의 공직에 출마해 낙선했다.   PsB

A. 선거운동을 충분히 하지 못했다.	1
B. 당선된 상대 후보가 더 많은 사람들과 친분이 있었다.	0

10\. 집에서 손님들을 위해 훌륭한 저녁시간을 마련했다.   PmG

A. 내가 그날 저녁에는 유난히 멋지게 행동했다.	0
B. 나는 그런 모임을 마련하는 데 재능이 있다.	1

11\. 제때에 경찰에 신고해 큰일을 막았다.   PsG

A. 이상한 소리가 들렸기 때문이다.	0
B. 그날 나는 주의를 놓지 않고 있었다.	1

12. 일 년 내내 아주 건강했다.   PsG
A. 주위에 아픈 사람이 별로 없었으므로 전염될 위험도 없었다.   0
B. 잘 먹고 휴식을 충분히 취하려고 노력했다.   1

13. 도서관에 연체료로 1만 원을 내야 한다.   PmB
A. 독서에 열중하다보면 책 반납하는 것을 잊곤 한다.   1
B. 보고서 작성에 열중하다보니 책 반납하는 것을 잊었다.   0

14. 주식으로 많은 돈을 벌었다.   PmG
A. 내 주식중개인이 훌륭한 결정을 했다.   0
B. 내 주식중개인은 일류 투자가다.   1

15. 운동경기에서 내가 우승했다.   PmG
A. 그때는 누구든 이길 자신이 있었다.   0
B. 나는 언제나 열심히 연습한다.   1

16. 중요한 시험을 망쳤다.   PvB
A. 나는 시험을 본 다른 사람들만큼 똑똑하질 않다.   1
B. 시험 준비를 충분히 하지 못했다.   0

17. 정성껏 요리했는데 친구가 거의 손도 대지 않았다.   PvB
A. 나는 요리에 소질이 없다.   1
B. 요리를 너무 서둘러 준비했다.   0

18. 오랫동안 연습했는데도 경기에서 지고 말았다.   PvB
A. 나는 운동에 별로 소질이 없다.   1
B. 이 종목은 내가 잘 못한다.   0

19. 한밤중에 어두운 길을 운전하다가 휘발유가 떨어지고 말았다.   PsB
A. 휘발유가 얼마나 남았는지 점검하질 않았다.   1
B. 휘발유 계량기가 고장 났다.   0

20. 더는 참지 못하고 친구에게 화를 내었다. PmB
A. 그 친구는 늘 성가시게 군다. 1
B. 그날따라 그 친구의 기분이 안 좋았다. 0

21. 소득세 신고서를 제때 제출하지 않아서 벌금을 물어야 한다. PmB
A. 세금 내는 것을 늘 미루는 편이다. 1
B. 올해에는 세금 내는 것을 게을리했다. 0

22. 데이트 신청을 했는데 거절당했다. PvB
A. 그날은 제대로 되는 일이 하나도 없었다. 1
B. 데이트 신청할 때 말이 꼬이고 말았다. 0

23. 게임쇼 사회자가 청중 가운데 나를 뽑아 쇼에 참여하게 되었다. PsG
A. 좋은 자리에 앉았던 덕분이다. 0
B. 내가 가장 열성적으로 보였기 때문이다. 1

24. 파티에 갔는데 함께 춤추자는 제의를 자주 받았다. PmG
A. 내가 원래 파티 체질이다. 1
B. 그날 밤 내 모습은 완벽했다. 0

25. 남편/아내(또는 애인)이 내 선물을 별로 마음에 들어 하지 않았다. PsB
A. 선물 같은 것을 고를 때 생각을 많이 하지 않는 편이다. 1
B. 그 사람이 까다로운 편이다. 0

26. 입사면접을 아주 잘 치렀다. PmG
A. 면접을 치르는 동안 자신감이 넘쳤다. 0
B. 나는 원래 면접을 잘 치른다. 1

27. 내 농담에 다들 웃었다. PsG
A. 그것은 내가 생각해도 재미있는 농담이었다. 0
B. 내가 농담을 꺼낸 시점이 완벽했다. 1

28. 회사에서 촉박하게 부여받은 과제를 결국 제때 해냈다. PvG
A. 나는 회사 일을 잘 한다. 0
B. 나는 모든 일을 잘 한다. 1

29. 요즘 많이 지친 느낌이 든다. PmB
A. 평소 쉴 시간이 없다. 1
B. 이번 주에 특히 바빴다. 0

30. 어떤 사람에게 함께 춤추자고 했다가 거절당했다. PsB
A. 내가 춤을 잘 못 추기 때문이다. 1
B. 그 사람이 춤추는 것을 좋아하지 않기 때문이다. 0

31. 질식사할지도 모를 사람을 살려냈다. PvG
A. 질식을 막는 법을 알고 있다. 0
B. 위급상황에서 어떻게 해야 하는지를 알고 있다. 1

32. 애인이 잠시 냉각기를 갖자고 한다. PvB
A. 내가 너무 자기중심적이었다. 1
B. 애인에게 충분히 시간을 쓰지 못했다. 0

33. 친구의 말에 마음의 상처를 입었다. PmB
A. 그 친구는 늘 다른 사람에 대해서 생각도 않고 말을 지껄인다. 1
B. 그 친구가 기분이 언짢아 내게 화풀이했다. 0

34. 사장이 내게 조언을 구했다. PvG
A. 내가 그 분야에 대해 잘 알기 때문이다. 0
B. 내가 훌륭한 조언을 잘하기 때문이다. 1

35. 친구가 어려울 때 도와줘서 고맙다고 인사를 했다. PvG
A. 나는 그 친구가 어려울 때 기꺼이 돕는다. 0
B. 나는 사람들을 잘 돕는다. 1

36. 파티에 참석해 사람들과 아주 즐거운 시간을 가졌다.   PsG
A. 다들 매너가 좋았다.   0
B. 내 매너가 좋았다.   1

37. 의사가 내 몸매가 좋다고 말했다.   PvG
A. 나는 운동을 게을리하지 않으려고 애쓴다.   0
B. 나는 건강에 신경을 많이 쓴다.   1

38. 남편/아내(또는 애인)의 제안으로 낭만적인 곳에서 주말을 보냈다.   PmG
A. 그 사람은 며칠 간 쉴 필요가 있었다.   0
B. 그 사람은 평소 새로운 곳을 찾아다니기를 즐긴다.   1

39. 의사는 내가 설탕을 너무 많이 먹는다고 한다.   PsB
A. 나는 식습관에 별로 신경 쓰지 않는다.   1
B. 모든 것에 설탕이 들어있어 설탕을 안 먹을 수가 없다.   0

40. 중요한 사업의 책임을 맡으라는 제안을 받았다.   PmG
A. 내가 최근에 비슷한 사업을 성공적으로 마무리했기 때문이다.   0
B. 내가 관리감독에 재능이 있기 때문이다.   1

41. 최근에 남편/아내(또는 애인)과 크게 다투었다.   PsB
A. 요즘 내가 스트레스를 많이 받아 신경이 날카로웠다.   1
B. 요즘 그 사람이 화를 잘 냈다.   0

42. 스키를 타다가 크게 넘어졌다.   PmB
A. 스키는 어렵다.   1
B. 노면이 얼어 있었다.   0

43. 회사에서 멋진 상을 받았다.   PvG
A. 내가 중요한 문제를 해결했기 때문이다.   0
B. 내가 최고의 사원이었기 때문이다.   1

44. 내 주식 값이 떨어져 오를 기미를 보이지 않는다.   PvB
    A. 주식을 살 때 경기 동향에 관해 잘 몰랐다.   1
    B. 주식 선택을 잘못했다.   0

45. 로또에 당첨되었다.   PsG
    A. 운이 좋았을 뿐이다.   0
    B. 번호를 잘 골랐다.   1

46. 휴가 때 불은 체중이 줄지를 않는다.   PmB
    A. 다이어트는 결국 소용없는 것이다.   1
    B. 내가 선택한 다이어트 법은 효과가 없었다.   0

47. 병원에 입원했는데 방문객이 별로 없다.   PsB
    A. 나는 아프면 신경이 날카로워진다.   1
    B. 내 친구들은 번거로운 일을 모른 척한다.   0

48. 상점에서 내 신용카드로 결제가 되지 않았다.   PvB
    A. 나는 때때로 내가 돈이 많다고 착각하곤 한다.   1
    B. 나는 때때로 청구서 지불을 잊곤 한다.   0

• 채점표 •

PmB_____   PmG_____

PvB_____   PvG_____

HoB_____

PsB_____   PsG_____

B 총점_____   G 총점_____

G − B_____

이제 검사는 잠시 제쳐놓자. 이 장 뒷부분에서 점수를 매길 기회가 있을 것이다.

사람마다 불행의 설명양식은 다르다

티즈데일이 나의 옥스퍼드 강연에 대해 반론을 제기한 순간, 수년에 걸친 내 연구가 물거품이 될지도 모른다는 생각이 머리를 스쳐갔다. 당시만 해도 티즈데일의 반론이 내가 가장 원하던 방향이며, 고통받는 사람들을 돕는 데 우리의 연구결과가 사용될 수 있다는 것을 전혀 깨닫지 못했다.

그렇다. 티즈데일도 인정했듯이 2/3에 해당하는 사람들은 무기력해졌다. 그러나 그가 강조했듯이 1/3에 해당하는 사람들은 무기력에 굴복하지 않았다. 이들을 무기력하게 만들기 위하여 상황을 조작했지만 이들은 결코 포기하지 않았고, 그 원인이 밝혀지지 않는 한 내 이론도 진지하게 받아들여질 수 없었다. 강연이 끝난 뒤 티즈데일과 함께 강당을 떠나면서 나는 그에게 혹시 적절한 이론을 구성하기 위하여 나와 함께 작업할 의향이 없는지 물었다. 그가 내 제안에 동의했고 그 뒤 우리는 정기적으로 모임을 갖기 시작했다. 내가 옥스퍼드로 찾아가면 우리는 정돈된 대학 구내와 나무들이 늘어선 초원을 따라 먼 길을 함께 걸으며 그의 반론에 관해 이야기를 나누었다. 나는 티즈데일이 제기했던 문제에 관하여, 즉 왜 어떤 사람들은 무기력해지고 또 어떤 사람들은 무기력해지지 않는지에 관하여 그의 생각을 물었다. 그는 대략 다음과 같은 해결책을 제시했다.

"사람들이 자신에게 일어난 나쁜 일에 대해 스스로 어떻게 설명하는지가 중요할 것이다. 특정한 종류의 설명을 하는 사람들이 무기력에 빠지기 쉬울 것이다. 그렇다면 이런 설명방식을 바꾸도록 가르치는 것이 우울증 치료에 효과적인 방법이 될지 모른다."

영국에 머물던 이 시기에 나는 약 두 달에 한 번꼴로 일주일씩 미국을 다녀오곤 했다. 그 첫 번째 여행길에 펜실베이니아대학에 가보니 사람들이 나의 이론에 대해 티즈데일이 했던 것과 거의 똑같은 비판을 했다. 비판을 제기한 사람들은 바로 내 연구팀에 있던 린 아브램슨과 주디 가버라는 겁 없는 학생들이었다.

린과 주디는 당시 유행하던 버나드 와이너Bernard Weiner라는 심리학자의 연구에 푹 빠져 있었다. 1960년대 후반 캘리포니아주립대학의 젊은 사회심리학자였던 와이너는 왜 사람들 사이에 성취도의 차이가 생기는지에 관심을 갖기 시작했다. 그리고 그는 사람들이 성공과 실패의 원인에 관해 생각하는 방식이 매우 중요하다는 결론에 이르렀다. 그의 접근법은 귀인이론이라 불렸다. 왜냐하면 이것은 사람들이 자신의 성공과 실패의 원인을 어디에 돌리는지에 관한 이론이었기 때문이다.

이 이론은 성취에 관한 기존 견해였던 이른바 '부분강화 소거효과(PREE, the Partial Reinforcement Extinction Effect)'라는 고전적 증명과 충돌했다. 부분강화 소거효과는 학습이론가들에게 진부한 이야기다. 예컨대 쥐가 지렛대를 누를 때마다 음식용 알약을 주는 것은 '연속강화'라 불린다. 이 경우 쥐의 노력과 그것에 대한 보상의 비율은 1:1이다. 다시 말해 지렛대를 한번 누를 때마다 한 개의 알약을 준다. 나중에 이 쥐가 지렛대를 눌러도 음식을 주지 않으면(이런 과정을 '소거'라 부른다) 쥐는 지렛대를 서너 번 더 눌러보고는 이내 누르기를 완전히 그만둔다. 이 경우 보상과 소거의 차이가 분명하기 때문에 쥐는 음식이 더 이상 나오지 않는다는 것을 쉽게 알아차린다. 그런가 하면 일대일 강화 대신 '부분강화'를 시킬 수도 있다. 이것은 예를 들어 쥐가 지렛대를 다섯 번 또는 열 번 누를 때마다 음식용 알약을 한 개씩 주는 것이다. 이런 식으로 학습된 반응을 소거하려 할 경우에는 쥐가 지렛대를 100번쯤 누른 뒤에야 비로소 누르기를 그만둔다.

부분강화 소거효과는 1930년대에 증명되었다. 이 실험으로 스키너는 명성을 얻었고 행동주의의 우두머리가 될 수 있었다. 그러나 쥐나 비둘기를 대상으로 해서는 부분강화 소거효과가 잘 나타났으나 사람을 대상으로 해서는 그리 잘 나타나지 않았다. 소거과정이 시작되자마자 포기하는 사람들이 있었는가 하면 계속 버티는 사람들도 있었다.

왜 부분강화 소거효과가 사람에게는 잘 나타나지 않는지에 관해 와이너는 나름의 견해를 갖고 있었다. 곧 소거의 원인이 영구적이라고 생각한 사람, 예컨대 '실험자가 더 이상 보상을 주지 않기로 작정했군' 하고 생각한 사람은 곧바로 포기할 것이다. 반면에 소거의 원인이 임시적이라고 생각한 사람, 예컨대 '실험에 웬 교란 장치를 끼워 놨군' 하고 생각한 사람은 조금 지나면 상황이 바뀌어 또 다시 보상이 나올 것으로 생각하고 계속 버틸 것이다. 와이너는 이런 생각을 검증하기 위하여 실험을 해보았는데 결과는 예측한 그대로였다. 부분강화 소거효과가 나타나는 정도를 결정한 것은 강화의 절차가 아니라 사람들이 스스로에게 상황을 어떻게 설명하는가 하는 점이었다. 귀인이론에 따르면 사람의 행동이란 단순히 환경의 '강화절차'에 의해 결정되지 않는다. 오히려 환경의 강화절차가 왜 이런 식으로 마련되어 있는지에 대한 사람들의 설명이 그 사람의 행동을 좌우한다는 것이다.

귀인이론은 심리학계에 큰 영향을 미쳤다. 특히 린과 주디 같은 젊은 학도들에게 미친 영향은 매우 컸다. 이들은 매사를 귀인이론의 관점에서 판단하려 했으며 따라서 학습된 무기력에 관한 나의 이론도 이런 관점에서 이해하려 했다. 미국으로 잠시 돌아갔던 첫 번째 여행길에 나는 동료들에게 티즈데일의 이야기를 해주었다. 이 이야기를 들은 린과 주디는 티즈데일의 의견이 옳다며 이론의 수정을 제안했다.

린 아브램슨은 작년에 펜실베이니아로 온 대학원생으로, 오자마자 최근 몇 년 사이에 가장 뛰어난 젊은 심리학도라고 인정받았다. 그녀는 순박한 인상에 누더기 같은 청바지와 해진 면 티셔츠를 즐겨 입는 겉모습과는 어울리지 않게 매우 뛰어난 지적 능력을 지니고 있었다. 그녀는 우선 동물을 대상으로 어떤 약물이 학습된 무기력을 낳는지, 그리고 무기력을 덜 일으키는 요인들은 무엇인지 알아내고자 했다. 나아가 우울증과 무기력이 결국 같은 것임을 증명하기 위하여 이것들의 뇌화학적 기제가 동일함을 밝혀내고자 했다.

주디 가버는 남부지역의 한 대학에서 임상심리학 과정에 참여하다 개인적인 사정으로 과정을 포기한 학생이었다. 그녀는 다시 기운을 차린 뒤 내 연구실에 자원하여 수년째 무보수로 일하고 있었다. 자신이 심리학에 진정한 기여를 할 수 있다는 것을 세상 사람들에게 보여주고 싶다고 한 그녀는, 결국에는 아주 훌륭한 대학원 과정에 지원할 수 있었다. 주디는 옷을 잘 차려 입고 긴 손톱에 매니큐어를 칠하고 다니던 젊은 학생이었다. 그런 그녀가 실험용 흰쥐에게 매일 먹이를 줄 때면, 연구실 사람들은 뭔가 어색하다는 듯 다시 한 번 쳐다보곤 했다. 그러나 주디도 린처럼 재능 있는 학생이었으며, 그녀는 이미 오래전부터 매우 진전된 연구주제에 관여하고 있었다. 내가 미국을 방문하던 해인 1975년 봄에는 주디도 동물의 무기력에 관한 연구를 진행하고 있었다. 린과 주디는 티즈데일의 반론을 전해들은 뒤 자신들의 연구를 접어두고 나와 함께 무기력의 이론이 사람들에게 더 잘 적용될 수 있도록 이론을 수정하는 작업을 시작했다.

심리학자가 된 뒤로 나는 비판을 삼가는 학계의 경향이 늘 못마땅했다.

이것은 의사의 권위를 강조하고 실수를 인정하려 하지 않는 정신의학계에서 비롯된 아주 오래된 전통으로 적어도 프로이트에까지 거슬러 올라간다. 정신의학계에서는 소수의 사람들이 절대군주처럼 군림하고 있었으며 반대자가 나타나면 마치 자기 영역을 침범하는 이교도라도 되는 듯 행동했다. 젊은 신도가 비판적인 얘기를 한마디만 해도 그는 당장 추방될 처지에 놓였다.

나는 인본주의 전통을 선호해왔다. 문예부흥기의 과학자들은 비판하는 상대방을 현실 이해에 도움을 주는 동맹군으로 여겼다. 과학에서 비판가란 연극의 실패와 성공을 좌지우지하는 연극 평론가와는 다르다. 과학에서 비판이란 과학자들이 옳은지 그른지를 판단하기 위한 좋은 수단이 된다. 이것은 어떤 이론을 검증 또는 반증하기 위하여 수행하는 실험과 비슷한 역할을 한다. 법정에서 이루어지는 변론과 함께 비판은 인류가 진리에 다가가기 위해 발전시킨 가장 훌륭한 방법이다.

나는 비판을 환영하는 자세의 중요성을 학생들에게 늘 강조해왔다. "내게 자신의 생각을 적극적으로 이야기하길 바랍니다. 이 연구실에서 받는 수당은 충성이나 아부의 대가가 아니라 독창성에 대한 대가입니다"라고 나는 늘 말해왔다. 그러자 티즈데일은 물론 린과 주디도 자신의 생각을 내게 말했다. 이들이 나를 비판했다고 해서 화가 나지는 않았다. 오히려 기꺼이 이들 세 명을 내 이론을 개선하기 위한 동맹군으로 삼았다. 나는 영특한 이 두 학생과 때로는 쉬지 않고 12시간 동안이나 토론했다. 그러면서 내 이론이 이들의 반론을 흡수할 수 있는 길을 모색했다.

나는 대화를 두 갈래로 진척시킨 셈이었다. 하나는 옥스퍼드에서 티즈데일과 나눈 대화였다. 그는 치료 전공이었으므로 우리는 우울증에 걸린 사람들이 나쁜 일들의 원인을 설명하는 방식을 바꾸면 우울증이 치료될 수 있을지에 관해 주로 의논했다. 내가 필라델피아로 돌아갈 때마다 린과 주디와 함께 나눈 두 번째 대화는 정신질환의 원인에 대한 린의 큰 관심을 반영한 것이었다. 티즈데일과 나는 사람들의 설명양식을 바꿈으로써 무기력과 우울증을 치료하는 법에 관한 논문 초안을 작성하기 시작했다. 이와 동시에 린과 나는 사람들의 설명양식에 따라 어떻게 무기력과 우울증이 생길 수 있는지에 관한 논문을 준비했다.

그러는 와중에 미국 「이상심리학회지」 편집장이 내게 연락을 취해왔다. 그는 학습된 무기력 논쟁과 관련하여 매우 많은 기고문들이 접수되었다고 이야기했다. 그 가운데 많은 글들이 티즈데일이나 린과 주디가 했던 것과 같은 종류의 비판을 하고 있었다. 편집장은 이 논쟁을 중심으로 학회지의 전체 주제를 엮을 계획이라며 나에게도 원고를 청탁했다. 청탁을 받아들인 나는 린과 티즈데일에게 우리가 그동안 별도로 준비해온 두 논문을 합칠 수 있도록 허락해달라고 요청했다. 나는 이것이 아주 중요한 작업이라고 생각했다. 왜냐하면 우리가 세상의 주목을 끌 만한 새 이론을 공표한다면 거기에는 많은 비판에 대한 우리의 답변이 이미 들어있을 것이기 때문이었다.

우리의 접근은 와이너의 귀인이론을 바탕으로 하고 있었다. 그러나 세 측면에서 와이너의 이론과 차이가 있었다. 첫째로 와이너는 개별 사례에 대한 사람들의 개별적 설명에 초점을 둔 반면, 우리는 사람들의 설명 습관에 초점을 맞추었다. 우리는 설명양식이라고 부를 만한 것이 있다고 가정했다. 곧 사람들은 원인을 해석하는 나름의 양식을 가지고 있으며 이런 습관을 바탕으로 세상을 이해하게 된다고 가정했다. 둘째로 와이너는 설명의 두 차원, 곧 원인의 지속성과 개인화 정도를 언급한 반면, 우리는 만연성이라는 한 차원을 더 추가했다. 이들 개념에 대해서는 곧 설명할 것이다. 셋째로 와이너는 성취의 문제에 주로 관심을 가진 반면, 우리는 정신질환과 치료에 초점을 두었다.

『이상심리학회지』 특별판은 1978년 2월에 발행되었다. 여기에는 린 아브램슨과 존 티즈데일, 그리고 내가 함께 쓴 논문이 실렸으며, 이 논문은 학습된 무기력의 원래 이론에 대한 주요 반론들에 대한 답을 이미 제시하고 있었다. 좋은 반응을 불러일으킨 이 논문은 원래 이론보다도 더 많은 후속 연구를 촉발하는 계기가 되었다. 우리는 작업을 더욱더 진전시켜 앞부분에 실린 질문서를 고안해냈다. 이 질문서를 통해 우리는 사람들의 설명양식을 쉽게 측정하고 나아가 우리의 접근법을 연구실 밖의 세계, 즉 사람들의 현실적인 문제들에 적용할 수 있게 되었다.

미국심리학회는 경력 10년차 이내인 '뛰어난 과학적 업적'을 이룬 심리학자 한 명에게 매년 신진학자상을 수여하는데, 나는 1976년에 무기력 이론으로 이 상을 받았다. 그리고 린 아브램슨은 무기력 이론을 재정식화한 공로를 인정받아 1982년에 이 상을 받았다.

포기하지 않는 사람은 어떤 사람들인가?

살면서 겪게 되는 크고 작은 불행의 원인에 관하여 당신은 어떻게 생각하는가? 쉽게 포기하는 사람들은 자신의 불행에 관하여 흔히 다음과 같이 말한다. "내 탓이야. 앞으로도 그럴 거야. 어찌해도 소용없을 거야." 반면에 불행에 굴하지 않는 사람들은 다음과 같이 말한다. "상황이 안 좋았어. 어쨌든 좀 지나면 나아지겠지. 이게 인생의 전부가 아니잖아?"

불행한 일에 대해 습관적으로 행하는 설명식은 실패했을 때 그냥 내뱉는 말 이상의 것이다. 이것은 아동기와 청소년기에 학습된 사고습관이다.

설명양식은 세상에서 자신의 처지를 어떻게 보는가에 따라 크게 달라진다. 자신이 중요하며 가치 있는 존재라고 생각하는가, 아니면 하찮고 가망 없는 존재라고 생각하는가? 이것이 낙관적인 사람과 비관적인 사람을 가르는 척도다.

앞에서 치렀던 검사는 당신의 설명양식을 알아내기 위한 것이었다.

설명양식에는 핵심적인 세 차원이 있다. 앞서 밝혔듯이 지속성, 만연성, 개인화가 바로 그것이다.

(1) 지속성 차원: 항상, 가끔

쉽게 포기하는 사람들은 자신에게 생긴 불행한 일의 원인이 변하지 않을 것으로 생각한다. 불행이 늘 따라다니며 자신의 삶에 훼방을 놓을 거라고 생각한다. 반면에 무기력에 저항하는 사람들은 나쁜 일의 원인이 일시적인 것이라고 생각한다.

항상 믿는 태도 (비관적)	가끔 믿는 태도 (낙관적)
"이제 끝장이야."	"지금은 너무 지쳤어."
"다이어트 해봐야 소용없어."	"그렇게 먹어대는 데 다이어트가 되겠어?"
"당신은 맨날 잔소리만 해."	"내 방 청소를 안 하면 꼭 잔소리구만."
"우리 사장은 나쁜 사람이야."	"사장의 기분이 안 좋군."
"우리는 얘기도 안 하는 사이다."	"우리는 요새 얘기한 적이 없다."

나쁜 일에 관해 "항상 그렇다"거나 "결코 그렇지 않다"는 식으로 지속적인 특성들을 사용해 생각하는 사람은 비관적인 설명양식을 지니고 있다. 반면에 "가끔 또는 요사이 그랬다"는 식으로 나쁜 일들을 제한하

고 일시적인 조건 탓으로 돌리는 사람은 낙관적인 설명양식을 지니고 있다.

이제 당신이 앞에서 했던 검사를 살펴보기로 하자. 우선 "PmB" 표시가 되어 있는 8개 항목을 찾아보라. 여기서 "PmB"는 늘 나쁨Permanent Bad을 뜻하며, 이것은 5, 13, 20, 21, 29, 33, 42, 46번 문항에 해당한다.

이 문항들은 당신이 나쁜 일의 원인을 얼마나 지속적인 것으로 생각하는지를 검사하고 있다. 뒤에 0이 붙은 것은 낙관적인 태도고 1이 붙은 것은 비관적인 태도다. 예를 들어 5번 문항에서 남편/아내(또는 애인)의 생일을 깜박 잊은 이유를 "다른 일 때문에 정신이 없었다"보다 "원래 사람들 생일을 잘 기억하지 못한다"는 식으로 설명한 사람은 좀 더 변하기 어려운 원인을 든 셈이고 따라서 비관적인 태도를 가지고 있는 것이다.

8개의 PmB 문항 오른쪽에 있는 점수들을 모두 합산하여 71쪽에 있는 채점표의 PmB 칸에 적도록 하자.

합산한 점수가
0~1은 매우 낙관적.
2~3은 상당히 낙관적.
4는 평균.
5~6은 상당히 비관적.
7~8의 점수를 얻은 사람에게는 이 책 3부가 큰 도움이 될 것.

그렇다면 지속성 차원이 왜 그렇게 중요할까? 그리고 존 티즈데일이 문제를 제기했듯 왜 어떤 사람들은 곧바로 다시 기운을 차리는 반면 다른 어떤 사람들은 영원히 무기력하게 남아있는 것일까?

누구나 실패를 경험하면 적어도 잠시 무기력해지기 마련이다. 마치 주먹 한 방을 얻어맞은 것과도 같은 것으로 처음에는 아프지만 얼마 후 그 통증은 사라진다. 어떤 사람들에게는 그 통증이 거의 순식간에 사라지기도 한다. 앞의 검사에서 0~1의 점수를 얻은 사람들이 바로 그런 사람들이다. 반면에 아픔이 지속되는 사람들이 있다. 괴로움이 부글부글 끓어오르고 요동치다가 한으로 맺혀버린다. 앞의 검사에서 7~8의 점수를 얻은 사람들이 바로 그런 사람들이다. 이런 사람들은 작은 실패를 경험해도 무기력에 빠진 채 며칠 또는 몇 달을 보낸다. 이런 사람들이 중대한 실패를 경험한다면 영원히 재기하지 못할지도 모른다.

좋은 일에 대해 낙관적으로 얘기하는 것은 나쁜 일을 낙관적으로 얘기하는 것과 정반대되는 상황이다. 좋은 일의 원인이 지속적이라고 생각하는 사람은 일시적이라고 생각하는 사람보다 더 낙관적이다.

일시적 원인 (비관적)	지속적 원인 (낙관적)
"오늘은 운이 좋네."	"나는 언제나 운이 좋아."
"열심히 했으니까."	"나는 재능이 있으니까."
"상대방이 지친 모양이군."	"상대방이 형편없군."

낙관적인 사람들은 좋은 일을 경험하면 "항상 그렇다"는 식으로 자신의 지속적인 특성이나 능력 탓으로 돌린다. 반면에 비관적인 사람들은 기분이나 노력 같은 일시적인 원인을 들면서 "가끔 그렇다"는 설명을 한다.

앞서 치른 검사에서 정확히 말해 절반의 문항은 좋은 일에 관한 것임을 눈치 챈 사람도 있을 것이다. 예컨대 "주식으로 돈을 많이 벌었다"가 그런 문항이다. "PmG"(Permanent Good, 늘 좋음)로 표시된 2, 10, 14, 15, 24, 26, 38, 40번 문항들의 점수를 매겨보자.

옆에 1이 쓰여 있는 것들이 지속적이고 낙관적인 답변이다. 해당 점수들을 합산하여 86쪽에 있는 채점표의 "PmG" 칸에 기입하자.

합산한 점수가
7~8은 매우 낙관적.
6은 상당히 낙관적.
4~5는 평균.
3은 상당히 비관적.
0~2는 매우 비관적.

좋은 일의 원인이 지속적인 것이라고 믿는 사람들은 성공한 뒤에도 더욱 열심히 노력한다. 반면에 좋은 일의 원인이 일시적이라고 믿는 사람들은 성공을 거두고도 그것을 뜻밖의 행운으로 치부하며 일을 그만둘 수 있다.

(2) 만연성 차원: 전부, 일부

지속성이 시간에 관한 것이라면 만연성은 공간에 관한 것이다.

다음의 예를 살펴보자. 어느 대형 상점의 경리부 직원 가운데 절반이 해고되었다. 이때 해고된 노라와 케빈도 우울한 심경에 빠졌다. 둘 다 수개월 동안 다른 일자리를 찾아나설 기운을 차리지 못했다. 소득세 신고도 하지 않았고 그밖에 경리 일을 회상케 하는 것들은 모두 외면했다. 하지만 노라는 사랑스럽고 적극적인 아내로서의 역할을 게을리하지는 않았다. 그녀의 인간관계는 정상적이었으며 건강상태도 양호한 편이었고 일주일에 3일은 밖에서 계속 일했다. 반면 케빈은 크게 낙담하여 아내와 어린 아들도 무시한 채 저녁 내내 암울한 생각에만 잠겨있었다. 남들 보기가 힘들다며 모임에도 참석하지 않으려 했고 농담을 들어도 웃지 않았다. 그는 조깅도 그만두었고 겨울 내내 감기에 걸려 고생했다.

어떤 사람들은 실직이나 실연 같이 인생에서 중요한 문제에 부닥쳐도 그것을 한쪽에 제쳐두고 정상적인 삶을 이어간다. 반면에 또 어떤 사람들은 단지 하나의 문제 때문에 모든 면에서 고통을 겪는다. 삐져나온 실오라기 하나 때문에 직물 전체가 풀려버리듯 인생 전체가 파국을 맞게 되는 것이다.

중요한 것은 바로 이 부분이다. 실패의 원인이 전부의 성격을 띤다고 보는 사람은 한 분야에서 실패하면 다른 분야에서도 포기하게 된다. 반면에 일부의 설명양식을 사용하는 사람은 한 분야에서는 무기력해지더라도 다른 분야에서는 꿋꿋하게 자기 삶을 이어간다.

나쁜 일에 대한 전부 설명과 일부 설명의 예를 들자면 다음과 같다.

전부로 믿는 태도 (비관적)	일부로 믿는 태도 (낙관적)
"선생님은 모두 공평하지 못해."	"셀리그만 교수는 공평하지 못해."
"내가 좀 쌀쌀맞은 편이지."	"그 사람한테 좀 쌀쌀맞게 굴었지."
"책은 아무 쓸모없다."	"이 책은 아무 쓸모없다."

노라와 케빈에게 낙관성 검사를 실시해본 결과 둘 다 지속성 차원에서 높은 점수를 얻었다. 이 점에서는 둘 다 비관적인 사람인 셈이었다. 이 둘은 모두 해고된 뒤 오랫동안 우울증에 시달렸다. 그러나 만연성 차원에서 둘의 점수는 정반대였다. 케빈은 해고 때문에 일 전부에 지장이 생길 것으로 생각했고, 자신은 모든 일에서 서툴다고 여겼다. 반면에 노라는 나

쁜 일의 원인이 매우 일부라고 생각했고, 해고를 당하자 자신이 경리 업무를 하는 데 서툴다고 생각했다.

옥스퍼드에서 존 티즈데일과 함께 먼 길을 산책하면서 우리는 티즈데일이 제기했던 역설에 관하여 의견을 나누었다. 왜 어떤 사람들은 포기하고 또 어떤 사람들은 포기하지 않는지를 이해하기 위하여 우리는 이 역설을 세 부분으로 나누었다. 그리고 각 부분마다 어떤 사람이 포기하고 어떤 사람이 포기하지 않는지에 관해 가설을 세웠다.

첫째 가설은 지속성 차원에 따라 포기의 지속기간이 결정될 것이라는 것이었다. 곧 나쁜 일에 대해 영속적 설명을 하는 사람은 장기간 무기력에 빠지는 반면, 일시적 설명을 하는 사람은 이내 기운을 차릴 것이라고 예측했다.

둘째 예측은 만연성에 관한 것이었다. 전부로 설명하는 사람은 여러 상황에 걸쳐 무기력에 빠지는 반면, 일부로 설명하는 사람은 곤란에 직면한 분야에서만 무기력에 빠질 것이라고 예측했다. 케빈은 만연성 차원에서 고통을 겪고 있는 셈이었다. 그는 해고의 원인이 만연적인 성질을 띤다고 보았고, 그래서 마치 인생의 전부에서 재난이 닥친 것처럼 행동했다. 케빈의 만연성 점수가 말해주듯이 그는 대참사를 스스로 만들어내는 사람이었다. 끝으로 셋째 예측은 개인적 차원에 관한 것이었다. 이것에 관해서는 조금 뒤에 설명하도록 하겠다.

혹시 당신도 스스로 대참사를 만들어내지는 않는가? 당신도 이 검사에서 전부의 설명을 사용하지는 않았는가? 예컨대 18번 문항에서 운동경기에 진 이유를 전부의 원인인 운동에 소질이 없기 때문이라고 하였는가, 아니면 일부의 원인인 그 종목을 잘 못하기 때문이라고 하였는가? "PvB"(Pervasiveness Bad, 어디서나 나쁨)로 표시된 항목인 8, 16, 17, 18, 22,

32, 44, 48번의 점수를 합산하여 86쪽에 있는 채점표의 "PvB" 칸에 기입해보라.

합산한 점수가
0~1은 매우 낙관적.
2~3은 상당히 낙관적.
4는 평균.
5~6은 상당히 비관적.
7~8은 매우 비관적.

이제 반대의 경우를 살펴보자. 좋은 일을 낙관적으로 얘기하는 것은 나쁜 일을 낙관적으로 얘기하는 것과, 정반대되는 상황이다. 낙관적인 사람들은 나쁜 일의 원인을 일부로 보는 반면, 좋은 일을 경험하면 다른 모든 일들도 좋아질 것으로 생각한다. 반대로 비관적인 사람들은 나쁜 일의 원인을 전부로 보는 반면, 좋은 일의 원인은 일부로 본다. 노라를 해고한 회사가 다시 임시직을 제안하자 노라는 "나 없이는 회사가 안 돌아간다는 것을 이제야 깨달았군" 하고 생각했다. 하지만 케빈은 똑같은 제안에 대해 "일손이 모자라는 모양이군" 이라고 생각했다.

일부로 보는 태도 (비관적)	전부로 보는 태도 (낙관적)
"내가 수학에 재능이 있거든."	"내가 재능이 있거든."
"내 주식중개인은 석유회사 주식에 정통하다."	"내 주식중개인은 증권계 전반에 정통하다."
"그 여자에게 매력적으로 보였기 때문이다."	"사람들에게 매력적으로 보였기 때문이다."

좋은 일의 만연성에 대한 자신의 점수를 매겨보자. 이것은 "PvG"로 표시된 6, 7, 28, 31, 34, 35, 37, 43번 문항에 해당한다.

오른쪽에 0이 쓰여 있는 대답은 일부이고 따라서 비관적인 것이다. 예를 들어 35번 문항은 친구로부터 도와줘서 고맙다는 인사를 받았을 때 어떻게 반응하는지에 관한 것이었다. 당신의 대답은 "그 친구가 어려울 때는 기꺼이 돕는다"와 같이 일부이고 비관적인 것이었나? 아니면 "사람들을 잘 돕는 편이다"와 같이 전부이고 낙관적인 것이었나?

해당 점수들을 모두 합하여 "PvG" 칸에 기입하도록 하자.

합산한 점수가
7~8은 매우 낙관적.
6은 상당히 낙관적.
4~5는 평균.
3은 상당히 비관적.
0~2는 매우 비관적.

희망과 절망

지금까지 희망에 관해 이야기하는 것은 주로 설교자나 정치인, 또는 광고업자의 몫이었다. 이제 우리는 설명양식의 개념과 함께 희망을 실험실로 끌어와 그것의 작동방식을 분석적으로 이해하고자 한다.

사람들이 희망을 갖느냐 갖지 못하느냐는 설명양식의 두 차원인 만연성과 지속성에 달렸다. 불행의 원인을 일시적이고 일부로 볼 때 우리는 희망을 가질 수 있다. 왜냐하면 일시적 원인은 무기력을 시간적으로 한정하고 일부의 원인은 무기력을 관련 상황에만 제한할 것이기 때문이다. 반면에 지속적인 원인은 무기력을 먼 미래에까지 확장하고 전부의 원인은 우리로 하여금 매사에 무기력하게 만들 것이다. 따라서 자신의 불행을 자속적이고 전부의 원인 탓으로 돌리는 것은 곧 절망에 빠지는 길이다.

절망적 원인	희망적 원인
"내가 어리석어서 그랬어."	"내가 술이 취해서 그랬어."
"남자들은 다 폭군이야."	"그때 남편의 기분이 안 좋았어."
"이 혹이 암일 확률은 50퍼센트다."	"이 혹이 아무것도 아닐 확률은 50퍼센트다."

아마도 앞의 검사에서 단일 점수로서 가장 중요한 것은 희망(HoB)[11] 점수일 것이다. "PvB" 합계와 "PmB" 합계를 더하면 나쁜 일에 대한 당신의 희망 점수를 얻게 된다.

합산한 점수가
0~2은 매우 희망적.
3~6은 상당히 희망적.
7~8은 평균.
9~11은 상당히 절망적.
12~16은 매우 절망적.

곤란에 처했을 때 지속적이면서 동시에 전부의 설명을 하는 사람들은 장기간에 걸쳐 여러 상황에서 스트레스를 이기지 못하고 좌절하는 경향이 있다.

희망 점수는 단일 점수로서는 가장 중요한 점수다.

(3) 개인화: 내 탓(내부 원인), 남 탓(외부 원인)

설명양식의 마지막 차원은 개인화 정도다.

내 전처는 모든 것을 내 탓으로 돌리는 사람이었다. 식당에서 음식 맛이 나빠도 내 탓을 했고 비행기가 늦게 떠도 내 탓, 심지어 세탁소에서 찾아온 자기 바지에 주름이 잘못 잡힌 것도 내 탓이라고 했다. 그날도 헤어드라이어가 고장 난 것을 갖고 내게 소리치기에 화가 치밀어오른 난 이렇게 대꾸했다.

"당신처럼 나쁜 일에 대해서 외부 요인을 들먹이는 사람은 처음 봤어."

"맞아, 그게 다 당신 탓이라고!"라며 그녀가 외쳤다.

나쁜 일을 당했을 때 우리는 자신을 탓할 수도 있고(내부 귀인) 또는 다른 사람이나 상황을 탓할 수도 있다(외부 귀인). 실패를 자기 탓으로 돌리는 사람들은 결과적으로 자부심[12]에 상처를 입어 자신은 무가치한 존재며 재능이나 매력이 없다고 생각한다. 반면에 나쁜 일을 외부 요인 탓으로 돌리는 사람들은 자부심에 상처를 입지 않는다. 전체적으로 보아 이런 사람들은 자신을 탓하는 사람들보다 자기애가 더 강하다.

내 탓(내부 원인 – 약한 자부심)	남 탓(외부 원인 – 강한 자부심)
"내가 어리석은 탓이야."	"네가 어리석은 탓이야."
"포커 게임에는 재능이 없어."	"포커 게임에는 운이 따르질 않아."
"내 생활이 불안정하거든."	"내가 가난하게 자랐거든."

자부심이 약해지는 것은 보통 나쁜 일을 자기 탓으로 돌리는 설명양식 때문이다.

당신의 "PsB"(Personalization Bad, 개인적으로 나쁨) 점수를 살펴보라. 이 것은 3, 9, 19, 25, 30, 39, 41, 47번 문항에 해당한다.

옆에 1이 적힌 항목들이 내부 원인으로 개인화하는 비관적인 태도에 해당한다. 해당 점수들을 합산하여 86쪽에 있는 채점표의 "PsB" 칸에 기입하자.

합산한 점수가
0~1은 자부심이 매우 강한 편.
2~3은 자부심이 꽤 강한 편.
4는 평균.
5~6은 자부심이 꽤 약한 편.
7~8은 자부심이 매우 약한 편.

설명양식의 세 차원 가운데 개인화 차원이 가장 이해하기 쉽다. 이것은 아이들이 가장 먼저 배우는 말들을 살펴보아도 알 수 있다. "내가 그런 거 아니에요. 쟤가 그랬어요."

하지만 개인화 차원을 과대평가해서는 안 된다. 이것은 자신에 대한 느 낌에만 영향을 미친다. 반면에 더 중요한 차원인 만연성과 지속성은 우리 의 행위에 영향을 미친다. 왜냐하면 이것들이 얼마나 많은 상황에서 얼마 나 오랫동안 무기력에 시달릴지를 결정하기 때문이다.

다른 차원들과 달리 개인화 차원은 쉽게 꾸며낼 수 있다. 평소 자기 탓 을 많이 하던 사람이라 하더라도 이 책을 읽은 뒤에는 자신의 어려움을 외부 탓으로 돌리는 식으로 얘기할 수 있을 것이다. 자신의 어려움을 남 탓으로 돌리는 식으로 꾸며 이야기하는 것은 그리 어려운 일이 아니다. 그러나 비관성을 극복하기 위하여 나쁜 일의 원인을 일시적이고 일부로 보라는 얘기는 쉽게 따라할 수 없을 것이다. 그러기 위해서는 이 책 3부에 서술한 기법들을 익힐 필요가 있다.

당신의 점수를 합산하기 전에 한 가지 더 일러둘 점이 있다. 좋은 일에 대한 낙관적 설명양식은 나쁜 일에 대한 것과 정반대다. 곧 이 경우에는 내부에서 원인을 찾는 것이 바람직하다. 자기 때문에 좋은 일이 생겼다고 믿는 사람들은 다른 사람이나 주변상황 때문에 좋은 일이 생겼다고 믿는 사람들보다 자기애가 강한 편이다.

당신의 'PsG'(Personalization Good, 개인적으로 좋음) 점수는 어떠한가? 1, 4, 11, 12, 23, 27, 36, 45번 문항이 여기에 해당한다.

여기서는 옆에 0이 적힌 항목들이 외부 원인에 해당하고 따라서 비관적이다. 반대로 1이 적힌 항목들은 내부 원인에 관련된 낙관적인 것들이다.

해당 점수들을 합산하여 앞에 있는 채점표의 'PsG' 칸에 기입하자.

남 탓(외부 원인 – 비관적)	내 탓(내부 원인 – 낙관적)
"웬 행운이야?"	"행운도 아무한테나 오나?"
"동료들 덕분에 ……."	"내가 원래 ……."

합산한 점수가

7~8은 매우 낙관적.

6은 상당히 낙관적.

4~5는 평균.

3은 상당히 비관적.

0~2는 매우 비관적.

이제 전체 점수를 계산해보자.

우선 세 개의 B 점수들을 더하라(PmB + PvB + PsB). 이것은 당신의 B(나쁜 일) 총점이다.

이제 세 개의 G 점수들을 더하라(PmG + PvG + PsG). 이것은 당신의 G(좋은 일) 총점이다.

마지막으로 G에서 B를 뺀 점수가(G − B) 당신의 최종 점수가 된다.

그렇다면 이 점수들은 무엇을 뜻하는가?

B 총점이 3~6인 사람은 놀라울 정도로 낙관적인 사람이다. 이런 사람은 이 책의 3부를 읽지 않아도 될 것이다.

점수가 6~9 사이이면 꽤 낙관적인 편이다.

10~11은 평균에 해당한다.

12~14는 꽤 비관적이다.

14 이상인 사람은 변화가 절실히 요구된다.

G 총점이 19 이상인 사람은 좋은 일에 대하여 매우 낙관적으로 생각하는 사람이다.

17~19는 꽤 낙관적인 사고방식을 가진 사람이다.

14~16은 평균이다.

11~13은 꽤 비관적으로 생각함을 뜻한다.

10 이하는 굉장한 비관적인 사람에 해당한다.

G에서 B를 뺀 최종 점수가 8 이상이면 전체적으로 매우 낙관적인 사람이다.

6~8은 꽤 낙관적이다.

3~5는 평균이다.

1~2는 꽤 비관적이다.

0 이하는 매우 비관적인 점수다.

책임감에 대한 경고

낙관적인 태도를 배우는 것이 확실히 이롭기는 하지만 여기에는 위험도 따른다. 이것이 일시적인 것인가? 범위가 제한된 것인가? 우리는 누구나 자신의 우울증이 짧고 제한된 것이길 바라며, 누구나 되도록 빨리 기운을 회복하길 바란다. 그러나 외부 원인은 어떠한가? 내 실패를 남의 탓으로 돌리는 것이 옳은 행동인가?

확실히 우리는 사람들이 자신의 실수를 깨끗이 인정하고 자신의 행동에 책임지기를 원한다. 몇몇 심리학 이론들은 개인의 책임의식이 약해지는 데 기여함으로써 사회에 해를 끼쳐왔다. 악한 것을 미친 것으로 재해석했는가 하면, 나쁜 품행을 신경증의 발현으로 간주하기도 했다. '성공적으로 치료를 받은' 환자들은 자아성취에 도움이 안 된다는 이유로 가족에 대한 의무를 회피한다. 이제 문제는 실패의 원인을 내 탓에서 남 탓으로 바꿔 생각하는 것이, 예를 들면 "그것은 내 잘못이 아니야……. 운이 나빴을 뿐이야"라고 말하는 것이 책임의식을 약화시키지는 않을까 하는 점이다.

나는 책임의식을 또다시 약화시킬 어떠한 전략도 지지하고 싶지 않다.

나는 사람들이 무조건 내 탓 설명양식을 남 탓 설명양식으로 바꾸어야 한다고는 생각하지 않지만, 이런 변화가 절실히 필요할 때도 있다. 그것은 바로 우울증에 시달릴 때다. 다음 장에서 보게 되겠지만 우울증에 시달리는 사람들은 나쁜 일에 대하여 적정 수준을 훨씬 초과하는 책임감을 느끼곤 한다.

이것은 좀 더 깊이 따져보아야 할 문제다. 우선 우리는 왜 자신의 잘못을 깨끗이 인정해야 하는가? 내 생각에 그 까닭은 우리 자신이 변하길 원하기 때문이다. 그리고 책임을 지지 않고는 변할 수도 없기 때문이다. 만약 우리가 변화를 원한다면 개인화 차원은 지속성 차원만큼 결정적이지 않다. 만약 실패의 원인이 불변하는 것이라고 믿는다면, 예컨대 자신이 어리석어서, 재능이 없어서, 못생겨서 그랬다고 생각한다면 그것을 변화시키려는 시도를 하지 않을 것이다. 다시 말해 자신을 개선하려는 어떤 노력도 하지 않을 것이다. 그러나 실패의 원인이 일시적인 것이라고 믿는다면 그것을 변화시키려는 시도를 할 수 있다. 만약 우리 자신이 한 일에 대해 진정으로 책임지길 원한다면, 내 탓 설명양식을 사용할 필요가 있을 것이다. 어쨌든 더 중요한 것은 나쁜 일에 대해서는 일시적인 설명양식을 사용해야 한다는 점이다. 나쁜 일의 원인이 구체적으로 무엇이건 그것이 변할 수 있다고 믿는 것이 중요하다.

자신이 비관적인 사람이라면?

당신이 비관성 설명양식을 사용한다면 이것은 큰 문제다. 앞선 검사에서 좋지 않은 점수를 얻은 사람은 아마도 다음의 네 가지 영역에서 어려움을 겪게 될 것이거나, 또는 이미 겪고 있을 것이다. 첫째, 그런 사람은 쉽게 우울해지곤 한다. 둘째, 그런 사람은 자신이 하는 일에서 자기 재능에 못 미치는 성과를 거둘 가능성이 크다. 셋째, 몸의 건강과 면역기능이 별다른 이유도 없이 저하되어 있기 쉬우며, 특히 이것은 나이가 들수록 더 심해질 수 있다. 넷째, 사는 것이 썩 즐겁지 않을 것이다. 비관적인 설명양식은 바로 이런 불행을 가져온다.

만약 당신의 비관성 점수가 평균치에 해당한다면 평상시에는 별 문제가 없을 것이다. 그러나 위기상황에서는, 다시 말해 우리 모두가 살면서 겪게 되는 어려운 시기에는 불필요한 대가를 지불할 가능성이 크다. 어려운 일들이 들이닥칠 때 당신은 필요 이상으로 우울증에 시달릴지 모른다. 예를 들어 주식시세가 떨어졌다거나 사랑하는 이에게 버림받았다거나 원하던 일자리를 얻지 못했다면 당신은 어떻게 반응하리라고 생각되는가? 이런 상황에서 아마도 당신은 큰 슬픔에 잠길 것이다. 사는 재미가 사라져버릴 것이며, 새로운 도전에 나서기가 매우 힘들 것이다. 몇 주 또는 심지어 몇 개월 동안 미래가 황량해 보일 것이며 아마도 벌써 이미 여러 차례 이런 느낌이 든 적이 있을 것이다. 이것은 대부분의 사람들이 겪는 일이며 매우 흔한 현상이어서, 교과서에서는 이를 가리켜 정상반응이라고 부를 정도다.

그러나 곤경에 직면해 자빠지는 일이 흔한 현상이라고 해서 그것이 바람직하다거나 그런 식으로 살 수밖에 없다고 이해해서는 안 된다. 좀 더 나은 설명양식을 배우면 어려운 시기를 더 잘 이겨내고 우울증에도 덜 시달리게 될 것이다.

새로운 설명양식이 가져다줄 이점은 이것이 전부가 아니다. 평균 정도의 비관적인 사람은 자신의 잠재된 재능보다 약간 낮은 수준의 삶을 살아간다. 당신은 이 책 6장, 8장, 9장에서 평균 정도의 비관성이 학교나 직장 또는 스포츠 활동에서 성취도를 떨어뜨린다는 사실을 알게 될 것이다. 이것은 신체 건강에도 해당되는 얘기인데, 10장은 평범한 비관적인 사람의 몸 상태조차 정상이 아닐 수 있음을 보여준다. 이런 사람은 노화에 따른 만성질환을 더 일찍 심각하게 겪을 가능성이 있다. 면역체계도 제대로 작동하지 않고 유행병에 더 잘 걸리며 회복도 더딜 수 있다.

12장에 서술된 기법들은 우리로 하여금 낙관성의 일상적 수준을 높일 수 있게 해준다. 살면서 흔히 일어나는 패배에 직면하여 이전보다 훨씬 더 적극적으로 반응하고 훨씬 더 기운차게 좌절을 딛고 일어설 수 있을 것이다. 직장이나 학교 또는 스포츠 활동에서 더 많은 것을 성취할 수 있을 것이며, 장기적으로는 건강상태도 훨씬 좋아질 것이다.

4장

극단적 비관성, 우울증

비관적이고 우울한 기분에 빠져있는 사람은 우울증이라는 위험한 정신질환을 경미한 형태로 겪고 있는 셈이다. 우울증이란 비관성이 심각하게 드러난 형태인데, 우리는 비관성이라는 미묘한 현상을 이해하기 위해 그것이 확장되고 과장된 형태인 우울증에 대해 살펴볼 필요가 있다. 이것은 작가이자 삽화가인 데이비드 매콜리가 우리 주변에 있는 작은 도구들의 작동방식을 보여주기 위하여 사용했던 기법이기도 하다. 예컨대 그의 베스트셀러 가운데 한 권을 보면, 손목시계의 작동방식을 설명하기 위하여 모든 부품들이 쉽게 구분될 수 있도록 확대된 시계를 그려놓고 그 안을 걸어 다니면서 내부구조를 살피는 장면이 나온다. 우울증에 관한 연구도 바로 이런 차원에서 이루어지는 것이다. 우울증은 그 자체로도 연구할 가치가 있지만, 비관성이라는 습관적 사고방식에 관련된 사람들에게도 시사하는 바가 크다.

거의 대부분의 사람들이 우울증에 시달린 적이 있으며 이것이 하루하루의 삶에 심각한 해악을 끼치고 있다는 사실도 널리 알려졌다. 몇몇 사람들에게 우울증이란 매우 중요한 희망들이 한꺼번에 무너져 내릴 때에만 겪게 되는 드문 경험이다. 그런가 하면 다른 많은 사람들에게 우울증이란 이러저러한 실패를 경험할 때마다 괴롭게 다가오는 좀 더 친숙한 심리상태다. 반면 또 다른 사람들에게 우울증이란 늘 곁에 있으면서 삶의 가장 좋은 시기에조차 기쁨을 메마르게 하고 힘든 시기에는 더욱 극심한 고통을 야기하는 어떤 것이다.

최근까지도 우울증은 설명하기 어려운 현상이었다. 어떤 사람들이 우울증에 가장 잘 걸리는지, 그것이 왜 생기는지, 기분을 다시 고양시키려면 어떻게 해야 하는지 등등이 모두 수수께끼였다. 그러나 지난 25년간 세계의 수많은 심리학자들과 정신과 의사들이 이 문제를 집중적으로 연구한 덕택에 해결의 실마리가 보이기 시작했다.

우울증은 세 종류로 나눌 수 있다. 첫 번째는 이른바 정상 우울증이다. 이것은 우리 모두가 잘 아는 종류의 것으로, 인간이 미래에 관해 생각할 줄 아는 지성적 동물이기 때문에 겪을 수밖에 없는 고통과 상실에서 비롯한다. 살다 보면 원하던 일자리를 얻지 못할 수도 있고 주식시세가 떨어질 수도 있다. 사랑하는 이로부터 버림받거나 배우자가 먼저 세상을 떠날 수도, 자신의 강의가 실망스럽거나 자신이 쓴 책이 탐탁지 않을 수도 있다. 이러한 상실을 경험했을 때 그다음에 일어날 일은 충분히 규칙적이며 예측 가능하다. 이럴 때 우리는 슬픔과 무기력을 경험하고 매사에 수동적이 되며 둔감해진다. 미래가 암울하게 느껴지고 그것을 반전시킬 능력이 없다는 생각이 강하게 떠오르며, 일이 손에 잡히질 않고 자주 결근하게 될지도 모른다. 평소 즐기던 활동들도 시큰둥해지고 편안한 마음으로 잠을 잘 수도 없다. 그러나 신비하고도 자애로운 자연의 힘에 의하여 어느 정도 시간이 지나면 상태가 다시 나아지기 시작한다. 정상 우울증은 매우 흔한 현상으로 이것은 우리의 마음이 자주 걸리는 감기와도 같다. 늘 우리 주변의 약 25퍼센트의 사람들이 경미한 형태로나마 정상 우울증을 겪고 있음이 여러 차례에 걸쳐 확인되었다.

우울증의 나머지 두 종류는 단방향 우울증과 양방향 우울증으로 이 둘을 합쳐 우울장애라고 부른다. 이것들은 임상심리학자들과 정신과 의사들이 자주 접하는 증상으로, 둘의 차이는 증상에 조증이 포함되는지 여부에 달렸다. 조증이란 우울증에 반대되는 증상들이 나타나는 심리질환으로 이유 없는 행복감, 과대망상, 광란적인 어투와 행동, 과장된 자부심 같은 증상들이다.

양방향 우울증은 언제나 조증 증상들을 포함한다. 조증과 우울증이 양극단을 이루기 때문에 조울증이라고도 불린다. 반면에 단방향 우울증은 조증 증상들을 포함하지 않는다. 이 두 가지 우울증의 또 다른 차이는 양방향 우울증이 훨씬 더 유전성이 강하다는 사실이다. 일란성 쌍둥이 가운데 한 명이 양방향 우울증을 보일 경우 다른 한 명도 같은 증상을 보일 확률이 72퍼센트나 된다. 이란성 쌍둥이의 경우에 이 확률은 겨우 14퍼센트에 불과하다. 이란성 쌍둥이는 유전적으로는 보통의 형제자매와 다를 것이 없다. 다만 같은 시기에 태어나 같은 부모 밑에서 함께 자랄 뿐이다. 때문에 일란성 쌍둥이와 이란성 쌍둥이를 비교하는 것은 무엇이 유전된 것이고 무엇이 학습된 것인지를 구별하는 데 도움이 된다. 양방향 우울증은 '기적의 약'이라는 탄산리튬에 예민하게 반응한다. 양방향 우울증 환자의 80퍼센트 이상이 탄산리튬을 복용하면 조증이 현저하게 줄어들며 우울증도 약간 줄어든다. 정상 우울증이나 단방향 우울증과 달리 조울증은 의학적 치료를 요하는 신체질환이다.

단방향 우울증도 정신질환의 일종이지만 이것과 정상 우울증이 어떤 관계인지는 확실치 않다. 내가 보기에 이 둘은 증상의 수와 강도에서 차이가 날 뿐 같은 것이다. 어떤 사람은 단방향 우울증 진단을 받아 환자로 명명될 수도 있고 또 다른 사람은 정상 우울증의 증상들이 격렬하게 나타난 것으로 평가되어 환자로 취급받지 않을 수도 있다. 실제로 이 둘을 구분하는 근거는 미약하다. 어쩌면 이것은 사람들이 얼마나 기꺼이 치료받기를 원하는지, 단방향 우울증이 의료보험에 포함되는지, 본인이 환자로 낙인찍혀도 개의치 않는지 등에 달린 문제일지도 모른다. 그러나 의학계의 일반적 견해는 내 견해와 아주 다르다. 이 견해에 따르면 단방향 우울증은 질환이고 정상 우울증은 의학적 관심의 대상이 되지 않는 일시적인 사기저하일 뿐이다. 이것이 지배적인 견해이긴 하지만, 단방향 우울증이 심각한 정상 우울증 이상의 것이라는 증거는 전혀 없다. 이 둘의 구분은 예컨대 난쟁이와 키가 작은 일반인을 가르는 질적 구분처럼 객관적으로 확립되지 않았다.

내가 보기에 결정적인 것은 정상 우울증과 단방향 우울증 모두가 동일한 방식으로 확인된다는 사실이다. 둘 다 사고, 기분, 행동, 신체 반응 네 차원에서 부정적인 변화를 포함한다.

내가 언젠가 가르쳤던 소피라는 여학생이 있다. 소피는 뛰어난 성적으로 펜실베이니아대학에 입학했다. 고등학교 시절에는 반장을 맡았었고, 차석 졸업생으로 졸업식 개회사를 하였으며, 학생들 사이에서는 인기 있고 예쁘장한 치어리더이기도 했다. 그녀는 자기가 원하는 것이면 무엇이든 손쉽게 품에 넣을 수 있었다. 별다른 노력 없이도 성적이 좋았고, 남학생들은 다투어가며 소피의 호감을 사려고 했다. 전문직에 종사하던 그녀의 부모는 외동딸 소피를 극진히 사랑했다. 소피의 성공이 곧 이들의 승리였고 소피의 실패는 곧 이들의 고통이었다. 이런 소피를 가리켜 친구들은 '골든 걸'[13]이라 불렀다.

내가 소피를 처음 만난 것은 소피가 대학 3학년이던 치료과정에서였다. 그때 소피는 이미 골든 걸이 아니었다. 이성교재와 학업 모두에서 실패한 나머지 비참할 정도로 기가 죽어 있었다. 대부분의 우울증 환자들이 그렇듯, 소피가 치료를 받기 위해 나를 찾아온 것은 충격적인 사건을 한 번 경험한 뒤가 아니라 이미 수개월에 걸쳐 만족스럽지 않은 일들이 쌓인 뒤였다. 소피는 마음이 '텅 빈' 느낌이라고 말했다. 자신이 '매력도 없고' '재능도 없는' '낙오자'이기 때문에 희망이 전혀 보이질 않는다고 했다. 수업은 따분했고 대학체계 전체가 자신의 창의력을 '질식시키는 공범자'였으며 여성운동가로서 한 활동은 모두 '무의미한 기만행위'였을 뿐이었다. 지난 학기에 소피는 두 과목에서 F학점을 받았다. 소피는 과제물에 손도 대지 못한 채 과제물 더미를 15분 정도 물끄러미 쳐다보기만 하다가 자포자기하고 텔레비전을 틀곤 했다. 그녀는 당시 한 남자 낙제생과 함께 살고 있었는데, 그와 성행위를 할 때마다 자신이 무가치하며 그에게 이용당하고 있다는 느낌이 들었다. 한때는 황홀했던 성행위가 이제는 역겨울 지경이었다.

소피의 전공은 철학이었다. 특히 실존주의에 매혹된 그녀는 삶이 부조리하다는 주장을 받아들였는데, 이것 또한 소피에게 절망감을 안겨주었다. 나는 소피가 한때 재능 있고 매력적인 여성이었음을 그녀에게 환기시켰다. 그러자 소피는 울음을 터뜨리며 외쳤다.

"그건 제가 교수님마저 속인 거예요!"

앞서 이야기했듯 우울증의 네 가지 기준 가운데 하나는 사고의 부정적 변화다. 우리가 낙담했을 때의 사고방식은 그렇지 않을 때의 사고방식과 다르다. 낙담한 상태에서 우리는 자기 자신과 이 세상과 미래에 관해 가혹한 평가를 내린다. 소피는 자신의 미래가 절망적이라고 보았다. 그리고 그것을 자신이 재능이 없는 탓으로 돌렸다. 낙담한 상태에서는 작은 장애물이 넘지 못할 장벽처럼 보이며, 자기가 하는 일은 모두 물거품이 될 거라는 생각이 든다. 어떤 일이 겉으로는 성공처럼 보여도 그것이 실제로는 왜 실패인지를 설명할 오만가지 이유가 머릿속에 떠오른다. 소피의 책상 위에 쌓인 과제물 더미가 소피에게는 태산처럼 보였다.

세계적인 정신과 의사인 아론 벡의 환자 가운데 우울증에 깊이 빠진 남자가 한 명 있었다. 이 사람은 어느 날 부엌에 도배를 하고는 스스로 이것을 실패로 평가했다.

의사: 왜 부엌 도배를 성공적인 경험으로 평가하지 않으셨나요?
환자: 꽃무늬 줄이 어긋났거든요.
의사: 일을 다 마치신 것은 사실이지요?
환자: 그럼요.
의사: 본인이 살고 계신 집의 부엌이었나요?
환자: 아니에요. 이웃집 부엌에 도배하는 일을 도와준 거예요.
의사: 그러면 일의 대부분을 이웃이 하셨나요?
환자: 아니에요. 사실상 제가 거의 다 했어요. 그 사람은 한 번도 도배를 해본 적이 없거든요.
의사: 그밖에 또 잘못된 점이 있었나요? 풀을 바닥 여기저기에 흘렸다거나 벽지를 여러 장 망쳤다거나 집안을 어지럽혔다거나…….
환자: 그렇지 않아요. 꽃무늬 줄이 어긋난 것이 유일한 흠이었지요.

의사: 정확히 얼마나 어긋났나요?

환자: (2센티미터 가량 되게 손가락을 펴 보이며) 이 정도쯤…….

의사: 벽지가 전부 그렇게 어긋났나요?

환자: 아니요. 두세 장 정도만요.

의사: 벽지가 모두 몇 장이었는데요?

환자: 대략 20장에서 25장쯤 되었지요.

의사: 다른 사람이 어긋난 것을 지적했나요?

환자: 아니요. 사실 제 이웃은 도배가 너무 잘됐다고 했어요.

의사: 뒤로 물러서서 벽 전체를 바라보면 어긋난 것이 눈에 띌까요?

환자: 눈에 안 띌 걸요.

이 환자는 잘된 일을 실패로 간주했다. 왜냐하면 자신이 무슨 일이든 제대로 하지 못한다고 스스로 생각했기 때문이었다.

우울증에 시달리는 사람들의 사고의 핵심에는 비관적인 설명양식이 존재한다. 사람들이 자신과 자신의 미래, 그리고 세상에 관해서 부정적인 견해를 갖는 까닭은 나쁜 일에 대해서는 그 원인이 지속적이고 어디에나 존재하며 개인적인 것으로 간주하는 반면, 좋은 일에 대해서는 그 반대로 생각하기 때문이다. 예컨대 우울증에 시달렸던 소피는 자신이 재능도 없고 매력적이지도 않으며 실존의 무의미함 탓에 자신이 어려움을 겪는다고 생각했다. 그런가 하면 벽지를 발랐던 환자는 벽지무늬가 약간 어긋난 것을 가지고 자신의 삶 전체에 문제가 있다는 듯 반응했다.

단방향 우울증과 정상 우울증을 확인할 수 있는 두 번째 기준은 기분의 부정적 변화다. 우울증에 시달리는 사람들은 평소 기분이 몹시 좋지 않다. 슬픔과 낙담과 자포자기에 빠져있고, 눈물을 많이 흘리는가 하면 눈물이 메말라버리기도 한다. 소피는 특히 기분이 울적한 날이면 침대에서 나오지도 않고 점심때까지 흐느껴 울곤 했다. 사는 것 자체가 고통이며, 전에는 재미있던 일들도 이제는 무미건조하며 무의미한 짓거리로만 느껴진다. 재미있게 받아넘기던 농담도 진담처럼 신랄하게 다가온다.

보통 우울한 기분은 연속적이지 않다. 하루에도 몇 번씩 기분이 변한다. 흔히 잠에서 깨어난 직후가 기분이 가장 나쁜 시점에 가깝다. 침대에 누워 있으면 이전에 겪었던 비참한 일들과 오늘 또다시 겪을 것임에 틀림없을 실패와 상실에 대한 생각들이 꼬리를 물고 이어진다. 우울한 기분이 축축한 이불처럼 마음을 짓누른다. 그러다가 침대에서 나와 하루 일과를 시작하면 기분이 나아진다. 대개는 하루가 가면서 기분도 좋아지는 편이지만, 휴식과 활동의 기본주기(BRAC, Basic Rest and Activity Cycle)가 보통 오후 3~6시 사이 저점을 지나는 동안에는 기분이 다시 약간 나빠진다. 대개 저녁이 하루 중 가장 덜 우울한 때다. 반면에 오전 3~5시 사이에 잠을 자지 않고 깨어있다면 심한 저기압에 빠질 것이다.

슬픔이 우울한 기분의 전부가 아니다. 사람들은 종종 불안해지거나 예민해지기도 한다. 그러나 우울증이 매우 심해지면 불안이나 예민한 반응은 줄어들고 그 대신 무감각하고 공허한 기분이 든다.

우울증의 세 번째 증상은 행동과 관련이 있다. 우울증 환자에게 나타나는 세 가지 행동 증상은 수동성과 우유부단함과 자살행동이다. 우울증에 시달리는 사람들은 매우 일상적이며 틀에 박힌 일들을 빼고는 어떤 일을 시작하는 데 종종 어려움을 겪는다. 그리고 일이 막히면 쉽게 포기한다. 만약 그 사람이 작가라면 첫 단어를 쓰기 시작하는 데 어려움을 겪을지 모른다. 어떻게 겨우 쓰기를 시작한다 하더라도 컴퓨터의 문서처리 화면이 깜박이면 이내 쓰기를 중단하고 한 달간이나 머뭇거릴지도 모른다.

우울증에 시달리는 사람들은 선택에 어려움을 겪는다. 전화로 피자를 주문했다가 보통 피자를 원하는지 아니면 추가로 무엇을 주문하길 바라는지 물어보면 몇 초 동안 마비환자처럼 묵묵히 수화기만 쳐다보다 전화를 끊어버릴지 모른다. 소피는 과제물에 손도 대질 못했다. 어느 과목부터 시작해야 할지 결정조차 내릴 수가 없었다.

우울증에 시달리는 많은 사람들이 자살에 관하여 생각하고 또 이것을 실행에 옮긴다. 이들의 자살행동에는 보통 한두 가지 동기가 있다. 첫째는 끝내려는 욕구다. 지금의 삶이 견딜 수 없어 아주 끝장을 내고 싶어 한다. 둘째는 조작의 욕구다. 스스로 죽음을 선택함으로써 잃었던 사랑을 되찾거나 누군가에게 복수하거나 자신이 옳음을 증명하고자 한다.

우울증의 네 번째 증상은 자신의 몸과 관련된 것이다. 우울증에 시달리는 사람들에게는 종종 바람직하지 않은 신체 증상들이 나타나는데, 우울증이 심할수록 이런 증상들도 심하다. 식사를 하지 못할 정도로 식욕이 감퇴하며, 더 이상 사랑도 할 수 없다. 소피의 경우에 함께 동거했던 남자친구와 나누는 성관계가 한때는 최고의 경험이었지만 이제는 역겹게 느껴졌다. 우울증에 시달리는 사람들은 잠자는 데에도 어려움을 겪는다. 너무 일찍 깨어나 다시 잠들지 못한 채 이리저리 몸을 뒤척이고, 그러다 마침내 자명종이 울리면 새로운 하루가 시작된다. 굳이 우울한 기분이 드는 건 아닐는지 모르지만 몸과 마음은 이미 지친 상태다.

지금까지 열거한 사고, 기분, 행동, 신체 반응이라는 네 가지 증상에서 나타나는 부정적인 변화들이 우울증 진단을 내리게 하는 근거가 된다. 이것은 단방향 우울증과 정상 우울증 둘 다에 해당하는 얘기다. 네 가지 증상들이 모두 나타나야만 우울증으로 진단되는 것은 아니며, 특정 증상이 반드시 나타나야만 우울증으로 진단되는 것도 아니다. 그러나 위의 증상들이 많이 그리고 심하게 나타날수록 그 사람이 겪고 있는 문제가 우울증이라고 확실하게 말할 수 있다.

우울증 자기 진단법

지금 바로 이 순간 당신의 우울증 정도는 얼마나 될까?

이번에는 스스로 우울증 검사를 해보도록 하자. 이것은 미국 국립정신보건원 산하 유행병연구센터의 레노 래드로프가 개발한 것으로 우울증 검사에 널리 쓰이는 것이다. CES-D(Center for Epidemiological Studies-Depression)라 불리는 이 검사는 우울증의 모든 증상들을 포괄하고 있다. 자신이 지난 일주일 동안 느낀 것을 가장 잘 기술하고 있는 답변에 동그라미를 치도록 한다.

지난 일주일 동안

1. 평상시에는 아무렇지 않던 일에 마음이 쓰였다.
0 전혀 또는 거의 그런 적이 없다. (하루 미만)
1 약간 그런 적이 있다. (1~2일)
2 때때로 또는 꽤 그런 적이 있다. (3~4일)
3 거의 항상 또는 늘 그랬다. (5~7일).

2. 입맛이 없어 어떤 음식도 먹고 싶은 마음이 들지 않았다.
0 전혀 또는 거의 그런 적이 없다. (하루 미만)
1 약간 그런 적이 있다. (1~2일)
2 때때로 또는 꽤 그런 적이 있다. (3~4일)
3 거의 항상 또는 늘 그랬다. (5~7일).

3. 식구나 친구들이 곁에서 거들어주어도 울적한 기분이 가시질 않았다.
0 전혀 또는 거의 그런 적이 없다. (하루 미만)
1 약간 그런 적이 있다. (1~2일)
2 때때로 또는 꽤 그런 적이 있다. (3~4일)
3 거의 항상 또는 늘 그랬다. (5~7일).

4. 자신이 남들만 못하다는 느낌이 들었다.
0 전혀 또는 거의 그런 적이 없다. (하루 미만)
1 약간 그런 적이 있다. (1~2일)
2 때때로 또는 꽤 그런 적이 있다. (3~4일)
3 거의 항상 또는 늘 그랬다. (5~7일).

5. 하는 일에 마음을 집중할 수 없었다.
0 전혀 또는 거의 그런 적이 없다. (하루 미만)
1 약간 그런 적이 있다. (1~2일)
2 때때로 또는 꽤 그런 적이 있다. (3~4일)
3 거의 항상 또는 늘 그랬다. (5~7일).

6. 우울한 느낌이 들었다.
0 전혀 또는 거의 그런 적이 없다. (하루 미만)
1 약간 그런 적이 있다. (1~2일)
2 때때로 또는 꽤 그런 적이 있다. (3~4일)
3 거의 항상 또는 늘 그랬다. (5~7일).

7. 쉬운 일이 하나도 없다는 느낌이 들었다.
0 전혀 또는 거의 그런 적이 없다. (하루 미만)
1 약간 그런 적이 있다. (1~2일)
2 때때로 또는 꽤 그런 적이 있다. (3~4일)
3 거의 항상 또는 늘 그랬다. (5~7일).

8. 미래가 암울하게 느껴졌다.

0 전혀 또는 거의 그런 적이 없다. (하루 미만)
1 약간 그런 적이 있다. (1~2일)
2 때때로 또는 꽤 그런 적이 있다. (3~4일)
3 거의 항상 또는 늘 그랬다. (5~7일).

9. 실패한 인생이라는 생각이 들었다.
0 전혀 또는 거의 그런 적이 없다. (하루 미만)
1 약간 그런 적이 있다. (1~2일)
2 때때로 또는 꽤 그런 적이 있다. (3~4일)
3 거의 항상 또는 늘 그랬다. (5~7일).

10. 뭔가 두렵다는 느낌이 들었다.
0 전혀 또는 거의 그런 적이 없다. (하루 미만)
1 약간 그런 적이 있다. (1~2일)
2 때때로 또는 꽤 그런 적이 있다. (3~4일)
3 거의 항상 또는 늘 그랬다. (5~7일).

11. 잠을 설쳤다.
0 전혀 또는 거의 그런 적이 없다. (하루 미만)
1 약간 그런 적이 있다. (1~2일)
2 때때로 또는 꽤 그런 적이 있다. (3~4일)
3 거의 항상 또는 늘 그랬다. (5~7일).

12. 불행하다는 느낌이 들었다.
0 전혀 또는 거의 그런 적이 없다. (하루 미만)
1 약간 그런 적이 있다. (1~2일)
2 때때로 또는 꽤 그런 적이 있다. (3~4일)
3 거의 항상 또는 늘 그랬다. (5~7일).

13. 평상시보다 말수가 줄었다.
0 전혀 또는 거의 그런 적이 없다. (하루 미만)

1 약간 그런 적이 있다. (1~2일)
2 때때로 또는 꽤 그런 적이 있다. (3~4일)
3 거의 항상 또는 늘 그랬다. (5~7일).

14. 외롭다는 느낌이 들었다.
0 전혀 또는 거의 그런 적이 없다. (하루 미만)
1 약간 그런 적이 있다. (1~2일)
2 때때로 또는 꽤 그런 적이 있다. (3~4일)
3 거의 항상 또는 늘 그랬다. (5~7일).

15. 사람들이 불친절했다.
0 전혀 또는 거의 그런 적이 없다. (하루 미만)
1 약간 그런 적이 있다. (1~2일)
2 때때로 또는 꽤 그런 적이 있다. (3~4일)
3 거의 항상 또는 늘 그랬다. (5~7일).

16. 삶을 즐기지 못했다.
0 전혀 또는 거의 그런 적이 없다. (하루 미만)
1 약간 그런 적이 있다. (1~2일)
2 때때로 또는 꽤 그런 적이 있다. (3~4일)
3 거의 항상 또는 늘 그랬다. (5~7일).

17. 갑자기 울음을 터뜨릴 때가 있다.
0 전혀 또는 거의 그런 적이 없다. (하루 미만)
1 약간 그런 적이 있다. (1~2일)
2 때때로 또는 꽤 그런 적이 있다. (3~4일)
3 거의 항상 또는 늘 그랬다. (5~7일).

18. 슬픔을 느꼈다.
0 전혀 또는 거의 그런 적이 없다. (하루 미만)
1 약간 그런 적이 있다. (1~2일)

2 때때로 또는 꽤 그런 적이 있다. (3~4일)
3 거의 항상 또는 늘 그랬다. (5~7일).

19. 사람들이 나를 싫어한다고 느꼈다.
0 전혀 또는 거의 그런 적이 없다. (하루 미만)
1 약간 그런 적이 있다. (1~2일)
2 때때로 또는 꽤 그런 적이 있다. (3~4일)
3 거의 항상 또는 늘 그랬다. (5~7일).

20. 일이 굴러가질 않는다는 느낌이 들었다.
0 전혀 또는 거의 그런 적이 없다. (하루 미만)
1 약간 그런 적이 있다. (1~2일)
2 때때로 또는 꽤 그런 적이 있다. (3~4일)
3 거의 항상 또는 늘 그랬다. (5~7일).

이 검사는 채점하기가 쉽다. 자신이 동그라미를 친 항목들의 점수를 모두 더하라. 혹시 선택하기가 어려워 한 문제에 대해 두 항목에 동그라미를 쳤다면 그 가운데 높은 점수만 더하도록 한다. 총점은 0~60 사이일 것이다.

점수를 해석하기에 앞서 알아두어야 할 점은 점수가 높다고 해서 반드시 우울증이 있음을 뜻하는 것은 아니라는 사실이다. 우울증 진단이 내려지려면 이런 증상들이 얼마나 오랫동안 지속되었는지 등의 다른 요인들도 함께 고려되어야 한다. 하지만 이것은 오직 적절한 자격을 갖춘 심리학자나 정신과 의과와 자세한 면담을 한 뒤에나 가능한 일이다. 따라서 이 검사는 당신 자신의 현재 우울증 수준을 정확히 알아보는 데 한정해 해석될 필요가 있다.

당신의 점수가 0~9 사이이면 이것은 미국 성인들의 평균치에도 못 미치는 값으로 우울증과 무관하다 하겠다. 10~15의 점수는 우울한 증세가 약간 있는 정도이며, 16~24는 우울한 증세가 꽤 있는 상태에 해당한다. 그리고 24 이상의 점수는 우울한 증세가 심한 상태에 해당한다.

자신의 점수가 심하게 우울한 정도에 해당하고, 나아가 점수가 어떠하든 기회만 되면 자살을 시도할 것이라고 스스로 생각하는 사람은 지금 즉시 정신건강 전문의를 찾아가도록 해야 한다. 만약 자신의 점수가 꽤 우울한 정도에 해당하고 이에 덧붙여 자살하고 싶은 충동을 느낀다면 마찬가지로 지금 즉시 전문의를 찾아야 할 것이다. 그밖에 점수가 꽤 우울한 정도에 해당하는 사람들은 2주 후에 이 검사를 한 번 더 해보길 권한다. 그래서 여전히 비슷한 점수가 나오거든 전문가와 상담할 필요가 있다.

검사를 치르면서 너무나도 흔한 이런 고통들에 자신이나 자기가 사랑하는 사람들이 얼마나 자주 시달리고 있는지 깨달은 사람들이 있을 것이다. 거의 모든 사람들이 설령 본인은 우울하지 않더라도 주위에서 우울증을 앓고 있는 사람을 한 사람 이상은 알고 있을 것이다. 이것은 결코 놀라운 일이 아니다. 왜냐하면 오늘날 미국에서는 유례가 없을 정도로 널리 우울증이 퍼져 있기 때문이다. 미국 정부의 술과 약물남용 및 정신보건국 책임자였던 제럴드 클러먼 박사는 우리 시대를 가리켜 '우울의 시대'라 불렀다.

1970년대 후반에 클러먼은 미국인의 정신질환 비율에 관한 두 개의 주요 연구를 재정적으로 지원하였는데 그 결과는 깜짝 놀랄 만한 것이었다. ECA(Epidemiological Catchment Area, 유행병 감염권) 연구라 불리는 첫째 연구는 미국에 각종 정신질환이 얼마나 많이 퍼져 있는지를 알아내고자 했다. 연구자들은 미국 성인인구의 단면을 살펴보고자 9500명의 사람들을 무작위로 방문하여 면접했는데, 이때 사용된 면접은 보통 사람들이 심리학자나 정신과 의사를 찾아가면 받게 되는 진단용 면접과 같은 것이었다.

이 연구에서는 다양한 연령의 상당수 성인들을 대상으로 주요 증상들의 경험 여부와 시기에 관한 면접이 이루어졌다. 때문에 이 연구를 통해 비로소 정신질환의 시간적 추이를 광범위하게 살펴볼 수 있었으며 나아가 20세기에 어떤 변화들이 있었는지 추적하는 것이 가능해졌다. 여러 변화들 가운데 가장 주목할 만한 결과 중 하나는 우울증의 이른바 평생 발병률, 곧 평생 동안 우울증에 시달린 적이 한번이라도 있는 사람들의 비율이었다.

오래 산 사람일수록 어떤 질병을 겪었을 확률은 당연히 높아진다. 예컨대 다리가 부러지는 사고의 평생 발병률은 연령 증가와 함께 올라간다. 오래 살수록 다리가 부러질 기회도 그만큼 많을 수밖에 없기 때문이다.

우울증에 관심을 가졌던 사람들은 어떤 사람이 20세기 초반에 근접해 태어났을수록 그 사람의 우울증 평생 발병률도 높을 것으로, 곧 우울증 증세들을 더 많이 경험했을 것으로 하나같이 예상했다. 예컨대 1920년에 태어난 사람은 1960년에 태어난 사람보다 우울증에 시달린 경험을 더 많이 했을 것으로 예상했다. 이 연구결과가 나오기 전까지 의학통계에 따르자면 면접에 응한 사람의 연구 당시 나이가 25세, 곧 1955년에 태어난 사람일 경우 그 사람이 심각한 우울증을 적어도 한번 겪었을 확률은 약 6퍼센트였다. 그리고 면접에 응한 사람의 나이가 25~44세 사이일 경우 심각한 우울증을 겪었을 확률은 쓸 만한 누적통계들이 다 그렇듯 이를테면 9퍼센트 정도로 상승할 것이었다.

그러나 통계학자들은 이 연구 결과에서 매우 뜻밖의 것을 발견했다. 1925년경에 태어난 사람들은 꽤 오래 살았으므로 우울증을 경험할 기회도 그만큼 많았을 텐데 결과를 보니 그다지 우울증에 시달리지 않았던 것이다. 이 사람들 가운데 9퍼센트가 아니라 겨우 4퍼센트만이 우울증을 경험했고, 이들보다 더 일찍 1차 세계대전 이전에 태어난 사람들의 결과는 더욱 놀라웠다. 이 경우에도 예상과 달리 평생 발병률이 상승하기는커녕 고작 1퍼센트로 급락했다.

이런 결과가 나온 까닭이 사람들이 과거를 제대로 기억해내지 못했다거나 그 밖의 편향된 보고 때문이었다고 보기는 어려웠다. 따라서 이 연구는 20세기를 3등분 할 때 제2분기에 태어난 사람들이 제1분기에 태어난 사람들보다 우울증에 시달릴 확률이 10배 높다는 결론을 지지한다.

그러나 그것이 설령 유행병 범위에 관한 이 연구처럼 잘 된 연구라 치더라도 단 한 개의 연구를 근거로 '유행병'을 단정 짓기에는 과학적으로 무리가 따른다. 다행히도 미국 국립정신보건원은 이른바 친족연구라는 또 다른 연구를 같은 시기에 수행했다. 이것은 위의 유행병 범위 연구와 비슷하게 설계되었으며 마찬가지로 상당히 많은 사람들을 대상으로 한 것이었다. 그러나 이 연구에서는 사람들을 무작위로 선정하지 않았다. 그 대신 심각한 우울증으로 병원에 입원한 적이 있는 가까운 친족을 둔 사람들이 선정되었다. 우선 심각하게 우울증을 겪은 적이 있는 523명의 사람들을 대상으로 면접이 이루어졌다. 그런 다음 이들과 가장 가까운 친족관계인 사람들 가운데 면접이 가능했던 총 2289명의 부모, 형제자매, 자식들을 대상으로 동일한 진단용 면접이 이루어졌다.

이 연구의 목표는 이들 친족도 심각하게 우울증을 겪은 적이 있는지, 그리고 이들이 우울증을 겪을 확률이 다른 일반인들에 비해 높은지를 알아보는 것이었다. 이것은 우울증에 대한 유전요인과 환경요인을 구별하는 데 도움이 될 것으로 기대되었다.

앞의 유행병 범위 연구와 마찬가지로 이 연구의 결과도 사전 예상을 완전히 뒤엎는 것이었다. 이 연구는 20세기를 지나면서 우울증이 10배 이상 증가했음을 보여주었다.

우선 여성의 경우만 살펴보자. 유행병 범위 연구가 실시된 시점에 약 30세였던 한국전쟁 시기에 태어난 여성들이 우울증을 겪었을 확률은 연구 당시 칠십 대였던 제1차 세계대전 시기에 태어난 여성들보다 10배나 높았다.

시기를 거슬러 올라가 제1차 세계대전 세대의 여성들이 30세였을 때로 돌아가본다면(한국전쟁 당시 출생한 여성들과 비교해서) 이들 가운데 3퍼센트만이 심각한 우울증을 경험했다. 이것을 한국전쟁 시기에 태어난 여성들의 운명과 비교해보라. 30세가 될 때까지 이들 가운데 60퍼센트가 우울증을 심각하게 경험했다. 이것은 무려 20배의 차이다.

남성들에 관한 통계치에서도 마찬가지로 놀라운 역전현상이 발견되었다. 물론 우울증에 시달린 남성의 숫자는 여성의 절반 정도밖에 되지 않았다. (이것은 중요한 사실인데, 이 점에 관해서는 다음 장에서 살펴보겠다) 그러나 우울증을 겪은 남성의 비율은 20세기를 지나면서 여성의 경우와 마찬가지로 크게 증가했다.

심각한 우울증은 오늘날 훨씬 더 보편적인 현상이 되었고, 그뿐만 아니라 우울증에 시달리는 사람들의 연령도 훨씬 젊어졌다. 우울증을 겪은 친족을 둔 사람들 가운데 1930년대에 태어난 사람들은 흔히 30~35세 사이에 처음으로 우울증을 직접 경험했다. 반면 1956년에 태어난 사람들은 흔히 20~25세 사이에 처음으로 우울증을 직접 경험했다. 다시 말해 우울증 경험 시기가 10년이나 **빨라진** 것이었다. 심각한 우울증을 한 번 겪어본 사람의 약 절반이 또 다시 우울증을 겪는다. 따라서 우울증을 처음 경험하는 연령이 10년 빨라졌다는 것은 전체적으로 우울증 발병률이 그만큼 높아졌음을 뜻하기도 한다.

하지만 이것이 전부가 아니다. 왜냐하면 이 연구들은 심각한 우울증만을 대상으로 했기 때문이다. 많은 사람들이 경험하는 상대적으로 경미한 우울증의 경우에도 똑같은 추세를 확인할 수 있을 것이다. 곧 경미한 우울증에 시달리는 사람들의 수가 과거보다 훨씬 많을 것이다. 과거보다 더 많은 미국인들이 좀 더 이른 나이에 우울증을 경험한다고 볼 수 있다. 이것은 물질적 번영과 복지를 누리는 나라에서 벌어지고 있는 전례 없는 심리적 궁핍인 셈이다.

결론적으로 말해 '유행병'이라고 단정 짓기에 충분한 근거가 있는 것 같다.

나는 지난 20년간 우울증을 유발하는 원인에 대해 알아내고자 애써왔다. 그 결과 나는 다음과 같이 생각한다.

양방향 우울증 또는 조울증은 생물학적 요인에 의해 생기는 신체질환이며 약물로 억제시킬 수 있다.

몇몇 단방향 우울증도, 특히 가장 격심한 사례들의 경우는 부분적으로 생물학적 요인에 의한 것이다. 단방향 우울증의 일부는 유전된다. 일란성 쌍둥이 가운데 한 명이 우울증에 시달릴 경우 다른 한 명이 우울증에 시달릴 확률은 이란성 쌍둥이의 경우보다 다소 높다. 이런 종류의 단방향 우울증은 비록 양방향 우울증의 경우처럼 성공적이지는 않더라도 종종 약물로 억제시킬 수 있고, 전기충격요법을 사용하면 증상이 완화되기도 한다.

하지만 유전된 단방향 우울증은 그리 많지 않다. 때문에 20세기의 유행병이 되어버린 대다수 우울증들이 왜 생기는가라는 의문이 제기된다. 혹시 20세기를 거치면서 인간의 신체에 변화가 생겨서 우울증에 더 잘 걸리게 된 것은 아닐까? 사실 그런 것 같지는 않다. 인간 뇌의 화학작용이나 유전자가 지난 두 세대에 걸쳐 그렇게 급격하게 변했다고 보기는 어렵다. 다시 말해 우울증이 10배나 증가했다는 사실을 생물학적 원인으로 설명하기는 쉽지 않아 보인다.

우리 모두에게 매우 익숙한 유행성 우울증은 심리적인 관점에서 볼 때 가장 잘 이해될 수 있지 않을까 싶다. 추측컨대 대개 우울증은 살다가 어떤 문제에 부딪치고, 이런 문제에 관해 특정한 방식으로 생각하면서 시작되는 듯하다. 이것은 내가 20년 전에 우울증에 관한 연구를 시작하면서 추측했던 것이기도 하다. 문제는 대다수의 우울증이 심리적 요인 때문이라는 것을 어떻게 증명할 것인가에 있었다.

사람들은 과연 어떠한 심리과정을 통해 우울해지는 것일까? 한 가지 비유를 들어보자. 새들은 과연 어떻게 날 수 있을까? 고대 그리스 시대부터 19세기 말까지 사람들은 이 멋지고도 경이로운 일을 둘러싸고 논란을 벌여왔다. 새가 나는 것을 바라보면서 이러저러한 이론을 지어내는 것은 그리 어려운 일이 아니었다. 그러나 어떤 이론이 옳은지를 확인할 방도가 없었다. 이 문제는 1903년에 완벽하게 해결되었는데, 해답은 전혀 예상치 못한 데서 나왔다.

라이트 형제가 만든 비행기가 하늘을 날았다. 이처럼 물리학자들은 과학적 논쟁을 해소하기 위하여 모형 제작의 힘을 빌렸는데 이것은 예부터 자주 쓰여 온 방법이다. 모형 제작이란 문제가 되는 현상의 속성을 지닌 '논리적 모형'을 만드는 것이다. 라이트 형제에게는 난다는 것이, 그리고 지금 우리에게는 우울증이 바로 그런 문제 현상에 해당한다. 만약 어떤 논리적 모형이 문제가 되는 실제 사물의 모든 속성을 지니고 있다면 우리는 이 모형의 작동방식을 통하여 실제 사물의 작동방식을 알 수 있다.

날아가는 새의 논리적 모형인 라이트 형제의 비행기가 땅에서 떠올라 '경이롭게도' 하늘을 날았다. 그래서 물리학자들은 새들도 비행기와 똑같은 방식으로 날 것이라고 결론지었다.

이와 마찬가지로 나의 과제는 우울증의 모든 속성들을 보여주는 논리적 모형을 만드는 것이었다. 이 과제는 두 단계를 포함했다. 먼저 모형을 만들어야 했고, 그다음으로 이 모형이 우울증에 대응함을 증명해야 했다. 모형과 우울증 사이에서 몇몇 유사점을 찾아내기란 그리 어려운 일이 아닐 것이다. 그러나 이 둘이 똑같은 것임을, 곧 학습된 무기력이 우울증이라는 실제 현상의 실험실 모형임을 증명하기란 결코 쉬운 문제가 아니었다.

그 뒤 20년 동안 세계 여러 대학에서 실시된 아마도 300회 이상의 실험 연구를 바탕으로 학습된 무기력 모형이 만들어졌다. 최초의 연구는 개를 대상으로 한 것이었다. 그 뒤에 대상은 곧 쥐로 대체되었고 다시 사람으로 대체되었다. 이 연구들은 모두 같은 형태를 띠고 있었다. 다시 말해 모두가 피험자를 세 집단으로 나누어 실시된 실험이었다. 한 집단은 소음, 전기충격, 돈, 음식 같은 특정 사물을 임의로 통제할 수 있도록 조치했다. 예컨대 이 집단에 속한 쥐들은 지렛대를 눌러 전기충격을 통제할 수 있도록 했다. 다시 말해 쥐가 지렛대를 누르면 전기충격이 멈추었다. 두 번째 집단은 무기력 집단으로서 첫 번째 집단에 '짝지어' 놓았다. 곧 첫 번째 집단과 똑같은 전기충격을 받았지만 이 두 번째 집단이 하는 행동은 전기충격에 아무런 영향을 주지 않도록 했다. 오로지 첫 번째 집단의 쥐가 지렛대를 누를 때에만 두 번째 집단의 쥐도 덩달아 전기충격을 피할 수 있었다. 마지막으로 세 번째 집단은 아무런 자극도 주지 않은 채 그냥 놔두었.

실험의 결과는 일관성을 보였다. 무기력 집단은 늘 포기했다. 이 집단은 새로운 상황에서조차 아무런 시도를 하지 않을 만큼 수동적이 되었다.

이 집단의 쥐들은 충격을 피하려는 시도조차 포기한 채 그냥 주저앉아버렸다. 이 집단의 사람들은 철자순서를 바꾸는 쉬운 문제조차 풀려고 하지 않고 그냥 쳐다보기만 했다(이 집단에서 확인된 다른 증상들도 상당히 많은데 이 점에 관해서는 나중에 이야기하겠다). 반면에 사태를 통제할 수 있었던 첫 번째 집단은 아무런 자극도 받지 않은 세 번째 집단과 마찬가지로 적극적이었고 활기찼다. 쥐들은 잽싸게 전기충격을 피해 달아났고 사람들은 철자 바꾸기 문제를 몇 초 만에 풀었다.

결과는 단순했지만 이것만으로도 학습된 무기력의 출처를 바로 확인하기에 충분했다. 무기력은 자신이 무엇을 하건 아무 변화도 생기지 않는다는 것과, 자신이 어떻게 반응하건 원하는 바를 얻을 수 없다는 것을 깨닫게 하는 경험에서부터 생겨났다. 이런 경험은 피험자들로 하여금 자신의 행동이 미래의 새로운 상황에서도 또 다시 쓸모없을 것이라 예상하게 만들었다.

우리는 학습된 무기력의 증상들을 여러 방식으로 만들어낼 수 있었다. 통제 불가능한 사태가 무기력을 야기했듯이 패배와 실패도 무기력을 야기했다. 다른 쥐와 싸워서 패배한 쥐는 피할 수 없는 전기충격 때문에 생겼던 증상과 똑같은 증상을 보였다. 소음을 통제해야 하는 과제에서 실패한 사람들은 풀 수 없는 문제나 피할 수 없는 소음을 경험했던 사람들의 경우와 똑같은 증상을 보였다. 패배와 실패 경험의 핵심에 학습된 무기력이 있는 듯했다.

다른 한편 피험자로 하여금 자신의 행위가 다시 효과가 있음을 깨닫게 해주면 학습된 무기력이 치료될 수 있었다. 또한 피험자로 하여금 실패의 원인에 관하여 달리 생각하도록 가르쳐주었을 때에도 학습된 무기력이 치료되었다. 무력감을 경험하기에 앞서 자신의 행동이 차이를 낳는다는 사실을 학습한 피험자들은 무기력 증상을 보이지 않았다. 그리고 이런 자신감을 학습한 연령이 어릴수록 무기력에 대한 면역효과가 크게 나타났다.

이러한 검사 과정들을 거쳐 학습된 무기력 이론은 점점 더 개발되고 완전하게 개선되었다. 그렇다면 이 이론이 우울증의 모형이 될 수 있을까? 실험실에서 개발된 이 모형이 실제 세상의 현상에 대응할까? 우리가 보기에 이 대응의 가능성은 적지 않았다. 왜냐하면 우리에게는 모형이 있었고 따라서 실험실에서 계획적으로 장애현상을 만들어내는 것 또한 가능했기 때문이다. 이것은 곧 그 장애의 숨은 작동방식을 밝혀내고 나아가 그것의 치료법을 개발할 확률이 높음을 뜻한다. 우리가 정말로 인류를 아주 오랫동안 괴롭혀온 우울증의 실험실 모형을 찾아냈다면 이것은 굉장한 과학적 진보로 기록될 것이었다.

라이트 형제의 비행기에 적용된 비행원리가 새의 비행원리와 일치함을 확인하는 데에는 별다른 노력이 필요 없었다. 왜냐하면 둘의 '증상'이 명백히 똑같았기 때문이다. 비행기와 새 모두 땅에서 떠올라 하늘을 날았고 다시 땅에 내려앉았다. 하지만 학습된 무기력의 경우에 우리의 실험이 우울증의 온갖 증상들에 일대일로 대응함을 보이는 데에는 훨씬 많은 노력이 필요했다. 정신질환의 실험실 모형이 인정받기 위해서는 명백한 대응관계를 보이는 것이 결정적으로 중요했고, 때문에 우리가 실험실에서 만들어낸 학습된 무기력의 증상들이 우울증에 시달리는 사람의 증상들과 똑같은 것인지를 확인할 필요가 생겼다. 여기서 우리는 이 둘이 유사할수록 우리의 모형이 성공적이라고 말할 수 있을 것이다.

우선 이 장 앞에서 소개했던 소피라는 젊은 환자의 사례처럼 증세가 이미 많이 진행된 단방향 우울증의 경우를 살펴보자.

사람들이 정신적인 문제로 정신과 의사나 심리학자를 찾아가면 가장 먼저 진단을 받게 된다. 이때 정신과 의사나 심리학자는 진단을 위해 DSM-III-R(《정신장애 진단 및 통계 편람Diagnostic and Statistical Manual of Mental Disorders》[14])이라는 것을 참고한다. 이것은 정신장애 진단에 관한 지식을 집대성해놓은 것으로 정신의학계의 공식 경전과도 같은 것이다. 정신과 의사나 심리학자는 내담자와 첫 면담을 진행하면서 내담자의 증상을 바탕으로 그 사람을 정신장애의 어느 범주에 귀속시킬 수 있는지 살펴보게 된다.

DSM-III-R을 바탕으로 진단을 내리는 일은 어찌 보면 낯선 식당에서 메뉴판을 근거로 음식을 주문하는 것과 약간 닮은 데가 있다. 예를 들어 '주요 우울증' 진단을 내리기 위해서는 아래 아홉 가지 증상 가운데 적어도 다섯 가지를 확인할 수 있어야 한다.

1. 우울한 기분
2. 일상 활동에 흥미가 없음
3. 식욕이 없음
4. 불면
5. 정신운동성 지체(생각이나 움직임이 느림)
6. 활기가 없음
7. 무가치감과 죄책감
8. 사고력과 집중력 저하
9. 자살에 관한 생각 또는 행동

소피는 주요 우울증을 겪는 사람의 전형적인 예였다. 소피는 아홉 가지 증상 가운데 자살에 관한 생각, 정신운동성 지체, 불면의 증상을 제외한 여섯 가지 증상을 지니고 있었다.

우리는 DSM-III-R에 열거된 증상들을 학습된 무기력 실험에 참여했던 사람이나 동물에게 적용해보았다. 그 결과 사태를 통제할 수 있는 처지에 있던 집단의 경우에는 위의 아홉 가지 주요 증상들 가운데 어느 것도 보이지 않았음을 확인할 수 있었다. 반면에 동일한 사태를 통제할 수 있는 처지가 아니었던 집단은 무려 여덟 가지 증상을 보였다. 이것은 심한 우울증을 보였던 소피의 경우보다도 두 가지 나 더 많은 것이었다.

1. 피할 수 없는 소음이나 풀 수 없는 문제에 직면했던 사람들은 우울한 기분이 들었다고 보고했다.
2. 피할 수 없는 전기충격을 받았던 동물들은 평범한 활동에도 흥미를 잃었다. 더는 서로 경쟁하지도 않았고 공격을 당해도 반격하지 않았으며 때에 따라서는 새끼들을 돌보지도 않았다.
3. 피할 수 없는 전기충격을 받았던 동물들은 식욕을 잃었다. 음식도 덜 먹고 물도 덜 마셔서 체중이 줄었으며 알코올은 더 많이 섭취했다. 나아가 교미에도 흥미를 보이지 않았다.
4. 무기력한 동물들은 불면 증상을 보였다. 특히 우울증에 시달리는 사람들이 그러하듯이 아침 일찍 잠에서 깨어났다.
5, 6. 무기력한 사람과 동물들은 정신운동성 지체를 보였고 또 활기가 없었다. 이들은 전기충격을 피하거나 음식을 얻거나 문제를 풀려고 노력하지 않았다. 공격이나 모욕을 당해도 반격하지 않았고 새로운 과제를 접하면 쉽게 포기했으며 새로운 환경에 처해도 주변을 살피려 하지 않았다.
7. 무기력한 사람들은 자신이 문제를 풀지 못한 것을 자신이 무능력하고 무가치한 탓으로 돌렸다. 사람들이 우울해진 정도가 심할수록 이처럼

비관적인 설명양식이 두드러지게 나타났다.
8. 무기력한 사람과 동물들은 깊이 생각하지 않았으며 부주의했다. 새로운 것을 배우는 데 매우 큰 어려움을 겪었으며 보상이나 안전을 가져다줄 결정적 단서에 제대로 주의를 기울이지 못했다.

우리가 확인할 수 없었던 유일한 증상은 자살에 관한 생각 또는 행동이었다. 그 까닭은 아마도 실험실에서 경험한 실패, 예를 들어 소음 끄기에 실패한 것이나 철자 바꾸기 문제를 풀지 못한 것이 그리 중대한 것이 아니었기 때문일 것이다.

이처럼 현실세계의 우울증과 우리의 모형 사이에는 매우 밀접한 대응관계가 있었다. 피할 수 없는 소음, 풀 수 없는 문제, 피할 수 없는 전기충격 등 주요 우울증 진단에 기초가 되는 아홉 가지 증상 가운데 여덟 가지를 산출했다.

이 밀접한 대응관계에 자극받은 몇몇 연구자들은 학습된 무기력 이론을 또 다른 방식으로 검증해보았다. 사람들의 우울증을 없애는 약물이 여럿 있는데, 연구자들은 이 약물들을 무기력한 동물들에게 투여해보았다. 그러자 다시금 극적인 결과가 나타났는데, 우울증 치료제들, 나아가 전기충격요법까지 모두가 동물들의 학습된 무기력을 치료했다. 이것은 아마도 약물들이 동물의 뇌에서 작용하는 중요 신경전달물질의 양을 증가시켰기 때문인 듯했다. 그밖에도 사람의 우울증 치료에 효과가 없는 카페인, 발륨, 암페타민 같은 약물들[15]은 학습된 무기력의 치료에도 효과가 없음이 밝혀졌다.

대응관계는 이제 거의 완벽해 보였다. 실험실에서 만들어낸 학습된 무기력과 현실세계의 우울증은 그 증상에서 거의 똑같아 보였다.

이제 우리는 20세기에 나타난 우울증의 급증을 학습된 무기력의 유행병으로 볼 수 있게 되었다. 우리는 학습된 무기력의 원인을 이미 알고 있으며 또한 이제 이것을 우울증의 원인으로 볼 수 있게 되었다. 자신의 행동이 쓸모없을 것이라는 믿음이 바로 그 원인인 것이다. 이러한 믿음은 패배나 실패를 경험했을 때 또는 통제 불능의 상황에 처했을 때 생겨난다. 패배나 실패 또는 상실을 경험한 뒤 무엇을 하건 아무 소용없을 것이라고 믿게 되면서 우울증이 생겨나는 것이다.

나는 바로 이 믿음이 미국에서 유행하는 우울증의 핵심이라고 생각한다. 특히 현대인은 학습된 무기력에, 다시 말해 개인의 행위가 중요치 않다는 생각에 점점 더 쉽게 빠져들 수밖에 없는 듯하다. 왜 그런지는 이 책 마지막 장에서 논의하기로 하겠다.

이 모든 것들이 상당히 암울한 전망을 예상하게끔 하지만, 반대로 희망적인 측면도 존재한다. 설명양식이 중요한 까닭도 바로 이 때문이다.

5장

우울증에서 벗어나는 법

 만약 소피가 20년 전에 우울증을 겪었다면 소피는 운이 없는 사람이었을 것이다. 그랬더라면 우울증이 저절로 끝나기까지 몇 달이나 1년 혹은 그 이상을 기다려야 했을 테니 말이다. 다행히 소피는 최근 10년 안에 우울증을 겪었다. 이것이 다행인 까닭은 지난 10년 동안 효과적인 우울증 치료법이 개발되었기 때문이다. 이것을 개발한 사람은 심리학자 앨버트 엘리스와 정신과 의사 아론 벡이었다. 누군가 현대 심리치료에 관한 역사책을 쓴다면 거기에 반드시 프로이트와 융Jung과 함께 이 두 사람의 이름이 등장할 것이라고 나는 믿는다. 이들은 공동으로 우울증의 신비를 벗겨냈다. 이들 덕분에 우리는 우울증이 생각보다 훨씬 단순한 것이며 치료도 생각보다 쉽다는 것을 알게 되었다.
 엘리스와 벡의 이론이 등장하기 전에는 흔히 우울증이 곧 조울증이라고 생각했다. 조울증에 대해서는 두 개의 대립하는 이론이 있었다. 생학 진영에서는 조울증을 신체의 질병으로 보았던 반면 프로이트는 우울증을 자아에 대한 분노로 간주했다. 이 터무니없는 견해를 알게 모르게 받아들인 프로이트 추종자들은 우울증 환자로 하여금 자신의 감정을 모두 털어놓도록 다그쳤는데, 이것은 오히려 우울증을 가중시키고 심지어는 자살을 촉발하는 결과를 낳곤 했다.

이처럼 모든 것을 털어놓는 일에 대하여 엘리스는 전혀 다른 견해를 가지고 있었다. 엘리스는 1947년 콜롬비아대학에서 박사학위를 딴 뒤 부부관계와 가족치료를 전문으로 하는 개인 심리치료소를 차렸다. 그는 (아마도 찾아온 환자들의 고백에 자극받아) 얼마 안 있어 성적 억압에 대한 반대운동을 시작하였는데, 그 뒤 이것은 그의 평생 사업이 되었다. 아울러 그는 《만약 이것이 성적 이단이라면If This Be Sexual Heresy》《성의 자유를 위한 논거The Case for Sexual Liberty》《문명화된 연인의 대담한 혼외관계를 위한 안내서The Civilized Couple's Guide to Extramarital Adventure》 같은 책들을 줄기차게 써내려갔다. 때문에 엘리스는 아주 자연스럽게 케루악 세대[16]의 발기선언에 동참하였으며 이 집단에 이론적 근거를 제공하는 정신적 지도자가 되었다.

내가 처음 엘리스의 책들을 접하게 된 것은 1960년대 초기였다. 당시 나는 프린스턴대학 2학년생으로 성sexuality에 관한 학생행사 준비를 거들고 있었다. 엘리스를 연사로 초대했더니 그는 "지금 자위하라"라는 강연 제목을 제안했다. 이것을 보고받은 대학 총장은 평상시 아주 공명정대한 분이셨지만 결국 엘리스의 초대를 취소하고 말았다.

주변의 많은 동료들은 엘리스를 괴짜로 여겼다. 하지만 그가 비범한 임상치료 감각을 지녔음을 인정하는 사람들도 적지 않았다. 그는 환자들의 이야기를 예리하게 경청했으며 틀에 구애받지 않고 진지하게 사고했다. 1970년대에 그는 비범하고도 직선적인 태도로 당시 성 문제만큼이나 편견과 오해로 가득 찼던 우울증 문제와 씨름했다. 그 뒤 우울증은 이전과는 아주 딴판으로 변해버렸다.

엘리스는 과거 성에 관해 그랬던 것처럼 우울증에 관해서도 도발적이었다. 야위고 수척한 모습에 좀처럼 가만히 있질 못하는 그는 매우 유능한 진공청소기 판매원처럼 떠들어댔다. 환자들이 우울증의 토대가 되는 비합리적인 생각들을 포기할 때까지 환자들을 설득하고 또 설득했다. 그는 아마 "사랑 없이는 못 살겠다니, 도대체 어쩌자는 겁니까?" 하고 외쳤을 것이다. "말도 안 됩니다. 사랑은 일생에서 가끔 있는 일입니다. 그저 가끔 있는 것이 너무나도 정상적인데 그것만 멍하니 동경하면서 시간을 허비한다면 우울증에 걸리는 게 당연하지 않습니까? 선생님께서는 지나친 이상과 당위에 얽매여 살고 계십니다. '당연히 그래야 한다'는 생각을 버리십시오!"

많은 사람들이 우울증을 깊은 내면의 신경증적 갈등으로 보았지만 엘리스는 그것을 단순히 잘못된 사고로 보았다. 그는 우울증을 '멍청하지 않은 사람들이 저지르는 멍청한 행동'이라고 불렀다. 그는 자칭 '반전도사'였지만 환자들에게 잘못된 생각을 버리고 똑바로 생각하라며 마치 요란한 전도사처럼 열변을 토하곤 했다. 놀라운 것은 그를 찾은 환자들 대부분의 상태가 좋아졌다는 사실이다. 당시에는 정신질환이 어마어마하게 난해하고 심지어 신비하기까지 한 현상이며 오로지 깊은 내면의 무의식적 갈등이 정체를 드러내거나 관련된 의학적 질병이 뿌리째 뽑혀야만 치료가 된다는 견해가 거의 신성시되던 때였다. 엘리스는 이런 강고한 견해에 성공적으로 문제를 제기한 셈이었다. 복잡한 것을 좋아하는 심리학계에서 엘리스의 단순무식한 접근은 가히 혁명이었다.

다른 한편 프로이트주의 정신과 의사이자 천부적인 임상치료 재능을 지녔던 벡도 우울증에 대한 정통적인 치료법에 불만을 느끼고 있었다. 벡과 엘리스는 전혀 다른 종류의 인간이었다. 엘리스가 트로츠키주의자라면 벡은 소크라테스의 제자 같았다. 친절하고 서민적이며 천사처럼 순수한 표정을 지닌 벡은 붉은 나비넥타이를 즐겨 매었고 뉴잉글랜드 지방의 시골의사 같은 인상을 풍겼다. 그는 관대함과 견고한 상식의 수호자 같았다. 환자 앞에서 열변을 토하는 것은 그의 취향이 아니었다. 그 대신 귀 기울여 듣고 조용히 질문하며 부드럽게 설득했다.

1960년대에 우울증 치료에 관해 프로이트주의자들과 생의학자들이 행사한 막강한 지배력 때문에 벡도 엘리스와 마찬가지로 심한 좌절을 경험해야 했다. 벡은 예일대학에서 의학을 전공한 뒤 평범한 정신분석가로 여러 해를 보냈다. 그러면서 소파에 누운 환자가 마침내 자신의 우울증에 대한 통찰에 이르기만을 기다렸다. 어떻게 환자가 분노를 밖으로 표출하지 못하고 환자 자신에게 돌리게 되었는지, 그래서 어떻게 우울증이 생겨났는지 환자 스스로 깨닫게 되기만을 기다렸다. 그러나 이런 기다림은 별 성과가 없었다. 그러자 벡은 우울증 환자들을 집단으로 묶어 각자의 분노와 슬픔을 안에 간직하지 말고 밖으로 발산하라고 충고해보았다. 하지만 이것은 오히려 역효과를 낳았다. 분노와 슬픔을 발산하는 환자들을 다시 다독이는 것이 결코 쉬운 일이 아니었기 때문이다.

1966년에 내가 팀 벡을 만났을 때(주변 친구들은 벡의 중간 이름인 템킨Temkin을 줄여 팀Tim이라 불렀다) 그는 우울증에 관한 책을 처음으로 집필하고 있었다. 이때 그는 상식을 따르기로 결심했다. 다시 말해 우울증 환자들이 의식적으로 생각하는 바를 기술할 뿐, 이런 생각들이 어디서 유래했는지에 관한 심층적인 이론작업은 다른 사람의 몫으로 남겨두기로 한 것이다. 우울증 환자들은 자신과 자신의 미래에 관해 심각하고도 터무니없는 생각을 자주 한다. 그것이 우울증의 전부일지도 모른다고 팀은 주장했다. 부정적 사고가 우울증의 한 증상이 아니라 우울증 자체일지 모른다는 것이었다. 팀은 우울증이 뇌의 잘못된 화학작용도, 내면으로 향한 분노도 아니라고 과감하게 주장했다. 우울증이란 그저 의식적 사고의 한 장애일 뿐이라는 것이었다.

이러한 주장과 함께 팀은 프로이트주의자들을 맹공격했다. 그는 책에서 다음과 같이 썼다.

"이들은 곤경에 처한 사람으로 하여금 일상적인 문제와 관련해 스트레스를 받게 되면 스스로 문제를 해결할 능력이 없으므로 전문치료사를 찾아가야 한다고 믿도록 유도했다. 자신이 통제할 수 없는 어떤 힘 때문에 마음의 동요가 생긴다는 견해를 받아들인 결과 사람들은 평상시 삶의 문제들을 해결하는 데 사용했던 '명백한' 기술들을 더 이상 신뢰하지 못하게 되었다. 자신의 견해와 관념들이 천박하고 하찮은 것으로 기각되었기 때문에 사람들은 이제 스스로의 힘으로 자신을 이해할 수 있다는 희망을 접어버렸다. 이 미묘한 세뇌작용으로 말미암아 상식의 평가절하가 일어났고 사람들은 더 이상 자신의 문제를 스스로 분석하고 해결할 수 없게 되었다."

팀은 위대한 수학자이자 철학자인 화이트헤드Whitehead의 말을 즐겨 인용했다.

"과학의 뿌리는 …… 상식적 사고다. 이것은 곧 과학의 출발점이자 회귀점인 자료를 이룬다. …… 때때로 우리는 이것을 다듬기도 한다. 세부사항에서 이것에 반대하기도 하고 이것을 놀라게 하기도 한다. 그러나 궁극적으로 우리가 하는 일 전체는 이것을 만족시키는 일이다."

심리학에서 일어난 이 혁명의 선구자는 오늘날 칠십 대의 나이임에도 여전히 활동적인 조셉 월프Joseph Wolpe였다. 남아프리카의 정신과 의사이자 타고난 이단자인 월프는(그의 형은 남아프리카 공산당의 지도자로서 온갖 박해를 받고 수감되었다) 기존의 정신분석 체제에 맞서기로 결심했다. 남아프리카에서 이것은 인종차별정책에 반대하는 것이나 거의 마찬가지였을 정도로 전문가들 사이에서 정신분석의 영향력은 막강했다. 1950년대에 월프는 여러 가지 공포증에 대한 간단한 치료법을 발견해 심리치료학계를 깜짝 놀라게 하였고 동료들을 격분케 만들었다. 이에 대해 정신분석의 권위자들이 주장하기를 공포증이란(다시 말해 고양이 같은 특정 물체에 대해 느끼는 비합리적이고 강렬한 공포란) 더 깊이 뿌리박힌 어떤 장애가 겉으로 드러난 것일 뿐이라고 주장했다. 이들에 따르면 환자가 자기 어머니에게 정욕을 느껴서 그 벌로 아버지가 자기를 거세할지 모른다는 두려움이 생겼고 이 은밀한 두려움이 공포증으로 나타난다는 것이었다. 그런데 여성의 공포증에 대해서는 별다른 설명이 없었다. 하지만 실제로 공포증 환자의 대다수는 여성이며 따라서 이들은 이 이론의 전제가 되는 남근을 가지고 있지도 않다. 희한하게도 프로이트주의자들은 이 사실에 특별히 주의를 기울인 적이 없다. 그런가 하면 생의학계에서는 공포증의 원인이 되는 뇌 화학작용의 장애가 있을 것이라고 주장했다. 이런 주장이 제기된 뒤 40년이 흘렀지만 뇌의 해당 기능장애는 아직도 발견되지 않았다. 결국 두 집단 모두 고양이에 대한 환자의 공포만 치료한다면 그것은 홍역환자에게 연지를 바르는 꼴이라고 비판했다.

그러나 월프는 어떤 것에 대한 비합리적 공포가 공포증의 한 증상일 뿐이라는 견해에 반대하면서 이런 공포가 공포증 자체라고 주장했다. 만약 공포를 제거할 수 있다면 공포증도 사라질 것이라는 주장이었다(실제로 공포를 제거할 수 있다. 이것은 처벌과 보상을 포함하는 여러 형태의 파블로프 소거절차를 통하여 가능하다[7]). 만약 고양이에 대한 공포를 제거할 수 있다면 공포증의 문제도 해결될 것이다. 그리고 정신분석이나 생의학에서 주장하는 것처럼 공포증이 다른 형태로 재발하지 않을 것이다. 실제로 월프와 자신을 행동치료가라고 부르던 그의 추종자들은 공포를 한두 달 안에 별 어려움 없이 제거할 수 있었으며, 그 뒤 공포증은 다른 어떤 형태로도 다시 나타나지 않았다.

이 무례함, 즉 정신장애에 특별히 복잡한 무엇이 숨겨있지 않다는 시사점 때문에 월프는 남아프리카에서 굉장히 불편한 처지에 놓이게 되었다. 결국 그는 망명길에 올라 런던 모즐레이병원과 미국 버지니아대학을 거쳐 필라델피아에 있는 템플대학으로 가게 되었고 거기서 정신질환에 대한 행동치료를 계속했다. 혈기 왕성하고 자기 주장이 강한 월프는 틈만 나면 상대가 누구든 가리지 않고 대판 싸움을 벌였다. 심지어 추종자들이 자신의 견해와 조금만 차이를 보여도 그들을 배척했다. 이런 측면에서 그의 행태는 자신을 박해했던 정신분석 정통파들과 비슷한 면이 있었지만 사실 그 이면에는 용기가 감춰져 있었다.

1960년대 후기에 필라델피아는 새로운 심리학의 중심지가 되고 있었다. 조셉 월프는 템플대학에서 목청을 높이고 있었으며 팀 벡은 펜실베이니아대학으로 옮겨와 점점 더 많은 추종자들을 주변에 모으고 있었다. 벡은 묵묵히 우울증에 대해 공포증에 관한 월프의 결론과 똑같은 결론을 내렸다. 벡은 우울증이 그 증상 이상의 것이 아니라고 주장했다. 벡에게 우울증의 원인은 부정적인 의식적 사고였다. 뿌리 뽑아야 할 깊은 내면의 장애란 존재하지 않았다. 미해결된 어릴 적 갈등, 무의식적인 분노, 뇌의 화학작용 장애 따위란 존재하지 않았다. 감정이란 우리가 무엇을 생각하는가에 따라 직접적으로 좌우된다. '위험하다'고 생각하면 불안을 느낀다. '내 권리가 침해받고 있다'고 생각하면 화가 난다. '내가 잃은 것들'

을 생각하면 슬픔을 느낀다.

　나는 이런 견해를 일찌감치 품고 있었다. 그리고 학습된 무기력과 우울증은 아마도 동일한 원인, 곧 비뚤어진 의식적 사고에서 비롯되었을 것이라 믿고 있었다. 나는 펜실베이니아대학에서 박사학위를 딴 뒤 1967년에 바로 코넬대학으로 가 학생들을 가르쳤다. 1969년에 팀은 나에게 펜실베이니아대학으로 돌아와 1~2년을 자신과 함께 지내면서 우울증에 대한 자신의 새로운 접근법에 대해 연구하는 게 어떻겠냐고 제안했다. 나는 기꺼이 펜실베이니아대학으로 돌아가 새로운 종류의 우울증 치료법을 고안하는 일에 적극 참여했다.

　우리의 추론은 간단했다. 우울증은 의식적 사고의 몸에 밴 습관에서 비롯되는 것이며 따라서 이런 사고습관을 바꾸면 우울증도 치료될 것이라고 생각했다. 환자들이 나쁜 일에 관해 생각하는 방식을 바꾸려면 우리가 아는 모든 수단을 동원해 의식적 사고를 정면으로 공격해야 한다는 제안이 토론 중에 나왔다. 이 제안을 바탕으로 새로운 접근법이 탄생했으며, 벡은 이것을 인지치료라 불렀다. 이것의 목표는 실패, 패배, 상실, 무력감 등에 관한 우울증 환자들의 사고방식을 바꾸는 데 있었다. 우리는 미국 국립정신보건원으로부터 수백만 달러를 지원받아 이 우울증 치료법의 효과 여부를 검증했다. 그리고 그 결과는 긍정적이었다.

　우울증에 시달리는 사람이 우울증 자체를 포함해 자신의 문제에 관해 어떻게 생각하는가에 따라 우울증이 완화되기도 하고 악화되기도 할 것이다. 실패나 패배를 경험할 때 사람들은 자신이 현재 무력한 처지에 있음을 깨닫게 되곤 한다. 하지만 이런 무력감이 장기적인 우울증으로 발전할 것인지는 그 사람의 평소 설명양식에 달렸다. 곧 비관적 설명양식을 갖고 있다면 실패나 패배가 완전한 모습의 우울증으로 발전할 수 있다. 반면에 낙관적 설명양식을 갖고 있다면 우울증은 그리 오래 지속되지 않을 것이다.

여성이 우울증에 시달릴 확률은 남성보다 두 배나 높다. 그 이유는 여성들이 흔히 자신의 문제들에 관해 우울증을 증폭시키는 방향으로 생각하기 때문이다. 남성들은 곰곰이 되씹기보다는 당장 행동에 나서는 편이다. 반면에 여성들은 자신의 우울증에 관해 고민하면서 그것을 분석하고 그 원인을 찾아내고자 두고두고 생각하는 경향이 있다. 심리학자들은 이처럼 강박적인 분석과정을 가리켜 반추라고 부르는데, 이 말의 첫째 의미는 '새김질', 곧 삼킨 것을 다시 입으로 내보내 되씹기다. 소나 양, 염소 같은 반추동물들은 부분적으로 소화된 음식을 게워서 새김질을 한다. 새김질이 그리 유쾌한 표상은 아닐지 모르지만, 자신의 생각들을 반추하는 과정에 대한 매우 적절한 표상임에는 틀림없다. 반추가 비관적 설명양식과 결합할 때 심각한 우울증이 생길 가능성은 매우 높다.

이상은 나쁜 소식이었지만 좋은 소식도 있다. 비관적 설명양식과 반추는 모두 변화될 수 있다는 사실, 그것도 영원히 변화될 수 있다는 사실이다. 우리가 개발한 인지치료는 낙관적 설명양식을 촉진하고 반추를 줄일 수 있게 해준다. 좌절을 딛고 일어서는 데 필요한 기법들을 가르쳐줌으로써 우울증이 또다시 생기는 것을 막아준다. 이제 이 치료법이 다른 사람들에게 어떤 효과를 갖는지 살펴보도록 하자. 그리고 이 기법들을 자신에게 응용하는 법에 관해서도 배워보도록 하자.

학습된 무기력과 설명양식

실패를 경험하면 사람들은 으레 잠시 무기력해지고 심리적으로 기운이 빠진다. 슬픔을 느끼며 미래는 암울해 보이고 다시 힘을 낸다는 것이 너무나도 어렵게 느껴진다. 하지만 어떤 사람들은 이런 무기력에 빠졌다가도 거의 단숨에 회복한다. 학습된 무기력의 증상들이 몇 시간 안에 감쪽같이 사라지는가 하면 몇 주일 동안 무기력에 빠져있기도 한다. 또는 실패가 중대한 것이었다면 수개월 동안 혹은 그 이상까지 무기력하게 지낼 수도 있다.

이것이 잠깐 동안의 사기저하와 우울증의 발현을 가르는 결정적인 차이다. 4장에서 이미 살펴보았듯이 DSM-III-R에 열거된 우울증의 아홉 가지 증상 가운데 여덟 가지가 학습된 무기력을 통해 산출될 수 있다. 이 아홉 가지 증상 가운데 다섯 가지 이상이 나타나면 주요 우울증을 겪고 있는 것으로 진단된다. 하지만 이런 진단이 내려지려면 한 가지 요인이 더 추가되어야 한다. 곧 증상이 일시적이어서는 안 되고 적어도 2주 동안 지속되어야 한다.

학습된 무기력이 금세 사라지는 사람과 2주 또는 그 이상 동안 증상이 지속되는 사람 사이의 차이는 대개 간단하다. 증상이 오래 지속되는 사람들은 비관적 설명양식을 지니고 있다. 비관적 설명양식 때문에 단기적이고 부분적인 것이 장기적이고 포괄적인 것으로 바뀌는 것이다. 실패를 경험한 사람이 비관적인 사람일 경우 학습된 무기력은 완전한 모습의 우울증으로 발전한다. 반면에 낙관적인 사람일 경우 실패는 잠깐 동안의 사기저하를 낳을 뿐이다.

여기서 관건은 희망이 있는가 혹은 없는가 하는 점이다. 앞서 보았듯이 비관적 설명양식은 나쁜 일에 대한 특정한 종류의 설명을 뜻한다. 곧 개인적이고("내 탓이야") 지속적이고("늘 이럴걸") 만연적인("어디서나 마찬가지일 거야") 형태의 설명을 뜻한다. 어떤 실패를 경험했을 때 그것을 지속적이고 만연적인 형태로 설명하는 것은 곧 현재의 실패를 미래의 다른 모든 상황에 투사하는 것이다. 예를 들어 사랑하는 이로부터 버림받았을 때 "여자들(또는 남자들이)이 나를 안 좋아해"(만연적 설명)라거나 "내 짝을 결코 못 찾을 거야"(지속적 설명)라고 스스로 생각할지 모른다. 이처럼 원인이 지속적이고 만연적인 것이라고 생각하면 앞으로도 계속해서 버림받을 것이라는 예상이 생긴다. 다시 말해 자신을 버린 바로 그 애인뿐만 아니라 앞으로 애인이 될지도 모를 모든 사람들이 자신을 버릴 것이라고 예상하게 된다. 사랑의 실패를 이런 식으로 설명하는 사람은 사랑에 대한 장래의 모든 노력을 스스로 망치는 셈이다. 게다가 실패의 원인을 자신에게 돌리는 사람은 자부심에도 상처를 입을 것이다.

 이 모든 것을 종합해볼 때 우리는 특별히 자기파괴적인 사고방식을 확인하게 된다. 그것은 바로 나쁜 일들을 개인적, 지속적, 만연적인 형태로 설명하는 것이다. 이것은 모든 설명양식 가운데서 가장 비관적인 것이며 이런 설명양식을 사용하는 사람들은 실패에 직면하여 오랫동안 여러 장면과 활동에 걸쳐 학습된 무기력의 증상들을 보이고 자부심에도 상처를 입을 가능성이 크다. 그리고 학습된 무기력이 이렇게 오래 연장되면 우울증으로 발전할 것이다. 이것은 내 이론의 핵심 예측이기도 하다. 곧 비관적 설명양식을 지닌 사람은 나쁜 일을 겪을 경우 우울증에 시달릴 가능성이 크다. 반면에 낙관적 설명양식을 지닌 사람은 나쁜 일을 겪을 경우 우울증에 저항할 가능성이 크다.

 만약 정말로 그렇다면 비관성은 우울증의 위험요인인 셈이다. 이것은 흡연이 폐암의 위험요인이고 공격적으로 마구 몰아치는 성질이 심장마비의 위험요인이라고 말하는 것과 똑같다.

비관성이 우울증의 원인인가?

최근 10년 동안 나는 이 예측을 검증하는 데 많은 시간을 썼다. 펜실베이니아대학 연구팀에서 제일 먼저 한 것은 가장 간단한 일이었다. 종류도 다양하며 그 정도도 각양각색인 우울증에 시달리고 있는 수천 명의 사람들을 대상으로 설명양식에 관한 설문조사를 실시했다. 그 결과 우울한 사람들은 비관적인 사람이기도 하다는 사실을 일관되게 확인할 수 있었다. 이 결과는 수없이 반복해서 확인된 매우 일관된 것이었기 때문에 이 결과를 의심케 만들려면 반대연구를 아마도 1만 번은 해야 할 정도였다.

하지만 이 조사결과는 우울한 사람들이 동시에 비관적인 사람인 경우가 많음을 뜻할 뿐 비관성이 우울증의 원인임을 증명하지는 못한다. 가령 거꾸로 우울증이 비관성의 원인이거나, 혹은 뇌의 화학작용과 같은 제 3의 요인이 우울증과 비관성 둘 다의 원인이더라도 비관성과 우울증의 공존이 마찬가지로 확인될 것이다. 게다가 우울증을 진단하는 데에는 비관적인 사람들의 이야기를 듣는 것도 포함된다. 만약 자신이 무가치하다고 말하는 환자가 있다면 이 비관적인 설명이 그 사람을 우울증 환자로 진단하는 근거의 일부가 된다. 이렇게 본다면 비관적 설명양식과 우울증 사이의 밀접한 관계란 그저 순환적인 것일 뿐이다.

비관성이 우울증을 일으킨다는 것을 증명하려면 우울증에 시달리지 않는 사람들을 대상으로 연구를 시작할 필요가 있다. 그래서 이들 가운데 비관적인 사람들이 낙관적인 사람들보다 어떤 불행을 겪은 뒤에 더 쉽게 우울해졌다는 사실을 보여야 할 것이다. 이것을 위해 가장 이상적인 실험은 대충 다음과 같다. 미시시피걸프해안의 한 작은 도시에 사는 모든 사람들을 대상으로 우울증과 설명양식에 관해 조사한 뒤 태풍이 오기를 기다린다. 그런 다음 태풍이 지나가면 누가 폐허더미 위에 수동적으로 널브러져 있는지 그리고 누가 다시 기운을 내어 도시를 재건하고 있는지 조사하는 것이다. 하지만 이런 식의 '자연실험'을 하기에는 윤리적으로나 재정적으로 문제가 많았다. 때문에 우리는 인과관계를 확인할 다른 방도를 찾아야 했다.

나의 가장 똑똑한 제자들 가운데 한 명으로 당시 대학 2학년생이던 에이미 세멜이 훨씬 더 가까이에서 일어나는 자연재해를 생각해내어 이 난제를 풀었다. 그것은 바로 매 학기 두 번씩 학생들에게 닥치는 재해, 곧 시험이었다. 이 제안에 따라 우리는 9월에 학기가 시작되었을 때 내 수업에 참석한 모든 학생들을 대상으로 우울증 여부와 그들의 설명양식에 관해 조사했다. 그리고 10월에 중간시험 기간이 다가왔을 때 이 학생들을 대상으로 자신의 학점이 몇 점이면 '실패'로 여기는지를 조사했다. 평균적으로 이들은 학점이 B+이면 실패에 해당한다고 답했다. 아마도 당신은 이들이 얼마나 성취동기가 높은지 실감할 수 있을 것이다. 이런 답변 결과는 실험을 위해 아주 적당했다. 왜냐하면 평소 내 시험의 평균 점수는 C였으므로, 이것은 곧 대부분의 학생들이 '실패'를 경험할 것임을 뜻했기 때문이다. 일주일 후 중간시험이 치러졌고 그다음 주에 학생들에게 시험점수를 통보했다. 그리고 이때 벡 우울척도 한 부씩을 함께 나누어 주었다.

자신들이 설정한 기준에 따라 중간시험에 실패한 학생들의 30퍼센트가 매우 우울해졌다. 그리고 9월의 조사에서 비관적인 사람이었던 학생들의 30퍼센트가 마찬가지로 매우 우울해졌다. 그러나 9월 조사 때 비관적인 사람이였고 동시에 중간시험에 실패한 학생들의 70퍼센트가 우울해졌다. 따라서 비관성이 이미 있는 상태에서 실패를 경험하는 것은 심한 우울증으로 가는 지름길인 셈이었다. 실제로 이 집단의 학생들 가운데 가장 지속적이고 만연적인 형태로 자신의 실패 이유를 설명했던 사람들은 12월에 실시한 재조사 때에도 여전히 우울한 상태에 있었다.

'자연적인 실험'의 훨씬 심각한 상황은 감옥에서 벌어질 것이다. 따라서 우리는 남성 수감자들을 대상으로 감금 전후 그들의 우울증 수준과 설명양식을 측정했다. 감옥에서 자살은 꽤 흔히 일어나는 문제이므로 우리는 수감자들 가운데서 누가 가장 우울증에 시달릴 위험이 큰지를 예측해보고자 했다. 놀랍게도 수감 당시 심각하게 우울해있던 사람은 한 명도 없었다. 그러나 낭패스럽게도 출감 때에는 거의 모든 사람들이 우울해있었다. 이것을 두고 감옥이 제 할 일을 한 것이라고 말할 사람도 있을지 모르겠다. 그러나 내가 보기에는 감옥에 있는 동안에 수감자들의 사기를 심각하게 저하시키는 어떤 일이 일어났기 때문에 그런 것이 아닌가 싶다. 어쨌든 우리는 누가 가장 우울해질 것인지를 다시 한 번 정확하게 예측했다. 바로 수감 당시 비관적인 사람이었던 사람들인데, 이것은 특히 환경이 비우호적일 때 비관성이 우울증을 자라게 하는 비옥한 토양 역할을 함을 뜻한다.

이 다양한 조사결과들은 모두 비관성이 우울증의 원인임을 가리키고 있었다. 우리는 정상적인 사람들을 대상으로 해도 나중에 나쁜 일이 생겼을 때 그들 가운데 누가 가장 우울증에 빠질 확률이 높은지를 훨씬 앞서서 예측할 수 있다는 확신을 가지게 되었다.

비관성이 우울증을 일으키는지를 확인할 또 다른 방법은 자연스런 삶의 여러 시기에 걸쳐 사람들을 관찰하는 것으로 이런 것을 가리켜 '종단연구를 수행한다'고 한다. 우리는 초등학교 3학년 학생 400명을 대상으로 그들이 6학년이 될 때까지 그들의 설명양식과 우울증, 학교성적, 또래집단에서의 인기도를 매년 두 번씩 측정하였고 지금도 이 사람들에 대한 조사를 여전히 계속하고 있다. 그 결과 우리는 조사 초기에 비관적인 아이들이 지난 4년 동안 가장 빈번하게 우울함을 새로 경험했거나 우울한 상태에 머물러 있었음을 발견했다. 반면에 조사 초기에 낙관적인 아이들은 우울하지 않았거나 간혹 우울해지더라도 재빨리 회복했다. 부모의 이혼으로 부모 중 한쪽과 헤어져야 하는 일과 같은 심각한 상황이 일어났을 때 비관적인 아이들이 가장 쉽게 의기소침해졌다. 우리는 그밖에 성인기 초반의 사람들도 조사했는데, 여기서도 똑같은 양상이 발견되었다.

이런 결과들은 비관성이 우울증의 원인임을 정말로 증명하는 것일까? 그저 비관성이 우울증에 선행하며 우울증을 예측하게 함을 뜻하는 것은 아닐까? 극단적으로는 다음과 같이 가정할 수도 있을 것이다. 나쁜 일을 당했을 때 자신이 어떻게 반응할지에 대해 대단한 통찰력을 지녔다고 치자. 이런 상황에서 몇몇 사람들은 나쁜 일을 당했을 때 자신이 얼마나 망연자실하는지를 여러 번 스스로 보아왔을 것이다. 그리고 이런 지식이 그들로 하여금 비관적인 사람이 되게 했을지 모른다. 반면에 자신이 어려운 일을 당해도 금방 기운을 차리는 것을 여러 번 스스로 봐온 사람들은 낙관적인 사람이 될 것이다. 다시 말해 이 두 종류의 사람들이 비관적인 사람나 낙관적인 사람이 된 까닭은 나쁜 일에 대한 자신의 반응을 스스로 관찰했기 때문이다. 이렇게 본다면 자동차의 속도계가 시속 100킬로미터를 가리키는 것이 자동차가 그런 속도로 달리는 것의 원인이 아니듯이 비관성이 우울증의 원인이라고 말하기는 어려울 것이다. 이 경우 속도계와 비관성은 더 근본적인 어떤 사태를 그저 반영할 뿐이다.

내가 아는 한 이 논리를 물리칠 방법은 단 한 가지다. 그것은 바로 치료의 효과를 살피는 것이다.

설명양식과 인지치료

치료를 받으러 온 타냐라는 여성이 있었다. 그녀는 남편과의 사이가 날이 갈수록 나빠지며, 세 자녀가 말을 잘 듣지 않고 제멋대로여서 매우 심한 우울증을 겪고 있다고 호소했다. 우울증 치료의 비교연구에 동참하기로 동의한 그녀는 인지치료와 항우울제 처방을 같이 받기 시작했다. 타냐는 치료시간에 연구자가 녹음하는 것을 허락했다. 아래 인용문에서 고딕체로 강조한 것은 타냐가 자신의 문제에 관해 설명한 것들이며, 각 인용문에 추가한 숫자는 타냐의 비관성 점수를 가리킨다(3장 낙관성 자기진단법 참조). 점수는 최하 3점(일시적이고 일부이며 외부적인 설명)에서 최고 21점(지속적이고 만연적이며 개인적인 설명)까지 이를 수 있다. 설명의 각 차원마다 1~7점의 척도로 평가하였고 따라서 세 차원의 측정치를 합하면 3~21점이 된다. 3~8점의 범위는 매우 낙관적인 것이다. 그리고 13점 이상은 매우 비관적인 것이다.[18]

타냐는 자신이 혐오스럽다고 했다.
"왜냐하면 늘 아이들에게 고함치고 그것에 관해 결코 사과하지 않거든요."
(지속적이고 만연적이며 개인적인 설명: 17)

타냐는 취미가 하나도 없었다.
"왜냐하면 잘 하는 것이 하나도 없거든요." (지속적이고 만연적이며 개인적인 설명: 21)

타냐는 항우울제를 복용하지 못했다.

"왜냐하면 어떻게 해야 좋을지 몰랐어요. 저는 그렇게 강한 사람이 아니에요." (지속적이고 만연적이며 개인적인 설명: 15)

타냐의 설명은 한결같이 비관적이었다. 나쁜 일은 앞으로도 영원히 그럴 것이고, 그것 때문에 모든 것을 망쳐버릴 것이며, 이 모두가 자기 탓이라고 보았다.

연구에 참여했던 다른 환자들과 마찬가지로 타냐는 12주 동안 치료를 받았다. 이 과정을 훌륭하게 마친 그녀의 우울증은 치료를 받은 지 한 달 안에 눈에 띄게 줄어들기 시작했으며, 치료를 마쳤을 때는 완전히 사라졌다. 하지만 겉으로 보기에 타냐의 삶이 많이 좋아지지는 않았다. 부부사이는 여전히 가깝지 않았고 아이들은 학교와 집에서 여전히 버릇없이 굴었다. 그러나 이제 타냐는 문제의 원인을 훨씬 더 낙관적인 방식으로 바라보았다. 이제 그녀는 다음과 같이 이야기했다.

"남편이 고집 피우며 교회에 가려 하질 않았기 때문에 저 혼자 교회에 가야 했어요." (일시적이고 일부이며 외부적인 설명: 8)
"아이들에게 교복을 입혀야 했기 때문에 옷 더미를 뒤지며 온 집안을 헤맸지요." (일시적이고 일부이며 외부적인 설명: 8)
"남편이 예금된 제 돈을 전부 찾아서 마음대로 써버렸지요. 그때 만약 총이 있었더라면 쏴 죽였을 거예요." (일시적이고 일부이며 외부적인 설명: 9)
"선글라스가 빛을 제대로 차단하지 못해서" 타냐는 운전에 어려움을 겪고 있었다. (일시적이고 일부이며 외부적인 설명: 6)

거의 매일 좋지 않은 일들이 일어났지만 타냐는 더 이상 그것들을 지속적인 것으로 보거나 확대해석하지 않았으며 자기 탓으로 돌리지도 않았다. 그리고 사태를 변화시키기 위해 다른 방식의 행동을 취하기 시작했다. 그렇다면 과연 무엇 때문에 타냐의 설명양식이 이처럼 비관적인 것에서 낙관적인 것으로 크게 바뀌었을까? 항우울제 때문인가 아니면 인지치료 때문인가? 설명양식의 변화는 타냐가 덜 우울해지게 된 일을 그저 반영할 뿐인가 아니면 그렇게 된 일의 원인인가? 우리는 타냐 외에도 많은 환자들을 대상으로 상이한 치료법의 비교연구를 진행했으므로 위 물음들에 답할 수 있다고 생각한다.

첫째, 항우울제와 인지치료 모두 매우 효과적이었는데 약물치료든 인지치료든 한 가지 치료만으로도 우울증을 확실하게 제거할 수 있었다. 두 가지 치료 방법을 함께 사용하면 어느 한 가지만 사용할 때보다 약간 더 효과가 있었다.

둘째, 인지치료를 구성하는 능동적 요소는 설명양식을 비관적인 것에서 낙관적인 것으로 바꾸는 일이었다. 인지치료의 횟수가 많아질수록 그리고 그것을 능숙하게 적용할수록 낙관성으로 바뀌는 일이 더욱 철저하게 이루어졌다. 낙관성으로 철저하게 바뀔수록 우울증도 더욱 철저하게 치료된 반면, 약물은 우울증 치료에 상당히 효과적이었지만 환자를 더 낙관적으로 만들지는 않았다. 따라서 약물 치료와 인지치료 모두 우울증 치료에 효과적이지만 둘의 작용방식은 아마도 상당히 다를 것이라는 결론을 내릴 수 있다. 약물은 환자를 활기차게 만들지만 세상이 더 밝게 보이도록 하지는 않는 활성제로 작용하는 듯하다. 반면에 인지치료는 세상을 보는 환자의 관점을 바꿔주고 이렇게 바뀐 낙관적 태도가 환자를 활기차게 만든다.

가장 중요한 세 번째 연구결과는 재발에 관한 것이었다. 우울증 치료는 과연 얼마나 영구적인 것이었을까? 타냐의 경우에 우울증은 재발하지 않았다. 그러나 연구 대상이 되었던 다른 많은 환자들의 경우에 우울증의 재발이 나타났다. 우리의 연구결과에 따르면 우울증의 영구적 치료에 결정적으로 중요한 것은 설명양식의 변화였다. 약물치료를 받은 집단의 많은 환자들에게서 우울증이 재발했다. 그러나 인지치료를 받은 환자들의 경우에는 우울증이 결코 그렇게 자주 재발하지 않았다. 다시 말해 낙관적 설명양식을 습득한 환자들에게 우울증이 재발할 확률은 비관적인 사람으로 남아 있었던 환자들의 경우만큼 높지 않았다.

인지치료의 효과는 환자들을 이전보다 더 낙관적으로 만드는 데 근거한다. 인지치료가 우울증의 재발을 막은 까닭은 환자들로 하여금 약물이나 의사에 의존하지 않고도 반복해서 사용할 수 있는 기술을 익히도록 했기 때문이다. 약물도 우울증을 치료하지만 오직 일시적으로만 가능하다. 인지치료와 달리 약물은 문제의 근원이 되는 비관성을 낮추지 못하기 때문이다.

나는 이 연구들을 바탕으로 현재 우울증에 시달리고 있지 않은 사람들 가운데 누가 장래에 우울해질 것인지를 예측하는 것은 바로 비관적 설명양식이라는 결론을 내렸다. 나아가 비관적 설명양식은 누가 우울한 상태에서 헤어나지 못할 것인지, 그리고 누가 치료 후 재발을 경험할 것인지 예측하게 한다. 비관성에서 낙관성으로 설명양식을 바꾸는 것은 우울증 치료에 현저한 효과를 가져오는 방법이다.

우리는 앞에서 혹시 비관성이 그저 나쁜 일 때문에 쉽게 우울해지는 사람들의 처지를 반영할 뿐 우울증 자체의 원인은 아닐지 모른다는 이야기를 한 바 있다. 비관성이 우울증의 원인인지 아닌지를 검증하려면 비관성을 낙관성으로 바꾸어보면 된다. 만약 비관성이 자동차의 속도계처럼 표시물에 지나지 않는다면, 비관성에서 낙관성으로 설명양식이 바뀌어도 나쁜 일에 대한 사람들의 반응양식은 변하지 않고 그대로 있어야 한다. 이것은 속도계를 변화시킨다고 해서 자동차의 속도가 변하는 것이 아님과 같은 이치다. 반면에 만약 사람들이 쉽게 우울해지는 까닭이 비관성 때문이라면, 비관성에서 낙관성으로 설명양식을 바꾸게 되면 우울증이 사라져야 한다. 그리고 실제로 그러했다. 이 결과는 비관성과 우울증 사이에 인과관계가 있음을 강하게 시사한다. 물론 비관성이 우울증의 유일한 원인이 아님은 확실하다. 유전자와 나쁜 일, 호르몬 등도 우울증의 위험요인이다. 그러나 비관성이 우울증의 주요 원인 중 하나라는 사실은 이제 부정할 수 없는 듯하다.

반추와 우울증

어떤 문제에 관해 '나 때문이야. 앞으로도 그럴 거야. 이것 때문에 뭘 해도 안 될 거야' 라는 식으로 이리저리 궁리하는 사람은 우울증에 빠지기 쉽다. 하지만 이런 식으로 생각하는 경향을 지녔다고 해서 반드시 이런 생각들을 입버릇처럼 자주 내뱉는 것은 아니다. 오직 일부 사람들만이 그러하다. 나쁜 일에 관해서 곰곰이 생각하고 되뇌는 사람을 가리켜 반추하는 사람이라고 부른다.

반추하는 사람은 낙관적인 사람일 수도 있고 비관적인 사람일 수도 있다. 반추하는 사람인 동시에 비관적인 사람만이 어려움을 겪는다. 이런 사람들은 비관적인 믿음구조를 지녔으며 세상이 얼마나 비관적인지에 관해서 입버릇처럼 지껄인다. 비관적인 사람들 가운데 행동지향적이며 반추하지 않는 경우도 있다. 이런 사람들은 비록 비관적인 설명양식을 지녔지만 무엇을 곰곰이 생각하고 되뇌이지 않는다. 간혹 곰곰이 생각하지만 보통 자신이 하려는 어떤 계획에 관해서 그런 것이지 세상이 얼마나 비관적인가에 관해서 생각하는 것이 아니다.

타냐가 처음 치료를 받고자 왔을 때 그녀는 비관적인 사람이었을 뿐만 아니라 반추하는 사람이기도 했다. 부부관계와 아이들에 관한 생각, 그리고 가장 해롭게는 자신의 우울증 자체에 관한 생각이 머리에서 떠나지를 않았다.

"하지만 이제는 아무것도 안 하고 있는 것이 싫어요."
"그건 정말 제게 좋지 않아요. 저는 늘 울적한 기분에 빠지곤 했어요. 원래는 제가 눈물이 많은 사람이 아니에요. 정말로 뚜렷한 이유가 없으면 울지 않았어요. 그런데 어찌된 일인지 요즘에는 누가 제 마음에 들지 않는 것을 말하기만 해도 눈물이 나와요."
"이것을 감당할 수가 없어요."
"저는 그렇게 다정다감한 사람이 아니에요."
"남편은 저를 가만 놔두질 않아요. 그러지 말았으면 좋겠는데 늘 저를 괴롭히죠."

·

타냐는 끊임없는 반추에 빠져 괴로운 생각들을 줄줄이 이어갔을 뿐 행동에 관해서는 일언반구의 말도 하지 않았다. 타냐의 우울증을 부추긴 것은 그녀의 비관적 태도만이 아니었다. 반추 또한 우울증을 부추겼다.

비관성와 반추가 사슬처럼 얽혀 우울증으로 이어지는 과정은 다음과 같다. 우선 무력감을 느끼게 하는 어떤 위협이 존재한다. 그러면 그 위협의 원인을 찾게 되는데, 이때 비관적인 사람들은 지속적이고 만연적이며 개인적인 원인을 찾아낸다. 그래서 결국 미래의 어떤 상황에서나 자신은 무력해질 것이라고 예상하게 된다. 반추 사슬의 마지막 고리에 해당하는 이 의식적 예상이 우울증을 야기하는 것이다.

무력감에 대한 예상은 사람에 따라 머릿속에 가끔 떠오를 수도 있고 머릿속에서 떠나지 않을 수도 있다. 반추하는 경향이 클수록 무력감의 예상이 더 자주 머릿속에 떠오를 것이다. 그리고 무력감의 예상이 머릿속에 자주 떠오를수록 그만큼 더 우울해질 것이다. 세상이 얼마나 비관적인지에 관한 생각들이 꼬리를 물고 떠오르기 시작한다. 반추하는 사람들은 이런 생각의 사슬을 쉬지 않고 이어간다. 원래의 위협을 상기시키는 것을 접할 때마다 비관성과 반추의 전체 사슬이 재가동되어 또다시 실패를 예상하게 되고 우울증에 빠져든다.

반추하지 않는 사람들은 설령 비관적인 사람이라 하더라도 울적한 기분에 빠지지 않는 경향이 있다. 괴로운 생각의 사슬이 비교적 자주 가동되지 않기 때문이다. 반추하는 사람이지만 동시에 낙관적인 사람들 또한 우울증에 빠지지 않는다. 따라서 반추하는 습관이나 비관성을 고치면 우울증을 없애는 데 도움이 된다. 물론 둘 다 고친다면 효과가 훨씬 클 것이다.

이제 우리는 비관적으로 반추하는 사람이 우울증에 걸릴 위험이 가장 크다는 것을 확인할 수 있다. 인지치료는 환자로 하여금 반추를 제한하고 낙관적 설명양식을 익히도록 돕는다. 치료 받기를 모두 마친 뒤 타냐는 다음과 같은 식으로 이야기했다.

"상근직을 다시 얻고 싶은 것은 아니고요. 하루 4시간 정도의 시간제 일자리면 되요. 그럼 하루 종일 집안에 틀어박혀 있지 않아도 되잖아요." (행동)

"저도 가정의 수입에 뭔가 기여한다는 느낌을 갖고 싶어요. 그럼 어디 가고 싶은 곳이 생겨도 바로 갈 수 있을 테고요." (행동)

"즉흥적으로 무언가를 하길 좋아하는 편이지요." (행동)

타냐는 더 이상 나쁜 일들에 관해 끊임없이 반추하지 않았으며 이야기는 온통 행동에 관한 것들이었다.

우울증이라는 유행병의 뒷면: 여성과 남성의 차이

흥미롭게도 우울증이 기본적으로 여성의 문제인 까닭은 반추가 우울증에서 결정적 역할을 하기 때문일지 모른다. 20세기에 걸쳐 여자들이 남자들보다 자주 우울증에 시달렸음이 수차례의 조사 결과 반복해서 확인되었다. 오늘날 그 비율은 2:1이다.

왜 이렇게 여성들이 우울증에 훨씬 더 시달리는 것일까? 단순히 여성들이 남성들보다 치료를 받으러 병원에 더 잘 가기 때문에 통계에도 더 많이 반영되는 것일까? 그렇지는 않다. 마찬가지로 방문조사의 결과도 여성이 압도적 다수를 차지하는 것으로 나오기 때문이다.

아니면 여성들이 근심걱정을 더 잘 털어놓기 때문일까? 그런 것 같지는 않다. 조사를 공개적으로 하던 익명으로 하던 그 비율은 2:1로 나온다.

아니면 여성들이 남성들보다 열악한 직종에 있고 돈도 적게 버는 경향이 있기 때문일까? 그렇지 않다. 동일한 직업에 동일한 연봉을 받는 여성과 남성 집단들을 비교해보아도 여전히 비율은 2:1이다. 다시 말해 부유한 여성들이 부유한 남성들보다 우울증에 두 배 더 시달린다. 그리고 직업이 없는 여성들도 직업이 없는 남성들보다 우울증에 두 배 더 시달린다.

그렇다면 우울증을 더 자주 일으키는 일종의 생물학적 차이가 있는 것일까? 그런 것 같지는 않다. 월경 전과 출산 후의 정서상태에 관한 연구들에 따르면 호르몬 변화가 우울증에 영향을 미치는 경향이 있기는 하다. 하지만 그 영향의 크기가 2:1의 차이를 낳기에는 너무 미미하다.

그렇다면 어떤 유전적 차이가 있는 것일까? 남성과 여성 우울증 환자의 자녀들을 대상으로 우울증이 얼마나 자주 나타나는지를 세심하게 살펴본 연구들에 따르면 남성 우울증 환자의 아들 중 많은 수가 우울증에 시달린다고 한다. 하지만 이것은 (염색체가 부자간에 또는 모녀간에 전달되는 방식을 고려할 때) 유전요인이 2:1이라는 성적 비율의 근거가 된다고 보기에는 오히려 너무 많은 숫자. 다시 말해 유전적 요인이 우울증에 영향을 미친다는 증거는 있지만, 유전자 때문에 여성들이 남성들보다 우울증을 더 겪는다는 증거는 없다.

세 가지 흥미로운 이론이 아직 남아있다. 첫 번째 이론은 성 역할에 관한 것이다. 우리 사회에서 여성이 차지하는 역할 중 특정 부분이 우울증을 낳는 비옥한 토양 역할을 한다는 것이다. 이 범주에 속하는 것으로 흔히 제기되는 주장에 따르면 여자는 사랑과 기타 인간관계에 헌신하도록 양육되는 반면 남자는 성취에 헌신하도록 양육된다. 그래서 여자의 자부심은 사랑과 우정의 전개에 따라 좌우된다. 때문에 대인관계에서 실패를 경험할 때(예컨대 이혼과 이별, 아이들이 집을 떠났을 때, 친구 소개로 무작정 데이트를 나섰다가 기분을 망쳤을 때 등등) 여성들이 남성들보다 더 큰 충격을 받는다는 것이다. 이것은 사실일지 모른다. 그러나 이것이 왜 여성들이 두 배나 더 우울증에 시달리는지를 설명해주지는 않는데, 왜냐하면 입장을 달리해 생각해볼 수도 있기 때문이다. 이 가설에 따르면 남성들은 일을 하면서 더욱 심각한 실패를 경험하게 된다. 예컨대 학업성적이 나쁘거나 승진에 실패했을 때 또는 운동시합에서 졌을 때 남성들도 마찬가지로 자부심에 상처를 입는다. 그리고 이런 활동에서 경험하는 실패도 대인관계에서 경험하는 실패만큼이나 흔히 있는 일이다. 따라서 최종적으로 남성들도 여성들만큼이나 우울증에 시달려야 할 것이다.

성 역할과 관련해 자주 언급되는 또 다른 주장은 역할의 갈등을 강조한다. 이 주장에 따르면 현대사회에서 여성들이 남성들보다 더 많은 갈등을 겪는다. 왜냐하면 오늘날 여성들은 엄마와 아내라는 전통적인 역할 외에 직장에서의 역할도 갖게 되었기 때문이다. 이 추가된 요구가 이전보다 더 큰 압력을 낳고 따라서 더 많은 우울증을 불러일으킨다는 주장도 그럴 듯하게 들린다. 그러나 그럴 듯하고 이념적 성향이 강한 이론들이 종종 그렇듯 이것은 사실 큰 차이를 보이는 주장이다. 평균적으로 볼 때 직장 일을 하는 주부들이 집 밖에서 일을 하지 않는 주부들보다 우울증에 덜 시달린다. 따라서 성 역할에 근거한 설명들은 왜 여성들이 2:1이라는 압도적 비율로 더 많이 우울증에 시달리는지를 설명해주지 못하는 듯하다.

두 번째 이론은 학습된 무기력과 설명양식에 관한 것이다. 이 이론에 따르면 우리 사회에서 여성들은 살면서 온갖 형태의 무기력을 경험하게 된다. 남자아이들의 행동은 부모나 선생으로부터 칭찬을 받거나 꾸중을 듣지만 여자아이들의 행동은 종종 그냥 무시된다. 남자아이들은 자립심과 활동성을 키우도록 훈련받지만 여자아이들은 수동적이며 의존적이도록 훈련받는다. 여성들이 이렇게 자라나도 정작 우리가 살고 있는 문화 속에서 아내와 엄마의 역할은 경시되고 있다. 직업세계에 뛰어들어도 흔히 여성의 성취는 남성의 성취보다 저평가된다. 회의에서 여성이 발언하면 무덤덤하게 고개를 끄덕이는 반응만이 돌아오곤 한다. 설령 이 모든 어려움을 헤치고 남보다 뛰어난 능력을 발휘해 높은 지위에 오르더라도 그런 여성들은 어울리지 않는 자리에 있는 것처럼 여겨진다. 여성들에게는 학습된 무기력에 빠질 위험이 도처에 도사리고 있는 것이다. 만약 여성들이 남성들보다 좀 더 비관적인 설명양식을 사용하는 경향이 있다고 가정한다면, 이러저러한 상황에서 무력감을 경험할 때마다 여성들이 남성들보다 더 우울해지는 경향이 있을 것이다. 그리고 실제로 어떤 스트레스 요인이 있을 때 남성들보다 여성들이 더 우울해진다는 사실을 보여주는 자료들이 있다.

　이 이론도 그럴 듯하지만 그렇다고 결함이 전혀 없는 것도 아니다. 한 가지 문제는 여성이 남성보다 더 비관적이라는 증거가 전혀 존재하지 않는다는 점이다. 그나마 이 주제와 관련된 유일한 연구는 초등학교 남학생과 여학생을 대상으로 무작위 추출해 조사한 것인데, 그 결과도 오히려 거꾸로 나왔다. 즉 3, 4, 5학년 학생들 가운데 남학생들이 여학생들보다 더 비관적이고 우울한 것으로 나왔다. 부모가 이혼했을 때 남자아이들이 여자아이들보다 더 우울해진다(사춘기가 되면 이 모든 것이 바뀔 수 있다. 실제로 2:1의 우울증 비율은 청소년기부터 시작되는 듯하다. 사춘기 때 무슨 일이 일어나기에 젊은 여성들은 우울증에 빠지고 젊은 남성들은 거기서 벗어나게 되는 것일까? 이 점에 관해서는 나중에 양육과 학업에 관해 다루는 7장과 8장에서 더 자세히 살펴보기로 하자). 또 다른 문제는 남성들보다 여성들이 삶을 더 통제 불가능한 것으로 본다는 증거도 전혀 없다는 점이다.

　마지막 세 번째 이론은 반추에 관한 것이다. 이 이론에 따르면 문제가 생겼을 때 여성들은 생각하고 남성들은 행동한다. 예컨대 해고당한 여성은 자신이 왜 해고당했는지 그 이유를 알아내려고 한다. 곰곰이 생각에 잠겨 지나간 일들을 되풀이해서 재생시키는 반면 남자는 해고를 당하면 행동으로 푼다. 술을 퍼마시고 누구를 후려치거나 또는 다른 방식으로 마음을 달랜다. 무엇이 잘못됐는지 꼼꼼히 따지기보다는 새 일자리를 구하러 당장 뛰쳐나갈지도 모른다. 만약 우울증이 사고의 장애라면 비관성과 반추는 이것에 불이는 역할을 한다. 꼼꼼히 따지는 경향은 이것에 연료를 공급하는 격인 반면 행동하는 경향은 이것을 깨부수는 역할을 한다.

실제로 우울증 자체가 남성들보다 여성들에게 반추를 더욱 촉발하는 것일지도 모른다. 우울할 때 우리들은 보통 무엇을 하는가? 여자들은 자신이 왜 우울해졌는지 그 이유를 찾아내려고 한다. 남자들은 밖에서 운동시합을 하거나 사무실을 나와 걸으며 마음을 달랜다. 또 남자들이 여자들보다 더 자주 술에 취하곤 하는데 남자는 술독에 빠지고, 여성은 우울증에 빠진다. 남자들은 고민을 잊으려고 술을 마시는 반면 여자들은 곰곰이 생각에 잠기는 것일지 모른다. 하지만 우울한 까닭에 관하여 계속해서 반추하는 여자들은 더욱 우울해질 뿐이다. 반면에 행동으로 반응하는 남자들은 우울함을 털어버릴 것이다.

반추이론이야말로 왜 우울증이 유행병이 되었는지 그리고 왜 성 비율에 일방적인 차이가 나타나는지를 설명해줄 수 있을지도 모른다. 만약 오늘날 우리가 자신의 문제를 더욱 진지하게 받아들이고 행동하기보다는 문제를 끝없이 분석하도록 장려하는 자기의식의 시대를 살고 있다고 한다면 우울증이 늘어나는 것은 당연한 결과일 것이다. 이 추측에 관해서는 15장에서 더 자세히 언급하고자 한다.

최근 우울증의 성 차이를 야기하는 데 반추가 중요한 역할을 한다는 사실을 뒷받침하는 증거들이 쏟아져나오고 있다. 이 조사는 반추이론을 만들어낸 스탠포드대학의 수잔 놀렌-획세마가 주도한 것이다. 우울할 때 무엇을 하면 좋은지가 아니라 실제로 무엇을 하는지 물었을 때 대다수 여성들은 다음과 같이 답했다. "내 심리상태를 분석하려고 해요" 또는 "내 기분이 왜 이런지 그 이유를 알아내려고 하지요" 반면에 대다수 남성들은 스포츠나 악기 연주처럼 자기가 좋아하는 것을 한다고 대답하거나 "기분이 어떻든 신경 쓰지 않으려고 해요" 라는 식으로 답했다.

기분이 안 좋은 날에 한 일을 모두 일기로 적게 했던 조사에서도 똑같은 양상이 발견되었다. 여자들은 자신의 기분에 관해 생각하고 분석한 반면 남자들은 기분을 전환하려고 했다. 부부 갈등을 조사한 한 연구에서는 부부 사이에 문제가 생길 때마다 자신이 한 일을 각자 녹음기에 녹음하도록 했다. 그 결과 압도적인 비율의 여성들은 자신의 감정에 초점을 맞추어 그것을 말로 표현한 반면, 남성들은 주의를 다른 데로 돌리거나 아예 기분 따위엔 신경을 쓰지 않으려고 했다. 마지막으로 한 실험연구에서는 피험자들을 슬픈 감정으로 유도한 뒤 두 개의 과제 가운데 하나를 직접 선택하도록 했다. 한 과제는 자신의 기분을 가장 잘 기술한 단어들을 열거하기(우울증에 초점을 둔 과제)였고 다른 하나는 여러 나라들을 부유한 순서대로 정렬시키기(주의를 다른 데로 돌리게 하는 과제)였다. 그 결과 70퍼센트의 여성들이 정서에 초점을 둔 과제를 선택하여 자신의 기분을 기술한 단어들을 열거했다. 그러나 남성의 경우에는 과제선택 비율이 정반대였다.

이처럼 괴로울 때 여성들은 자신의 감정을 분석하면서 거기에 빠져있다는 사실이 왜 여성들이 남성들보다 더 우울해지는가에 대한 믿을 만한 설명이 되는 듯하다. 더 나아가 이것은 남성과 여성이 똑같은 비율로 약한 우울증을 경험하지만 자신의 마음상태를 곱씹는 여성의 경우에만 우울증이 점차 확대됨을 뜻한다. 반면에 남성들은 어떤 특별한 행동을 하거나 술로 달래는 식으로 주의를 다른 데로 돌리기 때문에 우울함이 사라진다.

결론적으로 어느 정도 근거가 있는 두 가지 견해가 있는 셈이다. 하나는 여성이 무기력과 비관성을 더 쉽게 학습한다는 것이고, 다른 하나는 고민이 생겼을 때 여성이 흔히 취하는 첫 번째 반응인 반추 때문에 우울증에 제대로 빠지게 된다는 것이다.

우울증은 치료될 수 있다

　백 년 전에는 인간의 행위를, 그중에서도 특히 인간의 나쁜 행위를 설명하는 데 성격의 개념이 가장 널리 사용되었다. 비열한, 멍청한, 범죄자의, 사악한 같은 단어들은 나쁜 행동에 대한 충분한 설명으로 간주되었다. 그리고 정신질환은 미쳤다는 말로 설명되었다. 그런데 이런 말들이 가리키는 속성이란 좀처럼 변하지 않는 것이다. 게다가 이것들은 자기실현적인 예언처럼 작용한다. 예컨대 자신이 교육을 못 받은 것이 아니라 멍청하다고 믿는 사람이 있다면, 그런 사람은 자신의 정신적 능력을 키우려는 노력조차 하지 않을 것이다. 범죄자는 사악하고 정신질환자는 미쳤다고 보는 사회에서는 진정한 의미의 재활을 목표로 하는 시설이 자리 잡기 어렵다. 그 대신 복수를 목표로 하거나 그들을 격리시켜 보관하려는 시설들이 들어설 것이다.

　나쁜 행위들에 대한 명칭과 개념이 변화하기 시작한 것은 19세기 말엽부터다. 대규모 노동세력의 정치적 영향력이 증대함에 따라 이런 변화가 시작되지 않았나 싶다. 그 뒤 이주민들이 유럽과 아시아에서 밀물처럼 몰려왔는데 이들은 한 세대도 지나지 않아 눈에 띄는 성장을 이루었다. 이런 상황에서 인간의 실패를 불변의 나쁜 성격 탓으로 돌리는 대신 양육이나 환경 탓으로 돌리는 설명들이 호응을 얻게 되었다. 무지란 멍청하기 때문이 아니라 교육을 못 받은 탓이며 범죄란 사악함 때문이 아니라 빈곤 때문에 생긴다고 보기 시작했다. 사람들은 이제 빈곤 자체도 게으름 때문이 아니라 기회가 없었던 탓으로 보기 시작했다. 미쳤다는 것은 잘못 적응된 습관이며 이것을 고칠 수도 있는 것으로 생각하게 되었다. 개인의 환경을 강조하는 이 새로운 이데올로기는 1920년부터 1965년까지, 다시 말해 레닌의 시기에서 존슨의 시기에 이르기까지 미국과 러시아의 심리학을 지배했던 행동주의를 떠받치는 기둥이 되었다.

행동주의의 뒤를 이은 인지심리학은 변화에 대한 낙관적 믿음을 계승했다. 그리고 그것을 자아에 대한 확장된 관점과 결합시켜 개인이 스스로를 좋게 바꾸어갈 수 있다는 명제로 발전시켰다. 이 세계에서 인간적 오류를 줄이고자 하는 사람들은 양육과 환경의 제반 조건을 바꾸는 데 따르는 어려움들을 뛰어넘어 새로운 가능성을 보게 되었다. 각자가 자기 자신에게 영향을 미칠 수 있다는 새로운 전망이 열린 것이다. 예컨대 정신질환을 치료하는 것은 더 이상 치료전문가와 사회사업가와 보호시설의 결정에만 맡길 일이 아니다. 이제 이것은 정신질환을 겪는 당사자의 몫이기도 하다.

이러한 믿음은 자기개선 운동의 정신적 지주이자 다이어트나 심신수련, 심장마비의 위험요인인 A형 인성,[19] 비행기 공포증, 우울증 등등 자신의 인성을 바꾸기 위한 각종 책들의 원천이 되고 있다. 그리고 주목할 만한 것은 이런 자기개선 이데올로기의 많은 부분이 그저 허튼 소리가 아니라는 사실이다. 우리 사회처럼 개인을 떠받드는 사회에서 생겨난 이것은 그저 환상의 괴물이 아니다. 자기를 개선코자 노력하는 개인은 실제로 자기를 개선시킨다. 우리들은 실제로 체중을 줄일 수 있으며 콜레스테롤 수치도 낮출 수 있다. 더 강하고 매력적인 신체를 가꿀 수도 있으며 강박적으로 시간에 쫓기거나 반사적으로 적대적인 행동도 약화시킬 수 있다. 그리고 삶에 대한 비관적인 자세도 바꿀 수 있다.

성격은 바뀌지 않는다는 믿음과 마찬가지로 자기개선에 대한 믿음은 자기실현적 예언처럼 작용한다. 자신이 늘 앉아있을 수밖에 없다는 생각을 버려야 비로소 조깅을 시작할 수 있는 법이다. 자신이 원래 적대적으로 행동하는 인간이라는 생각을 버려야 비로소 자신의 권리가 침해받았다고 느껴지는 순간 한 번 더 생각할 줄 알게 된다. 변화가 불가능하다고 믿는 사람은 정말로 변화하지 못할 것이다. 자기개선을 믿는 문화에서는 헬스클럽이나 '알코올 중독자 갱생회' 또는 심리치료 같은 제도들이 지원을 받을 것이다. 반면에 나쁜 행동이 나쁜 성격 탓에 생기며 영구불변한 것이라고 믿는 문화에서는 사람들이 그런 것을 바꾸려는 시도조차 하지 않을 것이다.

개인이 스스로를 바꾸기 위하여 행동에 나설 수 있다고 주장하는 과학자들이 아무 근거도 없이 비현실적인 희망을 부추기고 있는 것은 아니다. 우리는 컴퓨터를 이런 주장의 물리적 모형으로 간주할 수 있다. 개인용 컴퓨터만 하더라도 이상적 상황에 해당하는 원형原型과 실제 작업결과를 비교할 수 있는 능력을 지니고 있다. 그래서 이 둘이 불완전하게 일치하는 곳을 찾아내어 그것을 수정하고, 그런 다음 실제 값과 목표 값을 한 번 더 비교해서 여전히 틀린 데가 있으면 또 다시 수정한다. 결국 둘이 완전히 일치하게 될 때까지 작업을 진행한다. 집에 있는 간단한 컴퓨터도 이렇게 하는데 하물며 이것보다 엄청 더 복잡한 인간의 뇌가 자기개선 작업을 못하겠는가?

인간은 실패를 경험한 이래로 늘 우울증에 시달려왔다. 과거에는 오늘날처럼 광범위하지 않았을지 모르지만 어쨌든 우울증에 시달림을 당해 온 것은 사실이다. 중세의 어느 시골 총각이 어여쁜 처녀의 마음을 사로잡는 데 실패했을 때 그의 어머니는 그에게 너무 상심하지 말라고 위로했을 것이다. 하지만 이런 위로는 오늘날 의기소침해져 집에 돌아온 자녀들에게 엄마가 하는 위로의 말만큼이나 별다른 효과를 거두지 못했을 것이다. 그러다 1980년대에 사람들이 실패에 관해 생각하는 방식을 바꾸려 하는 인지치료가 등장했다. 비록 뚜렷한 성공을 거두지는 못했지만 인지치료의 원리는 사실상 우리들의 할머니나 설교자들이 가르치려 했던 지혜와 크게 다르지 않다. 그러나 인지치료는 효과를 발휘한다. 그렇다면 과연 인지치료는 구체적으로 어떤 일을 하는가? 그리고 왜 효과가 있는가?

인지치료와 우울증

우리가 의식적으로 어떻게 생각하는지에 따라 우리가 어떻게 느끼는지가 주로 좌우된다는 아론 벡과 앨버트 엘리스의 주장은 1970년대에 점점 더 많은 사람들의 주목을 끌게 되었다. 이러한 주장을 바탕으로 개발된 인지치료는 우울증 환자가 실패와 패배, 상실, 무기력 등에 관해 의식적으로 사고하는 방식을 바꾸고자 한다.

여기에는 다섯 가지 책략이 사용된다.

첫째, 기분이 매우 나쁠 때 어떤 생각들이 의식 속에 자동적으로 떠올라 빠르게 지나가는지 살피도록 한다. 자동적인 생각이란 머릿속을 매우 빠르게 지나가는 구절이나 문장을 가리킨다. 사람들은 보통 이것에 너무 익숙한 나머지 이것을 의문시하거나 알아차리지도 못한다. 내 환자 가운데 세 자녀를 둔 여성이 있었는데 이 여성은 아침에 아이들을 학교에 보내면서 이따금 아이들에게 소리를 지르곤 했다. 이런 행동 때문에 이 여성은 매우 우울해졌다. 인지치료를 받으면서 그녀는 이렇게 소리를 지른 뒤에는 으레 '내가 못된 엄마지. 우리 엄마보다도 더 못됐어'라고 스스로 되뇌인다는 사실을 깨닫게 되었다. 나아가 이런 자동적인 생각들이 자신이 행하는 설명이라는 사실과 이것들이 지속적이고 만연적이며 개인적인 형태의 설명이라는 사실도 깨닫게 되었다.

둘째, 이런 자동적인 생각들에 반대되는 증거들을 모으도록 한다. 위에 언급했던 여성은 아이들이 학교에서 돌아오면 자신이 아이들과 함께 축구도 하고 기하학을 가르쳐주기도 하며 아이들 문제에 관해서 다정하게 이야기를 나누기도 한다는 사실을 떠올렸다. 그리고 이러한 사실들을 스스로 받아들이게 되었다. 나아가 이러한 증거와 자신이 못된 엄마라는 자동적인 생각이 서로 모순됨을 깨닫게 되었다.

셋째, 다르게 설명하는 법(우리는 이것을 재귀인이라 부른다)을 배워서 그것을 바탕으로 자동적인 생각들을 물리치도록 한다. 위의 엄마는 예컨대 다음과 같이 말하는 법을 배웠다. "오전에는 못되게 행동하지만 오후에는 애들하고 잘 지내. 내가 아침형 인간은 아닌가봐." 이것은 아침에 아이들에게 소리지르는 행동에 대하여 예전보다 훨씬 덜 지속적이고 덜 만연적으로 설명한 것이다. 과거에는 "내가 못된 엄마지. 애를 키울 자격도 없는 여자야. 도대체 이렇게 살아서 뭐해?" 라는 식으로 부정적인 사고가 꼬리를 물고 이어졌다. 하지만 이제 반대되는 새로운 설명양식을 배움으로써 부정적 설명의 사슬을 끊을 수 있었다.

넷째, 마음을 짓누르는 생각들을 떨쳐버리는 법을 배우도록 한다. 위의 여성은 삶의 부정적인 면들에 관한 생각을 피할 수 있는 법을 배우게 되었다. 특히 반추는 잘해야 한다는 압박을 느낄 때 상황을 오히려 악화시킨다. 생각을 아예 접는 것이 최선을 다하는 길일 때가 종종 있다. 다시 말해 생각의 내용뿐 아니라 생각의 시기도 스스로 통제할 줄 알아야 한다.

다섯째, 자신의 많은 행위에 은연중 깔려있는 가정들이 혹시 우울증을 키우고 있지 않은지 비판적으로 살피도록 한다.

"사랑 없이는 못살아."
"모든 것을 완벽하게 하지 못한다면 나는 실패자다."
"한 명이라도 나를 싫어하는 사람이 있다면 나는 실패한 것이다."
"모든 문제엔 완벽한 해답이 있는 법이다. 그것을 반드시 찾아내야만 한다."

이와 같은 가정들은 우울증의 씨앗이 된다. 실제로 우리 주변에는 그런 사람들이 적지 않은데, 이런 것들을 전제로 삶을 살아간다면 이들의 삶은 실패한 날들과 불완전한 시간들로 채워질 것이다. 그러나 우리들은 자신의 설명양식을 비관적인 것에서 낙관적인 것으로 바꿀 수 있는 것처럼 삶의 전제들도 좀 더 인간적인 것으로 바꿀 수 있다.

"사랑은 소중하지만 흔치 않은 것이다."
"성공이란 곧 최선을 다하는 것이다."
"나를 좋아하는 사람이 있으면 싫어하는 사람도 있게 마련이다."
"급한 불부터 끄는 것이 삶이다."

우리는 앞에서 한때 '골든 걸'로 불렸지만 결국엔 스스로 매력도 재능도 없는 '낙오자'라고 생각하게 되었던 소피에 관해 언급한 바 있다. 소피가 겪었던 우울증은 요즘 젊은이들이 전례 없이 많이 경험하고 있는 전형적인 형태다. 소피의 우울증의 핵심에는 비관적 설명양식이 있었다. 인지치료를 받은 뒤 그녀의 삶은 빠르게 반전되었다. 소피는 일주일에 한 시간씩 3개월에 걸쳐 치료를 받았다. 소피를 둘러싼 외부세계는 적어도 처음에는 바뀌지 않았다. 그러나 세상을 보는 소피의 사고방식은 매우 크게 바뀌었다.

 그녀는 우선 자기가 자기 자신과 지독하게 부정적인 대화를 이어가고 있었음을 깨닫게 되었다. 예컨대 수업시간에 의견을 발표해 교수의 칭찬을 들어도 '듣기 좋으라고 하는 소리지, 뭐' 하고 속으로 생각했다. 인디라 간디의 암살에 관해 읽었을 때는 '여성 지도자란 결국 이래저래 안 되게 돼있어'라고 생각했다. 어느 날 밤 남자친구가 성행위를 못하자 그녀는 '이제 내가 역겨운가봐' 하고 생각했다.

 나는 소피에게 물었다.

 "만약 길에서 술주정뱅이가 '야, 이 역겨운 놈아!' 라고 말하면 한 귀로 흘려버리겠지요?"

 "당연하죠."

 "그런데 똑같이 허무맹랑한 얘기를 스스로 지껄이고는 그것을 그대로 믿고 있지 않나요? 그것은 그런 말을 한 사람, 곧 자기 자신이 좀 더 믿을 만하다고 생각하기 때문이지요. 하지만 그렇지 않아요. 사람들은 종종 술주정뱅이보다도 더 심각하게 현실을 왜곡할 때가 있지요."

 소피는 이내 자신의 자동적인 생각들에 반대되는 증거들을 모아서 그것들을 서로 견주어보는 법을 익히게 되었다. 소피는 자신을 칭찬했던 교수가 실제로 아무한테나 듣기 좋은 소리를 했던 것은 아니며 오히려 다른 한 학생이 의견을 발표했을 때는 상당히 비판적이었음을 회상했다. 또한 성행위를 하지 못했던 남자친구가 그날 밤 자신과 사랑을 나누기 한 시간 전에 맥주 여섯 병을 혼자 다 마셨었다는 사실에 주목하게 되었다. 소피는 매우 중요한 기술을 터득했는데 그것은 곧 자기 자신과 낙관적인 대화를 주고받는 것이었다. 일이 안 풀릴 때 스스로 어떻게 이야기해야 하는지 그리고 일이 잘 풀릴 때는 스스로에게 해서는 안되는 말도 배웠다. 그리고 미리 실패를 예상하면 실제로도 실패할 가능성이 커진다는 사실도 깨달았다. 소피의 설명양식은 비관적인 것에서 낙관적인 것으로 영원히 바뀌었다.

소피의 학구열은 다시 불타올라 그녀는 대학을 우등으로 졸업했다. 애인과의 관계도 좋아져서 이제는 행복한 결혼생활을 누리고 있다. 우울증에 빠지기 쉬운 성향을 지닌 대부분의 사람들과 달리 소피는 우울증의 재발을 막는 방법을 터득했다. 그녀는 항우울제를 복용하는 사람들과 달리 실패나 패배에 직면할 때마다 사용할 수 있는 일련의 기술을 습득하였는데 이것은 늘 몸에 지니고 다닐 수 있는 것이었다. 소피가 우울증을 이겨낸 것은 의사나 최신 의약품의 덕택이 아니라 소피 자신이 이뤄낸 것이었다.

인지치료는 왜 효과가 있는가?

이 물음에는 두 가지로 답할 수 있다. 기계론적 관점에서 볼 때 인지치료가 효과를 발휘하는 까닭은 이것이 사람들의 설명양식을 비관적인 것에서 낙관적인 것으로 바꾸어놓으며 또한 이 변화가 지속적이기 때문이다. 인지치료는 사람들이 실패했을 때 자신과 대화하는 데 쓸 수 있는 일련의 인지기법을 가르쳐준다. 이 기법들은 사람들이 실패에 직면했을 때 우울증에 빠지는 것을 막아준다.

철학적 관점에서 볼 때 인지치료가 효과를 발휘하는 까닭은 이것이 새롭게 인정받기 시작한 자아의 힘을 활용하기 때문이다. 오늘날 우리는 자아가 스스로를 변화시킬 수 있다고 믿는 시대에 살고 있다. 과거에는 사고의 습관이 아침에 뜨는 해만큼이나 필연적인 것으로 보였다. 하지만 이제는 사람들이 이런 사고의 습관조차 기꺼이 바꾸고자 한다. 이 시대에

인지치료가 효과를 발휘하는 까닭은 이것이 자아를 변화시키는 기법들을 제공하기 때문이다. 그리고 사람들이 이것을 선택하는 까닭은 좀 더 행복해지려는 자기관심에서다.

제2부
낙관성과 삶

6장

낙관적인 사람이 직장에서 성공한다

비행기를 타고 멀리 여행할 때면 보통 창 쪽 좌석을 예약해 창 쪽으로 다리를 꼬고 앉는다. 무엇보다도 옆 사람과 대화를 해야 하는 상황에 처하지 않기 위해서다. 1982년 3월 어느 날 샌프란시스코에서 필라델피아로 가는 79번 비행기에 올라탔는데 이날은 짜증스럽게도 내 전략이 아무 쓸모가 없었다.

"안녕하세요?"

머리가 벗겨지기 시작한 예순 살 정도로 보이는 남자가 옆 좌석에서 정중히 말을 걸어왔다.

"저는 존 레슬리라고 합니다. 성함이 어떻게 되시는지?"

옆 사람이 악수를 하자고 손을 들이밀었다. '아이쿠, 수다쟁이한테 걸렸구먼' 하고 속으로 생각했다. 나는 대충 이름을 얼버무리고 의례적인 투로 악수를 하면서 그가 눈치를 채주기만을 바랐다.

하지만 그는 전혀 자제할 기색을 보이지 않았다.

"저는 말을 기르는데요."

비행기가 활주로를 달리는 동안 그가 이야기를 꺼냈다.

"말을 타고 가다 갈림길에 이를 때가 있지요. 그럴 때 제가 할 일이란 그저 말이 어느 길로 갔으면 좋겠다고 생각하는 것이 전부예요. 그러면 말이 정말 그리로 가요. 직업상 저는 사람들을 길러내야 하는데요. 제가 할 일이란 그저 사람들이 무엇을 했으면 좋겠다고 생각하는 것이 전부랍니다. 그러면 사람들이 정말로 그렇게 해요."

이렇게 뜻밖의 원치 않던 대화를 하게 되었고 이것은 그 뒤 내 작업의 초점을 극적으로 바꾸어 놓는 계기가 되었다.

레슬리는 집요했을 뿐만 아니라 대단한 낙관적인 사람이기도 했다. 내가 자신의 지혜가 담긴 얘기에 푹 빠져들 것이라고 믿어 의심치 않는 인상이었다. 그리고 비행기가 네바다주 근처를 날아 눈 덮인 시에라 산맥이 내려다보일 즈음에는 정말로 내가 그의 이야기에 푹 빠져 있었다. 그는 자랑스럽게 떠들었다.

"제가 길러낸 사람들이 암펙스사의 비디오레코더를 개발했지요. 그들은 제가 지도한 집단 가운데 가장 창조적이었어요."

"창조적인 집단과 형편없던 집단의 차이는 무엇이었나요?" 하고 내가 물었다.

"창조적인 집단의 사람들은 하나도 빠짐없이 물 위를 걸을 수 있다고 믿어요."

유타 주를 지날 즈음 나는 정신을 차리지 못할 지경이 되었다. 레슬리의 이야기는 우울증을 이겨낸 사람들한테서 내가 보아왔던 것과 정확히 일치했다.

"선생님은 어떻게 사람들을 창조적으로 만들 수 있으신가요?" 하고 내가 물었다.

"제가 가르쳐 드리지요."

그가 대답했다.

"그런데 먼저 궁금한 것이 있는데, 선생께서는 무슨 일을 하시나요?"

나는 그에게 지난 15년 동안 내가 한 일들에 대해 간단히 이야기했다. 무기력한 사람과 동물들에 관하여 그리고 무기력이 우울증의 모형이 될 수 있다는 사실이 밝혀지게 된 연유에 관하여 설명했다. 통제력의 상실을 경험한 뒤 곧바로 너무나도 쉽게 포기했던 비관적인 사람들과 비관적 설명양식에 관해서도 이야기했다. 그러면서 나는 덧붙였다.

"이것은 실험실 밖에서 실제로 심각한 우울증 때문에 좌절했던 사람들 얘기예요."

"동전의 양면이라고, 그 다른 일면에 대해서도 연구해본 적 있으시오?"

레슬리가 물었다.

"그러니까 어떤 상황에서도 절대로 포기하지 않을 사람은 누군지, 또 무슨 일을 겪든 우울해지지 않을 사람은 어떤 사람인지 알 수 있느냐 말이오?"

"그 점에 관해서는 많이 생각해보지 않았는데요."

나는 솔직히 말했다.

사실 나는 심리학이 질환에만 매달린다는 사실에 이따금 불만을 느끼곤 했다. 심리학자들은 어려움을 겪는 사람들이 어려움을 덜 겪도록 하는 데 대부분의 시간과 가진 자금의 거의 전부를 투자한다. 물론 어려운 사람들을 돕는다는 목표는 가치 있는 것이다. 그러나 어찌된 일인지 건강한 사람들의 삶을 더욱 좋게 한다는 보완적 목표에까지 심리학자들의 관심이 이르는 일은 거의 없었다. 레슬리의 지적은 내 작업이 이 다른 목표와 밀접한 관련이 있음을 일깨워주는 자극이 되었다. 어떤 사람들이 우울해질지를 미리 알 수 있다면 어떤 사람들이 결코 우울해지지 않을 것인지도 알 수 있어야만 하는 것 아닌가?

레슬리는 계속 거부당하고 실패하더라도 끈질기게 버텨야만 하는 직업이 무엇이겠냐고 물었다.

"영업사원이 아닐까요?"

나는 이렇게 대답하면서 몇 달 전 보험회사 사장들을 모아놓고 했던 강연을 머릿속에 떠올렸다.

"생명보험을 판매하는 일 같은 것 말이죠."

그 사장들의 이야기로는 사람들이 생명보험에 들 듯 하다가도 열 명 중 아홉 명은 딱지를 놓는다고 한다. 다시 말해서 열 번째 고객을 만날 때까지 실패를 무릅쓰면서 계속 버텨야만 한다는 얘기다. 이것은 마치 뛰어난 투수의 공을 치는 것과도 같다. 대부분 헛치거나 빗맞히더라도 계속 휘둘러야 출루할 기회가 생긴다. 배트를 어깨에 얹고 가만히 있다가는 삼진 아웃될 것이 뻔하기 때문이다.

나는 이번 주말에 메트라이프생명보험 사장인 존 크리돈과 나눈 대화를 다시 머릿속에 떠올려보았다. 내 강연을 들은 뒤 크리돈은 심리학이 회사 경영자들에게 해줄 말이 있냐고 물었다. 예를 들어 보험을 잘 팔 수 있는 사람들을 선발하는 데 심리학이 도움을 줄 수 있는지, 또는 축 처진 비관적인 사람을 "예, 할 수 있습니다!"라고 외치는 낙관적인 사람으로 바꾸는 방법을 심리학이 개발할 수 있는지 하는 것이었다. 그때 나는 크리돈에게 잘 모르겠다고 대답했다. 내가 이 이야기를 레슬리에게 하는 동안 어느덧 비행기는 필라델피아에 착륙할 준비를 하고 있었다. 레슬리는 내가 크리돈에게 편지를 쓰겠다는 약속을 했으면 좋겠다고 했다. 나는 그와 약속을 했고 나중에 정말로 그렇게 했다. 편지에서 나는 크리돈에게 장차 성공적인 사람들을 선발할 수 있을 것 같다고 말했다.

그 뒤 나는 레슬리를 다시 보지 못했다. 레슬리는 내 관심이 비관성에서 낙관성으로, 실패에서 성공으로 바뀔 것처럼 쾌활하게 말했었는데 정말로 얼마 지나지 않아서 그렇게 되었다. 그 뒤 연구를 계속한 결과 나는 비관적인 사람들보다 낙관적인 사람들이 학업 성적도 좋고 선거에서도 더 많이 당선되며 직장에서도 성공적이라는 사실을 거듭 발견했다. 낙관적인 사람들은 심지어 비관적인 사람에 비해 몸도 더 건강하고 오래 사는 듯했다. 나아가 치료사로서 그리고 다른 치료사들의 교육자로서 나는 우울증에 시달리는 사람뿐만 아니라 보통 사람의 경우에도 비관성을 낙관성으로 바꿀 수 있음을 확인했다.

나는 레슬리에게 편지를 쓰지 못한 것이 종종 마음에 걸리곤 했다. 만약에 편지를 썼다면 나의 낙관성 연구에 관하여 이야기했을 것이다. 나는 이 책의 나머지를 레슬리에게 보내는 편지로 삼고 싶다.

그 비행기를 탔던 날로부터 3주 후 나는 맨해튼에 있는 메트라이프생명보험의 쌍둥이건물을 방문해 여태 밟아본 것 중 가장 두꺼운 모직 양탄자를 밟고 번쩍번쩍한 오크로 된 벽판으로 장식된 존 크리돈의 사무실로 들어갔다. 쾌활하고 예리한 감각을 지닌 오십 대 중반의 신사였던 그는 낙관성이 자신의 사업분야에서 유용하게 쓰일 수 있는 잠재력을 지녔음을 나보다도 훨씬 일찍 간파했다. 그는 자신의 회사를 포함해 모든 보험회사들이 늘 겪는 판매인력 문제에 관해 설명했다.

"판매라는 것이 쉬운 일이 아니에요" 하고 크리돈은 말을 꺼냈다.

"끈기가 있어야 합니다. 웬만해서는 이 일을 끈기 있게 잘 해낼 수가 없어요. 매년 저희는 5000명의 신규 사원을 채용합니다. 6만 명쯤 되는 지원자 가운데서 매우 신중하게 선발하지요. 검사와 선발, 면접을 실시하고 집중 훈련도 시킵니다. 그래도 채용한 인원의 절반이 1년 안에 직장을 그만둡니다. 남아있는 사원들의 성과도 대부분 점점 감소하고, 그러다 입사한지 4년이 지나면 80퍼센트가 직장을 떠납니다. 직원 한 명을 채용하는 데 드는 비용이 3만 달러가 넘습니다. 직원을 채용하는 비용으로만 매년 7500만 달러 이상을 허비하는 셈이지요. 게다가 이런 수치는 저희 회사만의 문제가 아니라 보험업계 전체가 그래요."

"셀리그만 박사님, 제가 굳이 저희 회사의 재정 문제에 관해 말씀드리려고 하는 게 아닙니다" 하고 그는 말을 이었다.

"사원 한 명이 직장을 그만둘 때마다 그것은 인간적인 불행이라고 생각합니다. 박사님이 연구하시는 우울증의 문제이기도 하지요. 한 업종에 종사하는 사람의 50퍼센트가 매년 직장을 그만둔다면 거기에는 중대한 인도주의적 임무가 있는 것 아니겠습니까? '개인과 환경의 적합성'이 개선되도록 노력해야 한다는 임무 말입니다. 제가 묻고 싶은 것은 박사님의 검사를 통해서 훌륭한 사원이 될 만한 사람들을 미리 가려낼 수 있는가 하는 점입니다. 그러면 인적 자본이 낭비되는 요즘의 흐름을 막을 수 있지 않겠습니까?"

"직장을 그만두는 대표적인 이유가 무엇인가요?" 하고 내가 물었다.

크리돈은 사원들이 일을 포기하게 되는 과정을 대강 설명했다.

"가장 훌륭한 사원조차 하루도 빠짐없이 상당수의 사람들한테서 거절을 당합니다. 거절하는 사람들이 보통 줄지어있다고 보시면 됩니다. 때문에 평범한 사원이라면 의욕이 꺾이기 쉽지요. 그리고 일단 의욕이 꺾이면 거절당하는 것이 점점 더 견디기 어려워집니다. 다시 기운을 차려 그다음 전화를 하기가 점점 더 힘들어지지요. 그래서 전화를 미루게 됩니다. 전화나 방문을 미룰 핑계거리를 찾아 빈둥거리는 시간이 점점 많아지고, 그럴수록 그다음 전화를 하기가 더욱더 어려워집니다. 결국 실적이 떨어질 수밖에 없고 사직에 관해서 생각하기 시작하지요. 이렇게 벽에 부딪히면 이것을 어떻게 넘어설지 또는 돌아갈 수 있을지 대부분 막막해집니다."

그러면서 크리돈은 다음과 같이 덧붙였다.

"이들은 상당히 독립적으로 일하는 사람들입니다. 이것이 저희 업종이 갖는 매력 중의 하나지요. 다시 말해 저희는 사원들을 계속 감독하거나 일이 처진다고 해서 재촉하지 않습니다. 또 한 가지 염두에 두실 것은 매일 꾸준히 열 명의 고객에게 전화를 걸고 거절당해도 기죽지 않는 사원만이 성공할 수 있다는 사실입니다."

성공을 부르는 설명양식

나는 학습된 무기력과 설명양식에 관한 이론을 크리돈에게 설명했다. 그리고 낙관성-비관성 질문지에 관해서도 이야기했다(3장 참조). 또 질문지 점수가 비관성 쪽으로 나오는 사람들이 실제로 쉽게 포기하고 우울해진다는 사실이 거듭 확인되었다고 말했다.

하지만 나는 이 질문지가 비관적인 사람들만을 찾아내는 것은 아니라고 설명했다. 왜냐하면 질문지 점수란 아주 비관적인 사람에서부터 감당할 수 없을 만큼 낙관적인 사람에 이르기까지 연속적인 것이기 때문이었다. 나는 매우 낙관적인 쪽으로 점수가 나오는 사람들이 가장 끈기 있는 사람들일 것이라고 말했다. 이런 사람들은 무기력에 대하여 가장 큰 저항력을 보일 것이다. 이런 사람들은 거절과 실패를 아무리 많이 경험하더라도 결코 포기하지 않을 것이다.

"실제로 이 난공불락의 낙관적인 사람들에 관해서는 지금까지 연구된

바가 없습니다" 하고 나는 말을 이었다.

"이들이야말로 보험판매처럼 도전적인 업무에서 성공을 거둘 적임자라고 생각합니다."

"낙관성이 정확히 어떻게 도움을 줄 수 있다는 말씀이신지요?" 하고 크리돈이 물었다.

"냉담한 전화상담을 예로 들어 보지요. 이것은 생명보험 판매업의 필수적인 부분입니다. 우선 고객이 될 만한 사람들의 명단이 있겠지요. 예컨대 한 지역에서 신생아를 둔 모든 부모들의 명단 같은 것 말입니다. 명단 맨 윗줄부터 전화를 걸어 면담 약속을 얻어내려고 시도합니다. 이럴 때 사람들은 대부분 '아니에요. 관심 없습니다'라고 말하거나 아니면 그냥 전화를 끊어버리지요."

나는 크리돈에게 다음과 같이 설명했다. 설령 보험사 직원이 낙관적 설명양식을 지녔다고 하더라도 잠재 고객에게 말하는 내용이 크게 바뀌지는 않을 것이다. 그러나 그 잠재 고객으로부터 거절당했을 때 자기 자신에게 말하는 내용은 달라질 것이다. 비관적인 직원은 자신에게 지속적이고 만연적이며 개인적인 설명을 할 것이다. 예컨대 '나는 소질이 없어' '아무도 나한테서 보험을 들려고 하질 않아' '나는 1루도 진출하질 못하는구나' 라는 식으로 스스로 생각할 것이다. 이렇게 되면 포기하는 반응이 생기고 다음 고객을 찾아 전화 걸기가 더욱더 어려워질 것임에 틀림없다. 우리는 비관적인 직원이 이런 경험을 몇 차례 하고 나면 그 날의 일을 포기할 것이고 나아가 결국에는 전부 다 포기하게 될 것이라고 예측할 수 있다.

반면에 낙관적인 직원은 좀 더 건설적으로 생각할 것이다. '그 사람이 그때는 너무 바빴어' '이미 다른 보험에 가입해서 그렇지. 하지만 열 명 가운데 여덟 명은 아직도 보험을 충분히 많이 가입하지 않았어' 또는 '저녁 식사 시간에 전화를 했군' 하고 생각하거나 아니면 아예 아무런 혼잣말도 하지 않을 것이다. 따라서 그다음 전화하기가 더 힘들지도 않을 것이며 몇 분 뒤에는 마침내 만날 약속을 잡게 될 (평균적으로) 열 명 가운데 한 명을 접하게 될 것이다. 이렇게 되면 새 힘이 생기고 활기차게 또 다시 열 번의 전화를 걸어 약속을 얻어낼 것이다. 결국 낙관적인 직원은 이런 식으로 자신의 판매능력을 십분 발휘하게 된다.

  사실 내가 크리돈의 사무실을 찾기 전부터 그는 다른 보험회사 경영자들과 마찬가지로 낙관성이 판매 성공의 열쇠임을 알고 있었다. 그는 단지 그것을 측정할 수 있는 사람이 나타나기를 기다리고 있었던 셈이다. 나와 크리돈은 우선 간단한 상관연구를 해보기로 했다. 먼저 이미 성공적으로 활동하고 있는 직원들이 과연 매우 낙관적인 사람들인지 살펴보기로 했다. 만약 실제로 그렇다면 그다음 단계로 넘어갈 수 있을 것이다. 완전히 새로운 판매인력 선발방식을 개발하는 것을 최종 목표로 삼은 우리는 이 책 3장에서 보았던 질문지와는 다른 질문지를 새로 마련했다. 이것은 자유 답변식의 '귀인양식 질문지(ASQ, Attributional Style Questionnaire)'였는데 여기에는 12개의 단편적인 이야기들이 실려 있었다. 그 가운데 반은 나쁜 일에 관한 것(예컨대 "이성 친구와 데이트를 했는데 일이 잘 안 풀렸다……")이었고 나머지 반은 좋은 일에 관한 것(예컨대 "갑자기 부자가 되었다……")이었다. 이런 일이 자신에게 일어났다고 가정했을 때 그것의 가장 그럴듯한 원인이 무엇일지 상상해서 빈 곳에 채워 넣도록 했다. 예를 들어 위의 첫 번째 사건에 대해서 "내가 입 냄새가 심해서 그랬다"라고 설명할 수 있을 것이다. 또는 두 번째 사건에 대해서 "내가 남다른 투자감각을 지녔기 때문이다"라고 설명할 수 있을 것이다.

그런 다음에 자신이 제시한 원인을 1~7점 사이의 개인화 척도에 따라 스스로 평가하도록 했다. ("이 원인은 타인 또는 주변 상황에 관한 것인가요?[외부적 설명] 아니면 자기 자신에 관한 것인가요?[내부적 설명]") 그런 다음 이 원인의 지속성을 평가하도록 했다. ("다음에 일자리를 찾을 때에도 이 원인이 또 다시 작용할까요?[지속적 설명] 아니면 그렇지 않을까요?[일시적 설명]") 그리고 끝으로 만연성을 평가하도록 했다. ("이 원인이 일자리를 찾는 데에만 영향을 미친다고 생각합니까?[일부 설명] 아니면 자신의 삶의 다른 영역들에도 두루 영향을 미친다고 생각합니까?[전부 설명]")

우선 이 질문지를 200명의 경력사원들에게 돌렸다. 그 가운데 반은 실적이 매우 좋은 사람들이었고 나머지 반은 실적이 형편없는 사람들이었다. 질문지 조사 결과 실적이 좋은 사람들이 실적이 나쁜 사람들보다 훨씬 더 낙관적인 것으로 결론이 났다. 우리는 질문지 점수와 실제 판매실적을 비교해보았다. 그 결과 귀인양식 질문지에서 낙관적인 쪽으로 점수가 나온 절반이 비관적인 쪽으로 점수가 나온 절반보다 입사한 뒤 2년 동안 평균 37퍼센트 더 많은 실적을 올렸음이 확인되었다.

질문지 점수가 상위 10퍼센트에 드는 직원들은 하위 10퍼센트에 드는 직원들보다 88퍼센트나 더 많은 실적을 올렸다. 우리의 검사법이 사업분야에서 얼마나 쓸모 있을지 궁금했던 차에 이것은 고무적인 결과였다.

재능 검사하기

오래전부터 보험업계에서는 판매원으로 적합한 사람들을 선발하기 위한 검사법을 개발해왔다. 그중 하나인 '경력분석표'는 생명보험경영연구협회에서 발간한 것이다. 메트라이프생명보험에 지원하는 사람들은 모두

이 경력분석표를 작성해야 했으며 12점 이상의 점수를 얻어야만 취직이 되었다. 이런 점수를 얻는 사람은 지원자의 30퍼센트 정도였는데, 경영진이 이들을 면접하여 마음에 드는 사람들에게 일자리를 주었다.

일반적으로 일의 종류에 상관없이 성공 가능성을 예측하는 데에는 두 종류의 질문지가 쓰인다. 하나는 경험적인 것이고 다른 하나는 이론에 기초한 것이다. 경험적 검사법은 어떤 직업분야에서 실제로 성공 또는 실패한 사람들을 출발점으로 삼는다. 이 사람들에게 삶의 모든 영역을 포괄하는 수많은 질문들을 무작위로 던지는 것이다. "고전음악을 좋아하시나요?" "돈을 많이 벌고 싶으신가요?" "친척이 많은 편인가요?" "몇 살이신가요?" "파티에 가는 것을 좋아하시나요?" 이런 질문들 가운데 대부분은 성공한 사람들과 실패한 사람들을 가르는 데 별 효과가 없을 것이다. 그러나 이렇게 하다 보면 몇 백 개의 효과적인 질문들을 찾아낼 수 있을 것이다. 다시 말해 이론의 도움을 전혀 받지 않은 채 어떤 질문들이 효과적인지를 우연적인 방법으로 찾아내어 사용하는 것이다. 이렇게 찾아낸 몇백 가지 질문들로 검사 문항을 작성해 그 직업분야에서 앞으로 성공할 가능성을 예측하는 데 사용할 수 있다. 이 경우 어느 분야에 적합한 지원자란 그 분야에서 이미 성공한 사람들과 똑같은 '특징'을 가지고 있어야 할 것이다. 예컨대 똑같은 연령대, 배경, 태도 등 한마디로 똑같은 대답을 해야 한다. 결국 경험적 검사법이란 성공의 원인에 대해서는 전혀 알 수 없다고 애당초 전제하는 셈이다. 그리고 성공한 사람들과 실패한 사람들을 그저 우연히 가르는 질문들을 찾아내어 사용할 뿐이다.

반면에 이론에 기초한 검사법은 IQ 검사나 SAT(Scholastic Aptitude Test, 학업적성검사)처럼 한 이론으로부터(이 경우에는 능력에 관한 이론으로부터) 도출된 질문들만을 사용한다. 예를 들어 SAT의 기초가 되는 이론에 따르면 '지능(독해, 비유적 표현의 이해력 등)'이란 언어능력(대수학, 기하학 등)과 수학적 분석능력으로 구성되어 있다. 이런 능력들은 학업에 근본적인 중요성을 지니므로 이런 것들을 잘 한다는 것은 앞으로 학교에서 성공할 가능성을 예측하는 데 쓰일 수 있다. 그리고 실제로 이런 검사법은 상당한 정도로 예측력을 가지고 있다.

경험적 검사든 이론에 기초한 검사든 전체적으로 볼 때 통계적으로 의미 있는 예측력을 지니고 있다. 그러나 두 가지 검사법 모두 많은 오류를 범하고 있는 것도 부정할 수 없는 사실이다. SAT 점수가 나쁘게 나온 사람들도 대학에서 좋은 성적을 올리는 경우가 있고 거꾸로 검사 점수가 좋은 낙제생들도 허다하다.

메트라이프생명보험에서 이런 문제는 더욱 뚜렷이 나타났다. 경력분석표에서 좋은 점수를 얻은 사람들 가운데 엄청 많은 숫자가 형편없는 판매실적을 올렸다. 그렇다면 거꾸로 경력분석표에서 낮은 점수를 얻은 사람들 가운데 많은 숫자가 보험을 잘 팔 수 있었을까? 이 보험회사는 이 물음에 답할 수 있는 처지가 아니었는데, 경력분석표 점수가 낮은 사람들은 거의 고용되지 않았기 때문이다. 결과적으로 이 보험회사에는 빈 일자리가 많이 있었다. 왜냐하면 경력분석표를 통과한 지원자가 충분히 많지 않았기 때문이다. 만약 이 회사의 검사를 통과하지 못한 상당수의 지원자들이 이 검사를 통과한 사람들만큼 보험을 많이 팔 수 있다고 한다면 이 회사의 심각한 인력문제가 해결될 것이었다.

귀인양식 질문지는 이론에 기초한 검사법이다. 그러나 이것이 기초하고 있는 이론은 성공에 관한 전통적인 견해와 크게 다르다. 전통적인 견해에 따르면 성공을 좌우하는 두 가지 요인이 있으며 성공하기 위해서는 이것이 모두 필요하다. 그 하나는 능력 또는 적성이다. IQ검사나 SAT는 이 요인을 측정하는 것으로 간주된다. 두 번째 요인은 욕망 또는 동기로, 전통적 견해에 따르면 어떤 사람의 적성이 아무리 훌륭하다고 하더라도 욕망이 없다면 그 사람은 실패하고 만다. 아울러 강력한 욕망은 부족한 재능을 보완하는 역할을 할 수 있다고 여겨졌다.

나는 이런 전통적 견해가 불완전하다고 생각한다. 가령 모차르트에 버금가는 재능과 성공에 대한 강렬한 욕망을 지닌 작곡자가 있다고 치자. 그래도 만약 그 사람이 스스로 음악을 작곡할 수 없다고 생각한다면 아무 것도 이룰 수 없을 것이다. 왜냐하면 충분히 노력을 기울이지 않을 터이기 때문이다. 어렴풋이 떠오른 선율을 구체화하는 데 시간이 너무 걸리면 쉽게 포기하고 말 것이다. 성공하려면 인내력이, 다시 말해 실패를 겪어도 포기하지 않는 능력이 필요하다. 나는 낙관적 설명양식이 바로 이런 인내력의 열쇠라고 생각한다.

성공에 관한 설명양식 이론에 따르면 도전적인 직업분야에서 성공할 수 있는 사람들을 선발하기 위해서는 세 가지 특성이 고려되어야 한다.

1. 적성
2. 동기
3. 낙관성

성공이란 이 세 가지 모두에 달린 것이다.

메트라이프생명보험에서 실시한 설명양식 검사
우리가 귀인양식 질문지를 이용해 실시했던 첫 번째 연구에서 판매실적이 좋은 직원들이 실적이 나쁜 직원들보다 더 낙관적인 쪽으로 점수가 나온 이유는 무엇일까? 이것에 관해서 두 가지 설명을 생각해 볼 수 있다. 하나는 낙관성이 성공을 낳는다는 이론에 따른 것으로, 곧 낙관성 때문에 잘 팔게 되고 비관성 때문에 못 팔게 된다는 설명이다. 다른 하나는 잘 팔기 때문에 낙관적인 사람이 되고 못 팔기 때문에 비관적인 사람이 된다는 설명이다.

다음 연구는 어떤 원인이 어떤 결과를 유발하는가를 밝혀내는 것이었다. 그러기 위해서 우리는 직원들의 낙관성을 고용 시점에서 측정한 뒤 다음 해까지 누가 가장 좋은 실적을 올리는지 살펴보기로 했다. 이론을 검증하기 위하여 1983년 1월에 펜실베이니아 서부지역에 처음으로 고용된 104명의 직원들을 대상으로 삼았다. 우리는 이미 경력분석표를 통과하여 발령전 훈련까지 마친 이들에게 귀인양식 질문지를 돌렸다. 이제 우리는 판매실적에 관한 자료가 충분히 쌓이기까지 1년을 기다려야 비로소 중요한 어떤 것을 발견할 수 있으리라 생각했다. 그리고 그날이 왔을 때 우리는 지체 없이 다음 일을 진행했다.

우선 보험회사 신입사원들은 깜짝 놀랄 정도로 낙관적이었다. 이들의 집단평균 G-B 점수가 (좋은 일에 대한 설명양식과 나쁜 일에 대한 설명양식 사이의 차이 값이) 7.00 이상이었다. 이것은 전국 평균을 훨씬 웃도는 것으로 결국 매우 낙관적인 사람들이 회사에 지원한 셈이었다. 게다가 생명보험회사 직원들은 그동안 검사를 실시했던 어느 직업집단보다도 더 낙관적인 집단이었다. 우리가 그동안 검사했던 집단은 자동차 영업사원, 거래소에서 하루 종일 외쳐대야 하는 상품거래업자, 미국 육군사관학교 신입생들, 아비스 체인점 주인들, 20세기의 미국 대통령후보들, 메이저 리그의 야구 스타들, 세계적인 수영선수들 등이었다.[20] 결국 보험판매업은 낙관성을 연구하는 데 가장 적절한 직업인 셈이었다. 다시 말해 보험판매업은 거기에 발을 들여놓는 데만도 강한 낙관성이 필요하고 거기서 성공하려면 극도의 낙관성이 필요한 직업인 셈이었다.

1년 뒤 우리는 이 직원들이 어떻게 지내는지 살펴보았다. 그 결과 크리돈이 경고했던 것처럼 이들의 절반 이상이 사직했음이 드러났다. 104명 가운데 59명이 입사 첫해에 직장을 그만둔 것이었다.

어떤 사람들이 그만두었을까? 귀인양식 질문지 점수가 '덜 낙관적인' 반쪽에 속하는 직원들은 '더 낙관적인' 반쪽에 속하는 직원들보다 2배나 더 높은 사직 비율을 보였다. 그리고 '가장 덜 낙관적인' 1/4에 속하는 직원들은 '가장 낙관적인' 1/4에 속하는 직원들보다 3배나 더 높은 사직 비율을 보였다. 이와 대조적으로 경력분석표에서 가장 낮은 점수를 얻은 사람들은 고득점자들보다 사직 비율이 더 높지 않았다.

현실적 관심사항인 최상위 그룹의 판매실적은 어떠했을까? 귀인양식 질문지 점수가 상위 절반에 속하는 직원들은 하위 절반에 속하는 '덜 낙관적인' 직원들보다 20퍼센트 더 많은 판매실적을 올렸다. 그리고 상위 1/4에 속하는 직원들은 하위 1/4에 속하는 직원들보다 50퍼센트 더 많이 판매했다. 이 경우에는 경력분석표도 예측력이 있었다. 경력분석표 점수가 상위 절반에 속하는 직원들은 하위 절반에 속하는 직원들보다 37퍼센트를 더 판매했다. 이 둘은 중복되지 않았고 각자 독자적인 관점을 제공하는데, 검사를 합쳐보면 두 검사에서 모두 상위 절반에 속하는 직원들은 모두 하위 절반에 속하는 직원들보다 56퍼센트를 더 판매했다. 결론적으로 낙관성은 누가 살아남을 것인가를 예측하였고 누가 가장 많이 판매할지에 관해서도 보험업계의 통상적인 검사법과 비슷한 정도로 예측했다.

그렇다면 과연 이 조사를 통해 판매업 성공에 관한 낙관성의 이론과 예측력이 적절하게 검증되었다고 볼 수 있을까? 그렇지 않았다. 귀인양식 질문지가 영업사원의 성공을 예측할 수 있다고 메트라이프생명보험 경영진을 완전히 설득하기까지는 아직도 대답해야 할 물음들이 여러 개 남아 있었다. 첫째, 조사대상자가 겨우 104명이었다. 게다가 표본 집단 모두가 펜실베이니아 서부지역 출신이었으므로 대표성이 없을 수도 있었다. 둘째, 직원들은 이미 고용된 처지였으므로 정신적 압박을 전혀 받지 않는 상황에서 검사를 받았다. 만약 메트라이프생명보험에서 이제부터 귀인양식 질문지를 이용해 직원들을 고용하기로 한다면 어떻게 될까? 이 질문지 점수에 따라 고용이 좌우된다는 것을 알게 되면 일부 지원자들이 혹시 거짓 답변을 하지는 않을까? 만약 이런 거짓말이 먹혀든다면 검사는 아무런 쓸모도 없을 것이다.

하지만 부정행위에 대한 근심을 지우기는 아주 간단했다. 우리는 한 가지 특별조사를 실시했는데, 이때 몇몇 피검사자들에게 "그냥 낙관적인 것처럼 보이도록 최선을 다하면 됩니다"라며 속이는 법을 일러주었고, 최고 득점자에게 상금 100달러를 지불하기로 해 속이기 위한 동기도 제공했다. 그러나 속여도 된다는 것을 알고 있었고 속일 동기도 제공받았던 이들은 다른 피검사자들보다 더 높은 점수를 얻지 못했다.

즉 이 검사는 결과를 조작하기 어려운 검사이며, 단순히 낙관적인 것처럼 보이도록 최선을 다하라는 조언은 별 효력이 없음을 뜻한다. 독자들이 이 책을 끝까지 다 읽었다 하더라도 우리의 낙관성 검사를 효과적으로 속이기는 쉽지 않을 것이다. 왜냐하면 매번 검사할 때마다 정답이 바뀔 뿐만 아니라 검사에는 거짓말쟁이를 가려내기 위한 '거짓말 척도'까지 들어 있기 때문이다.

인내력의 바탕이 되는 낙관성

이제 우리는 실제 고용선발 조건에서 지원자들에게 검사를 실시하는 본격적인 연구를 할 단계에 이르렀다. 1985년 초 메트라이프생명보험에 지원한 1만 5000명을 대상으로 전국적인 차원에서 귀인양식 질문지와 경력분석표를 모두 작성하도록 했다.

우리의 목표는 두 가지였다. 첫 번째 목표는 통상적 기준에 따라 경력분석표를 통과하는 지원자 1000명을 직원으로 고용하는 것이었다. 이 1000명에 대해서는 귀인양식 질문지 점수를 고용결정에 고려하지 않았다. 그럼으로써 이 정규인력 가운데서 낙관적인 사람들이 비관적인 사람들보다 과연 더 많은 판매실적을 올리게 될지를 살펴보고자 했다.

두 번째 목표는 메트라이프생명보험의 입장에서 볼 때 훨씬 더 모험적인 것이었다. 우리는 낙관적인 직원들로 구성된 '특수인력'을 조성하기로 했다. 곧 경력분석표를 아깝게 통과하지 못한(9~11점 사이의) 지원자들 가운데 귀인양식 질문지 점수가 상위 절반에 드는 사람들을 뽑기로 했다. 이것은 업계의 통상적인 검사법을 통과하지 못했으므로 평상시라면 아무도 고용하지 않을 사람들을 100명 이상 직원으로 채용하는 것이었다. 물론 이들에게는 자신이 특수직원이라는 사실을 알리지 않았다. 만약 이 집단이 완전히 실패한다면 메트라이프생명보험은 약 300만 달러의 훈련비용을 낭비하는 셈이었다.

요약하자면 1만 5000명의 지원자 가운데 1000명은 정규인력으로 채용되었다. 이들의 절반은 낙관적인 사람들이었고 다른 절반은 비관적인 사람들이었다. 나는 지원자들이 대개 매우 낙관적이라고 위에서 말한 바 있다. 그러나 지원자들의 절반은 당연히 평균 이하였고, 그들 가운데 몇몇은 점수가 상당히 낮아서 비관적인 지원자에 해당했다. 그리고 귀인양식 질문지 점수가 상위 절반에 드는 진정한 낙관적인 사람들 가운데 경력분석표를 통과하지는 못한 129명을 추가로 채용했다. 이들이 낙관적인 특수인력인 셈이었다.

우리는 그 뒤 2년에 걸쳐 신규 직원들의 활동을 관찰했다. 그 결과 정규인력 가운데 낙관적인 사람들은 입사 첫해에 비관적인 사람들보다 많은 판매실적을 올렸다. 그러나 겨우 8퍼센트 더 많은 실적이었다. 입사 2년째에는 낙관적인 사람들이 31퍼센트를 더 많이 팔았다.

다른 한편 특수인력의 실적은 훌륭한 것이었다. 이들은 입사 첫해에 정규인력 가운데 비관적인 사람들보다 21퍼센트 더 많은 판매실적을 올렸다. 그리고 2년째에는 57퍼센트를 더 많이 팔았다. 게다가 이들의 실적을 정규인력의 평균과 비교해보아도 입사한 지 2년에 걸쳐 27퍼센트 더 많은 실적을 올린 수치였다. 실제로 이들은 최소한 정규인력 가운데 낙관적인 사람들만큼 좋은 판매실적을 올렸다.

우리는 그밖에 실적 향상에서도 낙관적인 사람들이 비관적인 사람들보다 더 낫다는 사실을 확인할 수 있었다. 이것은 왜 그럴까? 우리의 이론에 따르면 낙관성이 중요한 까닭은 그것이 인내력의 바탕이 되기 때문이다. 애당초 우리는 판매에 대한 재능과 동기가 적어도 인내력만큼 중요할 것으로 예상했다. 그러나 시간이 지나면서 거절당하는 경험이 쌓임에 따라 인내력이 결정적인 중요성을 띠게 되는 듯했다. 그리고 실제로 사태가 그렇게 진행된다는 사실이 입증된 것이었다.

결론적으로 말해 낙관성 검사는 적어도 경력분석표만큼 정확하게 판매결과를 예측했다.

특수인력 채용 사례

특수인력으로 채용된 사람들은 어떤 사람들이었을까? 여기서는 로버트 델이라는 사람에 관해 이야기하고자 한다. 이 이야기는 또한 내 이론에 살과 피가 붙게 된 날에 관한 것이기도 하다.

나는 언젠가 특수인력연구에 관해 전해들은 「성공잡지」와 인터뷰를 한 적이 있었다. 1987년에 이 잡지에는 낙관성과 뛰어난 영업사원에 관한 기사가 실렸다. 기사의 앞머리에서 메트라이프생명보험 특수인력의 전형적 인물로서 로버트 델이라는 사람의 경력을 소개했는데, 이 기사에 따르면 델은 과거 도살장에서 수년간 일하다 해고되었다. 그 후 메트라이프생명보험에 지원하게 된 그는, 경력분석표를 통과하지 못했지만 귀인양식 질문지에서 높은 점수를 얻어 고용될 수 있었다. 인내력이 강했을 뿐만 아니라 풍부한 상상력을 지니고 있었던 델은 이후 보험 판매왕이 되었다. 그는 다른 사람들이 거들떠보지도 않는 곳에서 고객들을 찾아내곤 했다.

나는 '로버트 델'이 전형적인 특수인력 요원으로 일부러 꾸며낸 가공의 인물이라고 생각했다. 그러나 이 기사가 나온 지 몇 주 뒤 어느 날이었다. 내 비서가 로버트 델이라는 사람으로부터 전화가 왔다고 말했다. 나는 잽싸게 수화기를 들었다.

"로버트 델 씨인가요?" 하고 내가 물었다.

"로버트 델? 당신이 실제 인물이란 말인가요?"

"저는 실제 인물입니다." 라며 반대편에서 낮은 목소리가 들려왔다.

"그 기사는 꾸며낸 이야기가 아닙니다."

델은 잡지 기사가 사실이라면서 더 자세한 이야기를 들려주었다. 그는 펜실베이니아 동부에 있는 한 도살장에서 26년 동안 일했다고 했다. 그것은 그가 성인이 되어 살아온 일생의 전부였다. 작업은 고되었지만, 그래도 그는 스크래플[21]을 만드는 주방에서 일했으므로 다른 작업들만큼 아주 고된 일은 아니었다. 그러다 시장 수요가 줄어들었다. 물론 조합계약에 따라 최소한의 작업시간은 보장받을 수 있었지만, 이 시기에 그는 도살실에도 들어갈 것을 요구받았다고 한다. 그 일은 그에게 근심을 불러일으키는 것이었다. 그러던 중 회사의 경영은 더욱 악화되었고, 어느 월요일 아침에 출근해보니 정문에 폐업 표지가 조그맣게 걸려 있었다고 한다.

"저는 여생을 위해 필요한 돈을 장만해 놓을 만한 처지가 아니었어요" 하고 델이 내게 이야기했다.

"그래서 3~4일 뒤에 보험판매원을 모집하는 광고를 보고 지원하게 되었지요. 그때까지 저는 한 번도 무엇을 팔아본 적이 없었어요. 그리고 과연 제가 보험을 팔 수 있을지에 관해서도 아무 생각이 없었어요. 어쨌든 박사님이 만드신 검사를 받게 되었고, 박사님도 알다시피 보험회사에 고용되게 되었지요."

그는 도살장이라는 직장을 잃은 것이 감춰진 축복이었다고 말했다. 특수인력으로 일했던 첫해에 그는 도살장에서보다 50퍼센트 더 많은 돈을 벌었다. 그리고 2년째 되는 해에는 도살장에서의 봉급보다 2배를 더 벌었다. 게다가 일이 마음에 들었다. 특히 자신의 한계와 규율을 스스로 정할 수 있는 자유를 누린다는 데에 흡족해했다.

"그런데 오늘 아침에는 정말 끔찍한 일이 있었어요" 하고 그의 이야기가 이어졌다.

"제가 어마어마한 보험증권을 하나 만들었는데요. 이것을 만드느라 몇 달이 걸렸어요. 제가 만든 것 중에서 가장 큰 증권이었거든요. 그런데 몇 시간 전에 메트라이프생명보험의 증권 담당부서에서 거절통보가 왔어요. 그래서 박사님께 전화를 드리게 되었습니다."

"잘 하셨습니다" 하고 나는 별 눈치 없이 대답했다.

"전화해주셔서 저도 기쁩니다."

"셀리그만 박사님, 그 기사를 읽어보니 박사님께서 메트라이프생명보험을 위해서 실패하지 않을 사람들을 인력으로 선발하셨더군요. 오늘 아침 제게 일어난 일처럼 나쁜 일이 일어나도 결코 좌절하지 않을 사람들 말입니다. 설마 그 일을 거저 하시지는 않으셨겠지요?"

"맞습니다."

"그래서 말씀드리는데 박사님께서 그에 대한 대가로 제게 보험을 들어주시면 어떨까요?"

나는 그렇게 했다.

메트라이프생명보험의 새로운 고용정책

1950년대에 메트라이프생명보험은 보험업계의 거물로서 2만 명 이상의 직원을 고용하고 있었다. 그러나 그 뒤 30년 동안 이 회사는 외판인력을 줄이는 대신 보험이나 기타 상품을 팔기 위해 다른 수단들에 많이 의존해왔다. 우리가 특수인력연구를 막 끝냈던 1987년에 이 회사는 고작 8000여 명의 직원을 고용하고 있었으며 업계의 주도적 지위를 이미 푸르덴셜 생명에 넘겨준 상태였다. 때문에 메트라이프생명보험은 이 하강세를 뒤엎기 위해 외판인력에 대한 강력한 지도체제를 새로 확립할 필요가 있었다. 그래서 존 크리돈은 봅 크림민스라는 사람을 데려왔는데, 그는 열정이 넘치고 놀라운 웅변술과 카리스마를 지닌 은발의 신사였다. 그리고 크림민스는 다시 시티코프 경영자들을 매우 성공적으로 교육하고 훈련시켰던 하워드 메이즈 박사를 스카우트하여 직원 선발과 훈련 과정에 새로운 기운을 불어넣고자 했다. 그들의 야심찬 목표는 외판인력을 극적으로 증가시키는 것이었다. 곧 내년 인력을 1만 명으로 늘리고 그것이 성공하면 후년에는 1만 2000명으로 늘려 메트라이프생명보험의 시장점유율을 늘리고자 했다. 그러나 그들은 동시에 외판인력의 질을 높게 유지하고자 했다. 그래서 그들은 낙관성이 전통적인 선발기법 이상으로 성공을 예측할 수 있음을 대규모로 증명한 우리의 특수인력연구에 관심을 가지게 되었다.

결국 메트라이프생명보험은 그때부터 모든 지원자들에게 귀인양식 질문지를 돌리기로 결정하였으며, 대담한 전략의 일환으로 직원들을 낙관성에 따라 고용하기 시작했다. 나아가 이 회사는 우리 역시 고용했다.

이 회사는 크림민스와 메이즈의 지도 아래 새로 직원을 선발하는 데 두 가지의 전략을 사용했다. 첫째, 이 회사는 귀인양식 질문지 점수가 상위 절반에 속하지만 경력분석표를 아깝게 통과하지 못한 지원자들을 고용했다. 그럼으로써 과거의 전략으로는 고려의 대상조차 되지 않았을 많은 사람들이 직원에 포함되었다. 둘째, 경력분석표를 통과했더라도 귀인양식 질문지 점수가 가장 비관적인 25퍼센트에 드는 사람들은 고용대상에서 제외되었다. 그럼으로써 지금까지 회사에 많은 손실을 안겨주었던 문제 직원으로 예측되는 사람들은 이제 아예 선발되지 않았다. 이 전략을 통해 메트라이프생명보험은 목표를 초과달성했으며 외판인력을 1만 2000명 이상으로까지 확대할 수 있었다. 내가 들은 바로는 이 방법으로 개인보험 시장의 점유율이 50퍼센트 증가하여 이 회사는 이제 더 크고도 나은 외판인력을 보유하게 되었다. 실적을 평가하는 기술 하나로 이 회사는 다시 업계의 선두로 떠올랐다.

크림민스와 메이즈는 귀인양식 질문지를 사용함으로써 메트라이프생명보험의 인력난을 2년 안에 해결하는 큰 성과를 거두었다.

비관적인 사람에게 낙관성을 가르칠 수 있다

나는 다시 존 크리돈의 사무실을 방문했다. 양탄자는 여전히 푹신했고 오크로 된 벽판도 여전히 번쩍였지만 우리 둘은 그새 좀 더 늙어 있었다. 7년 전 생명보험회사들의 경영진을 대상으로 한 강연회에서 우리가 처음 만났을 때 존은 메트라이프생명보험의 최고경영자로 막 취임했었으며 나는 낙관성과 성공에 관해서 막연한 생각만 지니고 있었다. 존은 그사이 미국 재계의 지도적 인물로서 전국적인 명성을 얻게 되었고, 그는 이제 1년 뒤면 은퇴할 것이라고 내게 말했다.

우리는 그동안 우리가 이루어놓은 것들을 되돌아보았다. 우리는 낙관성을 측정할 수 있으며 나아가 그것이 우리의 희망대로 생명보험직원의 성공을 예측할 수 있다는 사실을 발견했다. 우리는 이 거대한 기업의 직원선발 전략을 바꾸었을 뿐만 아니라, 이제는 업계 전체의 선발 전략도 변화의 조짐을 보이고 있었다.

"하지만 아직도 마음에 걸리는 것이 하나 있어요" 하고 존이 말했다.

"모든 업계에는 여전히 비관적인 사람들이 꽤 남아있어요. 이들 가운데는 연공서열에 따라 확실하게 자리를 지키고 있는 사람들도 있고 맡은 일을 잘하기 때문에 남아있는 사람들도 있지요. 그런데 제가 나이가 들면서 이런 비관적인 사람들이 점점 더 짐이 된다고 느껴져요."

그의 이야기는 계속되었다. "이들은 늘 제가 무엇을 하면 안 되는지에 관해서 이야기합니다. 무엇이 잘못되었는지에 관해서만 이야기하지요. 물론 일부러 그러는 것은 아니겠지만 어쨌든 행동과 상상력과 추진력을 방해하는 역할을 해요. 만약 이들이 좀 더 낙관적인 태도를 가지게 된다면 회사는 물론 이들 자신의 삶도 지금보다 더 낫지 않을까 생각합니다."

"그래서 여쭙고 싶은데요. 박사님께서 30년을, 아니 50년을 비관적으로 생각하며 살아온 사람들을 낙관적인 사람으로 바꾸실 수 있겠습니까?"

이 물음에 대해 나는 그렇다고 대답했다. 그러나 크리돈이 지금 이야기하고 있는 것은 외판직원이 아니라 자신의 경영진에 관해서였다. 특히 이런 사람들은 어느 단체에서나 최고경영자가 누구든 상관없이 그 단체에 실제적으로 큰 통제력을 발휘하는 보수적인 관료집단이다. 나는 이런 관료집단을 어떻게 개혁해야 할지 막연했다. 일반 직원들을 대상으로 하듯이 회사 임원들에게 검사나 세미나에 응하라고 요구하기란 쉽지 않다. 어쩌면 크리돈조차도 임원들에게 개인적으로든 단체로든 인지치료를 받으라고 요구할 수 없을지도 모를 일이었다. 설령 그의 요구가 통한다고 치더라도 과연 그들에게 낙관성을 가르치는 것이 현명한 일일까?

그날 밤, 그리고 그 뒤로도 많은 날들을 나는 크리돈의 제안에 관해 생각하며 보내야 했다. 정상적인 기업체에서 혹시 비관성이 어떤 적절한 역할을 하고 있는 것은 아닐까? 정상적인 인생에서도 혹시 비관성이 어떤 적절한 역할을 하고 있는 것은 아닐까?

왜 비관성인가?

비관성은 우리 주변에서 흔히 볼 수 있다. 어떤 사람들은 비관성 때문에 끊임없이 시달림을 겪는다. 그리고 아무리 낙관적인 사람이라 하더라도 가끔씩 비관성에 빠지곤 한다. 비관성이란 자연의 커다란 실수와 같은 것일까? 아니면 세상 돌아가는 데 있어 나름대로 가치 있는 역할을 하는 것일까?

어쩌면 비관성은 우리에게 절실히 필요한 현실감각을 뒷받침해주는 역할을 하고 있는지 모른다. 삶의 여러 장면들에서 우리는 별 근거도 없이 낙관적으로 생각할 때가 있다. 살다 보면 돌이킬 수 없는 실패도 있는 법이다. 이럴 때 세상을 마냥 낙관적으로 본다면 마음의 위로는 얻을지 몰라도 그렇다고 세상이 바뀌지는 않는다. 어떤 상황에서는 명랑하고 낙천적인 것보다 잔인할 만큼 현실적인 태도가 더 중요하다. 버틸 이유를 찾느니 재빨리 손을 떼고 다른 데 투자하는 것이 나을 때도 있는 법이다.

크리돈이 내게 혹시 메트라이프생명보험 임원들의 비관성을 바꿀 수 있냐고 물었을 때, 과연 내가 비관성을 낙관성으로 바꿀 수 있을까 하는 점보다는 혹시 그런 일이 어떤 해를 끼치지는 않을까 하는 점이 걱정되었다. 어쩌면 그 임원들의 비관성이 회사에 중요한 공헌을 했을지도 모른다. 회사에는 지나치게 열광적인 분위기를 누그러뜨리는 사람도 필요하다. 이런 비관적인 사람들이 미국 회사의 위계조직 꼭대기까지 올라갔다는 것은 곧 이들이 어떤 중요한 일을 하고 있음을 뜻할 것이다.

그날 저녁 나는 크리돈의 불만을 돌이켜보면서 그동안 늘 마음에 걸렸던 문제에 관해 다시 한 번 곰곰이 생각했다. 인간이 진화해오면서 우울증과 비관성이라는 것이 도대체 왜 생겨났을까? 분명히 비관성은 진화과정에서 어떤 역할을 하는 듯하다. 라이오넬 타이거는 《낙관주의: 희망의 생물학Optimism: The Biology of Hope》에서 예리하게 추론하기를 인간이라는 종이 진화 가능한 까닭은 현실에 관한 낙관적 환상 때문이라고 했다. 그런 환상이 없었다면 4월에 씨를 뿌려 가뭄과 기근을 무릅쓰며 10월까지 버틴다거나, 격앙된 매머드에 홀로 맞서 작은 막대기를 흔들어 댄다거나, 몇 세대를 거쳐야 비로소 완성될 대성당을 짓기 시작하는 등의 무모한 행동을 하는 인간이 어떻게 진화할 수 있었겠는가? 이처럼 무모할 정도로 용감한 행동 뒤에는 현실이 평소보다 더 나아질 것이라는 희망에 근거해 행동할 줄 아는 능력이 숨겨져 있다.

또 다른 관점에서 보자면 오늘날 많은 사람들은 신이 존재하지 않는다고 믿는다. 나아가 인생의 목적이란 사람들 스스로가 생각해내어 실현하고자 애쓰는 것일 뿐이며 그 사람이 죽으면 목적도 쓸모없게 된다고 믿는다. 만약 정말로 그렇다면 어떻게 그렇게 많은 사람들이 그런 믿음을 갖고도 유쾌할 수 있을까? 마음 깊이 간직한 부정적인 믿음들을 이처럼 모른 체할 수 있다는 것은 우울함에 계속 시달리지 않으려는 사람들의 놀라운 방어능력 때문이 아닐까?

그렇다면 비관성의 역할은 무엇인가? 만약 우리가 낙관적이기만 하고 결코 의기소침해지지 않는다면 잘 해낼 수 없을 어떤 것을 바로잡는 역할, 곧 현실을 정확하게 평가하는 역할을 할 것이다.

그런데 우울한 사람들이 현실을 직시하고 그렇지 않은 사람들이 오히려 현실을 제멋대로 왜곡한다는 생각은 머리를 어지럽게 만든다. 심리치료사 훈련을 받은 나로서는 우울한 사람들이 좀 더 행복하게 느끼고 나아가 세상을 좀 더 명확하게 보도록 돕는 것이 내가 할 일이라고 믿어왔기 때문이다. 나는 내가 행복의 중개인이자 동시에 진리의 중개인이라고 생각해왔다. 그러나 어쩌면 진리와 행복은 서로 대립하는 것일지도 모른다. 어쩌면 우울한 환자에게 유익한 치료라고 생각해왔던 것이 사실은 그저 달콤한 환상을 부추겨 세상을 실제보다 좋게 보도록 만드는 것일지도 모른다.

우울한 사람들이 더 슬프지만 또한 더 현명하다는 사실을 지지하는 경험적 증거들이 상당히 있다.

10년 전 펜실베이니아대학 대학원생이었던 로렌 앨로이와 린 아브램슨은 한 가지 실험을 했다. 이 실험에서 피험자들은 불빛의 밝기에 대한 통제력을 집단에 따라 다양하게 부여받았다. 그래서 일부 피험자들은 불빛을 완전히 통제할 수 있었다. 이들이 단추를 누르면 항상 불이 켜졌고 누르지 않을 때에는 한 번도 켜지지 않았다. 반면에 다른 사람들은 불빛을 전혀 통제할 수 없었다. 곧 단추를 누르는 것과 무관하게 불빛이 켜졌다.

이 두 집단의 피험자들에게 불빛에 대한 자신의 통제력을 될수록 정확하게 평가하도록 요청했다. 그 결과 우울한 사람들은 통제력이 실제로 있었던 경우와 없었던 경우 모두에서 매우 정확하게 평가했다. 반면에 우울하지 않은 사람들의 평가는 충격적인 것이었다. 통제력이 실제로 있었던 경우에 이들은 정확하게 평가했다. 그러나 통제력이 실제로 없었던 경우에 이들은 이것에 구애받지 않고 자신이 여전히 상당한 통제력을 행사했다고 평가했다. 앨로이와 아브램슨은 불빛과 단추 누르기가 너무 하찮은 일이어서 그럴지 모른다는 생각에 금전적 보상을 실험에 추가하기로 했다. 이제 피험자는 불빛이 켜지면 돈을 따고 불빛이 켜지지 않으면 돈을 잃는 상황에 놓이게 되었다. 그러나 우울하지 않은 사람들의 달콤한 왜곡 판단은 사라지기는커녕 오히려 더 심해졌다. 한 실험조건에서는 모든 피험자들이 불빛을 어느 정도 통제할 수 있었으나 결과적으로 모두 돈을 잃도록 과제가 조작되었다. 이런 조건에서 우울하지 않은 피험자들은 통제력을 실제보다 적게 행사했다고 보고했다. 거꾸로 돈을 따도록 과제가 조작된 조건에서 우울하지 않은 사람들은 통제력을 실제보다 많이 행사했다고 평가했다. 반면에 우울한 사람들은 바위처럼 꿈쩍도 하지 않았다. 이들은 돈을 잃었건 땄건 상관없이 아주 정확하게 통제력을 평가했다.

이런 결과는 지난 10년 동안 여러 연구에서 일관되게 나타났다. 대부분 비관적인 사람들로 판명되는 우울한 사람들은 자신이 얼마나 많은 통제력을 지니고 있는지 정확하게 판단한다. 반면에 우울하지 않은 사람들은 대부분 낙관적인 사람으로서 사물에 대해 실제보다 훨씬 많은 통제력을 지니고 있다고 믿는다. 특히 통제력을 전혀 지니고 있지 않은 무력한 상황에서 더욱 그러하다.

우울한 사람들이 더 슬프긴 해도 더 현명하다는 주장을 뒷받침하는 또 다른 증거는 대인능력의 판단에 관련된 것이다. 몇 년 전「뉴스위크」보도에 따르면 미국 남성의 80퍼센트는 자신이 대인능력에서 상위 절반에 속하는 것으로 믿는다고 한다. 오리건대학의 심리학자인 피터 르윈손과 그의 동료들이 수행한 이 연구의 결과가 타당하다면, 이 80퍼센트의 남성들은 우울하지 않은 사람들임에 틀림없다. 이 연구에서는 우울한 환자들과 우울하지 않은 환자들로 하여금 공개토론회에 참석토록 한 뒤 자신의 토론능력을 평가해보도록 했다. 곧 자신이 얼마나 설득력 있게 그리고 호감이 가게 행동했는지 판단하도록 했다. 토론을 관찰했던 배심원들의 평가에 따르면 우울한 환자들은 특별히 설득력이 있지도 않았고 호감이 가게 행동하지도 않았다. 실제로 형편없는 대인능력은 우울증의 한 증상이기도 하다. 그런데 우울한 환자들은 자신이 이런 능력이 없음을 정확하게 판단했다. 놀라운 결과는 우울하지 않은 집단에서 나왔다. 이들은 자신이 배심원들의 평가보다 훨씬 더 설득력이 있고 호감이 가게 행동했다고 자신의 능력을 뚜렷이 과대평가했다.

또 다른 증거는 기억에 관한 것이다. 일반적으로 우울한 사람들은 그렇지 않은 사람들보다 좋은 일을 덜 회상하고 나쁜 일을 더 많이 회상한다. 그리고 우울하지 않은 사람들은 정반대의 특징을 보인다. 그렇다면 과연 누가 맞을까? 다시 말해 세상에서 일어난 좋은 일과 나쁜 일의 실제 횟수를 셀 수 있다고 칠 때, 과연 어느 쪽이 과거를 정확히 보았고 어느 쪽이 과거를 왜곡했을까?

내가 처음 상담 전문의가 되었을 당시, 나는 우울증 환자들의 삶을 정확히 이해하기 위해서 그들의 과거를 묻는 것은 쓸모없는 일이라고 배웠다. 왜냐하면 그들이 이야기하는 것은 모두 부모가 자신을 얼마나 미워했는지, 사업이 어째서 늘 실패했는지, 자기가 자라온 곳이 얼마나 끔찍했는지 등등에 관한 것일 터이기 때문이었다. 하지만 그들의 이야기가 옳을 수도 있지 않을까? 이것은 실험실에서 쉽게 확인해 볼 수 있다. 곧 사람들에게 시험을 치르도록 하되 시험 문항 20개는 맞추고 20개는 틀리도록 문항을 구성하는 것이다. 그런 다음 자신이 얼마나 많이 맞추었을지 물어보면 된다. 그러면 결과는 우울한 사람들이 정확히 판단하는 것으로 나올 것인데 예컨대 우울한 사람들은 21개 문항을 맞추었고 19개 문항을 못 맞추었다고 대답할 것이다. 반면에 우울하지 않은 사람들은 과거를 왜곡할 것이다. 곧 12개 문항을 틀리게 답했고 28개 문항을 맞추었다는 식으로 대답할 것이다.

우울한 사람들이 슬프지만 더 현명하다는 주장을 뒷받침하는 마지막 증거는 설명양식에 관한 것이다. 우울하지 않은 사람들의 설명을 들어보면 옛날 속담처럼 잘되면 제 탓, 못되면 조상 탓이다.[22] 그러나 우울증 환자들은 실패와 성공을 모두 깨끗이 인정한다.

우리는 설명양식에 관해 여러 가지 연구를 했었는데 그때마다 이런 양상은 일관되게 나타났다. 곧 우울하지 않은 사람들의 설명은 한쪽으로 치우친 반면 우울한 사람들의 설명은 공정했다. 이 책 3장에 실린 질문지에서 문항의 절반은 나쁜 일에 관한 것이었고 나머지 절반은 좋은 일에 관한 것이었다. 당신은 이 질문지에 답하면서 각 사태의 원인을 생각해보았다. 그리고 좋은 일에 대한 평균점수에서 나쁜 일에 대한 평균점수를 뺀 G-B 총점을 계산한 바 있다. 우울증 환자들의 총점과 비교할 때 당신의 총점은 어떠했는가? 우울증 환자들의 설명양식은 좋은 일과 나쁜 일에 대해 대체로 차이가 나지 않는다. 다시 말해 우울증 환자들은 좋은 일에 대해 평균보다 약간 더 개인적이고 지속적이며 만연적인 설명을 내놓는다. 나쁜 일에 대해서도 똑같은 정도로 평균보다 약간 더 개인적이고 지속적이며 만연적인 설명방식을 내놓는다. 그래서 우울증 환자의 G-B 총점은 0에 가깝다. 다시 말해 어느 한쪽으로 치우치지 않았다.

우울하지 않은 사람들의 총점은 0을 상당히 넘어선다. 다시 말해 한쪽으로 매우 치우쳐 있다. 나쁜 일이 생기면 남 탓이고 금방 사라질 것이며 이 상황에 국한된 것이라고 생각한다. 반면에 좋은 일이 생기면 내 탓 때문이고 영원히 그럴 것이며 다른 여러 상황에서도 그 혜택을 볼 것으로 생각한다. 우울하지 않은 사람들에게 나쁜 일은 대체로 상황적이고 일시적이며 일부의 것이다. 반면에 좋은 일은 대체로 개인적이고 지속적이며 만연적인 것이다. 판단이 낙관적일수록 그것은 한쪽으로 더 치우쳐있다. 반면 우울한 사람들은 자신의 성공과 실패가 똑같은 종류의 요인들에 의해 좌우된다고 본다.

경험적 증거들을 종합해볼 때 우울하지 않은 사람들은 현실을 자신에게 이로운 방향으로 왜곡하는 반면 우울한 사람들은 현실을 정확하게 보는 경향이 뚜렷이 존재한다. 우울증에 관한 이 자료들은 낙관성 또는 비관성과 어떻게 연결되어 있는가? 통계적으로 볼 때 심하게 우울한 사람들은 설명양식 검사에서 비관성에 속하는 점수를 얻는 반면 우울과 전혀 상관이 없는 사람들은 낙관성에 속하는 점수를 얻는다. 곧 평균적으로 볼 때 낙관적인 사람들은 현실을 왜곡할 것이며 비관적인 사람들은 앰브로우즈 비어스의 정의대로 '세상을 제대로 볼' 것임을 뜻한다. 비관적인 사람들은 현실에 좌우되는 반면 낙관적인 사람들은 현실에 대항해 강력한 방어물을 구축함으로써 냉혹하고 무심한 세계 안에서도 유쾌함을 잃지 않는 듯하다. 그러나 이것은 통계일 뿐 비관적인 사람들이 언제나 현실적인 사람인 것은 아니라는 사실을 염두에 둘 필요가 있다. 다시 말해 소수의 몇몇 현실적인 사람들은 낙관적인 사람이며 반대로 현실을 왜곡하는 소수의 몇몇 사람들은 비관적인 사람이다.

우울증 환자들이 더 정확하다는 것이 그저 연구자들의 호기심 거리에 지나지 않을까? 나는 그렇게 생각하지 않는다. 이것은 오히려 우리로 하여금 비관성의 참된 본질을 깨닫게 해준다. 여기서 우리는 인간이 도대체 왜 우울해지는가에 답하기 위한 실질적인 첫 단서를 찾을 수 있다. 여기서 우리는 진화를 통해 인간이 생존하고 번창하는 데 비관성과 우울함이 어떤 역할을 하는가라는 앞선 물음에 대한 가장 그럴듯한 대답을 찾을 수 있다. 비관성이 우울증과 자살의 원인이 되며 성취도를 떨어뜨리고 나아가 (앞으로 살펴보겠듯이) 면역기능과 건강에까지 해를 끼친다면 왜 이것이 이미 몇 세기 전에 소멸하지 않았을까? 이런 악영향들을 상쇄하는 비관성의 긍정적 기능은 무엇인가?

비관성의 긍정적 기능은 인류 진화의 역사에서 최근에 생겨났을 것이다. 인류는 빙하시대였던 홍적세洪積世에 나타난 동물이다. 이 시기에 추위와 열기, 가뭄과 홍수, 풍요와 갑작스런 기근이 10만 년에 걸쳐 번갈아 몰아친 파멸적인 이상기후가 있었는데, 이것이 인류의 정서적 특성에 영향을 끼친 가장 최근의 사건이라고 볼 수 있다. 우리 선조들은 이런 홍적세를 이겨내면서 앞날을 끊임없이 걱정하고, 날씨가 화창해도 다가올 모진 겨울을 준비하는 등 염려하는 능력을 키웠다. 그리고 우리는 이런 선조들의 뇌뿐 아니라 좋은 일보다 궂은 일을 먼저 보는 능력도 물려받았다.

현대인의 삶 속에서도 때때로 몇몇 상황에서는 우리 마음속 깊이 자리 잡은 비관성이 효력을 발휘하곤 한다. 예컨대 성공적인 대기업의 모습을 상상해보라. 거기에는 다양한 임무를 수행하는 다양한 인물들이 존재한다. 우선 낙관적인 사람들이 존재한다. 연구개발부, 기획부, 영업부 등에는 꿈을 품을 줄 아는 사람들이 필요하다. 이들은 아직 존재하지 않는 것을 꿈꾸고 회사의 현재 활동범위를 넘어 새로운 것을 모색할 줄 알아야 한다. 만약 그렇게 하지 못한다면 경쟁자들이 그렇게 할 것이다. 다른 한편 회사에 낙관적인 사람들만 있어서 모두들 미래의 그럴듯한 가능성에만 정신이 팔려있다고 상상해보라. 그런 회사는 오래 가지 못할 것이다.

회사에는 비관적인 사람들도 필요하다. 다시 말해 회사의 현재 상황을 정확히 알고 낙관적인 사람들에게 냉엄한 현실을 끊임없이 일깨워줄 사람들도 필요하다. 재무담당자, 공인회계사, 재무 부사장, 사무행정관, 안전검사관 등은 회사의 책임 한도와 위험도에 대해 정확히 판단할 줄 알아야 한다. 이들의 역할은 노란 깃발을 흔들며 다른 사람들에게 주의를 주는 것이다.

물론 이런 사람들이 모두 자신의 성취와 건강을 지속적으로 저해하는 설명양식을 지닌 진정한 의미의 비관적인 사람이라는 것은 아니다. 이들 가운데 일부는 평소에도 우울한 사람들일지 모른다. 하지만 또 다른 사람들은, 아마도 대다수는 직장에서 암울한 경고를 내리더라도 평소에는 유쾌하고 낙관적인 사람들일 수 있다. 몇몇 사람들은 경력을 위해서 그저 신중하고 조심스럽게 자신의 비관적인 측면을 키워온 사람들일 수 있다. 존 크리돈도 자신의 경영진이 무력감에 빠진 심각한 비관적인 사람들뿐이라고 말한 것은 아니었다. 그러나 그 차이란 오직 정도의 문제다. 집단으로 볼 때 이 경영진을 검사해보면 비관적인 사람으로 결과가 나올 것이며, 현저하지는 않더라도 이들은 기본적으로 비관적인 태도를 지니고 있을 것이다.

이처럼 온건한 비관적인 사람들(이런 사람들을 직업적 비관적인 사람이라고 부르자)은 그들의 자랑거리라 할 비관적 정확성을 잘 활용하면서도 비관성의 폐해에는 크게 시달리지 않는 듯하다. 곧 이들은 이 책에서 지금까지 보아온 것처럼 자주 우울해지거나 자발적인 활력이 결여되어 있지도 않고 앞으로 보게 될 것처럼 건강을 해치거나 고위직을 얻는 데 실패하지도 않은 사람들인 듯하다.

결론적으로 말해 기업이 성공하기 위해서는 한편으로 낙관적인 사람, 꿈꾸는 사람, 영업사원, 창조자 같은 사람들이 필요하다. 그러나 현대적 삶의 한 형태인 기업에는 다른 한편으로 비관적인 사람, 다른 사람들의 주의를 환기시킬 현실적인 사람도 필요하다. 나아가 기업의 정점에 있는 최고경영자는 슬기롭고 유연한 자세로 기획자들의 낙관적 전망과 공인회계사들의 우는 소리 사이에서 균형을 유지할 줄 알아야 한다는 점을 강조하고 싶다. 크리돈은 바로 그런 유형의 최고경영자였다. 그리고 그가 회사에 있는 비관적인 사람들에 관해서 내게 불만을 이야기한 것은 이 양극단을 화해시켜야 했던 그의 일상 업무에서 비롯한 것이었다.

대차대조표: 낙관성 대 비관성

아마 기업과 마찬가지로 개인의 성공적인 삶을 위해서도 때로는 낙관성뿐 아니라 비관성도 필요할 것이다. 나아가 개인의 성공적인 삶을 위해서도 기업의 최고경영자처럼 유연한 낙관성을 발휘할 수 있는 일종의 지휘관이 필요할 것이다.

앞에서 나는 비관성의 장점에 관하여 살펴보았다. 한마디로 비관성은 우리로 하여금 예리한 현실감각으로 상황을 정확히 판단하도록 해준다. 이것은 특히 예상치 못한 재난이 자주 일어나는 세계에서 살아갈 때 매우 중요하다. 이제 종합적인 이해를 위해 비관성의 단점을 다시 한 번 정리해보자. 이것은 낙관성의 장점으로 이어지는 것이기도 하다.

- 비관성은 사람을 우울하게 한다.
- 비관성은 우리가 좌절을 겪을 때 활력 대신 무력증을 야기한다.
- 비관성은 울적함, 의기소침, 근심과 걱정 등 주관적으로 불행한 느낌을 가져다준다.
- 비관성은 자기실현적으로 작용한다. 비관적인 사람들은 도전에 직면하여 끈기 있게 버티지 못하기 때문에 (성공할 수 있을 때조차) 더 자주 실패한다.
- 비관성은 병약한 신체와 상관이 있다(10장 참조).
- 비관적인 사람들은 고위직을 얻는 데 실패하는 경향이 있다(11장 참조).
- 비관적인 사람들의 말대로 사태가 좋지 않은 것으로 판명될 때조차 이들은 더 불행하게 느낀다. 왜냐하면 이들은 예견된 실패를 재난으로 혹은 재난을 대참사로 부풀려 설명하기 때문이다.

위에서 알 수 있듯이 비관적인 사람의 걱정이 나름대로 근거가 있다는 사실 이외에 비관성을 좋게 평가할 이유는 별로 없다.

따라서 비관성 대 낙관성의 대차대조표는 낙관성 쪽으로 크게 기운다. 다만 비관성이 필요한 때와 장소가 있다. 우리는 12장에서 낙관성을 사용해서는 안 될 사람과 비관성이 가장 쓸모 있을 상황에 관해 살펴볼 것이다.

사람들은 누구나, 극단적인 비관적인 사람과 극단적인 낙관적인 사람까지도 모두 이 두 상태를 경험한다. 설명양식에도 어느 정도 유동적인 측면이 있게 마련이며 게다가 우리는 24시간 주기에 따라 때때로 경미한 우울증을 경험한다. 우울증에는 하루 동안의 주기가 존재하며, 적어도 일부 여성들의 경우에는 한 달 동안의 주기도 존재한다. 대체로 사람들은 잠에서 깨어났을 때 비교적 우울한 편이며 하루가 진행됨에 따라 점점 낙관적으로 바뀐다. 하지만 이것에 덧붙여 휴식과 활동의 기본주기(BRAC, Basic Rest and Activity Cycle)도 영향을 미친다. 앞에서도 언급했듯이 이 기본주기는 대략 오후 4시와 다시 오전 4시에 최저점에 이른다. 반면에 최고점은 늦은 아침과 이른 저녁에 찾아온다. 물론 정확한 시점은 개인마다 다르다.

휴식과 활동의 기본주기가 최고점에 있는 동안에 우리는 평소보다 더 낙관적이다. 이때 우리는 모험적인 계획을 세운다. 예컨대 다음에 어떤 이성을 유혹할지 머리를 굴리거나 스포츠카를 새로 장만할 계획을 세우는 것이다. 반대로 이 기본주기가 최저점에 있는 동안에 우리는 평소보다 더 우울하고 비관적이다. 이때 우리는 자신의 계획을 가로막고 있는 현실의 적나라함을 보게 된다. 예컨대 이혼하고 애가 셋이나 되는 사람을 누가 좋아하랴 싶거나 신형 재규어를 사려면 자신의 1년 수입으로도 모자란다는 사실을 직시하게 된다. 독자 가운데 스스로 낙관적인 사람이라고 생각해서 이런 주기적 변화가 생생하게 와 닿지 않는다면, 자신이 새벽 4시에 깨어 다시 잠들지 못했던 최근의 일을 회상해보라. 낮에는 쉽게 떨쳐버렸던 근심들이 이때는 머리에서 떠나질 않는다. 아내와 다툰 것이 이혼으로 이어질 것만 같고 직장 상사가 눈살을 찌푸린 일 때문에 해고되지 않을까 걱정된다.

이처럼 매일 찾아드는 비관이 삶에 어떤 건설적 역할을 하는지 짐작하기란 그리 어렵지 않다. 이런 온건한 형태의 비관성은 우리로 하여금 낙관성이 부추기는 위험스럽고 과장된 생각들에서 한 발짝 물러나 한 번 더 생각하게 함으로써 경솔하고 무모한 짓을 하지 않도록 도와준다. 반면에 삶의 낙관적 순간들은 위대한 계획과 꿈과 희망을 담고 있다. 이 순간들에 우리는 현실을 자신에게 유리한 방향으로 왜곡하여 꿈의 나래를 펼친다. 만약 이런 순간들이 없다면 우리는 결코 힘들고 두려운 일들을 해내지 못할 것이다. 심지어 조금만 애쓰면 이룰 수 있는 일조차 하려 들지 않을 것이다. 만약 이런 순간들이 없었다면 에베레스트 산은 영원히 정복되지 않았을 것이며 400미터 달리기 경주[23]는 성사되지도 않았을 것이다. 만약 이런 순간들이 없었다면 제트기와 컴퓨터는 어느 재무담당 부사장의 휴지통에 버려진 설계도에 지나지 않았을 것이다.

진화의 놀라운 능력은 낙관성과 비관성이 끊임없이 서로를 바로잡으면서 역동적 긴장관계를 유지하는 데 있다. 24시간 주기에 따라 기운이 들었다 빠졌다 하면서 유지되는 이 긴장관계 덕분에 우리는 큰 위험부담 없이 전진과 후퇴를 반복할 수 있다. 왜냐하면 우리가 극단으로 치닫는 순간 긴장의 끈이 우리를 다시 끌어당기기 때문이다. 어찌 보면 인간이 이렇게 많은 것을 이룰 수 있었던 까닭도 전진과 후퇴의 이 끊임없는 반복 덕분이라 하겠다.

그러나 우리는 진화를 통해 또한 우리 선조의 홍적세 두뇌를 물려받았다. 그리고 그것과 함께 비관성의 잔소리도 물려받았다. 성공은 한순간이다. 이내 위험이 닥칠 것이다. 비극이 우리 앞에 놓여있다. 낙관하는 것은 오만한 짓이다. 그러나 빙하시대의 가혹한 현실을 정확히 반영했던 이 두뇌는 이제 현대인의 덜 가혹한 현실과는 어울리지 않는다. 농업과 그에 뒤이은 공업의 비약적 발전을 통해 산업화한 문명 속에서 다가올 냉혹한 겨울이란 더 이상 현대인에게 그리 위협적인 것이 아니다. 새로 태어난 아이들 셋 중 둘이 다섯 살도 되기 전에 죽던 시절은 지나갔다. 여자가 아이를 낳다가 죽는 일은 이제 매우 드문 일이 되었다. 기나긴 추위나 가뭄이 닥쳐도 떼로 굶어죽는 일은 더 이상 일어나지 않는다. 물론 현대인의 삶은 그 자체로 새로운 많은 위협과 비극을 안고 있다. 범죄, 에이즈, 이혼, 핵전쟁의 위협, 생태계의 훼손 등등. 그러나 현대 서구인의 삶이 빙하시대의 두뇌에 영향을 끼쳤던 재난의 수준에까지 근접해있다고 말한다면, 그것은 통계를 아주 제멋대로 부정적으로 조작한 결과일 뿐이다. 그러므로 비관성의 집요한 잔소리는 과거의 흔적이라고 보는 것이 타당하다.

그렇다고 해서 천하태평하게 살아도 된다는 얘기는 아니다. 다만 우리가 자연스럽게 느끼는 것보다는 좀 더 낙관적으로 살아도 된다는 얘기다. 그렇다면 과연 우리는 낙관성을 우리 마음대로 선택할 수 있는 것일까? 낙관성의 기법을 배우는 일이 가능할까? 그것을 우리의 홍적세 두뇌에 첨가하여 한편으로는 낙관성의 혜택을 누리고 다른 한편으로는 필요할 때 쓰도록 비관성을 계속 지니고 있는 것이 가능할까?

나는 이것이 가능하다고 믿는다. 왜냐하면 진화를 통해 인간은 한 가지 능력을 더 지니고 있기 때문이다. 성공적인 기업과 마찬가지로 인간 개개인도 대담한 조언과 불길한 조언 사이에서 균형을 유지하기 위한 일종의 집행부를 지니고 있다. 우리 안에 있는 낙관성이 일단 시도해보라고 부추기고 비관성이 조심하라고 명할 때 이 두 가지에 모두 주의를 기울이는 부분이 또한 우리 안에 존재한다. 이 집행부에 해당하는 것은 지혜다. 이것은 또한 이 책의 가장 근본적인 요점이 성립하기 위하여 전제하는 것이기도 하다. 다시 말해 우리는 비관성의 단 한 가지 장점과 광범위한 부작용들을 이해함으로써 우리의 두뇌 속에 그리고 경우에 따라서는 우리의 습관 속에 깊이 자리 잡고 있는 비관성의 집요한 요구에 저항하는 법을 배울 수 있다. 나아가 대부분의 생활에서 낙관성을 선택하는 법과 필요할 때만 비관성에 주의를 기울이는 법을 함께 배울 수 있다.

낙관성의 기법과 유연한 낙관성의 활용지침에 관해서는 이 책의 결론 부인 3부에서 다루게 될 것이다.

7장

어린 시절의 설명양식이 평생을 좌우한다

　설명양식은 어른들의 삶에 매우 큰 영향을 미친다. 어떤 설명양식을 갖고 있느냐에 따라 날마다 겪는 사소한 실패 때문에 우울증이 생길 수도 있고, 비극적인 상황을 건강하게 이겨낼 수도 있다. 삶의 기쁨에 무감각해지거나 반대로 그 기쁨을 완벽하게 누리고 살 수도 있으며, 목표를 성취하는 것에 방해가 될 수도 있고 목표를 초과 달성하도록 도울 수도 있다. 앞으로 살펴보겠지만 한 개인의 설명양식은 그 사람에 대한 다른 사람들의 시각에 영향을 미쳐서 그 사람을 좋게 보게 하거나 나쁘게 보게 만들기도 한다. 또 신체적인 건강에도 영향을 미친다.
　설명양식은 어린 시절에 발달된다. 때문에 그 때까지 발달된 낙관적 혹은 비관적 사고가 매우 중요하다. 새로운 실패와 성공은 설명양식을 통해 걸러지기 때문에 설명양식은 곧 견고한 하나의 사고 습관이 될 수 있다. 이 장에서는 설명양식의 근원이 되는 것과 아이들에게 미치는 결과, 그리고 바꿀 수 있는 방법에 대해 알아보도록 하자.

아이의 낙관성을 측정하라

일곱 살이 넘은 아이라면 설명양식이 발달되어 확고히 되어 가는 과정에 있을 것이다. 아이의 설명양식은 이미 수만 명의 아이들이 작성한 바 있는 아동의 귀인 유형 설문지(Children's Attributional Style Questionnaire, CASQ)로 측정할 수 있다. CASQ는 당신이 3장에서 치러본 테스트와 매우 흡사하다. 이 테스트는 8세부터 13세 사이의 아동에게 적합하며 20분 정도의 시간이 소요된다. 아이의 나이가 이보다 많다면 3장에 나온 테스트를 치르게 하자. 8세 미만의 아동들은 신뢰할 만한 지필 테스트는 없지만 설명양식을 측정할 다른 방법이 있으므로 이 장 뒷부분에서 설명하도록 하겠다.

아이에게 이 질문지를 작성하게 할 때는 20분의 시간을 주고 아이 곁에 앉아서 다음과 같이 말해주는 것이 좋다.

아이들마다 생각하는 방식은 다 다르단다. 엄마도 그런 책을 읽어봤는데, 무슨 일이 생길 때마다 네가 어떻게 생각하는지 궁금해지더구나.
자, 여길 봐. 네 생각을 묻는 여러 가지 질문들이 있어. 문제마다 짧은 이야기가 소개되어 있고, 네가 취할 수 있는 두 가지 방식이 있어. 넌 그 중에 하나만 고르면 돼. 그 일들이 진짜 너에게 일어났을 때 네가 할 것 같은 쪽으로 말이야.
연필 여기 있다. 한번 해 봐. 겪어 보지 않은 일이라도, 진짜 너한테 일어나면 어떻게 할까 상상한 다음 둘 중 하나를 고르면 돼. 네 생각과 가까운 것으로. 틀린 답은 없으니까 걱정하지 않아도 돼. 자, 1번부터 한번 해볼까?

일단 시작하면 아이는 별다른 도움 없이 질문지 작성을 마칠 수 있을 것이다. 하지만 아직 어려서 읽는 것이 서투를 때는 아이가 각 문항을 눈으로 읽을 때 엄마도 큰 소리로 같이 읽어주어야 한다.

■ 아동 귀인양식 질문지

1. 시험에서 A를 받았다.　　　　　　　　　　　　　　　　PVG
A. 난 정말 똑똑하다.　　　　　　　　　　　　　　　　　　1
B. 난 이 과목은 잘 한다.　　　　　　　　　　　　　　　　0

2. 친구들과 게임을 했는데 내가 이겼다.　　　　　　　　　PSG
A. 내가 같이 논 아이들이 게임을 잘 못해서 그렇다.　　　　0
B. 난 그 게임을 잘 한다.　　　　　　　　　　　　　　　　1

3. 친구 집에서 자면서 즐거운 시간을 보냈다.　　　　　　　PVG
A. 그 날 내 친구가 무척 친절히 대해 주었다.　　　　　　　0
B. 친구 가족 모두가 나에게 무척 친절히 대해 주었다.　　　1

4. 단체로 여행을 가서 재미있게 놀았다.　　　　　　　　　PSG
A. 난 정말 즐거웠다.　　　　　　　　　　　　　　　　　　1
B. 나랑 같이 간 사람들이 즐거워했다.　　　　　　　　　　0

5. 나만 빼고 친구들 모두가 감기에 걸렸다.　　　　　　　　PMG
A. 난 요즘 건강한 편이다.　　　　　　　　　　　　　　　　0
B. 난 원래 건강하다.　　　　　　　　　　　　　　　　　　1

6. 집에서 키우는 강아지가 자동차에 치였다.　　　　　　　PSB
A. 내가 강아지를 잘 돌보지 못했다.　　　　　　　　　　　1
B. 운전자들이 충분히 주의하지 않았다.　　　　　　　　　0

7. 아는 아이들 몇 명이 날 싫어한다고 했다. PSB
A. 사람들은 가끔 나에게 못되게 군다. 0
B. 나는 가끔 사람들에게 못되게 군다. 1

8. 학교 성적이 매우 좋게 나왔다. PSG
A. 공부는 별거 아니다. 0
B. 난 열심히 공부하는 학생이다. 1

9. 친구를 만났는데 그 친구가 나에게 멋져 보인다고 했다. PMG
A. 그 날 내 친구는 사람들의 차림을 보고 칭찬해 주고 싶었나 보다. 0
B. 내 친구는 원래 사람들의 차림을 보고 칭찬을 잘 한다. 1

10. 친한 친구가 나에게 싫다고 말했다 PSB
A. 내 친구는 그날 기분이 안 좋았다. 0
B. 나는 그 날 내 친구에게 잘 해주지 못했다. 1

11. 농담을 했는데 아무도 웃지 않았다. PSB
A. 난 농담을 잘 못한다. 1
B. 많이 알려진 농담이라 이제 재미가 없다. 0

12. 수업 내용을 잘 이해하지 못했다. PVB
A. 그 날은 어떤 것에도 집중하지 못했다. 1
B. 선생님께서 말씀하실 때 집중하지 않았다. 0

13. 시험을 망쳤다. PMB
A. 선생님은 늘 시험 문제를 어렵게 내신다. 1
B. 지난 몇 주 동안 선생님이 시험 문제를 어렵게 내셨다. 0

14. 몸무게가 많이 늘어서 뚱뚱해 보이기 시작했다. PSB
A. 내가 먹어야 할 음식이 다 살찌는 것들이다. 0
B. 나는 살찌는 음식들을 좋아한다. 1

15. 어떤 사람이 당신 돈을 훔쳐갔다.	PVB
A. 그 사람은 정직하지 못하다.	0
B. 사람들은 정직하지 못하다.	1
16. 부모님이 내가 만든 것을 보고 칭찬해 주셨다.	PSG
A. 난 만들기를 잘 한다.	1
B. 부모님은 내가 만든 것을 좋아하신다.	0
17. 게임을 해서 돈을 땄다.	PVG
A. 나는 운이 좋은 사람이다.	1
B. 게임을 할 때 나는 운이 좋다.	0
18. 강에서 수영을 하다가 물에 빠져 죽을 뻔 했다.	PMB
A. 나는 조심성이 너무 없다.	1
B. 가끔 나는 조심성이 없을 때가 있다.	0
19. 많은 파티에 초대받았다.	PSG
A. 요즘 많은 사람들이 나에게 친절하게 대한다.	
B. 요즘 나는 많은 사람들에게 친절하게 대한다.	
20. 어떤 어른이 나에게 고함을 질렀다.	PVB
A. 그 사람은 그날 자기가 처음 본 사람에게 고함을 질렀다.	0
B. 그 사람은 그날 자기가 본 많은 사람들에게 고함을 질렀다.	1
21. 아이들과 같이 그룹 과제를 했는데 결과가 나빴다.	PVB
A. 나는 그룹의 다른 아이들과 과제를 잘 하지 못했다.	0
B. 나는 그룹 과제를 한 번도 잘 해본 적이 없다.	1
22. 새 친구를 사귀었다.	PSG
A. 나는 좋은 사람이다.	1
B. 내가 만난 사람은 좋은 사람이다.	0

23. 가족들과 잘 지내고 있다. PMG
A. 나는 집에서 가족들과 잘 지내는 것이 쉽다. 1
B. 가끔 나는 집에서 가족들과 잘 지내는 것이 쉽다. 0

24. 사탕을 파는데 아무도 사주지 않는다. PMB
A. 요즘 물건을 파는 아이들이 많아서 사람들이 아이한테 뭔가를 사고 싶어 하지 않는다. 0
B. 사람들은 아이들에게 물건 사는 것을 좋아하지 않는다. 1

25. 게임을 해서 이겼다. PVG
A. 가끔 나는 최선을 다해 게임을 한다. 0
B. 가끔 나는 최선을 다한다. 1

26. 학교에서 나쁜 점수를 받았다. PSB
A. 나는 멍청하다. 1
B. 선생님들은 점수를 불공평하게 주신다. 0

27. 문으로 걸어가다가 부딪쳐서 코피가 났다. PVB
A. 앞을 제대로 보지 않았다. 0
B. 요즘 나는 부주의할 때가 많다. 1

28. 내가 공을 놓치는 바람에 팀이 경기에서 졌다. PMB
A. 그 날 경기를 할 때 열심히 노력하지 않았다. 0
B. 나는 경기를 할 때마다 열심히 하지 않는 편이다. 1

29. 체육 시간에 손목을 삐었다. PSB
A. 지난 몇 주 동안 우리가 체육 시간에 한 운동들은 모두 위험했다. 0
B. 지난 몇 주 동안 나는 체육 시간마다 둔하게 굴었다. 1

30. 부모님을 따라 해변에 가서 즐거운 시간을 보냈다. PVG
A. 그 날 해변에서는 모든 것이 좋았다. 1

B. 그 날 해변의 날씨가 좋았다. 0

31. 기차를 탔는데 늦게 도착해서 영화를 보지 못했다. PMB
A. 지난 며칠 동안 열차의 정시 운행에 문제가 있었다. 0
B. 기차는 원래 시간을 지키는 법이 없다. 1

32. 저녁 때 엄마가 내가 제일 좋아하는 음식을 만들어주셨다. PVG
A. 우리 엄마는 날 기쁘게 해주기 위해 몇 가지 하는 일이 있다. 0
B. 엄마는 날 기쁘게 하는 것을 좋아하신다. 1

33. 내가 속한 팀이 경기에서 졌다. PMB
A. 팀 동료들은 평소 서로 협력해서 경기를 하지 않는다. 1
B. 그 날 팀 동료들이 제대로 협력하지 못했다. 0

34. 숙제를 일찍 마쳤다. PVG
A. 요즘 나는 뭐든 일찍 끝낸다. 1
B. 요즘 나는 학교 공부를 일찍 끝낸다. 0

35. 선생님께서 질문을 하셨는데 틀린 답을 말했다. PMB
A. 질문을 답을 할 때는 늘 신경이 곤두선다. 1
B. 그 날 질문에 대답할 때 신경이 예민해져 있는 상태였다. 0

36. 버스를 잘못 타서 길을 잃었다. PMB
A. 그 날 나는 주변이 어떻게 돌아가는지 신경을 쓰지 않았다. 0
B. 나는 늘 뭐가 어떻게 돌아가는지 별로 신경을 쓰지 않는다. 1

37. 놀이 공원에 가서 재미있게 놀았다. PVG
A. 나는 놀이 공원에 가면 늘 즐겁다. 0
B. 나는 늘 즐겁다. 1

38. 나보다 나이가 많은 형이 내 뺨을 때렸다. PSB

A. 내가 그 형 동생을 놀렸다.	1
B. 그 형 동생이 내가 자기를 놀렸다고 형에게 말했다.	0

39. 생일 날 갖고 싶던 장난감을 모두 받았다. PMG
A. 사람들은 늘 생일날 내가 갖고 싶어 하는 장난감을 잘 알아맞힌다.	1
B. 이번 생일날, 사람들은 내가 갖고 싶어 하던 장난감을 잘 알아맞혔다.	0

40. 방학 때 시골에 가서 즐겁게 지냈다. PMG
A. 시골은 정말 아름다운 곳이다.	1
B. 우리가 갔던 때가 매우 아름다웠다.	0

41. 이웃 사람이 저녁 식사에 초대를 했다. PMG
A. 가끔은 사람들이 친절할 때가 있다.	0
B. 사람들은 친절하다.	1

42. 임시 선생님이 오셨는데 그 분이 나를 좋아하신다. PMG
A. 나는 그 날 수업 내내 바르게 행동했다.	0
B. 나는 수업 시간에 늘 바르게 행동한다.	1

43. 내가 친구를 행복하게 해주었다. PMG
A. 나는 같이 있기에 재미있는 사람이다.	1
B. 가끔 나는 같이 있기에 재미있는 사람이다.	0

44. 공짜로 아이스크림을 먹었다. PSG
A. 그 날 아이스크림 가게 아저씨에게 친절하게 행동했다.	1
B. 그 날 아이스크림 가게 아저씨가 기분이 좋았다.	0

45. 친구의 생일파티에 갔는데 마술사가 나에게 도와달라고 부탁했다. PSG
A. 내가 뽑힌 것은 그저 운 때문이었다.	0
B. 마술사가 하는 행동에 정말 관심이 많았다.	1

46. 친구에게 같이 영화 보러 가자고 설득하는데 친구가 가지 않으려고 한다. PVB
A. 그 날 친구는 뭐든 하고 싶어 하지 않았다. 1
B. 그 날 친구는 영화를 보러 가고 싶어 하지 않았다. 0

47. 부모님이 이혼을 했다. PVB
A. 사람들은 결혼을 하면 잘 지내는 것을 어려워 한다. 1
B. 부모님은 결혼을 하고 잘 지내는 것을 어려워 하셨다. 0

48. 동호회에 가입하려고 노력했는데 그러지 못했다. PVB
A. 나는 다른 사람들과 잘 지내지 못한다. 1
B. 나는 그 동호회 사람들과 잘 지내지 못한다. 0

• 채점표 •

PmB_____   PmG_____

PvB_____   PvG_____

HoB_____

PsB_____   PsG_____

B 총점_____   G 총점_____

G-B_____

이제 점수를 매겨보자. 원한다면 아이에게 점수를 말해 줘도 좋다. 그러면서 그 점수가 어떤 의미를 갖는지 아이에게 설명해 주자.

먼저 PMB(지속적 원인의 나쁜 일)부터 시작한다. 13, 18, 24, 28, 31, 33, 35, 36번 문항에서 아이가 선택한 답 끝에 있는 숫자를 더한 다음 점수표의 PMB 옆에 기입한다.

그 다음에는 5, 9, 23, 39, 40, 41, 42, 43번에 해당하는 PMG 점수를 합산해서 점수표에 기입한다.

이제 만연적 원인에 따른 점수를 기입할 차례이다. PVB는 12, 15, 20, 21, 27, 46, 47, 48번에 해당되고 PVG는 1, 3, 17, 25, 30, 32, 34, 37번에 해당된다.

무력감과 관련된 HoB에는 PMB와 PVB를 합산한 결과를 기입하면 된다. 그 다음에는 개인적 원인에 대한 점수를 매겨보자. PSB는 6, 7, 10, 11, 14, 26, 29, 38번, PSG는 2, 4, 8, 16, 19, 22, 44, 45번에 해당된다.

B총점 옆에는 나쁜 일에 대한 점수(PMB+PVB+PSB)를 모두 합해서 기입하고 G총점 옆에는 좋은 일에 대한 점수(PMG+PVG+PSG)를 모두 합해서 기입하면 된다.

마지막으로 G총점에서 B총점을 뺀 총 점수를 산출해서 맨 아래 칸에 적어 넣으면 된다.

이제부터는 아이의 점수가 어떤 의미를 가지며, 당신의 아이가 수천 명의 다른 아이들과 어떻게 다른지 설명하도록 하겠다.

먼저 남자 아이와 여자 아이의 점수가 다르다는 것을 미리 알아두자. 여자 아이들은 사춘기가 될 때까지 남자 아이들보다 뚜렷하게 낙관적인 모습을 보인다. 9세부터 12세 사이 여자 아이의 평균 G-B 점수는 7.0인 반면 9세부터 12세 사이 남자 아이의 평균 점수는 5.0이다. 여자 아이가 4.5이하의 점수를 기록했다면 다소 비관적이라고 볼 수 있다. 2.0미만은 매우 비관적인 상태이며 우울증에 빠질 위험도 상당히 높다. 남자 아이가 2.5미만을 기록했다면 다소 비관적이라고 볼 수 있고, 1미만은 매우 비관적으로 역시 우울증에 빠질 위험이 높다.

B(나쁜 일) 총점에서 9세부터 12세 사이 여자 아이들의 평균 점수는

7.0점이고 남자 아이들의 평균 점수는 좀 더 비관적인 8.5점이다. B총점이 평균치보다 3점 이상 높으면 매우 비관적이라고 봐야 한다.

9세부터 12세 사이 여자 아이와 남자 아이들의 G 총점 평균은 13.5점이다. 이 점수보다 3점 이상 낮으면 매우 비관적이다. 개인적 원인의 좋은 일(PMG, PSG, PVG)에 대한 평균 점수는 4.5점이며 3점 이하는 매우 비관적이라 할 수 있다. 개인적 원인의 나쁜 일(PMB, PVB, PSG)에 대한 평균 점수는 여자 아이는 2.5점, 남자 아이는 2.8점이며 4점 이상으로 높으면 우울증에 빠질 위험이 있는 것으로 봐야 한다.

아이들이 무력해질 수 없는 이유

각 항목의 기준과 아이의 점수를 보고 놀랐을 수도 있다. 당신이 받은 점수와 비교해 보면 더욱 그럴 것이다. 대체로 사춘기 이전의 아이들은 대단히 낙관적이며 희망적이고 무력함에 대한 면역 체계를 갖고 있지만, 사춘기가 지나 낙관적인 면을 대부분 잃고 나면 다시는 그렇게 되지 못한다.

나는 아들 데이비드가 다섯 살이었을 때 아내와 이혼했다. 아이에게 잘 돌려서 설명한다고 했지만 제대로 된 것 같지 않았다. 엄마와 다시 결혼할 수는 없냐고 주말마다 계속 물어댔던 것이다. 그래서 똑바로 말할 때가 되었다는 생각에, 사랑이 없어지면 부부 사이가 끝이 날 수도 있다고 자세히 말해주었다. 더 확실히 이해시키기 위해 나는 아들에게 이렇게 물었다. "너도 원래는 굉장히 좋아했지만 이제는 좋아하지 않게 된 친구가 있지?"

"네," 데이비드는 기억을 더듬으며 내키지 않는 듯 대답했다.

"엄마와 나도 그런 거야. 우리는 이제 서로를 사랑하지 않아. 아마 다시는 그렇게 되지 못할 거야. 다시 결혼하지도 못할 거고."

데이비드가 나를 올려다보고 알아들었다는 듯 고개를 끄덕였다. 그리고 끝으로 이렇게 말했다. "하지만 그럴 수도 있죠!"

아이들의 설명양식은 극단적일 만큼 한쪽으로 치우쳐져 있다. 좋은 일이 영원히 계속될 거라는 어른들의 생각보다 훨씬 더한 수준이어서 아이가 하는 행동의 모든 면에서 도움이 된다. 나쁜 일은 그냥 일어난 것일 뿐 금방 없어지고 누군가의 잘못 때문에 일어나는 것이라고 생각한다. 보통의 아이들 점수가 그렇게 치우쳐 있으며, 큰 보험 회사에서 제일 잘 나가는 영업 사원들의 평균 점수와 비슷하다. 우울해 하는 아이들의 평균 점수는 우울증에 빠지지 않은 어른들의 평균 점수와 비슷하다. 누구도 아이들만큼 희망적일 수는 없다. 그렇기 때문에 어린 아이에게서 심각한 우울증 증세가 나타났다는 것은 매우 비극적인 사실로 봐야 한다.

일단 우울증에 걸리면 아이들은 어른들만큼 심하게, 자주 우울증에 빠지게 된다. 하지만 아이들의 우울증은 한 가지 두드러진 면에서 사춘기, 그리고 어른들의 우울증과 차이가 있다. 아이들은 무기력해지지도 않고 자살을 하지도 않는다. 미국에서는 해마다 2만 명에서 5만 명의 성인이 자살을 하고 있으며 원인은 대부분 우울증에 있다. 우울증의 한 가지 특징인 무기력은 자살을 예측할 수 있는 가장 정확한 요인이다. 자살할 가능성을 갖고 있는 사람들은 현재 자신들이 겪고 있는 불행은 영원히 지속될 것이며 어떤 일을 해도 불행하다고 확신한다. 그리고 그 고통을 끝낼 수 있는 방법은 죽는 길밖에 없다고 생각한다. 아이들의 자살은 비극이 아닐 수 없고 계속 증가하는 추세지만 일 년에 약 2백여 건에 달하는 자살은 유행처럼 번지는 중요한 문제라고 보기는 어렵다. 5세 정도의 아이들이 살인을 저지른 경우는 있지만 7세 미만의 아이들은 절대 자살을 하지 않는다. 이 시기의 아이들은 죽는다는 것과 죽으면 모든 것이 끝난다는 것을 잘 알고 있고 누군가를 죽일 생각도 할 수 있다. 하지만 오랫동안 무기력한 상태로 머물러 있지는 않는다.

나는 그 이유가 진화에 있다고 믿는다. 아이들에게는 미래의 씨앗이 있고, 자연은 아이들이 안전하게 사춘기를 맞고 다음 세대의 아이들을 낳게 하는데 큰 관심을 두고 있다. 자연은 아이들에게 희망과 풍부함, 비논리적인 특징을 부여함으로써 신체적, 심리적인 완충 장치를 제공하고 있다. 그래서 모든 죽음 가운데 사춘기 이전 아동의 사망률이 가장 낮다.

하지만 무기력에 대한 이런 완충 장치에도 불구하고, 다른 아이들에 비해 비관성과 우울증에 빠질 가능성이 훨씬 높은 아이들도 있다. CASQ는 그런 면에 취약한 아이들과 잘 보호받고 있는 아이들을 알 수 있는 좋은 지침이 된다. 낙관성의 측면에서 남자 아이는 5.5이상, 여자 아이들은 7.5이상을 기록했다면 계속해서 낙관적인 십대와 성인으로 자랄 확률이 높다. 이 아이들은 평균 이하의 점수를 받은 아이들에 비해 우울증에 빠질 가능성이 낮고 더 많은 것을 성취할 수 있으며 더욱 건강한 삶을 살 수 있다.

설명양식은 일찍부터 만들어진다. 여덟 살만 되어도 상당 부분 확고해져 있는 것을 알 수 있다. 3학년쯤 된 자녀가 세상에 대해 이미 낙관적 혹은 비관적인 시각을 갖고 있다면, 또 그 시각이 아이의 미래와 건강, 성공에 중요한 역할을 할 것이라고 생각한다면 그런 시각이 어떻게 생겨나고 어떻게 해야 바꿔줄 수 있는지 알고 싶을 것이다.

설명양식의 기원에 대해서는 세 가지 가설이 있다. 첫 번째는 아이의 엄마에 기인한다.

(1) 엄마의 설명양식

나쁜 일이 일어났을 때 실비아가 여덟 살 난 딸 마조리 앞에서 어떻게 행동하는지 잘 들어보자. 장면은 두 사람이 쇼핑센터 주차장에 세워둔 차에 다가갔을 때부터 시작한다. 대화를 들으면서 실비아의 설명양식을 파악해 보자.

마조리: 엄마, 여기 차 옆쪽이 찌그러져 있어요.
실비아: 빌어먹을, 밥이 날 죽이려 들거야!
마조리: 아빠가 새 차니까 늘 다른 차들에서 멀리 떨어진 곳에 세워 놓으라고 말씀하셨잖아요.
실비아: 젠장, 나한테는 왜 항상 이런 일들만 생기는지 몰라. 나는 너무 게을러. 식료품을 들고 있으면 조금만 걷고 싶단 말이야. 나는 정말 바보야.

실비아는 자신에 대해 실망스러운 말들을 하고 있으며 마조리는 그 말들을 주의 깊게 듣고 있다. 실망스러움은 말의 내용 뿐 아니라 형태에도 드러나 있다. 마조리는 엄마가 큰 곤란에 처해 있으며 자신이 어리석고, 게으르고, 늘 운이 없다고 말하는 것을 들었다. 말의 내용도 충분히 나쁘지만 말하는 투는 더욱 좋지 않다.

마조리는 엄마가 설명하고 있는 것이 나쁜 일임을 알 수 있다. 실비아는 딸에게 네 가지로 설명하고 있다(무심코).

1. "나한테는 왜 항상 이런 일들만 생기는지 몰라." 실비아는 '항상'이라는 말을 써서 지속적인 차원으로 설명을 했다. 또 '차가 찌그러진 것'이 아니라 '이런 일들'이라고 말함으로써 만연적인 원인을 언급했다. 실비

아는 자신에게 일어나는 나쁜 일들에 대해 어떤 한계를 정해 놓지 않고 있다. 또 모두가 아니라 '나에게 생긴다'고 말함으로써 개인적인 원인을 들고 있다. 실비아는 이렇게 해서 스스로를 피해자로 지목했다.

2. "나는 너무 게을러." 실비아가 스스로를 칭한 것처럼 게으름은 지속적인 성격적 특성이다. (실비아가 한 말을 "오늘은 좀 피곤했어."라는 말과 비교해 보라.) 게으름은 여러 상황에서 피해를 보게 만든다. 그러므로 만연적인 원인이다. 그리고 실비아는 그것을 자신의 개인적인 원인으로 만들고 있다.

3. "식료품을 들고 있으면 조금만 걷고 싶단 말이야." 개인적이고 지속적이지만("걷고 싶었단"이 아니므로) 육체적인 수고에 대한 것이므로 특별히 만연적이지는 않다.

4. "나는 정말 바보야." 지속적, 만연적, 개인적이다.

실비아가 한 말은 당신 뿐 아니라 마조리도 분석했다. 마조리는 엄마가 네 가지 매우 비관적인 이유로 곤란한 상황을 설명하는 것을 들었다. 또 나쁜 일은 지속적이며 만연적인 원인, 또 자기 자신의 잘못 때문에 일어난다는 엄마의 생각도 알게 되었다. 결국 마조리는 세상 일이 늘 그런 식이라고 배우게 된 것이다.

마조리는 집에서 안 좋은 일이 생길 때마다 엄마가 지속적, 만연적, 개인적인 원인으로 분석하는 말을 듣는다. 즉 자신의 삶에서 가장 영향력 있는 사람으로부터, 나쁜 일은 오래 지속되며, 모든 것에 안 좋은 영향을 미치고, 그 일을 겪은 사람에게 책임이 있다고 배우고 있는 것이다. 이렇게 해서 마조리는 나쁜 일은 지속적이고 만연적이며 개인적인 원인 때문이라는 생각을 형성하게 된다.

아이들의 안테나는 늘 부모 특히 엄마가 감정이 실린 일들에 관해 말하는 방식에 맞춰져 있다. 어린 아이들이 가장 먼저, 그리고 가장 많이 되풀이해서 하는 질문이 "왜요?"라는 것도 우연은 아니다. 자신이 속해 있는 세상, 특히 사교적인 세상에 대한 설명을 듣는 것은 성장에 필요한 가장 지적인 일이라 할 수 있다. 부모가 참을성을 잃고 끊임없이 묻는 아이의 질문에 답을 하지 않으면 아이는 다른 방식으로 답을 구하게 된다. 아이들은 일이 일어난 원인에 대해 당신이 무의식적으로 하는 말들을 주의 깊게 듣는다. 실제로 당신은 말을 할 때 보통 일분에 한 번씩은 그렇게 하고 있을 것이다. 아이들은 엄마가 쓰는 모든 단어 특히 나쁜 일이 벌어졌을 때 쓰는 말들에 귀를 기울인다. 또 아이들은 엄마가 하는 말 뿐 아니라 공식적인 특성 즉 엄마가 말하는 원인이 지속적인 것인지 일시적인 것인지, 특정한 것인지 만연적인 것인지, 내 탓인지 남탓인지도 예리하게 듣는다.

엄마가 세상에 대해 말하는 방식은 아이가 갖고 있는 설명양식에 지대한 영향을 미친다. 우리는 부모와 아이 백 명에게 설명양식을 측정하는 질문지를 작성하게 함으로써 이 사실을 알게 되었다. 엄마와 아이의 낙관성 수준은 매우 비슷했다. 아들과 딸에 상관없이 그랬다. 한편 아이와 엄마의 설명양식이 아빠와는 별로 유사점이 없다는 것은 무척 놀라웠다. 이로써 어린 아이들은 자신을 가장 가까이에서 돌봐주는 사람(대개 엄마)이 일의 원인에 대해 말하는 것을 듣고 그 양식을 자기 것으로 삼는다는 사실을 알 수 있다. 엄마가 낙관적이라면 아이에게 좋은 일이 되겠지만 비관적이라면 아이에게는 큰 불행이 될 수도 있다.

이 사실들을 보면 한 가지 의문이 생긴다. 설명양식은 유전되는 것일까? 지능이나 정치적 견해, 종교관 등은 상당 부분 유전되는 것처럼 보인다. 그렇다면 설명양식도 부모로부터 물려받을 수 있는 것일까? (따로 자란 일란성 쌍둥이들을 연구한 결과 그들은 자라서 정치적인 생각과 종교적인 신념, 지능 등이 불가사의할 만큼 비슷한 것으로 나타났다.) 이런 심리적인 특성들과는 달리, 가족들마다 찾아볼 수 있는 설명양식의 유형은 유전되지 않는 것같다. 엄마와 자녀들은 설명양식이 비슷하지만 아빠는 누구와도 비슷하지 않다. 이런 형태는 일반적인 어떤 유전 모델에도 속하지 않는다.

더욱 확실히 하기 위해, 우리는 지금 다소 간접적인 방법으로 유전적인 질문을 하기 위해 노력하고 있다. 우리는 아주 어렸을 때 입양된 아이의 양부모와 친부모의 낙관성을 측정할 것이다. 만약 아이의 낙관성 정도가 양부모와는 비슷하지만 친부모와는 비슷하지 않다면 낙관성은 학습되는 것이라는 우리의 생각이 맞다고 볼 수 있다. 한편 아이의 낙관성 정도가 한 번도 만나본 적이 없는 친부모와 비슷한 수준이라면 낙관성도 부분적으로는 유전된다고 할 수 있을 것이다.

(2) 어른들의 비난: 교사와 부모

아이가 뭔가 잘못을 했을 때 당신은 무슨 말을 하는가? 교사는 아이들에게 어떤 말을 할까? 이미 알고 있는 것처럼 아이들은 말의 내용 뿐 아니라 형태 즉 어른들이 자신에게 하는 말의 내용 뿐 아니라 말을 하는 방법에도 주의 깊게 귀를 기울인다. 이것은 비난하는 말에도 그대로 적용된다. 아이들은 자신이 들은 비난을 그대로 믿고 자신의 설명양식을 형성하는데 사용한다.

정서 발달에 있어서 세계적으로 손꼽히는 학자 가운데 한 사람인 캐롤 드웩Carol Dweck처럼 일반적인 초등학교 3학년 교실을 한번 들여다보자. 캐롤의 연구는 낙관성이 어떻게 발달하는지 잘 보여주고 있다. 또 여성이 어린 시절에 겪은 어떤 일들이 남성보다 우울증에 더 취약하게 만드는지 알 수 있는 단서를 제공하기도 한다.

아이들이 당신의 존재에 익숙해져 진정이 된 상태라면 가장 먼저 여자 아이들과 남자 아이들의 행동이 현격히 다르다는 것을 느낄 수 있을 것이다. 여자아이들은 교사에게 기쁨 자체이다. 조용히 앉아 있으며 단정하게 손을 포개고 있는 아이도 있다. 선생님 말도 잘 듣는 것처럼 보인다. 말썽이라고 해도 소곤거리거나 키득거리는 정도일 뿐 기본적으로는 규칙을 지킨다. 반면 남자아이들은 골치 덩어리이다. 앉아 있으면서도 잠시도 가만히 있지 못하고 대개는 노력조차 하지 않는다. 선생님 말도 건성으로 듣는 듯하다. 여자 아이들처럼 바르게 규칙을 지키지도 않는다. 말썽을 피울 때는 소리를 지르고 여기저기를 뛰어다니는데 꽤 많은 시간을 그렇게 보낸다.

수업이 시작되고 분수 시험을 치른다. 시험을 잘 못 본 아이들에게 선생님은 어떻게 말할까? 시험을 잘 못 봤을 때 3학년 남자 아이와 여자 아이들은 선생님으로부터 어떤 식의 비난을 받게 될까?

남자 아이들은 대부분 이런 말을 듣는다. "집중하지 않았구나," "열심히 노력하지 않았어," "선생님이 가르쳐줄 때 장난만 치고 있었어," 집중하지 않고, 노력하지 않고, 장난을 친 것은 어떤 설명양식일까? 이런 것들은 일시적이고 특정한 원인이며 만연적인 것은 아니다. 마음만 먹으면 노력도 더 많이 할 수 있고, 집중할 수도 있고, 장난도 멈출 수 있기 때문에 일시적인 것이다. 학교 성적이 오르지 않을 때 남자 아이들은 일시적이고 특정한 원인 때문이라는 설명을 듣게 된다.

드웩의 연구에서 알 수 있듯 여자 아이들은 일상적으로 전혀 다른 비난을 듣는다. 여자 아이들은 장난을 치지도 않고 집중하는 것처럼 보이기 때문에 이런 말들을 듣게 된다. "너는 수학은 별로 잘하지 못하는구나,"

"너는 항상 숙제를 엉망으로 내," "너는 네가 한 것을 절대 확인하지 않아." 부주의, 노력 부족, 잘못된 행동 같은 일시적인 원인들은 대부분 배제될 수 있다. 하지만 여자 아이들에게는 실패에 대해 지속적이고 포괄적인 원인들이 빗발친다. 이 시기의 경험이 아이들에게 남긴 것은 무엇일까?

캐롤 드웩은 이를 알아보기 위해 4학년 여학생들에게 절대 풀 수 없는 문제를 내주었다. 그리고 자신의 실패를 아이들이 어떻게 설명하는지 살펴보았다.

아이들에게는 "ZOLT," "IEOF," "MAPE"처럼 철자가 뒤섞인 단어들이 주어졌다. 하지만 아무리 노력해도 헛수고일 뿐이었다. 철자를 바꿔 봐도 단어가 되는 낱말은 애초부터 없었기 때문이다. 아이들은 모두 열심히 노력했지만 가능한 조합을 다 만들어보기도 전에 "시간 다 됐다"는 말을 듣게 되었다.

"왜 문제를 풀지 못했지?" 실험자가 물었다.

그러자 여학생들은 다들 이런 식으로 대답했다. "난 원래 단어 게임은 잘 못해요," "나는 머리가 별로 안 좋은가 봐요."

반면 같은 문제를 풀게 한 남학생들은 이렇게 대답했다. "집중하지 않았어요," "열심히 노력하지 않았어요," "이런 형편없는 퍼즐에 누가 관심이나 갖는대요?"

이 시험에서 여학생들은 자신의 실패를 지속적이고 포괄적인 원인으로 돌렸다. 한편 남학생들은 일시적이고, 특정하고, 바뀔 수 있는 훨씬 희망적인 원인으로 자신의 실패를 설명했다. 여기에서 우리는 아이의 설명양식에 영향을 미치는 두 번째 요인이 무엇인지 알 수 있다. 바로 아이가 실패했을 때 하는 어른들의 비난이다. 다시 말하지만, 아이들은 어른들의 말을 주의 깊게 듣는다. "너는 바보야," "너는 잘하지 못해" 같은 지속적이고 만연적인 내용의 말들은 자신에 대한 아이의 생각에 큰 영향을 미친다. 만약 "너는 충분히 노력하지 않았어," "이 문제는 원래 6학년이 풀어야 되는 거야" 같은 일시적이고 특정한 원인을 일컫는 말을 들으면 아이는 문제를 해결할 수 있고 부분적인 것으로 인식하게 된다.

(3) 아이가 겪는 삶의 위기들

1981년 하이델베르크에서, 나는 세계적인 가족 사회학자인 글렌 엘더 (Glen Elder)가 극심한 역경 속에서 아이들이 어떻게 자라는지에 관심을 갖고 있는 학자들에게 강연하는 것을 들었다. 그는 우리에게 어른이 된 뒤 거의 전 생애 동안 자신이 진행해 온 흥미로운 연구에 관해 말해주었다. 그는 대공황 이전인 두 세대 전에, 자신의 전임자 격이라고 할 수 있는 학자들이 거의 60년에 걸친 성장에 관한 연구를 시작했다고 했다. 연구 대상이 된 버클리와 오클랜드 출신의 아이들은 인터뷰를 했고 심리적인 강점과 약점을 밝히는 테스트도 철저하게 받았다. 그 테스트를 받은 사람들이 지금은 모두 7, 80대의 노인들이다. 그들은 평생의 발달 과정에 대한 이런 획기적인 연구에 계속 협조해 주었다. 현재는 그들의 자녀 뿐 아니라 손자들까지도 참여하고 있다.

글렌은 대공황을 무사하게 견뎌낸 사람과 그 충격을 끝까지 회복하지 못한 사람들에 대한 이야기를 들려주었다. 가족의 재산을 모두 잃고 충격에 빠졌던 중산층 가정의 소녀들은 중년의 나이에 접어들어서 정신적인 충격이 회복되었고 그 뒤부터는 신체적, 정신적으로 건강하게 나이를 먹어갔다. 반면 1930년대에 모든 것을 잃은 하층 가정의 소녀들은 결코 회복하지 못했다. 그들은 중년기의 후반에 이르러 무너져 내렸고 노년기에는 신체적, 정신적으로 비극적인 생활을 해야 했다.

글렌은 그 이유를 이렇게 짐작했다.

"건강한 노년을 보낸 여성들은 대공황을 겪었던 어린 시절에 역경은 극복할 수 있다고 배웠을 것입니다. 그들 가정은 대부분 1930년대 말에서 1940년대 초에 경제 위기를 극복했습니다. 덕분에 그들은 낙관적 사고를 익히게 되었고, 위기와 극복의 과정을 겪으며 나쁜 일에 대한 설명양식을 형성하게 되었습니다. 즉 일시적이고, 일부이고, 외부적인 것으로 나쁜 일의 원인을 돌리게 된 것입니다. 그래서 나이가 들어 가장 친한 친구가 세상을 떠나도 그들은 이렇게 생각했습니다. '또 좋은 친구를 만날 수 있을 거야.' 이런 낙관적인 생각이 그들의 건강과 행복한 노년을 도와준 것이지요."

"하층 가정에서 자란 소녀들과 비교해 보겠습니다. 그들의 가정은 대공황이 끝난 뒤에도 대부분 위기를 극복하지 못했습니다. 대공황 전에도, 공황 시절에도, 공황이 끝난 뒤에도 그들은 늘 가난했죠. 그래서 그들은 비관성을 배우게 되었습니다. 어려운 상황에 부딪치면 힘든 시간이 영원히 계속된다고 배운 것이지요. 그들은 절망적인 설명양식을 갖게 되었습니다. 세월이 흘러서 친한 친구가 죽었을 때도 이렇게 생각했습니다. '다시는 좋은 친구를 만나지 못할 거야.' 어린 시절 현실 속에서 배운 이런 비관성은 새로운 위기가 닥칠 때마다 드러나게 되었고, 결국 그들의 건강과 성취, 행복에 대한 생각을 갉아먹게 된 것입니다."

"하지만 이건 제가 그냥 멋대로 짐작해본 것입니다," 끝을 맺으며 글렌이 말했다. "50년 전에는 설명양식이라는 개념을 생각한 사람이 아무도 없었기 때문에 평가해볼 수도 없었지요. 타임머신이 없다는 것이 정말 유감스럽습니다. 그것만 있었으면 1930년대로 돌아가서 내 짐작이 맞는지 확인해 볼 수 있을 텐데 말이죠."

그날 밤 나는 잠을 잘 수 없었다. 타임머신이 없어서 유감스럽다는 말이 계속 머릿속에 맴돌았다. 다음 날 새벽 5시 나는 글렌의 방문을 두드렸다.

"일어나 봐요, 글렌. 할 얘기가 있어요. 나한테 타임머신이 있다고요!"

글렌은 힘들게 침대에서 몸을 일으켰고 우리는 함께 산책을 나갔다.

"작년에 크리스 피터슨이라는 아주 젊고 뛰어난 사회 심리학자로부터 한 통의 편지를 받았습니다. 꼭 포천 쿠키 속의 쪽지를 읽는 것 같았죠. 거기에는 이렇게 적혀 있었습니다. '도와주세요. 저는 작은 대학에 갇혀서 일 년에 여덟 개나 되는 강좌를 가르치고 있습니다. 독창적인 아이디어도 많습니다. 떠나고 싶어요.' 그래서 나는 펜실베이니아로 그를 초빙해서 몇 년간 함께 작업했죠. 그에게는 정말로 창의적인 생각들이 많았습니다."

크리스가 해낸 가장 창의적인 아이디어는 스포츠 스타나 기업 대표, 영화배우들처럼 설명양식 질문지를 작성하지 않으려는 사람들의 설명양식을 알아보는 방법에 관한 것이었다. 크리스는 지칠 줄 모르고 스포츠 란을 읽었고 축구 선수가 어떤 일의 원인에 대해 말한 것을 찾을 때마다 그 선수가 설명양식의 질문지 항목을 작성한 것으로 취급했다. 그래서 필드 골을 놓친 키커가 '맞바람이 불었기 때문' 이었다고 말하면 크리스는 1등급부터 7등급으로 나누어서 그 말을 지속적이고, 만연적이고, 개인적인 특성으로 분류했다. '맞바람이 불었다' 는 것은 지속성 측면에서 1등급이었다. 바람은 결코 지속적이지 않기 때문이다. 만연성 측면에서도 1등급이었는데 맞바람은 골을 차는 데만 영향을 미칠 뿐 사랑하는 삶에는 별 영향을 미치지 않기 때문이다. 또 바람은 키커의 잘못이 아니므로 개인적인 측면에서도 1등급으로 분류되었다. 결국 '맞바람이 불었기 때문'이란 말은 나쁜 일에 대한 매우 낙관적인 설명이었다.

그런 다음 크리스는 원인을 놓고 키커가 한 말들에 대해 점수를 매기고 평균을 내서 질문지를 작성하게 하지 않고도 그의 설명양식을 밝혀냈다. 그리고 나서 우리는 그런 프로필이, 키커가 질문지를 작성했을 때 나왔을 결과와 대충 맞다는 것을 증명해 보였다. 우리는 이것을 말로 하는 원인 설명의 내용 분석(content analysis of verbatim explanations) 즉 CAVE 기술이라고 불렀다.

"글렌," 나는 계속해서 말했다. "CAVE 기술이 바로 타임머신입니다. 그 기술은 질문지 작성을 꺼리는 동시대 사람들 뿐 아니라 이미 죽은 사람처럼 아예 작성할 수 없는 사람들에 대해서도 사용할 수 있습니다. 그래서 당신을 깨운 것입니다. 1930년대에 당신의 전임자들은 버클리와 오클랜드에서 온 아이들과 인터뷰한 내용을 녹음해 두었을까요?"

글렌은 잠시 생각하더니 이렇게 대답했다. "그 때는 녹음기가 널리 쓰이기 이전이었거든요. 하지만 인터뷰 내용이 속기로 기록된 것으로 기억합니다. 내 자료 보관실에 가면 확인해 보겠습니다."

"진짜 말한 내용이 남아 있다면," 내가 말했다. "CAVE 기술을 적용할 수 있을 텐데 말입니다. 아이들이 원인을 언급한 말을 할 때마다 설명양식 질문지의 항목으로 취급해서, 그 말의 출처를 모르는 평가자에게 맡겨 아이들의 낙관성 점수를 매기는 것이죠. 이 과정이 끝날 때쯤이면 우리는 50년 전 아이들의 설명양식을 알 수 있을 것입니다. 시간을 거슬러 올라가서 당신의 짐작이 맞는지 확인해 볼 수도 있죠."

글렌은 버클리에 있는 자료 보관실에 가서 확인해 보았다. 그곳에는 정말 어린 소녀가 엄마가 되고 할머니가 되면서 했던 첫 인터뷰와 중간 중간 했던 것들 그리고 마지막 인터뷰 기록이 남아 있었다. 우리는 그 기록으로 그 여성들의 설명양식에 대한 프로필을 만들었다. 인터뷰 내용 중 일의 원인을 언급한 말들만 발췌해서, 그 말이 어떻게 해서 나온 것인지 모르는 평가자에게 맡긴 다음 지속성, 만연성, 개인적 측면에서 1등부터 7등급으로 등급을 매기게 했다.

글렌이 한 짐작은 대체로 정확했다. 중산층 출신으로 건강하게 늙어간 여성들은 낙관적인 기질이 강했다. 반면 불우한 노년을 보낸 하층 가정 출신의 여성들은 비관적인 경향이 강한 것으로 나타났다.

타임머신을 처음 사용해서 우리가 얻은 것은 세 가지였다.

첫 번째, 타임머신은 매우 강력한 도구가 되어주었다. 질문지를 작성하지 않아도 말한 내용만 있으면 타임머신을 활용할 수 있었다. CAVE를 통해 우리는 기자 간담회, 일기, 치료 기록, 전쟁터에서 집으로 보내 온 편지, 유언장 등 매우 다양한 매체에서 설명양식을 파악할 수 있게 되었다. 너무 어려서 CASQ를 작성하지 못한 아이들도, 그들의 말에서 원인을 언급한 말들을 질문지 항목으로 분류하여 설명양식을 확인할 수 있었다. 이미 오래 전에 세상을 떠난 미국의 대통령들도 얼마나 낙관적이었는지 확인할 수 있을 것이다. 역사가 흐르는 동안 낙관성의 정도가 얼마나 높아졌는지 낮아졌는지 상관없이, 또 일부 문화와 종교가 다른 것에 비해 비관적이라고 해도 상관없이 말이다.

두 번째, 타임머신은 우리가 엄마로부터 설명양식을 배우게 된다는 생각에 또 다른 증거를 마련해주었다. 1970년 이미 할머니가 된 버클리와 오클랜드 출신의 아이들에 대해 인터뷰가 실시되었다. 엄마가 되어 있는 그들의 자녀들도 인터뷰를 했다. 인터뷰 내용을 CAVE 해 본 우리는 질문지 자료가 보여준 것과 같은 결과를 확인할 수 있었다. 엄마와 딸의 비관적 사고의 수준이 놀랄 만큼 흡사했던 것이다. 앞서 언급했듯, 아이는 엄마가 날마다 겪는 일에 대해 설명하는 말을 듣는 것으로도 낙관적 사고를 익힐 수 있다.

세 번째, 타임머신은 어렸을 때 겪은 삶의 위기가 낙관적 사고를 형성한다는 생각에 대해 첫 증거를 제시해 주었다. 경제 위기를 겪었지만 극복해낸 가정의 소녀들은 그 뒤 나쁜 일이 생겨도 일시적인 것이며 바꿀 수 있는 것으로 생각했다. 그러나 대공황부터 그 이후까지도 궁핍을 겪은 아이들은 나쁜 일은 늘 고정되어 있고 변하지 않는다는 생각을 갖게 되었다. 때문에 어린 시절에 겪은 큰 위기는 마치 쿠키 틀처럼, 평생을 살아가는 동안 새로운 위기를 겪을 때마다 하게 되는 설명양식에 있어서 어떤 패턴을 만들어줄 수 있다.

글렌 엘더와의 작업을 통해 알게 된 것 외에도, 아이들은 큰 위기를 겪으며 설명양식을 만들어간다는 것을 입증하는 또 다른 증거가 있다. 이 증거는 영국의 조지 브라운 교수가 각고의 노력 끝에 수집한 것이다. 내가 그를 처음 만났을 때 조지는 이미 10년 동안이나 런던 남부의 빈민지대를 걸어 다니며 주부들을 상대로 상세한 인터뷰를 실시하고 있던 중이었다. 그는 400명 이상을 인터뷰하면서 우울증을 막을 수 있는 실마리를 찾고 있었다. 그가 밝혀낸 극심한 우울증은 그 정도가 가히 충격적이었다. 20퍼센트가 넘는 주부들이 우울증을 앓고 있었고 그들 중 반은 정신병적인 수준이었다. 안전한 환경에서 사는 사람들과 힘든 환경에 살면서 심한 우울증을 앓는 여성들의 차이점은 무엇일까? 그는 바로 이것을 알아내고 싶었다.

그는 우울증에 대한 세 가지 방어 요소를 찾아냈다. 심각한 상실과 궁핍을 겪더라도, 이 요소들 중 하나만 있으면 우울증이 나타나지 않는다는 것이었다. 첫 번째 방어 요소는 B 배우자나 애인과의 친밀한 관계였다. 그런 관계를 갖고 있는 여성은 우울증을 잘 이겨낼 수 있었다. 두 번째 요소는 집 밖에서 하는 일이었다. 세 번째 요소는 열네 살 미만으로 집에서 돌봐줘야 할 아이들을 셋 이상 갖지 않는 것이었다.

브라운 교수는 안전 요소 외에, 우울증을 일으키는 두 가지 위험 요소도 밝혔다. 하나는 최근에 겪은 상실(남편의 죽음이나 아들의 이민 등)이고 더욱 중요한 또 하나는 여성이 십대가 되기 전에 엄마의 죽음을 경험하는 것이다.

"어렸을 때 엄마의 죽음을 겪으면, 나중에 겪게 되는 상실도 매우 절망적인 방식으로 생각하게 됩니다." 조지 박사는 이렇게 설명했다. "아들이 뉴질랜드로 이민을 간다고 하면 아들은 성공을 위해 떠나는 것이며 나중에 돌아올 거라는 생각을 하지 못하죠. 그냥 아들이 죽은 것으로 간주해 버립니다. 주변 사람들이 떠날 때마다 마치 죽은 것처럼 생각해요."

어린 소녀에게 엄마의 죽음은 지속적이고 만연적인 상실이다. 소녀는 그만큼 엄마에게 많이 의지하기 때문이다. 특히 십대가 되어 부분적으로 대체할 것이 있기 전인 사춘기 이전이라면 더욱 그렇다. 삶에서 처음 겪는 커다란 상실이 앞으로의 상실에 대한 원인을 설명하는 방식을 형성한다면 조지가 밝혀낸 것은 이치에 맞다. 이런 불우한 아이들은 대공황 시절 하층 가정의 소녀들이 그랬던 것처럼 상실은 지속적이며 만연적인 것이라고 생각하게 된다. 엄마는 자기 곁을 떠나 절대 돌아오지 못하고 자신의 삶은 피폐해져 버렸다고 말이다. '그가 죽었다. 그는 절대 돌아오지 못한다. 나는 더 이상 살아갈 수 없다.' 나중에 겪게 되는 상실도 이런 식으로 해석하게 된다.

지금까지 우리는 아이의 설명양식에 영향을 미치는 세 가지 요소에 관해 살펴보았다. 첫 번째는 날마다 엄마로부터 듣는 원인 설명의 방식이다. 엄마가 낙관적이라면 아이도 그렇게 될 것이다. 두 번째는 뭔가를 잘못했을 때 어른들로부터 듣는 비난의 방식이다. 일시적이고 만연적인 의미가 담긴 말을 듣게 되면 아이는 자신에 대해 비관적으로 생각하게 된다. 세 번째는 어린 시절에 겪은 상실과 트라우마이다. 다행이 극복이 되었다면 나쁜 일은 바뀔 수 있고 이겨낼 수 있다는 생각을 갖게 되겠지만, 지속적이고 만연적인 상실이라면 무력감의 씨앗이 깊이 심어진 것이라 할 수 있다.

8장

낙관적인 학생이 성적도 좋다

　1970년 4월 차가운 바람이 불던 어느 날, 아직 펜실베이니아대학의 신임교수이던 나는 해던 홀에 투숙하려고 줄을 서서 기다리고 있었다. 낡은 티가 나던 이 호텔은 한때 웅장한 건물이었는데, 당시는 애틀랜틱시티가 동부지역의 라스베이거스로 탈바꿈하기 전이었다.[25] 내가 그곳에 간 까닭은 동부심리학회 연례회의 때문이었다. 뒤에서 보기에 낯선 여자가 한 명 내 앞에 서 있었는데, 그 여자가 고개를 돌리는 순간 나는 놀라서 입이 딱 벌어졌다. 우리는 어린 시절 내내 가깝게 지내던 친구 사이였다.

　"조앤 스턴 맞지?" 하고 내가 외쳤다.

　"마틴 셀리그만! 여긴 웬일이야?"

　"나는 심리학자야" 하고 내가 말했다.

　"나도!"

　우리는 함께 웃음을 터뜨렸다. 사실 우리 둘 다 이 주말에 바로 이 호텔에 묵으려고 수속을 밟고 있는데 우리 직업이 다르면 얼마나 달랐겠는가? 조앤은 뉴욕의 사회연구 뉴스쿨에서 심리학 박사학위를 받았고 나는 펜실베이니아에서 학위를 받았다. 그리고 둘 다 교수가 되어 여기서 만난 것이었다.

"맨빌 선생님 기억나니?"

"스티틱 식구들은 여태 거기 사나?"

같은 유치원에 다녔고 겨우 세 블록 떨어져 살았던 우리는 어릴 적 이야기를 잠깐 나누었다.

내가 상류층의 올버니 사립학교로 전학했을 때 조앤도 비슷한 종류의 여학교였던 성 아그네스 사립학교로 전학했다. 올버니를 떠나 대학에 입학하면서 우리는 둘 다 훨씬 흥미로운 인생을 살게 되었다. 세상에는 우리와 다른 사람들도 많아서 모두가 데비 레이놀즈[26]의 외모나 엘비스 프레슬리의 노래를 사랑하는 것은 아니라는 사실을 깨닫게 되었다. 또한 지적인 인생을 모두가 냉소적으로 바라보는 것은 아니라는 사실도 알게 되었다. 조앤은 그 사이 결혼하였고 현재의 이름은 조앤 지르구스였다.

조앤이 무엇을 주로 연구하는지 물었더니 "아이들이 어떻게 지각하고 생각하는지, 그리고 이런 것들이 자라면서 어떻게 변하는지"라고 답했다. 조앤은 착시에 관한 자신의 흥미로운 연구에 관해 이야기했고 나는 학습된 무기력에 관해 이야기해주었다.

"아버지는 아직 살아계셔?" 하고 조앤이 물었다. 돌아가셨다고 대답하자 조앤은 "많이 힘들었겠네"라며 위로의 말을 건넸다. 조앤은 십 대 청소년기에 엄마를 잃었기 때문에 이런 종류의 상실을 매우 잘 이해했다.

연례회의가 진행되는 동안 우리는 많은 시간을 함께 보내며 우리의 공통된 과거경험과 현재 모습을 서로 이어보려고 했다. 그리고 헤어질 때가 되자 언젠가는 우리의 연구관심, 즉 아동에 관한 조앤의 연구와 개인의 통제력에 관한 나의 연구가 하나로 통할지도 모른다는 생각이 우리 둘 모두에게 떠올랐다.

그 뒤 조앤은 뉴욕 시티칼리지의 사회과학대학장이 되었고 이어서 프린스턴대학 단과대학장이 되었다. 나는 그 사이 설명양식에 관한 연구를 계속하고 있었다. 우리가 서로의 연구관심을 결합하게 되기까지는 그 뒤로도 10년의 세월이 더 흘러야 했다. 드디어 그때가 되었을 때 우리의 관심은 학습과 낙관성이라는 주제를 중심으로 결합되었다.

아이의 설명양식은 학업성취에 어떤 영향을 미칠까?

기본 이론에서부터 출발해보자. 사람들은 누구나 할 것 없이 어떤 일에 실패하면 적어도 일시적으로 무기력해지고 우울해지며, 평소처럼 재빨리 자발적인 행동에 나서지 않거나 또는 아예 시도조차 않는다. 또 뭔가 시도하더라도 이전처럼 끈기 있게 버티지 않는다. 이미 보아왔듯이 설명양식은 학습된 무기력에 영향을 미치는 가장 큰 요인이다. 낙관적인 설명양식을 지닌 사람들은 일시적 무기력에서 재빨리 벗어난다. 이런 사람들은 실패를 경험한 뒤 매우 빨리 기운을 차리고 몸을 추슬러 다시 시도한다. 이들에게 패배란 곧 도전이며 최후의 승리를 얻기 위해 거치는 조그만 후퇴일 뿐이다. 이들은 패배를 만연적인 것이 아니라 일시적이고 일부 것으로 본다.

반대로 비관적인 사람들은 패배를 지속적이고 만연적인 것으로 보면서 거기에 젖어든다. 이런 사람들은 매우 오랜 기간을 우울하고 무기력하게 보낸다. 이들에게 후퇴는 곧 패배이고 한번 패배는 곧 패전을 의미한다. 몇 주 또는 몇 달 동안 다시 시도할 생각도 하지 않으며, 설령 시도하더라도 조금만 다시 후퇴하게 되면 이내 무기력한 상태로 다시 빠져버린다.

이 이론은 교실에서 그리고 (다음 장에서 보게 되겠듯이) 경기장에서 성공과 실패가 재능과 반드시 일치하지 않는다는 예측을 분명히 제시한다. 이 이론에 따르면 적절한 재능과 더불어 낙관적인 설명양식을 지닌 학생들에게 영광이 돌아갈 것이다. 과연 이 예측이 모두 사실일까?

오메가아동에서 알파청소년으로

내가 최근에 접한 앨런이라는 소년의 사례에 관해 이야기하고자 한다. 아홉 살 때 앨런은 몇몇 심리학자들이 오메가아동[27]이라 부르는 종류의 아이였다. 다소 소심하고 동작이 둔하며 또래 아이들끼리 게임을 할 때는 늘 옆으로 제쳐놓는 그런 아이였다. 하지만 앨런은 매우 영리하고 예술적 재능이 뛰어난 아이로 미술교사는 지금까지 자기가 본 초등학생들 작품 가운데 그의 그림들이 최고라고 말했을 정도로. 앨런이 열 살이 되던 해에 부모가 이혼하면서 그는 우울증에 빠지게 되었다. 성적이 크게 떨어졌고 말수가 줄었으며 그림에 대한 흥미도 완전히 잃어버렸다.

그러나 그의 미술교사는 앨런을 포기하려 하지 않았다. 앨런과 대화를 시도한 미술교사는 앨런이 자신을 어리석은 실패자이며 계집애 같은 애로 생각한다는 것을 알아냈다. 나아가 부모의 이혼을 어떤 면에서 자기 탓으로 돌리고 있음도 알아냈다. 미술교사는 앨런이 자기 자신에 대해 내린 이런 평가들이 잘못되었음을 일깨우고 좀 더 현실적인 자아상을 갖도록 인내심 있게 설득했다. 앨런은 용기 있게 이런 새로운 자아상을 받아들였고 결국 뛰어난 성공을 거두게 되었다. 그는 이제 어떤 아이들은 운동신경이 좀 느릴 수도 있다는 사실을 알게 되었다. 운동하는 것이 그에게는 쉽지 않았던 만큼 그가 발버둥치는 모습은 더욱 기특하게 보였다. 나아가 앨런의 부모와 잘 아는 사이였던 이 교사 덕분에 앨런은 부모의 이혼에 자신이 아무런 책임도 없다는 사실을 받아들이게 되었다.

결과적으로 이 교사는 앨런의 설명양식이 바뀌도록 도와주었다. 몇 달 지나지 않아 앨런은 학교에서 이러저러한 상들을 타게 되었고 운동에서도 기술은 딸렸지만 활기차고 열광적으로 참여한 덕분에 어느 정도 발전을 보이기 시작했다. 앨런은 더 이상 오메가아동이 아니라 알파청소년으로 성장하고 있었다.

아이의 학교 성적이 형편없으면 그런 아이를 바라보는 교사는 물론 그 아이의 부모까지도 그 아이가 재능이 없다거나 머리가 나쁘다고 너무 쉽게 결론을 내리곤 한다. 아이가 우울증에 빠져 어떤 일을 시도하지도 않고 버티지도 못하며 잠재력을 실현하기 위해 필요한 도전을 회피하는 것일 수도 있다. 만약 아이가 머리가 나쁘다거나 재능이 없어서 그런 것이라고 부모가 결론을 내린다면 이것은 더욱 심각한 문제다. 부모의 이런 결론을 아이가 알아차리고 받아들여 자신의 자아상에 반영할 것이기 때문이다. 그러면 아이의 설명양식은 더욱 나빠지고 나쁜 학교성적이 습관으로 굳어질 것이다.

자녀의 우울증 평가하기

자기 자녀가 우울한지 아닌지를 어떻게 판단할 수 있을까?

심리학자나 정신과 의사에게 진단용 면접을 받지 않는 이상 우울증 여부를 확실하게 말할 수는 없지만 아래 검사를 통해 대강은 알 수 있다. 이 검사는 4장에서 보았던 우울증 검사의 변형판으로 미르너 와이스먼, 헬렌 오바쉘, 패디언이 미국 국립정신보건원의 유행병연구센터를 통하여 공동 개발한 것이다. 이것은 CES-DC(Center for Epidemiological Studies-Depression Child, 유행병연구센터-아동우울증) 검사라고 불린다. 검사를 실시하기에 앞서 자녀에게 다음과 같은 식으로 이야기하는 것이 좋다.

"내가 요즘 아이들의 감정에 관한 책을 읽고 있거든. 그래서 너는 요즘 기분이 어떤지 궁금해졌어. 자기 기분을 말로 나타내는 것이 아이들한테는 쉽지 않을 때가 있지. 그래서 여기 책에 나온 것은 자기 기분에 관해 다른 방법으로 이야기하도록 해놓은 거야. 각 문장마다 네 가지 답변 중 하나를 고르는 건데, 한번 읽어보지 않을래?"

"지난주에 네 기분이 어땠는지 또는 네가 어떻게 행동했는지 잘 생각해서 그것에 가장 잘 어울리는 것을 넷 중에서 고르면 된단다. 처음부터 차례대로 해볼까? 여기서 맞고 틀리는 건 없어."

지난주에 나는

1. 평소 아무렇지도 않던 것이 자꾸 마음에 걸렸다.
전혀 그렇지 않다 _ 약간 그렇다 _ 꽤 그렇다 _ 매우 그렇다 _

2. 무엇을 먹고 싶은 마음이 없었고, 배가 많이 고프지도 않았다.
전혀 그렇지 않다 _ 약간 그렇다 _ 꽤 그렇다 _ 매우 그렇다 _

3. 주변 사람들이 나를 즐겁게 해주었는데도 기분이 썩 좋지 않았다.
전혀 그렇지 않다 _ 약간 그렇다 _ 꽤 그렇다 _ 매우 그렇다 _

4. 내가 다른 아이들만 못하다는 느낌이 들었다.
전혀 그렇지 않다 _ 약간 그렇다 _ 꽤 그렇다 _ 매우 그렇다 _

5. 하는 일에 집중이 잘 안 되었던 것 같다.
전혀 그렇지 않다 _ 약간 그렇다 _ 꽤 그렇다 _ 매우 그렇다 _

6. 마음이 가라앉아 있었다.
전혀 그렇지 않다 _ 약간 그렇다 _ 꽤 그렇다 _ 매우 그렇다 _

7. 너무 지쳐서 아무것도 할 수 없었다.
전혀 그렇지 않다 _ 약간 그렇다 _ 꽤 그렇다 _ 매우 그렇다 _

8. 뭔가 나쁜 일이 일어나고 있는 것 같은 느낌이 들었다.
전혀 그렇지 않다 _ 약간 그렇다 _ 꽤 그렇다 _ 매우 그렇다 _

9. 내가 했던 일들이 제대로 되지 않은 것 같았다.
전혀 그렇지 않다 _ 약간 그렇다 _ 꽤 그렇다 _ 매우 그렇다 _

10. 괜히 겁이 나곤 했다.
전혀 그렇지 않다 _ 약간 그렇다 _ 꽤 그렇다 _ 매우 그렇다 _

11. 평소처럼 잠을 잘 자지 못했다.
전혀 그렇지 않다 _ 약간 그렇다 _ 꽤 그렇다 _ 매우 그렇다 _

12. 기분이 영 안 좋았다.
전혀 그렇지 않다 _ 약간 그렇다 _ 꽤 그렇다 _ 매우 그렇다 _

13. 평소보다 말이 줄었다.
전혀 그렇지 않다 _ 약간 그렇다 _ 꽤 그렇다 _ 매우 그렇다 _

14. 마치 친구가 하나도 없는 것처럼 외로웠다.
전혀 그렇지 않다 _ 약간 그렇다 _ 꽤 그렇다 _ 매우 그렇다 _

15. 아이들이 나와 어울리기를 싫어하는 것 같았다.
전혀 그렇지 않다 _ 약간 그렇다 _ 꽤 그렇다 _ 매우 그렇다 _

16. 별로 즐거운 일이 없었다.
전혀 그렇지 않다 _ 약간 그렇다 _ 꽤 그렇다 _ 매우 그렇다 _

17. 울고 싶은 마음이 들었다.
전혀 그렇지 않다 _ 약간 그렇다 _ 꽤 그렇다 _ 매우 그렇다 _

18. 슬펐다.
전혀 그렇지 않다 _ 약간 그렇다 _ 꽤 그렇다 _ 매우 그렇다 _

19. 사람들이 나를 좋아하지 않는 것 같았다.
전혀 그렇지 않다 _ 약간 그렇다 _ 꽤 그렇다 _ 매우 그렇다 _

20. 무슨 일이든 새로 시작하기가 힘들었다.
전혀 그렇지 않다 _ 약간 그렇다 _ 꽤 그렇다 _ 매우 그렇다 _

검사결과를 채점하기는 간단하다. "전혀 그렇지 않다"는 답변은 0점, "약간 그렇다"는 1점, "꽤 그렇다"는 2점, "매우 그렇다"는 3점으로 채점하고 전체 점수를 합산한다. 만약 한 문제에 두 개의 답변을 고른 것이 있다면 그 중 높은 점수에 해당하는 답변을 선택한다. 검사점수가 뜻하는 바는 다음과 같다. 총점이 0~9 사이이면 당신의 자녀는 우울하지 않다고 볼 수 있다. 총점이 10~15 사이이면 약간 우울한 편이다. 15점보다 많은 점수는 상당한 수준의 우울증을 가리킨다. 총점이 16~24 사이이면 꽤 우울한 아이에 해당한다. 자녀의 총점이 24점보다 많으면 심각한 우울증에 시달리고 있을 가능성이 크다. 그러나 여기서 한 가지 확실히 해둘 점이 있다. 단순한 필기검사가 전문가의 진단을 대체할 수는 없는 법이다. 특히 위와 같은 검사가 저지를 수 있는 두 가지 오류에 주의할 필요가 있는데, 첫째는 자신의 증상을 특히 부모 앞에서 숨기는 아이들이 많다는 사실이다. 따라서 검사점수가 10점 아래로 나왔다고 하더라도 실제로는 우울한 아이일 수 있다. 둘째는 검사점수가 높게 나왔다고 하더라도 실제로는 우울증이 아닌 다른 문제 때문에 그런 점수가 나왔을 수 있다.

만약 당신의 자녀가 10점 이상의 점수를 얻었고 나아가 학교성적이 좋지 않다면, (나쁜 성적 때문에 우울한 것이 아니라) 우울증 때문에 학교성적이 나쁜 것일 수 있다. 우리가 초등학교 4학년 학생들을 대상으로 조사한 바에 따르면 우울증 평점이 높을수록 철자를 바꾸어 단어 만들기 과제와 IQ 검사 항목에서 점수가 나빴고 학교성적 역시 나빴다. 이것은 재능이 뛰어나고 머리가 좋은 아이들의 경우에도 똑같이 해당하는 얘기다.

2주 후에 한 번 더 같은 검사를 실시해서 자녀의 점수가 계속 15점 이상으로 나오면 전문가의 도움을 청하는 것이 좋다. 점수가 24점 이상이고 자살에 관해 이야기한다면 반드시 전문가의 도움을 받아야 하는데, 아동을 대상으로 '인지행동' 치료를 하는 치료사가 가장 이상적일 것이다. 인터넷에서 검색어로 '심리학자' '정신과 의사' '심리치료사'를 찾으면 된다.

성적 저하의 근본 원인은 비관성이다

성인의 경우와 마찬가지로 아동의 경우에도 비관적 설명양식이 우울증과 성취도 저하를 유발하는 근본적인 원인 중 하나일까? 1981년에 이런 의문을 갖게 된 나는 조앤 지르구스를 머릿속에 떠올렸다. 우리는 수년 동안 서로 연락을 취하면서 상대방이 무슨 연구를 하고 있는지 서로 잘 알고 있었다. 조앤의 연구는 성장과정 중에 있는 아동의 지각발달에 초점이 맞추어져 있었다. 나아가 조앤이 뉴욕 시티칼리지 대학생들의 성적저하에 관해 큰 관심을 보였던 사실도 알고 있었다. 때문에 나는 조앤이 이번 연구를 함께 수행할 동료로서 안성맞춤이라고 생각했다.

"그래서 말인데……"

조앤을 만나 내가 말했다.

"내 생각에는 학생들의 성적저하가 그저 재능의 문제는 아니라고 봐. 우리가 얻은 최신 자료에 따르면 학생들이 우울해지면 성적이 뚝 떨어지는 것으로 나타나거든."

나는 좀 더 부연설명을 한 뒤 비관적 설명양식이 학교성적 저하의 원인임을 밝힌 캐롤 드웩의 최근 연구에 관하여 이야기했다.

"캐롤의 최근 연구에 관해서는 나도 그저 다른 사람한테 들은 것이야. 초등학교 학생들을 설명양식에 따라서 '무기력한' 집단과 '성취지향적인' 집단으로 나눈 다음 두 집단에게 차례로 실패(풀 수 없는 문제들)와 성공(풀 수 있는 문제들)을 경험하도록 했나봐."

"실패를 경험하기 전에는 두 집단 사이에 아무런 차이가 없었다고 해. 그러다 일단 실패하기 시작하자 놀라운 차이가 나타났다는 것이지. 무기력한 집단의 아이들이 문제를 푸는 전략은 1학년 수준으로 퇴보하고 말았어. 아이들이 과제에 관해 불평하면서 야구나 그밖에 학교에서 하는 다른 활동들은 잘 한다는 식으로 이야기하기 시작했고. 반면에 성취지향적인 집단의 아이들은 실패해도 4학년 수준의 문제해결전략을 유지했는데, 이 아이들은 자신들이 틀렸다는 것을 인정하면서도 계속 문제를 풀려고 애썼다는 것이지. 한 여자아이는 실제로 소매를 걷어 붙이며 '도전은 재미있어'라고 말했을 정도래. 이 집단의 아이들은 모두 곧 문제를 풀게 될 것이라는 자신감을 잃지 않고 계속 문제와 씨름했다는 거야."

"게다가 나중에 성공을 경험하게 되었을 때는 또 다른 차이가 나타났다고 해."

나는 이야기를 이어갔다.

"무기력한 집단의 아이들은 성공을 경험하고서도 그 값어치를 깎아내렸데. 방금 제대로 푼 것과 똑같은 종류의 문제들을 다시 받으면 얼마나 많이 풀 수 있겠는가 물어보았더니, 겨우 절반 정도를 풀 것으로 스스로 예상했다는 것이지. 반면에 성취지향적인 집단의 아이들은 90퍼센트 정도를 풀 것으로 스스로 예상했고."

나는 다음과 같이 결론을 내렸다.

"이렇게 볼 때 많은 학생들의 경우에 우울증이나 학교성적 저하의 근본 원인이 낙관성이 아닐까 하는 생각이 들어. 자기가 할 수 있는 것이 아무것도 없다고 믿는다면 시도조차 안 할 것이고 따라서 성적이 떨어질 수밖에 없는 것이 아닐까? 나와 함께 이것에 관해 연구해보지 않을래?"

조앤은 내 제안에 바로 답하지 않았다. 대신 몇 가지 질문을 하더니 잠시 생각에 잠겼다. 마침내 입을 연 조앤은 다음과 같이 말했다.

"낙관성과, 실패해도 다시 일어서는 능력이 학교성적을 올리는 열쇠라는 데에는 나도 동의해. 하지만 우리가 살펴보아야 할 연령대는 대학생도 아니고 고등학생도 아니라고 생각해. 세상을 바라보는 방식이 평생의 습관으로 굳어지는 것은 초등학교와 중학교 때가 아닐까? 사춘기 이후가 아니라 그전에 말이야."

"그렇지 않아도 내가 학장으로 있으면서 보아왔던 것들과 좀 더 직접적으로 연관된 주제로 연구방향을 바꾸어볼까 생각 중이었어. 아이들을 대상으로 우울증과 학교성적과 설명양식 사이의 관계에 관해서 연구한다는 것이 바로 그런 종류의 주제가 될 수 있을 것 같은데."

조앤의 합류와 더불어 내가 얻은 또 한 가지 행운은 수잔 놀렌-획세마가 펜실베이니아대학에 대학원 1학년 학생으로 갓 입학해 이 연구가 시작되는 데 촉매제 역할을 했다는 사실이다. 스물한 살의 수잔은 조용하면서도 단호한 성품의 여학생이었다. 그의 예일대학 지도교수는 지난 10년 동안 자신이 보아온 학생들 가운데 수잔이 가장 훌륭한 대학생이었다고 내게 알려왔다. 그리고 수잔이 아동의 무기력에 관해 연구하기로 결심한 사실에 관해 내게 부러움을 표시할 정도였다. 나아가 이 지도교수는 수잔의 조용한 태도를 수줍음이나 지적 평범함으로 오인하지 말아야 할 것이라는 경고도 덧붙였다.

내가 조앤과 나눴던 대화에 관해 수잔에게 이야기하자 수잔은 즉각적인 반응을 보이며 이렇게 말했다. "이것이 바로 제가 평생 하고 싶은 일이에요."

이렇게 해서 우리는 누가 우울해지고 또 누가 학교성적이 떨어질지 예측하기 위한 대규모 연구를 성사시키기 위하여 프린스턴 근처 뉴저지에 있는 학교들의 교장과 교사, 학부모와 어린 학생들, 나아가 국립정신보건원을 대상으로 2년 동안 설득작업을 벌였다. 우리는 많은 학생들을 괴롭히고 학업에까지 피해를 주는 우울증의 근원을 밝히고 싶었다. 그리고 마침내 1985년 가을 프린스턴-펜실베이니아 종단연구가 출범할 수 있었다. 400명의 초등학교 3학년 학생들과 그들의 교사와 부모가 참여한 이 연구는 이 학생들이 약 5년 뒤 중학교 1학년을 마칠 때까지 진행될 예정이었다. 우리는 아이들에게 우울증과 학업저하를 일으킬 수 있는 두 가지 주요 위험요인이 있다고 가설을 세웠다.

- **비관적 설명양식**: 나쁜 일을 지속적이고 만연적이며 개인적인 것으로 보는 아이들은 시간이 지남에 따라 우울해지고 학업성적이 떨어질 것이다.
- **삶의 시련**(부모의 이혼, 가족의 사망, 가족의 실직 등): 커다란 시련을 겪는 아

이들의 학업성적이 가장 나쁠 것이다.

우리는 5년에 걸친 이 연구의 이미 지나간 4년간 자료를 가지고 있다. 굳이 놀라운 것은 아닌데, 그에 따르면 나중에 우울증을 일으킬 가장 큰 위험요인은 이전에 우울증을 겪었던 경험이 있는 것이었다. 우울증을 한 번 겪었던 아이들은 다시 우울해지는 경향이 있었다. 반면 초등학교 3학년 때 우울증을 겪지 않은 아이들은 4학년과 5학년 때에도 대체로 우울증을 겪지 않았다. 이것은 굳이 50만 달러를 들여 조사를 벌이지 않더라도 알 수 있는 것이었다. 그러나 이것 외에도 우리는 설명양식과 삶의 시련이 우울증에 대한 중요한 위험요인임을 확인할 수 있었다.

(1) 설명양식

비관적 설명양식을 지닌 아이들은 심각한 불이익에 직면했다. 초등학교 3학년 때 아동 귀인양식 질문지 점수가 비관적인 것으로 나온 아이들은 우울증에 시달릴 위험이 있다. 우리는 시간이 지남에 따라 우울증 점수가 더 나빠진 아이들과 우울증 점수가 개선된 아이들을 구분해 살펴보았다. 그 결과 이 두 집단은 설명양식에 따라 다음과 같은 상이한 경향을 보였다.

- 3학년 때 비관적 설명양식을 지녔지만 우울하지는 않았던 아이들은 시간이 지남에 따라 우울해졌다.
- 3학년 때 비관적 설명양식을 지녔고 또 우울했던 아이들은 계속 우울하게 남아있었다.
- 3학년 때 낙관적 설명양식을 지녔고 또 우울했던 아이들은 그 뒤 덜 우

울해졌다.
- 3학년 때 낙관적 설명양식을 지녔고 우울하지도 않았던 아이들은 그 뒤로도 우울하지 않았다.

그렇다면 비관적 설명양식이 먼저인가, 아니면 우울한 것이 먼저인가? 다시 말해 비관적으로 세상을 보기 때문에 우울해지는 것인가, 아니면 우울하기 때문에 세상을 비관적으로 보게 되는 것인가? 연구 결과 이 두 가능성이 모두 사실인 것으로 드러났다. 곧 3학년 때 우울했던 아이들은 4학년 때 더 비관적으로 되었으며, 3학년 때 비관적이었던 아이들은 4학년 때 더 우울해졌다. 이 두 가지는 악순환을 형성하고 있었다.

우리가 만났던 신디라는 아이는 이런 악순환에 빠져 있었다.[28] 신디는 3학년이던 해 겨울 자신의 부모가 이혼한다는 이야기를 들었고, 신디의 아빠는 이내 짐을 싸 집을 나갔다. 이 일이 있기 전에 신디의 설명양식 점수는 평균보다 약간 더 비관적인 것이었는데, 현재 신디는 매사에 무관심하고 눈물이 많은 아이가 되었다. 신디의 우울증 점수는 하늘 높이 치솟았다. 학업성적이 떨어지기 시작했으며 우울한 아이들이 흔히 그러듯이 친구들을 멀리했다. 그 뒤 자신이 남들한테 사랑받지 못하고 멍청한 아이라고 스스로 생각하기 시작했다. 그 때문에 신디의 설명양식은 더욱 비관적으로 바뀌었다. 그리고 이런 비관적인 설명양식 때문에 주변에서 일어나는 실망거리들을 인내하기가 더욱 어려워졌다. 지극히 사소한 좌절을 경험하고도 "아무도 나를 좋아하지 않아"라거나 "나는 형편없는 아이야"라는 식으로 해석했다. 그러면서 신디는 더욱 더 우울해졌.

혹시 당신의 자녀가 언젠가부터 이런 악순환에 빠져있다면, 어떻게 이것을 알아낼 것이며 또 해체할 것인가? 부모라면 반드시 알아야 할 이 점에 관해서는 13장을 보도록 하라.

(2) 삶의 시련

아이가 겪는 시련이 심각할수록 아이의 우울증도 심각했다. 낙관적인 아이들은 비관적인 아이들보다 시련의 충격에 더 잘 버텼으며, 친구들에게 인기가 있는 아이들도 그렇지 않은 아이들보다 충격을 더 잘 견뎌냈다. 물론 그렇다 하더라도 나쁜 일들이 아이들을 어느 정도 우울하게 만드는 효과는 일관되게 관찰되었다.

다음은 부모가 경계해야 할 일들이다. 만약 이런 일들이 일어난다면 당신은 자녀에게 많은 시간을 할애하여 온갖 도움과 지원을 아끼지 말아야 할 것이다. 13장에서 배우게 될 기법들을 잘 연습해 두는 것도 도움이 될 것이다.

- 형제 가운데 누군가 대학이나 직장 때문에 집을 떠난다.
- 애완동물이 죽는다. 사소해 보일지 모르지만 이것이 심각한 폐해를 낳을 수 있다.
- 아이와 친하던 할머니나 할아버지가 세상을 떠난다.
- 아이가 전학을 간다. 친구를 잃는다는 것이 아이에게 매우 파괴적인 영향을 끼칠 수 있다.
- 부모가 다툰다.
- 부모가 이혼 또는 별거를 한다. 이것은 부모뿐 아니라 아이에게도 가장 심각한 문제다.

부모의 분쟁과 이혼

부모 사이의 심각한 분쟁과 이혼은 증가추세에 있을 뿐 아니라 흔히 자녀들을 가장 우울하게 만드는 사건이다. 때문에 우리는 프린스턴-펜실베이니아 종단연구를 진행하면서 이런 일들을 경험한 아이들에게 초점을 맞추었다.

연구 초기에 부모가 이혼했거나 또는 별거 중이라고 말했던 아이들은 60명으로 전체 아동의 약 15퍼센트였다. 우리는 그 뒤 3년 동안 이 아이들을 주의 깊게 관찰하여 나머지 아이들과 비교해보았다. 이들이 보고한 내용은 우리 사회 전체를 성찰하는 데 중요한 의미를 지닌다. 나아가 만에 하나 당신이 이혼할 처지에 놓이게 되면 자녀에게 어떻게 말하고 행동해야 할지에 관해서도 시사하는 바가 많다.

첫째로 가장 중요한 점은 이혼한 가정의 아이들이 전체적으로 볼 때 여러 면에서 문제를 갖고 있다는 사실이다. 매년 두 번씩 검사한 결과 이혼한 가정의 아이들은 온전한 가정의 아이들보다 훨씬 더 우울했다. 우리는 이런 차이가 시간이 지남에 따라 줄어들 것으로 기대했지만 실제로는 그렇지 않았다. 3년 뒤에도 여전히 이혼한 가정의 아이들은 다른 아이들보다 훨씬 더 우울했다. 이런 조사결과는 우울증의 모든 증상들에서 나타났다. 이혼한 가정의 아이들은 그렇지 않은 아이들보다 더 슬픈 마음상태에 있었으며 이런 마음이 교실에서 더 많이 행동으로 표출되었다. 이들은 상대적으로 매사에 흥미가 적었고 자부심이 낮았으며 더 자주 아팠고 걱정도 많았다.

물론 이런 결과들이 모두 평균치임을 간과해서는 안 된다. 이혼한 가정의 아이들 가운데서도 우울해지지 않은 아이들이 있었으며, 처음에는 우울했지만 시간이 지남에 따라 다시 기운을 차린 아이들도 있었다. 부모가 이혼한다고 해서 자녀가 무조건 몇 년 동안 우울증에 빠지는 것은 아니다. 자녀가 우울해질 확률이 부모의 이혼으로 훨씬 높아짐을 뜻할 뿐이다.

둘째, 이혼한 가정의 아이들은 온전한 가정의 아이들보다 계속해서 더 큰 시련을 자주 겪는다. 이렇게 계속되는 시련 때문에 아이들의 우울증이 계속 높은 수준을 유지하는 것일지도 모른다. 이런 시련은 세 종류로 나뉜다. 첫째로 이혼 자체가 야기하는 시련 또는 이혼에 뒤따른 우울증 때문에 생기는 시련을 들 수 있다. 이혼한 가정의 아이들은 이런 종류의 시련을 더 자주 경험할 수밖에 없다.

- 엄마가 새로 일을 하게 된다.
- 학교 친구들이 예전처럼 친절하게 대하질 않는다.
- 엄마나 아빠가 재혼을 한다.
- 엄마나 아빠가 교회를 옮긴다.
- 엄마나 아빠가 병원에 입원한다.
- 아이가 학교 수업을 잘 따라가지 못한다.

이혼한 가정의 아이들은 부모가 스스로 이혼을 유발했을 그런 일들도 더 자주 경험한다.

- 부모가 더 자주 다툰다.
- 아빠들이 더 자주 출장을 간다.
- 엄마나 아빠가 일자리를 잃는다.

이제까지 열거한 일들은 특별히 놀랄 만한 것들은 아니다. 그러나 이혼한 가정의 아이들이 더 자주 경험하는 세 번째 종류의 시련은 뜻밖의 것이다. 어째서 이런 일이 벌어지는지 아직 명확하지는 않지만, 어쨌든 당신도 알아둘 필요가 있다고 생각한다.

- 이혼한 가정의 아이들은 온전한 가정의 아이들보다 형제자매가 병원에 입원하는 일을 3.5배 더 자주 경험한다.
- 이혼한 가정의 아이 자신이 병원에 입원할 확률도 3.5배 높다.
- 이혼한 가정의 경우에 아이의 친구가 사망할 확률은 그렇지 않은 경우보다 2배 높다.
- 할아버지나 할머니가 사망할 확률도 2배 높다.

이런 시련들 중에 어떤 것은 이혼의 원인에 해당하고 어떤 것은 이혼의 결과에 해당할지 모른다. 그러나 더 나아가 이혼한 가정은 원인으로든 결과로든 이혼 자체와 무관해 보이는 종류의 불행도 더 자주 경험하는 듯하다. 아이의 친한 친구의 사망 또는 아이의 할아버지나 할머니의 사망이 이혼의 원인 또는 결과가 될 수 있다고 상상하기란 쉽지 않다. 그러나 이것은 어쨌든 통계적 사실이다.

이런 모든 시련들을 고려할 때 이혼한 가정의 아이들이 처한 상황이란 매우 험악한 것이다. 서로를 증오하는 양쪽 부모와 함께 사느니, 차라리 그런 부모는 이혼하는 편이 아이에게도 더 낫다고들 흔히 말한다. 그러나 우리가 조사한 바에 따르면 이런 아이들이 처한 상황은 암울한 것이다. 이런 아이들은 장기간에 걸쳐 극심한 우울증에 시달리고 시련도 훨씬 자주 겪으며 겉보기에 이혼과 무관한 나쁜 일들조차 묘하게도 훨씬 더 많이 경험한다.

만일 당신이 이혼을 생각 중이라면 이런 황당한 조사결과들을 한번쯤 진지하게 고려하라고 충고하고 싶다. 그러나 어쩌면 문제는 이혼 자체가 아닐지도 모른다. 문제의 근원은 오히려 부모 사이의 다툼에 있을지 모른다. 우리는 프린스턴 종단연구의 일환으로 부모가 이혼하지는 않았지만 자주 다툰다고 말한 75명의 아이들에 대한 추적조사도 실시했다. 그 결과 이렇게 부모가 다투는 가정의 아이들도 이혼한 가정의 아이들만큼이나 열악한 상황에 놓여있는 듯했다. 이 아이들은 매우 우울했으며 부모가 전처럼 자주 다투지 않는다고 한 뒤에도 오랫동안 우울하게 남아있었다. 게다가 부모가 다투지 않는 온전한 가정의 아이들과 비교해 볼 때, 살면서 더 많은 역경에 시달렸다.

부모의 다툼이 아이에게 깊은 상처를 남기게 되는 두 가지 경우를 생각해볼 수 있겠다. 첫째는 부모가 평소 서로를 매우 불만족스럽게 여기며 살아오다가 결국 다투고 별거하게 되는 경우다. 이때 부모의 다툼과 별거가 아이에게 직접적인 충격이 되어 아이를 장기간 우울하게 만드는 것일 수 있다. 둘째는 좀 더 전통적인 이야기에 해당하는데, 부모가 다투고 별거하면서 서로를 매우 불만족스럽게 여기는 경우다. 이때 다툼과 별거 자체가 아이에게 직접적으로 큰 충격을 주지는 않지만 아이는 부모가 불행하다는 것을 알기 때문에 이것이 아이를 근심에 빠뜨리고 장기간 우울하게 만들 수 있다. 이 두 가능성 가운데 어느 것이 실제로 일어났는지 판단하기란 우리의 조사결과로는 불가능하다.

여기서 우리는 어떤 교훈을 얻을 수 있을까?

많은 사람들이 분쟁과 갈등으로 점철된 험난한 결혼생활을 하고 있다. 이때 별로 극적이지는 않지만 흔히 다음과 같은 상황이 벌어진다. 결혼하고 몇 년이 지나면 흔히 배우자를 이전만큼 사랑하지 않게 되고 그러면서 다툼이 잦아진다. 다른 한편 이와 동시에 양쪽 부모는 자녀의 행복에 압도적인 관심을 쏟게 된다.

불행한 결혼생활이 분쟁이나 별거로 이어지면 이것이 자녀에게 깊은 상처를 남기기 쉽다는 것은 적어도 통계적으로 볼 때 당연한 사실인 듯하다. 그러나 만약 공공연한 다툼 자체가 아니라 부모의 불행이 문제의 원인이라면 부부상담을 통해서 결혼생활의 불충분한 점들을 달게 받아들이도록 노력하는 것이 바람직하겠다.

그러나 만약 공공연한 다툼과 별거의 선택이 아이를 우울하게 만드는 주범이라면, 그리고 만약 부모 자신의 만족보다 자녀의 행복을 더 중시한다면, 이야기는 전혀 달라진다. 그렇다고 해서 부모가 별거를 하지 않기로 마음먹을 수 있을까? 더욱 어려운 일이겠지만 그렇다고 해서 부모가 싸움을 자제하기로 마음먹을 수 있을까?

내가 이런 부모들에게 다투지 말라고 권고한다면 이것은 매우 순진한 생각일 것이다. 때로는 다툼이 통하기도 한다. 다툼을 통해 문제가 해결되고 상황이 개선되기도 한다. 그러나 많은 경우 부부간의 다툼은 비생산적이다. 나는 이 문제에 관해 특별한 전문지식이 없기 때문에 어떻게 생산적으로 다툴 것인가에 관해 당신에게 조언할 처지가 아니다. 다투는 기술에 관해 내가 아는 객관적 연구란 오직 다툼의 종결에 관한 것이다. 성인들이 다투는 장면이 나오는 영화를 아이들이 보더라도 영화에서 다툼이 분명하게 종결되면 아이들에게 마음의 동요가 훨씬 덜 일어난다고 한다. 이렇게 볼 때 부부가 다투는 일이 생길 때는 자녀가 보는 앞에서 의심의 여지가 없이 분쟁이 해소되도록 노력할 필요가 있다.

혹시 다투기로 작정했다 하더라도 다른 한편으로는 이런 다툼 때문에 자녀가 해를 입을 수도 있다는 사실을 늘 염두에 두는 것이 중요하다고 생각한다. 사람에 따라서는 싸운다는 것이 개인의 신성한 권리라고 생각할 수도 있다. 어쨌든 요즘 사회에서는 속내를 다 드러내는 것이 건강하고 정당한 것으로 흔히 간주된다. 화가 나면 싸우고 또 싸우는 것이 우리 사회에서는 아주 당연한 것으로 간주된다. 이런 견해는 노여움을 억누르면 오히려 나쁜 결과가 초래된다는 프로이트 이론에서 유래한 것이다. 그러나 부당한 처사를 관대히 용서한다면 실제로 무슨 일이 일어날까? 노여움을 참으면 적어도 일시적으로 혈압이 올라간다. 따라서 이런 일이 되풀이된다면 장기적으로 볼 때 심신 질환의 원인이 될 수도 있겠다. 그러나 다른 한편으로 화를 그대로 표출한다면 그동안 미묘하게 균형을 유지하던 관계가 휘청거릴 수 있다. 경우에 따라서는 화가 풀리기는커녕 상승작용을 일으켜 주체할 수 없이 불어난다. 그래서 결국 서로 맞받아치는 식의 새로운 균형이 부부 사이에 자리를 잡는다.

하지만 다투지 않으면 부부관계도 달라질 것이다. 특히 자녀를 생각한다면 부모가 다투는 것을 지지할 이유는 별로 없다. 따라서 나는 일반적인 견해와 달리 만약 자녀에 대한 관심이 우선이라면 싸우기 전에 한 발짝 물러서서 한 번 더 또는 두 번 더 생각하라고 조언한다. 화를 내고 싸우는 것은 인간의 권리가 아니다. 화를 삼키고 자존심을 죽여 조금 손해를 보더라도 그냥 참을 수는 없는지 생각해보라! 상대를 자극하기보다는 또는 상대의 자극을 맞받아치기보다는 한 발짝 뒤로 물러서라! 싸움은 인간의 선택사항이다. 그리고 싸움은 때때로 자기 자신보다 자녀의 행복이 걸린 문제일 수 있음을 명심하라!

우리의 연구에 따르면 흔히 다음과 같은 일이 연쇄적으로 일어난다. 부모가 싸우거나 별거하게 되면 자녀의 우울증이 눈에 띄게 증가한다. 그러면 우울증 자체가 원인이 되어 학교에서 문제가 많아지고 아이의 설명양식은 훨씬 더 비관적으로 된다. 이렇게 새로 형성된 비관성과 학교 문제가 결합하여 우울증이 계속 이어진다. 바로 악순환이 시작된 것이다. 이렇게 되면 우울증은 아이의 지속적인 생활방식으로 굳어질 것이다.

부모의 다툼이 늘어나거나 부모가 별거하기로 결정하는 시점은 자녀가 우울증과 비관성으로 빠지는 것을 막고 학교 문제를 예방하기 위하여 자녀에게 특별한 도움이 필요한 시점과 정확히 일치한다. 바로 이 시점에 아이는 교사와 부모의 특별한 도움을 필요로 한다. 이럴 때 부모는 자녀와 매우 가까워지도록 별도의 노력을 기울여야 한다.

자녀와 긴밀한 사랑의 관계를 유지한다면 부모의 다툼으로 인한 피해가 틀림없이 크게 완화될 것이다. 아울러 전문가의 도움을 받을지 고려해볼 필요가 있다. 부부상담을 통해서 덜 다투는 법을, 또는 다투더라도 좀 더 생산적으로 다투는 법을 배울 수 있다. 나아가 결혼생활이 이처럼 위태로울 때 자녀에 대한 심리상담은 자녀가 평생 우울해질지 모를 위험을 예방하는 데 효과가 있다.

여자아이와 남자아이의 차이

우리는 위에 언급한 종단연구를 통해서 부모의 다툼과 이혼이 자녀에게 장기적인 폐해를 끼친다는 사실 외에도 또 다른 흥미로운 사실을 발견했다. 그것은 남녀 성차에 관한 것이었다. 연구를 수행하기에 앞서 우리는 우울증과 비관성의 성차에 관해 뚜렷한 예상을 하고 있었다. 그러나 수차례에 걸친 실제 조사결과는 우리의 예상과 정반대로 나왔다.

이 책 4장과 5장에서 살펴보았듯이 성인의 경우 평균적으로 여성이 남성보다 훨씬 더 우울하다. 우울증에 시달리는 여성의 숫자가 남성보다 2배나 많다. 이런 수치는 치료통계로 따져도 그렇고 그밖에 가정방문 조사나 관찰된 증상의 수로 따져도 그렇다. 때문에 우리는 이런 차이가 아동기에서부터 시작될 것이며 따라서 여자아이들이 남자아이들보다 더 우울하고 더 비관적인 설명양식을 지니고 있을 것으로 추측했다.

그러나 실제로는 그렇지 않았다. 종단연구의 모든 시점에서 남자아이들이 여자아이들보다 더 우울했다. 평균적으로 볼 때 남자아이들이 여자아이들보다 훨씬 더 많은 우울 증상들을 가지고 있었으며 우울증에 더욱 심각하게 시달리고 있었다.

초등학교 3학년과 4학년 남자아이들 가운데 자그마치 35퍼센트가 그 시기에 적어도 한 번은 심하게 우울했던 것으로 관찰되었다. 반면에 여자아이들은 오직 21퍼센트만이 심한 우울증을 보였다.

다만 이러한 차이는 두 종류의 증상에 관련된 것이었다. 곧 행동 불안정(예컨대 "하루 종일 꾸지람을 들었어요")과 무쾌감증(즐거움이 없음, 친구가 많지 않음, 남들과 어울리기를 회피함)에서 남자아이들이 여자아이들보다 문제가 많았다. 그러나 슬픔, 위축된 자부심, 신체 증상에서는 성차가 나타나지 않았다.

설명양식의 성차에서도 비슷한 결과가 나왔다. 놀랍게도 여자아이들이 남자아이들보다 모든 측정에서 더 낙관적이었다. 여자아이들이 남자아이들보다 좋은 일에 관하여 더 낙관적으로 생각했고 나쁜 일에 관하여 덜 비관적으로 생각했다.

프린스턴-펜실베이니아 종단연구는 이처럼 놀라운 결과를 낳았다. 남자아이들이 여자아이들보다 더 비관적이고 더 우울했다. 게다가 부모의 이혼처럼 나쁜 일을 당했을 때에도 남자아이들이 더 큰 상처를 입었다.

이것은 성인의 경우 여성이 남성보다 2배나 더 우울하다는 커다란 성차의 원인이 무엇이든, 그 원인이 아동기에 뿌리박고 있지 않음을 뜻한다. 그렇다면 과연 어떤 일이 사춘기에 또는 사춘기 직후에 일어나서 이런 성차를 뒤집고 여자아이들에게 매우 큰 타격을 입힌 것일까? 이것에 관해서는 그저 추측할 수 있을 뿐이다. 그러나 우리가 관찰하고 있는 아이들이 이제 막 사춘기에 이르고 있다. 따라서 우리의 종단연구가 끝날 때쯤에는 사춘기에 무슨 일이 일어나 우울증의 성차가 역전되는지에 관하여 구체적으로 말할 수 있을 것이다.

대학의 학생선발

1983년 어느 봄날 나는 펜실베이니아대학 입학처장인 윌리스 스테트슨의 이야기를 듣고 있었다. 그는 입학처의 당면 문제에 관해 이야기했는데, 이 문제란 사실상 입학처가 저지른 실책이기도 했다. 단과대학장 자격으로 오게 된 나는 대학의 학생선발절차가 결과적으로 얼마나 형편없었는지를 자세히 들여다볼 수 있었다. 나는 혹시 내 검사법이 기존 방법보다 학업성적을 더 잘 예측 가능한지 시험해보자고 입학처에 제안했다.

그러자 스테트슨 처장이 불만스럽게 말했다.

"그래봐야 통계 추측 아닌가요? 어느 정도 오류를 인정할 수밖에 없다는 얘기죠."

내가 펜실베이니아대학의 신입생 입학절차에 관해 묻자 그는 다음과 같이 말했다.

"학업과 관련해 세 요인을 고려하지요. 고등학교 때 성적과 대입자격시험 점수, 그리고 AT(Achievement Test, 학력고사) 결과가 그것입니다. 그리고 한 가지 회귀방정식을 사용하는데요, 교수님께 이것을 설명해드릴 필요는 없겠지요. 이 세 점수를 방정식에 넣으면 3.1 같은 숫자가 나옵니다. 이것은 말하자면 1학년 학생들의 평균 예상학점에 해당합니다. 우리는 이것을 PI, 곧 예측지표라고 부르는데요, 이 점수가 높은 학생들이 우리 대학에 들어오는 것이지요."

실제로 나는 회귀방정식이 무엇인지 알고 있었다. 그리고 더 나아가 그것이 얼마나 오류투성인지도 알고 있었다. 회귀방정식은 SAT 점수와 고등학교 성적 같은 과거 요인들과 대학에서의 평균 학점 같은 미래의 어떤 기준을 서로 연결시킨다. 그런 다음 숫자들을 이리저리 조작해서 미래 기준에 맞도록 과거 요인들에 각각 가중치를 부여한다.

예를 들어 어느 부모의 체중을 바탕으로 거기서 태어날 신생아의 체중을 예측하려 한다고 치자. 그러려면 우선 최근에 어느 종합병원에서 태어난 1000명 가량의 신생아들의 체중과 그 부모들의 체중을 알아보아야 할 것이다. 그런 다음 예컨대 엄마의 체중은 21.7로 나누고 아빠의 체중은 43.4로 나누어 이 두 수치의 평균을 구하면 이것이 신생아의 체중과 일치할 수도 있을 것이다. 여기서 21.7이나 43.4란 숫자는 아무 의미가 없다. 여기서 체중은 자연법칙과 아무 상관이 없다. 그저 통계적 우연일 뿐이다. 이처럼 회귀방정식이란 별다른 쓸 만한 방법이 없을 때 사용하는 방법이다.

이것이 바로 펜실베이니아대학 입학처에서 해온 일이었다. 대학교 1학년생들의 SAT 점수와 고등학교 성적을 바탕으로 이 자료들과 이 학생들 전체의 평균 학점 사이의 상관관계를 구하는 것이었다. 그러면 말 그대로 대충 SAT 점수가 높으면 대학 학점도 높고 고등학교 성적이 좋으면 대학 학점도 좋다는 것을 발견하게 된다.

그러나 가령 대학 학점을 예측하는 데 SAT가 고등학교 성적보다 2배 더 정확하고 AT보다는 1.5배 더 정확한 경우가 생길 수 있다. 이럴 경우 고등학교 성적 × 5.66, AT 점수 × 3.21, SAT 총점 × 2.4를 해서 모두 더한 값이 최근 1학년 10개 반의 평균 학점에 가장 잘 '맞을' 수 있다. 여기서 가중치는 임의적인 것으로 그저 그렇게 하면 맞으므로 선택된 것이다. 이런 까닭에 대학 학점의 예측이란 매우 통계적인 추측이다. 대부분은 옳을지 몰라도 오류 또한 많이 생긴다. 그리고 오류가 많다는 것은 다시 말해 실망한 학부모들의 불평이 늘어나고 교수는 쓸데없이 과로하게 되며 대학에 적응하지 못하는 학생들이 생김을 뜻한다.

"우리는 두 종류의 오류를 범했습니다"라고 스테트슨 처장이 말을 이었다.

"첫째는 일부 1학년생들이(다행히 그런 학생들이 그렇게 많지는 않은데요) 우리의 예상에 훨씬 못 미치는 학업능력을 보였다는 것입니다. 둘째는 그것보다 훨씬 더 많은 학생들이 우리가 구한 예측지표보다 훨씬 뛰어난 능력을 보였다는 것입니다. 어쨌든 우리로서는 오차를 더 줄이고 싶습니다. 교수님의 검사법에 관해서 좀 더 자세히 설명해주시겠습니까?"

나는 교무처장에게 귀인양식 질문지가 무엇이며 그 밑에 깔린 이론이 무엇인지 설명했다. 그리고 이 검사에서 낙관적인 사람으로 판명된 사람들은 아마도 도전에 직면하면 더욱 열심히 하기 때문에 기대 이상의 성과를 거두는 반면에 비관적인 사람들은 실패를 경험하면 쉽게 포기한다고 말했다. 나는 귀인양식 질문지와 그것의 작동방식에 관해서 한 시간 이상이나 설명했다. 메트라이프생명보험에서 있었던 일도 이야기했고, 나아가 이 귀인양식 질문지를 펜실베이니아대학 입학절차에 적용하면 어떤 결과가 나올지에 관해 처장과 의견을 나누었다. 나는 이 질문지를 통해

오차를 더욱 줄이고 1학년생들의 성적을 예측지표보다 더 정확하게 예측할 수 있게 될 것이라고 말했다.

"몇몇 좋은 애들을 놓치면서 거꾸로 실패할 애들을 받아들이고 있는 셈이지요" 하고 나는 주장했다.

"결국 애들한테도 비극이고 우리 대학에도 나쁜 것 아니겠습니까?"

교무처장이 마침내 입을 열었다.

"그럼 한번 해봅시다. 87학번 학생들에게 해보기로 하지요."

그로부터 일주일 뒤 87학번 학생들이 들어왔고 그 가운데 300명 이상의 학생들에게 귀인양식 질문지를 돌렸다. 그러고 나서 우리는 그냥 기다렸다. 이 학생들이 첫 중간고사를 치르고 끔찍한 2주간의 기말고사를 마칠 때까지 기다렸다. 이들 가운데 많은 수는 고등학교 때 가장 우수한 학생들이었고, 이들이 일류대학에서 경쟁한다는 것이 어떤 것인지 절감할 때까지 기다렸다. 우리는 어떤 학생들이 도전에 굴복하고 또 어떤 학생들이 도전을 이겨내는지 지켜보았다.

첫 학기가 지나자 우리는 입학처장이 우려했던 오류를 볼 수 있었다. 1학년 학생들의 자그마치 1/3이 SAT나 고등학교 성적 또는 AT로 예측한 것보다 훨씬 뛰어나거나 아니면 훨씬 못한 성적을 거두었다. 이 100명쯤 되는 학생들 가운데 약 스무 명은 훨씬 못한 성적을 거두었고 약 80명은 훨씬 뛰어난 성적을 거두었다.

우리가 발견한 것은 이미 예상했던 것이기도 하다. 왜냐하면 이것은 우리가 생명보험 영업사원들이나 초등학교 4학년생들에게서 보았던 것과 똑같은 것이었기 때문이다. 도전을 이겨내어 자신의 '재능' 수준보다도 훨씬 뛰어난 성적을 거둔 학생들은 평균적으로 볼 때 입학 당시 낙관적인 사람들이었다. 반면에 기대에 훨씬 못 미치는 성적을 낸 학생들은 입학 당시 비관적인 사람들이었다.

지옥병영에서 살아남는 법

대학 중간고사를 망친다거나 초등학교 3학년생들의 부활절 공연에서 주도권을 빼앗기는 일은 인생의 온갖 실패들에 비하면 아주 하찮은 것이다. 그러나 학교에 해당하면서도 상당히 세속적인 의미에서 스트레스를 낳는 상황이 적어도 하나 있다. 미국 육군사관학교의 이른바 '지옥병영'이 바로 그것이다.

열여덟 살의 신입생들이 매년 7월 초 잔뜩 긴장한 채 사관학교에 첫발을 들여놓으면 이들을 맞이하는 것은 상급생 간부들이다. 이들은 신입생들에게 여름 내내 호된 훈련을 시킨다. 오랫동안 차려자세로 서있기, 새벽에 속보로 10마일을 행군하기, 악기를 윤나게 닦고 또 닦기, 동아리에서 헛소리들을 빠짐없이 기록하기, 그밖에 복종, 복종, 복종. 이런 훈련의 목적은 미래의 미군 장교들이 갖춰야할 품성을 닦는 것이다. 사관학교 사람들은 이것이 지난 150여 년 동안 잘 작동해왔다고 생각한다.

비록 심한 학대를 받고 있지만 이 신입생들은 값비싼 자산이다. 이들은 수많은 지원자들 가운데서 지도력과 학업잠재력을 바탕으로 선발된다. 미국 육군사관학교는 전체 미국 대학들 가운데서 최고정예집단에 속한다. 신입생들의 SAT 점수는 매우 높으며 신체적 능력은 탁월하다. 또한 고등학교 성적도 특히 공학 관련 과목에서 매우 우수하다. 나아가 가장 중요하게는 이들이 또래 가운데서 눈에 띄게 훌륭한 최우수 보이스카우트 출신들이라는 점이다. 사관생도 한 명을 교육하는 데 약 25만 달러가 들어가며, 따라서 생도 한 명이 누락할 때마다 납세자들은 그만큼의 손실을 입는 셈이다. 그러나 실제로 많은 생도들이 혹독한 교육프로그램을 견디다 못해 탈락하고 만다. 게다가 상당수는 교육이 시작하기도 전에 그만둔다.

내가 이런 사실들을 속속들이 알게 된 것은 1987년 2월에 육군사관학교 인사과장인 리처드 버틀러의 전화를 받으면서부터였다.

"셀리그만 박사님이시죠?"

명령 내리기에 익숙해진 듯한 활기찬 목소리로 그가 말을 꺼냈다.

"나라를 위해 하실 일이 있을 것 같습니다. 저희 육군사관학교는 낙오자 문제를 안고 있습니다. 박사님께서 뭔가 도움을 주실 수 있을 것 같은데요. 저희는 매년 1200명의 신입생을 받습니다. 이들이 7월 1일에 지옥병영에 입소하지요. 그러면 벌써 입소 첫날에 여섯 명이 탈락하고 정식 수업 시작도 하기 전인 8월 말에는 100명이 탈락합니다. 탈락자를 예측하는 일을 박사님께서 도와주실 수 있겠습니까?"

나는 이 제안에 기꺼이 동의했다. 내가 알고 있는 가장 혹독한 교육조건을 견뎌내는 데 낙관성이 얼마나 힘을 발휘할지를 검사해볼 이상적인 기회로 보였기 때문이었다. 원칙적으로 따지자면 메트라이프생명보험이나 펜실베이니아대학 1학년생들 가운데서 그랬듯 비관적인 사람들이 탈락자일 것이었다.

그래서 나는 7월 2일에 북쪽으로 차를 몰고 갔다. 특별 연구조수로 열네 살 된 내 아들 데이비드를 데리고 갔는데, 그는 질문지 돌리는 일을 거들 참이었다. 우리가 도착하자 간부들의 구령에 맞춰 전체 신입생들이 새로 지은 번쩍번쩍한 아이젠하워강당 안으로 행진해 들어왔다. 앉아서 검사를 시작해도 된다는 우리의 말이 떨어지길 기다리며 미국의 정선된 젊은이 1200명이 차려자세로 서 있었다. 듣기로는 지옥병영이 몇 십 년 만에 처음으로 '부드러워졌다'고 한다. 장기간 차려자세를 시키는 행위와 음식이나 물을 박탈하는 행위는 이제 금지되었다. 그렇더라도 내 앞에 펼쳐진 광경은 인상적이었다. 데이비드는 분위기에 압도당해 있었다.

버틀러의 통계는 정확했다. 실제로 여섯 명이 첫날에 그만두었고 한 명은 질문지에 답하던 중간에 그만두었다. 그는 일어나서 먹은 것을 토해내더니만 강당을 뛰쳐나갔다. 그리고 8월 말이 되자 100명이 포기했다.

이 책을 처음 쓰고 있던 시점에 우리는 1991년도 생도들을 2년 동안 추적하고 있었다. 이들 가운데 누가 그만두었을까? 역시 이번에도 비관적인 사람들이었다. 나쁜 일에 대해서 "나 때문이야. 앞으로도 그럴 거야. 뭘 해도 잘 안 될 거야"라고 설명한 신입생들이 혹독한 지옥병영을 견뎌내지 못한 비율이 가장 높았다. 그렇다면 누가 SAT의 예측보다도 뛰어난 성적을 거두었을까? 그것은 바로 낙관적인 사람들이었다. 반면에 비관적인 사람들은 SAT의 예측에 못 미치는 성적을 얻었다.

이 첫 조사결과만 가지고 육군사관학교처럼 전통적인 시설의 입학 및 훈련 방침이 바뀌어야 한다고 결론내리기에는 아직 이르다. 그러나 내가 보기에는 낙관성을 토대로 미래의 장교를 뽑는다면 군 지도력 향상에 기여할 수 있을 것 같다. 더욱 흥미로운 것은 이 책 뒤에서 다루게 될 기법을 사용해 비관적인 사람을 낙관적인 사람으로 바꿀 수 있다면, 적지 않은 낙오자들을 구출할 수 있고 이들이 재능을 살려 훌륭한 장교가 될 기회를 얻을 수도 있겠다는 점이다.

낙관성과 잠재력

거의 100년 동안 학업 성공에 대한 핵심단어는 적성과 재능이었다. 이 두 가지는 입학과 인사를 담당하는 모든 부서들에서 우상처럼 떠받들어진다. 미국에서는 하물며 기차를 운전하려고 해도 IQ나 SAT, MCAT(Medical College Admissions Test, 의대입학시험) 등의 점수가 어느 정도 나와야 하며, 유럽에서는 이것이 더욱 심하다.

나는 '재능'이 매우 과대평가되고 있다고 생각한다. 재능의 측정도 불완전할뿐더러 재능이 성공을 예측하게 하는 완벽한 지표도 아니다. 나아가 이런 전통적 견해 자체가 틀렸다. 왜냐하면 이것은 낮은 검사점수를 보완할 수도 있고 또는 재능이 뛰어난 사람들의 성취도를 크게 떨어뜨릴 수도 있는 한 요인을 간과하고 있기 때문이다. 설명양식이 바로 그것이다.

그렇다면 어느 것이 먼저일까? 학교에서 결정적인 것은 낙관성일까 아니면 학업성적일까? 상식적으로 우리는 사람들이 재능이 있어서 또는 성적이 좋기 때문에 낙관적으로 된다고 생각한다. 그러나 우리의 학습현장 연구는 이 인과관계의 방향이 반대로도 될 수 있음을 또렷이 보여준다. 우리는 SAT 점수, IQ, 생명보험회사 입사시험 점수처럼 재능에 해당하는 요인을 상수로 설정하고 연구를 시작했다. 그런 다음에 재능이 뛰어난 사람들 가운데서 낙관적인 사람들과 비관적인 사람들에게 무슨 일이 일어나는지 살펴보았다. 그 결과 재능검사 점수와 다르게 비관적인 사람들은 자신의 '잠재력'에도 미치지 못한 반면 낙관적인 사람들은 그것을 웃도는 성과를 보였음을 되풀이하여 확인할 수 있었다.

그래서 나는 잠재력이라는 개념이 낙관성 개념과 결부되지 않고는 별 의미가 없다고 생각하게 되었다.

9장

낙관적인 운동선수가 승리한다

밤 11시 정시뉴스를 본 나는 참을 수가 없었다. 단지 모델들이 기사를 읽어내려 간다는 사실 때문이 아니었다. 그것은 기사 내용과 방영된 장면들 때문이었다. 필라델피아 북부에서 일어난 화재사건은 지난 밤 큰 뉴스거리였다. 그러나 방영된 것이라고는 화염이 창밖으로 내뿜는 장면 30초, 잃어버린 재산 때문에 비탄에 빠진 생존자들의 인터뷰 1분, 연기흡입으로 사망한 소방관의 아내가 흐느끼며 한 인터뷰 1분이 전부였다. 그렇다고 오해하지 말기를 바란다. 물론 이것은 비극적 사건이었고 보도할 가치가 있었다. 하지만 11시 정시뉴스 제작진은 미국 시청자들이 대부분 눈물을 자아내는 일화에만 관심이 있을 뿐 통계와 분석을 이해할 능력은 없는 바보라고 생각하는 모양이다. 왜냐하면 이번 화재사건과 관련해 정말로 보도할 가치가 있는 것들은 보도되지 않았기 때문이다. 난방이 필요한 계절이 시작되면 빈민가에서 화재가 발생할 비율이 놀라울 정도로 높다는 사실, 소방관들의 연기흡입 빈도는 줄고 있다는 사실, 보험회사들이 화재피해에 대해 청구된 보험금의 낮은 비율만 지불하고 있다는 사실 등이 보도되지 않았다. 한마디로 말해 이러저러한 충격적인 사건들 밑에 깔린 원인을 이해하는 데 도움이 되는 통계수치들이 보도되지 않는다.

버트런드 러셀Bertrand Russell이 말하길 문명인의 특징은 일련의 수치를 읽고 눈물을 흘릴 줄 아는 능력이라고 했다. 과연 미국 국민들은 뉴스 제작자들이 생각하는 것만큼 '미개'할까? 정말로 우리는 통계적 주장을 이해하지 못할까? 정말로 우리는 오로지 일화만 이해할 수 있을까?

통계를 이해하고 즐기기까지 하는 일반인들의 능력이 그동안 언론에서 얼마나 형편없이 과소평가되어 왔는지를 알려면 아무 야구장에나 가서 한나절을 보내보라. 관중의 나이가 여섯 살 이상만 되도 3할의 타자가 무엇을 뜻하는지 다 안다. 또 토니 그윈이 주안 사무엘보다 안타를 칠 확률이 높다는 것도 다 안다.[29] 야구장에서 맥주를 마시며 취해 있는 어른들도 투수의 방어율이 무엇인지 다 안다. 하지만 실제로 방어율이란 화재보험 청구나 기름난로를 켤 때의 위험에 관한 기본 통계수치보다 더 복잡한 것이다.

미국인들은 스포츠 통계를 즐긴다. 호세 칸세코나 드와이트 구든 또는 래리 버드에 관한 얘기가 나오면 사람들은 즐겁게 확률에 몰두한다.[30] 확률은 미국의 전통산업에 필적하는 총수익을 내고 있는 사업인 스포츠 도박의 토대다. 빌 제임스나 엘라이어스 스포츠회사가 펴내는 대량의 기발한 야구통계 자료집은 매년 수만 부가 팔린다.[31] 게다가 일반인들만 이런 자료를 좋아하는 것이 아니다. 이것은 진지한 과학자들에게도 읽을거리가 되고 있다. 왜냐하면 프로스포츠는 오늘날 세계에서 수량적 기록이 가장 잘 이루어진 활동분야에 속하기 때문이다. 인간 능력에 관해 세밀한 예측을 제시하고자 하는 이론들에게 사실적인 스포츠 연감은 훌륭한 검증자료가 된다. 이것은 설명양식 이론에도 해당하는 얘기다. 스포츠통계를 근거로 이 이론을 시험해보기 위하여 나와 학생들은 스포츠기사를 읽는 데 수많은 시간을 할애했다. 낙관성에 관한 내 이론은 스포츠에 관해 무엇을 말해주는가?

스포츠와 관련해서 아주 간단하게 세 개의 기본적인 예측을 할 수 있다. 첫째, 다른 요인들이 모두 같다고 칠 때 더 낙관적인 설명양식을 지닌 사람이 결국 승리할 것이다. 왜냐하면 그런 사람이 더 열심히 노력할 것이기 때문이며 특히 패배를 경험한 뒤에나 강한 도전에 직면했을 때 더욱 그러할 것이다.

둘째, 팀의 경우에도 마찬가지일 것이다. 각 팀의 낙관성 수준을 평가할 수 있으며 또 실력이 서로 같다고 칠 때, 보다 낙관적인 팀이 승리할 것이다. 특히 중압감이 큰 상황에서 이런 현상이 가장 두드러지게 나타날 것이다.

셋째, 이것은 가장 흥미로운 예측에 해당하는데 운동선수의 설명양식이 비관성에서 낙관성으로 바뀔 경우 그런 선수는 이전보다 더 많이 승리할 것이다. 특히 중압감이 클 때 더욱 그러할 것이다.

내셔널리그

미국인들의 커다란 관심거리인 야구에 대해 살펴보자. 미리 밝혀두지만 나는 과학과도 같은 이 스포츠를 아주 좋아한다. 마이크로필름을 째려보며 수많은 시간을 보냈고 끝없이 이어지는 타율 자료에 몰두해 자정을 넘기기를 숱하게 반복했으며 새로운 통계분석을 시도했다가 쓸모없는 것으로 판명된 일이 허다했지만 그래도 이 연구는 일찍이 내가 했던 연구들 가운데 가장 흥미로운 것이었다. 나는 필라델피아 팀의 홈경기가 열리는 날이면 대개 구장에 가서 홈플레이트 뒤쪽 세 번째 줄에 앉는데, 이것은 그저 내가 야구를 좋아하기 때문만은 아니었다. 그것보다는 오히려 이 연구결과를 통해서 인간의 성공과 실패의 정수를 볼 수 있었기 때문이었다. 이 연구결과는 '패배의 고통'과 '승리의 감동'이 참으로 어떤 작용을 하는지를 여실히 보여준다.

그러나 한 이론을 바탕으로 예측을 내놓기는 쉬워도 그것이 옳은지를 확인하기란 매우 어려운 일이다. 우리가 직면한 문제는 세 가지였다.

첫째, 개인들이 모인 집단인 팀도 설명양식을 지니고 있다고 볼 수 있을까? 지금까지 우리가 했던 연구들은 모두 비관적인 개인들의 수행 능력이 떨어진다는 사실에 관한 것이었다. 과연 비관적인 팀이라는 것이 있는가? 나아가 비관적인 팀의 수행 능력이 정말로 떨어지는가? 이 물음들에 답하기 위하여 우리는 설명문구 내용분석 기법으로 한 경기시즌 전체에 걸쳐 한 팀 선수들의 인과적 설명이 담긴 스포츠기사 인용문들을 모두 조사했다. 기자들은 흔히 나쁜 사건에 초점을 맞추기 때문에 어느 일간신문 스포츠 지면을 보든 그런 인용문들은 넘쳐났다. 우리는 인용문이 누구의 것인지, 또 그 이야기를 한 사람이 어느 팀 소속인지를 모르는 평가자들을 따로 두어 선수별로 점수를 내었다. 그리고 팀의 감독들에 대해서도 조사했다. 이렇게 한 팀에 속한 모든 개인들의 점수를 낸 뒤 그것의 평균을 내어 팀의 설명양식으로 삼았다. 그런 다음 리그에 속한 모든 팀들을 비교해보았다.

두 번째 문제는 스포츠기사에 실린 인용문 자체에 있었다. 우리는 유명한 야구선수들을 모두 직접 인터뷰할 만한 힘도 돈도 없었다. 때문에 지역신문들의 스포츠 지면과 경이로운 정보창고 주간지 「스포팅 뉴스」에 실린 인터뷰에 의존할 수밖에 없었다. 그런데 운동선수가 기자에게 말한 것들은 연구 자료로서 질이 상당히 떨어진다. 인용 자체가 부정확할 수도 있고 기자가 더 흥미진진한 기사를 만들 목적으로 과장 보도할 수도 있기 때문이다. 게다가 선수가 본인의 의도와 다르게 말할 수도 있다. 비난을 스스로 떠맡거나 남에게 떠넘기면서 지나치게 겸손한 척하거나 잘난 척 할지도 모른다. 사실 이런 이유들 때문에 인용문이 설명양식을 정확하게 반영하는지 알 길이 없다. 그나마 방법이 있다면 일종의 '자력진행법'을 사용하는 것이다. 곧 만약에 이 연구가 팀의 수행 능력을 실제로 예측한다면 거기에 사용된 인용문들이 낙관성의 지표로 유효했기 때문에 그러할 것이다. 그러나 만약 예측을 하지 못한다면 그것은 이론이 틀렸거나 아니면 인용문들이 유효성을 갖지 못함을 뜻할 것이다.

스포츠 지면의 인용문들이 야기하는 문제는 이것이 전부가 아니었다. 팀의 설명양식을 발견하기까지 처리해야 할 자료의 양이 엄청났다. 우리는 내셔널리그 연구를 수행하면서 1985년 4월부터 10월까지 경기시즌 전체에 걸쳐 내셔널리그 12개 팀들의 연고지 신문들 스포츠 지면을 빠짐없이 읽었다. 그리고 매우 매혹적인 결과를 얻었기 때문에 1986년을 대상으로 똑같은 연구를 반복했다. 결국 모두 합쳐 약 1만 5000쪽에 달하는 스포츠 기사를 파헤친 셈이었다.

세 번째 문제는 인관관계의 방향이 낙관성에서 승리로 향하고 그 반대가 아니라는 사실을 어떻게 증명할 것인가라는 것이었다. 잠시 후 보게 되겠듯이 뉴욕 메츠 팀은 1985년에 매우 낙관적인 팀이었다. 그리고 같은 해에 매우 훌륭한 팀이기도 했다. 비록 우승을 다투던 마지막 주의 아주 중대한 경기에서 세인트루이스 카디널스 팀에게 아쉽게 지고 말았지만 말이다. 그렇다면 과연 이 팀은 낙관적이었기 때문에 잘 한 것인가 아니면 그렇게 잘 했기 때문에 낙관적이었던 것인가? 이 문제를 풀기 위해서 우리는 한 시즌의 낙관성을 바탕으로 다음 시즌의 승리를 예측해야 했다. 물론 이때 팀을 떠난 선수는 설명양식 분석표에서 삭제하여 팀원 변화에 따른 수정작업도 병행했다.

그러나 이것으로도 충분치가 않았다. 팀의 첫 시즌 성적에 따른 수정작업도 필요했기 때문이다. 뉴욕 메츠를 예로 들어보자. 이 팀은 1985년에 내셔널리그에서 가장 낙관적인 팀이었고 98승 64패로 두 번째 좋은 기록을 가지고 있었다. 이 팀은 우리의 예측대로 1986년에는 더욱 좋은 플레이를 보였다. 그렇다면 이것은 1985년 선수들의 인용문을 토대로 측정한 팀의 낙관성 때문인가, 아니면 1985년의 승패기록에 나타났듯 그저 선수들의 실력이 뛰어났기 때문인가? 이 물음에 답하기 위해 우리는 첫 시즌의 승패기록에 따른 수정작업을 통해 이것을 '통계학적으로 일정하게' 만든 다음에 낙관성이 첫 시즌의 성공 이상으로 성공을 예측하는지 살펴봐야 했다. 이것은 대학생들의 성적에 관한 연구를 하면서 고등학교 성적과 SAT보다 낙관성이 대학 성적을 더 잘 예측하는지 살펴보았을 때 사용했던 것과 똑같은 방법이었다. 더 나아가 우리는 이론대로 정말 중압감이 큰 상황에서 낙관성이 팀의 수행에 마술적인 영향을 발휘하는지도 알아내고자 했다. 내셔널리그 한 시즌에는 모두 972회의 경기가 열리는데 내 아들 데이비드가 매 경기의 박스기록을 뒤졌다. 그리고 우리는 중압감이 큰 상황에서 생각해볼 수 있는 이러저러한 통계수치들을 끊임없이 내보았다. 그러다 뒤늦게 야구통계연감 《엘라이어스》가 9회의 압박조건과 관련해 산출한 통계들이 더 낫다는 것을 발견하여 우리 것을 버리고 그것을 쓰게 되었다. 이 연감에는 팽팽한 경기상황에서 마지막 3회 동안 타자들이 어떻게 행동하는지가 나와 있다. 그래서 우리는 1985년에 낙관적인 팀들이 1986년에 이닝 수가 얼마 남지 않은 압박상황에서 1985년에 비관적이었던 팀들보다 높은 타율을 기록할 것이라고 예측했다. 그리고 이 경우에도 이것이 전체 타율 이상으로 그러함을 증명하기 위해 압박상황이 아닐 때 친 안타에 대한 통계적 수정작업을 벌였다.

1985년의 메츠 팀과 1986년의 카디널스 팀

1985년에는 두 강팀이 동부지구 우승기를 놓고 치열한 승부를 벌였다. 시즌 내내 우리는 메츠 팀과 카디널스 팀 선수들의 인과적 설명이 인용된 기사들을 뽑아내 평가하는 작업을 했다. 그래서 시즌이 끝났을 때는 어마어마한 양의 자료를 모을 수 있었다.

시즌이 진행되는 동안에 메츠 선수들이 말했던 것은 다음과 같다. 각 인용문에 달린 번호는 설명문구 내용분석의 실제 점수다. 이것은 3점(매우 일시적이고 일부이며 외부적인 설명)에서부터 21점(완전히 지속적이고 만연적이며 개인적인 설명)까지 이른다. 3점에서 8점까지는 매우 낙관적인 것이고 13점 이상은 매우 비관적인 것이다.

팀의 패배 원인에 대해 이야기한 데이비 존슨 감독부터 살펴보자.

"오늘밤엔 저쪽이 [상대편이] 잘해서 졌지요."('오늘밤엔 – 일시적, '저쪽이' – 외부적, 오늘밤의 상대 – 일부: 7)

강타자 중에서 먼저 좌익수 조지 포스터를 살펴보자.

"어느 팬이 열 받게 만들더라고요." 왜냐하면 "그날은 안 되는 날이었어요."(7)

플라이 공을 왜 놓쳤냐고 묻자 우익수 데릴 스트로베리는 말했다.

"공이 정말로 잘 날아가더라고요. 글러브로 거의 잡았었죠."(6)

왜 메츠가 완봉패를 당했냐는 질문에 스트로베리가 말했다.

"그런 날이 있잖아요."(8)

일루수 키스 에르난데스는 왜 메츠가 원정경기에서 두 경기밖에 이기지 못했냐는 질문에 이렇게 대답했다.

"원정경기 내내 잘 안 풀리더라고요."(8)

왜 선두경쟁에서 메츠의 우세가 이제 반 게임으로 줄어들었냐는 질문에 다시 에르난데스가 말했다.

"저쪽도 [상대편도] 형편없는 플레이를 했는데 운이 아주 좋았죠."(3)

스타 투수인 드와이트 구든은 왜 홈런을 맞았냐는 질문에 이렇게 설명했다.

"그 선수가 오늘 잘 쳤어요."(7)

구든은 왜 메츠가 졌냐는 질문에 이렇게 대답했다.

"안 되는 날이었어요."(7) "오늘은 제 날이 아니었어요."(8) "너무 더웠어요."(8)

구든은 자기가 던진 폭투에 대해 이렇게 말했다. "공에 물기가 있었음에 틀림없어요."(3)

이런 모든 얘기들이 결국 무엇을 뜻하는지 당신도 짐작할 수 있을 것이다. 메츠가 잘 못하면 그것은 그저 오늘만 그런 것이거나 상대편 때문이지 자기들 탓이 아니라는 것이다. 이렇게 해서 메츠 선수들의 이야기는 스포츠분야에서 낙관적 설명양식을 보여주는 교과서적인 예가 되었다. 집단 전체로 볼 때 메츠 팀은 1985년 내셔널리그 팀들 가운데 가장 낙관적인 설명양식을 가지고 있었다. 나쁜 일에 대한 이 팀의 평균 점수는 9.39였다. 이것은 성공적인 생명보험 영업사원이 되기에 충분한 것이었다.

이제 세인트루이스 카디널스 선수들의 얘기를 들어보자. 이 팀은 시즌 막판에 메츠를 누른 뒤 플레이오프에서도 승승장구했지만 월드시리즈에서는 심판의 잘못된 판정에 힘입은 캔자스시티에 쓰라린 패배를 당하고 말았다. 카디널스 선수들은 메츠 선수들보다도 뛰어난 실력을 가지고 있었다. 그해 메츠의 타율은 .257이었던 반면에 카디널스는 .264였다. 그리고 투수 방어율에서도 카디널스가 메츠보다 약간 더 좋았다.

오늘날 가장 뛰어난 야구감독이란 얘기를 자주 듣는 화이티 허조그 감독은 팀의 패배에 대해 이렇게 말했다.

"솔직히 말해서 우리 선수들이 도대체 치지를 못합니다."(불변하고 보편적이며 개인적인 설명, 20)

왜 기자들이 허조그 감독보다 신시내티 레즈 팀의 선수 겸 감독인 피트 로우즈에게 훨씬 더 많이 말을 거냐고 묻자 허조그 감독은 이렇게 말했다.

"그래서 어쩌자는 겁니까? 그 친구가 나보다 안타수가 3800개나 더 많잖아요."(지속적이고 만연적이며 개인적인 설명, 14)

휴일 뒤에 치른 경기에서는 늘 고전을 면치 못했다고 하자 허조그 감독이 말했다.

"정신력의 문제지요. 우리가 너무 풀어져 있었습니다."(14)

1985년도 내셔널리그 타격왕 윌리 맥기는 기대만큼 도루를 많이 하지 못한 이유에 대해 이렇게 말했다.

"제가 도루기술이 없어요."(16)

1984년에 타격이 나빴던 이유에 대해서 맥기가 말했다.

"정신적으로 흐트러져 있었어요. 어떻게 해야 할지 나도 모르겠더라고요."(15)

강타자 잭 클라크는 플라이 공을 떨어뜨린 것에 대해 이렇게 말했다.

"정말로 잡을 수 있는 공이었는데. 그냥 못 잡았어요."(12)

이루수 톰 헤어는 타율이 2푼 1리 떨어진 이유에 대해 설명했다.

"요즘 마음을 다잡고 집중하기가 아주 어려워요."(17)

이것이 바로 최상의 실력과 비관적 설명양식을 동시에 지닌 팀의 모습이다. 이것은 코치들이 흔히 선수의 "태도가 나쁘다"고 말할 때 뜻하는 바와도 비슷하다. 실제로 이것이 유일한 유효 변인이 아니었나 싶다. 통계적으로 볼 때 나쁜 일에 대한 카디널스 팀의 설명양식은 평균 이하로, 11.09점으로 12개 팀 가운데 9등이었다. 우리 이론에 따르자면 한 시즌에 형편없는 설명양식을 지니고도 매우 좋은 성적을 낸 팀은 이 단점을 보완할 만큼 실력이 출중함에 틀림없다. 또한 다음 시즌 성적을 예측해볼 수 있었는데, 위의 두 팀만 놓고 볼 때 메츠 팀은 1985년보다 뛰어난 성적을 거둘 것이고 카디널스 팀은 성적이 떨어질 것으로 보였다.

우리의 예측은 그대로 적중했다. 1986년에 메츠는 경이로운 팀이었다. 팀의 승률은 .605에서 .667로 상승했다. 동부지구와 플레이오프전에서 우승했을 뿐만 아니라 마지막 경기에서 보스턴 레드삭스에게 역사적인 역전승을 거두고 월드시리즈를 손에 넣었다. 메츠 팀의 1986년 전체 타율은 .263으로 꽤 대단했으며, 특히 경기 끝 무렵의 압박상황에서 타율은 자그마치 .277까지 올라갔다.

반면에 카디널스 팀은 겨우 49퍼센트의 승률을 기록했고 결국 아무것도 이루지 못한 채로 1986년에 몰락했다. 뛰어난 실력을 지니고 있었지만 전체 타율은 고작 .236이었고 압박상황에서는 가엾게도 .231까지 떨어졌다.

기사 인용문들을 바탕으로 우리는 내셔널리그 12개 팀의 1985년 설명양식을 계산했다. 통계적으로 볼 때 낙관적인 팀들은 1986년에 들어와 전년보다 좋은 승패기록을 거둔 반면에 비관적인 팀들은 전년보다 나쁜 기록을 거두었다. 1985년에 낙관적이었던 팀들은 1986년 압박상황에서 평소보다 좋은 타율을 보인 반면에 1985년에 비관적이었던 팀의 타율은

1986년 압박상황에서 평소보다 아래로 떨어졌다.

보통 나는 연구의 타당성이 반복해서 증명되기 전에는 내 자신의 연구에 대해서도 확신을 가지지 않는다. 그래서 우리는 전체 연구를 1년 더 반복해서 과연 설명양식이 내셔널리그 팀들의 성적을 또다시 예측할 수 있는지 살펴보았다. 그러기 위해서 우리는 1986년의 기사 인용문들을 모두 수집해 1987년 성적을 예측해보았다. 그러자 기본적으로 똑같은 결과가 나왔다. 낙관적인 팀들은 이듬해에 전년의 승패기록이 시사하는 것보다 나은 성적을 거둔 반면 비관적인 팀들은 그보다 못한 성적을 거두었다. 그리고 압박상황에서 낙관적인 팀들은 잘 친 반면에 비관적인 팀들은 잘 치지 못했다.

프로농구 NBA 리그

야구와 달리 농구는 우리에게 두 가지 이점을 제공했다. 첫 번째 이점은 선수가 더 적기 때문에 설명문구 내용분석 작업에 드는 수고가 약간 줄었다는 점이다. 더 중요한 두 번째 이점은 농구의 절묘한 내기방식과 관련된 것이었다. 매 경기마다 내기꾼들은 누가 이길지를 예측할 뿐 아니라 얼마나 크게 이길지도 예측한다. 이 '얼마나 크게'를 가리켜 예상득점차이라고 부른다. 가령 뉴저지 네츠 팀과 보스턴 셀틱스 팀이 1980년대 중반 어느 날 저녁 맞붙는다면 사람들은 대부분 보스턴 팀의 승리를 점칠 것이다. 그러나 보스턴 팀이 단순히 이길 것이라는 데 돈을 걸 수가 없다. 왜냐하면 이 팀이 이길 확률이 워낙 높아서 아무도 이 팀이 질 것이라는 데 돈을 걸지 않기 때문이다. 그러므로 보스턴 팀이 이를테면 9점 차이로 이길 것이라는 추가 예상을 내놓아 이 팀이 정말로 이 차이를 '메울지',

다시 말해 9점 또는 그 이상의 차이로 이길지 내기를 걸 수 있다. 그래서 실제로 그렇게 되면 건 돈의 두 배를 받고, 반대로 9점 이하의 차이로 이기면 돈을 잃는 것이다. 내기꾼들의 수완이 이렇게 절묘하기 때문에 결국 절반의 사람들은 셀틱스 팀이 차이를 메운다는 데 걸고 나머지 절반은 네츠 팀에 걸게 된다.

나는 스포츠에 돈을 걸지 않는다. 정말로 나는 지금까지 살면서 딱 한 번 제대로 내기를 해보았다. (이것에 관해서는 11장에서 이야기할 것이다) 때문에 내 흥미를 끈 것은 내기가 아니었다. 그것보다는 오히려 예상득점 차이가 과학적으로 아주 편리한 도구라는 점이 내 흥미를 끌었다. 왜냐하면 이 차이를 통해서 선수들의 기량, 홈코트의 이점, 누가 부상을 당했고 누가 최근에 부진한지 등등 두 팀 사이에 있을 수 있는 모든 요인들의 차이가 상쇄되기 때문이다. 이제 우리는 설명양식이론에 따라 아무도 고려하지 않은 한 가지 요인이 더 있다고 주장한다. 곧 이미 알려진 모든 요인들과 별도로 팀의 낙관성이 중압감이 큰 상황에서 팀의 플레이를 좌우할 것이라고 예측할 수 있다. 낙관적인 팀은 예상득점 차이 이상으로 잘 할 것이며 비관적인 팀은 그것보다 못한 플레이를 펼칠 것이다. 다만 이것은 지난 경기에서 졌을 때와 같은 역경에 처했을 때만 그럴 것이다. 다시 말하자면 낙관적인 팀은 지난 경기에서 졌을 때 다음 경기에서 예상득점 차이를 메우는 경향이 있을 것이고, 비관적인 팀은 지난 경기에서 졌을 때 다음 경기에서 이 차이를 메우지 못하는 경향이 있을 것이다.

보스턴 셀틱스 팀과 뉴저지 네츠 팀

우리는 1982년~1983년 시즌의 NBA 대서양지구 팀들의 연고지 신문

스포츠 지면을 읽으면서 각 팀의 설명양식을 산출했다. 그리고 이 낙관성 수준을 토대로 1983년~1984년 시즌에 압박상황에서 펼쳐질 각 팀의 플레이를 예측했다. 그런 다음 한 번 더 1983년~1984년 시즌의 스포츠 지면 설명양식을 토대로 1984년~1985년 시즌의 성적을 예측했다. 우리는 모두 합쳐 1만 쪽 이상의 스포츠 지면을 읽었고 팀당 약 100개의 사건설명 인용문들을 수집했다. 사실 이 연구는 내가 했던 연구들 가운데 두 번째로 많은 수고가 들어간 연구였다.

이제 극단적인 두 가지 예를 살펴보자. 먼저 보스턴 셀틱스 팀이 나쁜 일을 설명할 때 전형적인 인용문 몇 개를 들겠다.

패배에 대해 – "[상대편 홈코트의] 팬들이 너무 시끄러워요. NBA에서 가장 난폭한 관중이에요."(9)

또 다른 패배에 대해 – "거기서 [상대편 홈코트에서] 이해하기 어려운 일들이 우리한테 일어났을 뿐이에요."(8)

낮은 점수로 1쿼터를 마친 뒤 – "관중이 완전히 죽었어요."(6)

플레이오프 경기에서 패배한 뒤 – "저쪽이 잘 했어요. 골대 앞에서 잽싸게 차단하더라고요."(6)

결승전 첫 경기를 잃은 뒤 – "저렇게 잘하는 팀은 처음 봤어요."(8) "저쪽이 [상대편이] 앞뒤 가리지 않고 대담한 플레이를 했어요."(4)

상대편 한 선수가 40득점을 올린 데 대해 – "그 친구 오늘밤 플레이하는 걸 보면 상대가 누구였든 상관없이 40득점을 올렸을 겁니다. 우리는 그냥 들러리였지요. 붙잡고 때리고 차고 다 해봤지만 그 녀석은 귀신같았어요."(5)

셀틱스 선수들은 마치 조증 환자들처럼 얘기했다. 나쁜 일은 언제나 일시적이고 일부로 치부되었고 결코 자기들 탓으로 돌리지 않았다. 셀틱스 팀은 1983년~1984년 시즌에 걸쳐 지난 경기에서 졌을 때 다음 경기에서 예상득점 차이를 모두 68.4퍼센트 능가했다. 그리고 1984년~1985년 시즌에는 자그마치 81.3퍼센트 능가했다(평균적으로 한 팀이 예상득점 차이를 능가할 확률은 50퍼센트임에 유의하라. 셀틱스 팀이 지난 경기에서 이겼을 때 다음 경기에서 예상득점 차이를 능가한 횟수는 1983년~1984년 시즌과 1984년~1985년 시즌에 각각 51.8퍼센트와 47.3퍼센트였다). 셀틱스 팀은 패배한 뒤 다시 일어서는 데 거의 초인적인 능력을 보인 팀이었다.

이제 1982년~1983년 시즌에 뉴저지 네츠 팀이 나쁜 일을 어떻게 설명하는지 들어보자.

플레이오프 경기에서 패배한 뒤 – "우리는 이제 모든 것을 잃고 있습니다."(18) "우리가 스스로 일을 망쳤고 모든 기회를 날려버렸어요."(16)

또 다른 패배들에 대해 – "내가 코치생활 하면서 이렇게 신체적으로 허약한 팀은 처음 봤어요."(18) "우리의 지적 능력이 사상 최저 수준이었죠."(15) "우리는 패스만 하면서 슛을 서로 미룹니다. 모두 자신이 없는 것이지요."(17)

네츠 팀은 1983년~1984년 시즌에 신체적으로 열등한 팀이 아니었다. 전체 경기 가운데 51.8퍼센트를 이겼으니 말이다. 그러나 정신적으로는 난파된 배와도 같았다. 방금 보았듯이 이들은 패배를 지속적이고 만연적이며 자기들 탓인 것으로 설명했다. 그렇다면 이들은 과연 1983년~1984년 시즌에 지난 경기에서 졌을 때 다음 경기에서 어떤 플레이를 펼쳤을까? 이들은 예상득점 차이를 고작 37.8퍼센트 능가했다. 반면에 지난 경기에서 이겼을 때는 다음 경기에서 예상을 48.7퍼센트 능가했다. 네츠 팀의 설명 양식은 1983년~1984년 시즌 동안에 많이 개선되었다. 이것은 주로 소속 선수들의 교체 덕분이었는데, 어쨌든 1984년~1985년 시즌에 지난 경기에서 졌을 때 다음 경기에서 예상득점 차이를 능가한 비율이 62.2퍼센트까지 올라갔다.

우리의 연구결과를 종합하면 다음과 같다. 나쁜 일들에 대한 팀의 설명양식은 다음 시즌 동안에 지난 경기에서 졌을 때 다음 경기에서 예상득점 차이와 비교해 어떤 플레이를 펼칠지를 강력히 예측한다. 곧 비관적인 팀보다 낙관적인 팀이 예상득점 차이를 더 자주 메운다. 낙관성의 이러한 효과는 팀의 '질'과 별도로 작용한다. 우리가 이렇게 말할 수 있는 근거는 두 가지다. 첫째, 예상득점 차이 자체가 팀의 질을 일정하게 유지시키는 역할을 하기 때문이다(강팀이든 약팀이든 한 팀이 예상득점 차이를 능가할 가능성은 평균적으로 보아 50퍼센트다). 둘째, 우리가 한편으로는 이번 시즌과 지난 시즌 양쪽에서 승패기록을 뽑았고 다른 한편으로는 팀들이 지난 경기에서 이겼을 때 다음 경기에서 예상을 능가한 빈도를 분리해냈기 때문이다.

우리는 그밖에도 야구 내셔널리그에서 관찰했던 것과 똑같은 경향을 발견했다. 곧 팀들의 이번 시즌 승패기록을 균등하게 맞추었을 때, 한 팀의 이번 시즌 설명양식은 그 팀의 다음 시즌 전체 승패기록을 예측했다.

우리의 농구 연구와 야구 연구를 함께 고려할 때 다음과 같이 결론내릴 수 있다.

- 단순히 개인이 아니라 팀이 가지고 있는 설명양식 또한 중요하며 측정 가능하다.
- 설명양식은 팀이 얼마나 '좋은' 팀인가 와는 별도로 팀의 수행을 예측한다.
- 낙관성은 경기장에서 성공을 예측한다.
- 비관성은 경기장에서 실패를 예측한다.

- 설명양식은 지난 경기에서 졌을 때나 팽팽한 경기의 마지막 3회처럼 압박상황에서 팀이 어떤 플레이를 펼칠지에 영향을 미친다.

버클리의 수영선수들

언론은 버클리의 수영스타 매트 비온디가 1988년 서울올림픽에서 큰일을 해낼 것이라고 한참 떠들어댔다. 비온디는 7개 종목에 출전할 예정이었는데, 미국 언론은 마치 그가 7개의 금메달을 획득해 1972년 올림픽에서 마크 스피츠가 세운 전대미문의 업적을 재현할 것처럼 보도했다. 그러나 전문가들이 보기에는 만약 비온디가 서울대회에서 금이든 은이든 동이든 7개의 메달을 획득한다면 그것 자체가 엄청난 것이었다.

비온디의 첫 출전종목은 200미터 자유형이었다. 이 종목에서 그는 실망스럽게도 3위에 그쳤다. 두 번째 출전종목은 100미터 접영이었는데, 이것은 그의 주 종목이 아니었다. 경기가 시작되자 그는 전체를 압도하며 줄곧 선두로 헤엄쳤다. 그러나 마지막 2미터를 남겼을 때 그는 한 번 더 팔을 휘저어 결승지점으로 밀고 들어오는 대신에 힘을 빼면서 마지막 미터를 미끄러져 들어오려는 듯했다. 그 순간 수리남의 앤서니 네스티가 한 번 더 팔을 휘저으며 비온디를 간발의 차이로 제쳤다. 수리남이 첫 메달을 따는 순간, 동시에 미국 전역에서는 절망의 신음소리가 터져 나왔다. 동메달과 은메달에 실망한 기자들은 회견장에 나온 비온디에게 '패배의 고통'을 안겨주었고 혹시 이대로 주저앉는 것은 아닐까 추측하기 시작했다. 이렇게 실망스러운 출발을 보인 비온디가 과연 남은 5개 종목에서 금메달을 따고 미국으로 돌아올 수 있을 것인가?

당시에 집에서 TV를 시청하던 나는 그가 금메달을 따올 것으로 확신했다. 내게는 그렇게 믿을 만한 이유가 있었다. 우리는 넉 달 전에 버클리에서 비온디를 검사한 적이 있는데, 그때 검사한 것이 바로 비온디가 지금 필요로 하는 것, 곧 패배를 딛고 일어서는 능력이었다.

우리는 그와 그의 모든 동료선수들에게 귀인양식 질문지를 돌렸다. 그 결과 비온디는 낙관적인 집단 안에서도 상위 25퍼센트에 속하는 것으로 판명되었다. 우리는 그밖에도 통제된 조건에서 패배상황을 연출해보았다. 비온디의 코치인 노트 손튼은 비온디에게 100야드 접영을 전력으로 헤엄치도록 지시했다. 그 결과 비온디는 50.2초로 들어왔는데 이것은 매우 좋은 기록이었다. 그러나 손튼은 비온디의 기록이 51.7초라고 거짓으로 알려주었다. 비온디에게는 이것이 매우 느린 기록이었으므로 그는 놀랍고 실망스런 표정을 지었다. 코치는 비온디에게 몇 분 휴식을 취한 뒤 한 번 더 전력으로 헤엄쳐보라고 말했다. 비온디는 코치의 지시대로 했는데, 두 번째 기록은 50.0초로 더 빠르게 나왔다. 비온디는 매우 낙관적인 설명양식을 지니고 있었고 또 패배를 경험한 뒤 오히려 더 빨리 헤엄칠 수 있다는 것을 우리 앞에서 보였기 때문에 나는 그가 금메달을 목에 걸고 돌아오리라는 믿음을 가질 수 있었다.

실제로 비온디는 남은 5개 종목에서 5개의 금메달을 획득했다.

우리는 이미 야구와 농구 분야에서 팀의 설명양식이 팀의 수행을 예측할 수 있음을 보았다. 그렇다면 과연 특히 중압감이 큰 상황에서 운동선수 개인의 설명양식도 개인의 수행 능력을 예측할 수 있을까? 이것이 바로 우리가 비온디와 그의 동료선수들을 통해서 밝혀내고자 했던 물음이었다.

나는 비온디의 코치 노트 손튼을 한 번도 만난 적이 없다. 그저 몇 번 TV에서 그를 보았을 뿐이었다. 그러나 각각 버클리의 캘리포니아대학 남녀 수영대표팀 코치였던 그와 그의 아내 카렌 모우 손튼은 내게 매우 귀중한 연구협력자가 되어주었다. 이들 같은 협력자를 얻는 것은 과학자에게 매우 큰 재산이 된다. 나는 노트 손튼과 오직 전화로만 대화를 나눴는데, 그가 내게 처음 전화를 걸어온 것은 1987년 3월이었다.

"보험 외판원에 관한 교수님의 연구에 대해 읽은 적이 있는데요" 하고 그가 말했다.

"읽고 나니 수영선수도 마찬가지가 아닐까 하는 생각이 들었어요. 제가 왜 그렇게 생각하는지 한번 들어보시겠습니까?"

노트의 추론은 구구절절 옳았다. 그래서 나는 "맞아요! 맞아요!" 하며 맞장구치기를 자제하고 그의 이야기를 끝까지 듣느라 무진 애를 써야만 했다.

"교수님께서는 사람의 마음 깊숙이 자리 잡은 긍정적 신념 같은 것을 측정하신다는 인상을 받았습니다. 저희 코치들은 그런 것을 꼭 집어내기가 어렵지요" 하고 노트가 말을 이었다.

"저희도 태도가 중요하다는 것을 압니다. 그러나 애들은 평소에 태도가 좋은 것처럼 속이다가 결정적인 순간에 나자빠지곤 하지요. 게다가 나쁜 태도를 어떻게 하면 좋게 바꿀 수 있는지도 잘 모르고요."

1988년 10월 정규시즌이 시작되기 전에 우리는 캘리포니아대학 남녀 수영대표팀의 선수 50명 전원에게 귀인양식 질문지를 돌렸다. 이것과 별개로 노트와 카렌은 정규시즌 동안, 특히 중압감이 큰 상황에서 선수 개개인이 올릴 성적을 예상해보았다. 이것은 선수들을 매우 잘 아는 코치들조차 몰랐던 어떤 것을 귀인양식 질문지가 말해줄 수 있는지 확인해보고 싶었기 때문이었다.

나는 코치들이 모르는 어떤 것을 내가 알고 있다는 것을 금방 눈치 챘다.

왜냐하면 귀인양식 질문지를 통해 얻은 낙관성 점수와 압박상황에서 선수들의 수행능력에 관한 코치들의 평점이 아주 따로 놀았기 때문이었다. 그러나 과연 이 낙관성 점수가 경기장에서 실제로 성공을 예측할까?

이것을 알아내기 위하여 노트와 카렌은 시즌 전체에 걸쳐 선수들의 수영성적을 각각 '예상 이하' 또는 '예상 이상' 으로 평가했다. 선수들도 자신들의 수영성적을 똑같은 방식으로 평가했는데, 그 결과 코치와 선수가 똑같이 생각하고 있음이 분명해졌다. 왜냐하면 양쪽의 평가가 완전히 일치했기 때문이다. 나는 그저 시즌 전체에 걸쳐 '예상 이하' 로 나온 수영성적들의 횟수를 집계하기만 했다. 그 결과 귀인양식 질문지에서 비관적인 사람으로 판명된 선수들이 낙관적인 사람으로 판명된 선수들보다 약 2배 더 자주 '예상 이하' 의 수영성적을 냈음이 밝혀졌다. 낙관적인 사람들은 자신의 수영잠재력을 한껏 발휘한 반면, 비관적인 사람들은 자신의 잠재력에 못 미치는 성적을 거둔 것이었다.

그렇다면 과연 이 경우에도 야구나 농구 또는 영업사원의 경우에 그랬던 것처럼 설명양식을 가지고 패배에 대한 사람들의 반응을 또 다시 예측할 수 있을까?

이것을 검사하기 위해 우리는 통제된 조건에서 패배를 연출했다. 시즌 말기, 우리는 선수들에게 자신의 주 종목을 전력으로 헤엄치도록 요구했다. 그런 다음 노트나 카렌은 선수들에게 거리에 따라 실제보다 1.5초에서 5초 정도 나쁘게 기록을 알려주었다. 비온디의 경우에 100야드 접영을 실제로는 50.2초에 들어왔지만 51.7초에 들어왔다고 거짓으로 알려주었다. 우리는 선수들이 매우 실망스러워할 만큼 '실패' 의 크기를 잡았다. 한 선수는 실망하여 한쪽 구석에 쪼그리고 앉는 바람에, 20분 동안이나 그를 아기처럼 달래야 했다. 하지만 또한 너무 크게 잡아서 거짓이 탄로

나지 않도록 주의했다. 선수들은 휴식을 취한 뒤 다시 한 번 자신의 종목을 전력으로 헤엄쳐야 했다. 그러자 우리가 예상한대로 비관적인 선수들은 기록이 더 나빠졌다. 비관적 설명양식을 지녔던 두 수영스타의 경우에는 100야드 종목의 기록이 자그마치 2초나 느려졌는데, 이것은 이 종목에서 1등과 꼴찌의 차이만큼 큰 것이었다. 반면에 낙관적 설명양식을 지닌 선수들은 기록이 그대로 유지됐거나 또는 비온디의 경우처럼 오히려 더 빨라졌다. 몇몇 선수들의 경우에는 기록이 2초에서 5초까지 빨라졌는데, 이것도 1등과 꼴찌의 차이만큼이나 큰 것이었다. 물론 검사를 다 마친 뒤에는 선수들에게 전후사정을 진실대로 이야기해주었다.

버클리 수영선수들은 설명양식이 성공 또는 실패를 낳는 작용을 할 수 있다는 사실을 분명하게 보여주었다. 이것은 프로스포츠 통계자료들이 팀 수준에서 보여주었던 것을 개인 수준에서 똑같이 보여준 것이었다. 게다가 설명양식이 작용하는 방식은 개인의 경우에나 팀의 경우에나 차이가 없었다. 낙관성은 압박상황에서 운동선수들의 수행 능력을 향상시켰다. 낙관적인 선수들은 압박상황에서 더욱 열심히 노력하여 패배를 딛고 일어섰다.

모든 코치들이 알아야 할 것

코치나 열성적인 운동선수라면 누구나 이 연구결과를 진지하게 받아들여야 할 것이다. 코치들이 이 연구결과에서 배워야 할 직접적이고도 실제적인 교훈은 다음과 같다.

• 낙관성은 사람들이 대충 직관적으로 알아낼 수 있는 것이 아니다. 귀인

양식 질문지는 그냥은 알 수 없는 어떤 것을 측정한다. 귀인양식 질문지는 노련한 코치의 판단이나 내기꾼들의 솜씨와 별개로 성공을 예측한다.

- 낙관성은 언제 어떤 선수를 기용하는 것이 더 바람직한지 말해준다. 아주 중요한 릴레이경주를 앞에 두고 있다고 생각해보라. 한 선수가 빠르긴 하지만 최근에 개인종목에서 실패한 경험이 있는 비관적인 사람이라면, 선수를 교체하라. 비관적인 사람들은 최근에 좋은 성적을 냈을 때에만 기용하라.
- 낙관성은 누구를 선발 또는 스카우트해야 할지를 알려준다. 기본 재능이 엇비슷한 두 신인선수가 있다면, 그 가운데 낙관적인 사람을 스카우트하라. 장기적으로 볼 때 낙관적인 사람이 더 잘할 것이다.
- 자신의 선수들 중에서 비관적인 사람들을 낙관적인 사람이 되도록 훈련시키는 것이 가능하다.

나는 아직 손튼 코치부부가 원했던 또 다른 것에 대해 이야기하지 않았다. 그들은 내가 혹시 선수들 가운데 비관적인 사람을 데려다 낙관적인 사람으로 바꿀 수 있는지 문의했다. 나는 아직은 자신이 없지만, 기대할 만한 훈련프로그램을 개발 중이라고 말했다. 그리고 때가 되면 그동안의 협조에 감사하는 의미에서 스포츠분야에서 제일 먼저 훈련프로그램에 참여할 기회를 주겠다고 약속했다. 그리고 시간이 흘러 내가 이 장을 쓰게 된 시점에 그들은 이미 버클리로 돌아가 학교 대표팀 전원을 대상으로 낙관성의 기술을 가르치고 있었다. 이 기술이 무엇인지는 이 책 3부에서 배우게 될 것이다.

10장

낙관적인 사람이 비관적인 사람보다 오래 산다

다니엘이 복부암의 일종인 버킷 림프종 진단을 받은 것은 그가 겨우 아홉 살이었을 때다. 이제 그는 열 살이 되었고 그동안 방사선치료와 화학요법을 받으며 힘겹게 1년을 보냈지만 암의 확산은 멈추질 않았다. 의사뿐만 아니라 거의 모든 주변 사람들이 희망을 접었다. 그러나 다니엘은 달랐다. 그에게는 꿈이 있었다. 그는 자라서 과학자가 되겠다고 모두에게 이야기했다. 암 같은 병들의 치료법을 발견해서 다른 아이들이 병에 시달리지 않도록 하겠다고 말했다. 다니엘의 몸은 계속 허약해졌지만 그의 낙관성은 굳건했다.

솔트레이크시티에 살았던 다니엘은 한 의사에게 큰 희망을 걸고 있었는데, 그를 가리켜 '동해안 지역의 유명한 전문가'라고 불렀다. 버킷 림프종의 권위자였던 이 의사는 다니엘의 병에 관심을 갖게 되어 다니엘의 주치의에게 원거리 상담을 해주고 있었다. 마침 서해안 지역의 소아과학회에 참석할 일이 생긴 그는 중간에 솔트레이크시티에 들러 다니엘도 만나고 주치의와 이야기도 나누기로 약속했다.

이 소식을 들은 다니엘은 몇 주 동안 흥분에 휩싸였다. 다니엘은 이 전문가를 만나서 하고 싶은 말이 너무나 많았다. 그래서 일기를 쓰기 시작했고, 전문가가 일기를 보면 자신의 암 치료에 대한 힌트를 얻게 될지도 모른다고 생각했다. 다니엘에게는 이제 자기가 자신의 암을 치료하는 데 참여하고 있다는 느낌마저 들었다.

그러나 전문가가 도착하기로 한 날 솔트레이크시티는 안개에 뒤덮였고 공항은 폐쇄되었다. 전문가가 탄 비행기는 관제탑의 지시에 따라 덴버에 착륙할 수밖에 없었고, 결국 이 전문가는 계획을 바꿔 곧바로 샌프란시스코로 가게 되었다. 이 소식을 접한 다니엘은 조용히 흐느꼈다. 부모와 간호사들은 그를 진정시키며 말하길 조만간 샌프란시스코로 전화를 연결해 이 의사와 통화할 수 있게 해주겠다고 했다. 그러나 다음날 아침 다니엘은 활력이 없었다. 지금까지 한 번도 그런 적이 없던 그였다. 고열이 났고 폐렴이 도졌다. 저녁이 되자 다니엘은 혼수상태에 빠졌다. 그리고 다음날 오후에 세상을 뜨고 말았다.

당신은 이런 이야기를 들으면 무슨 생각이 드는가? 장담컨대 당신은 전에도 이따금 희망이 꺾이자 죽게 되었다거나 희망이 생기면서 병도 나아졌다는 식의 심금을 울리는 이야기를 들은 적이 있을 것이다. 이런 이야기들은 세상 어딜 가도 들을 수 있다. 때문에 희망 자체에 생명을 지탱하는 힘이 있고 절망에는 생명을 파괴하는 힘이 있다고 믿어도 결코 황당한 것이 아니다.

그러나 다르게 해석할 수도 있다. 이를테면 섬세한 면역체계 같은 제3의 요인이 있어서 이것이 생명도 보호하고 희망도 싹트게 하는 것이라고 생각할 수 있다. 아니면 희망의 기적을 믿고 싶은 욕망이 인간의 마음속 깊이 자리 잡고 있기 때문이라고 볼 수도 있다. 그래서 기적을 증명하는 것 같지만 실제로는 우연일 뿐인 일부 사례를 자꾸 이야기하게 되는 반면, 희망을 가졌는데도 병에 걸렸다거나 절망에 빠졌는데도 병이 낫다는 식의 너무나도 흔한 반대편 이야기는 억누르게 되는 것일지 모른다.

1976년 봄에 내 책상에는 아주 별난 대학원입학원서가 하나 놓여 있었다. 그것은 솔트레이크시티의 간호사인 매들런 비지테이너라는 여성의 것이었는데, 거기에는 다니엘의 이야기가 서술되어 있었다. 비지테이너는 환자들을 간호하면서 이런 사례를 여러 번 보았다고 썼다. 암에 걸린 아이들 중에서도 보았고, '베트남에 있던 시절'에도 보았다고 했다. 하지만 비지테이너는 이런 '이야기'를 더 이상 만족스런 증거로 받아들이기 어렵다고 썼다. 그래서 정말로 무기력 자체 때문에 사람이 죽을 수 있는 것인지, 그리고 실제로 그렇다면 어떻게 그런 것인지 밝혀내고 싶다고 했다. 펜실베이니아대학에 입학해 나와 함께 일하면서 우선 동물을 대상으로 이 문제를 검사해 나중에 인간에게 그 혜택이 돌아갔으면 좋겠다고 썼다.

비지테이너의 글은 유례가 없을 만큼 솔직담백했으며, 그것을 읽은 한 심사위원은 눈물을 흘리기까지 했다. 게다가 대학성적과 GRE(Graduate Record Exam, 일반대학원 입학자격시험) 점수도 훌륭했다. 그러나 비지테이너의 원서에는 뭔가 빠진 곳이 여러 군데 있었다. 거기에 적힌 날짜만 가지고는 그가 언제 어디에 있었는지, 또 성인이 되고 나서 중간 중간에 무엇을 했는지 짐작하기가 어려웠다. 여기저기서 너무 자주 자취가 끊기곤 했다.

이 수수께끼를 풀려고 몇 번이나 시도해본 끝에 우리는 비지테이너를 받아들이기로 결정했다. 나는 1976년 9월 그가 도착하기를 학수고대했지만 그는 나타나지 않았다. 대신 전화를 걸어와 1년 더 솔트레이크시티에 머물면서 암 연구후원금을 관리해야 한다는 식으로 말했다. 그러나 암 연구후원금을 관리한다는 것은 자신이 '그냥' 간호사라고 했던 사람에게는 어울리지 않는 일이었다. 그는 우리가 이듬해 9월까지 그의 자리를 보존해주었으면 좋겠다고 말했다.

그래서 나는 그가 정말로 펜실베이니아대학에 와서 그렇게 유별난 주제를 가지고 연구할 의향이 있는지 다시 한 번 물었다. 나는 무기력 같은 심리상태가 실제로 신체 질병을 야기할 수 있다고 믿는 심리학자는 많지 않으며 의사들은 더더욱 그렇다고 경고 삼아 말했다. 이것은 지뢰밭에 들어가는 격이며 여기저기서 장애에 부닥칠 것이라고 말했다. 그러자 자기는 갓난아기가 아니라며 자기가 무엇을 하려는지 잘 알고 있다는 대답이 돌아왔다.

1977년 9월에 그가 드디어 도착했다. 그는 원서에서 풍겼던 인상만큼이나 꾸밈이 없었고 솔직했다. 그리고 역시나 수수께끼 같은 인물이었다. 과거에 무엇을 했는지 또 장래 목표가 무엇인지 밝히기를 꺼렸다. 그러나 어쨌든 현재의 그는 아주 훌륭했다. 그는 학계에 회오리바람을 불러일으키고 있었다. 그가 1학년 연구과제로 삼은 것은 무기력이 죽음의 원인이 될 수 있음을 증명한다는 무시무시한 과제였다.

당시 예일대학의 신진 건강연구자였던 엘렌 랭거와 주디 로딘의 새로운 발견을 접한 그는 엄청 흥분했다. 이들은 요양원의 노인들을 대상으로 자신의 주변 일상사를 통제할 수 있는 권한의 양을 이리저리 바꿔보는 연구를 했다.

이들은 요양원을 층별로 나누었다. 그래서 1층의 노인들에게는 살면서 더 많은 통제권과 선택권을 누릴 수 있도록 해주었다. 하루는 원장의 연설이 있었다. "여기 쉐이디 그로우브에 있는 요양원에서는 당신 스스로 할 수 있는 일이 아주 많다는 사실을 아셨으면 좋겠습니다. 예컨대 아침에는 오믈렛이나 스크램블이 나오는데요, 당신께서 무엇을 드실지 전날 밤에 미리 선택하셔야 합니다. 또 화요일과 목요일 밤에는 영화가 상영되는데요, 미리 등록하셔야 보실 수 있습니다. 그리고 여기 화분들이 있는데요, 하나를 고르셔서 방으로 가져가시기 바랍니다. 다만 물은 직접 주셔야 합니다."

다른 한편 2층에서는 다음과 같이 연설했다. "여기 쉐이디 그로우브에 있는 요양원에서는 저희가 당신들을 위해서 좋은 일을 아주 많이 한다는 사실을 아셨으면 좋겠습니다. 예컨대 아침에는 오믈렛이나 스크램블 에그스가 나옵니다. 월요일, 화요일, 금요일에는 오믈렛이 나오고요 나머지 날에는 스크램블 에그스가 나옵니다. 또 화요일과 목요일 밤에는 영화가 상영되는데요, 복도 좌측에 사시는 분들은 화요일에 그리고 복도 우측에 사시는 분들은 목요일에 관람하시면 되겠습니다. 그리고 여기 화분들이 있는데요, 간호사가 하나씩 골라 당신 방에 가져다드릴 것입니다. 그리고 관리도 해드릴 것입니다."

이렇게 1층 노인들에게는 마음에 드는 일들을 스스로 통제할 수 있게 해주었다. 2층 노인들에게도 똑같이 좋은 것들이 제공되었지만 이들의 행동과는 아무 상관이 없었다.

그로부터 18개월 후에 랭거와 로딘은 이 요양원을 다시 방문했다. 그리고 여러 척도로 측정해본 결과 선택과 통제의 권한을 가졌던 집단이 더 행복하고 적극적이라는 사실을 발견했다. 그밖에도 이 집단에서 사망한 사람의 숫자가 다른 집단보다 적다는 사실도 발견했다. 이 놀라운 사실은 선택과 통제가 생명을 구할 수도 있고 무기력이 어쩌면 사람을 죽일 수도 있음을 강하게 시사했다.

매들린 비지테이너는 조건을 미세하게 통제할 수 있는 실험실에서 이 현상을 연구하여 지배력과 무기력이 건강에 어떻게 영향을 미칠 수 있는지 알아내고자 했다. 그는 쥐를 세 집단으로 나누어 첫째 집단에게는 피할 수 있는 약한 전기충격을, 그리고 둘째 집단에게는 피할 수 없는 약한 전기충격을 주었다. 그리고 셋째 집단에게는 아무 충격도 주지 않았다. 다른 한편 이것을 실행하기 하루 전에 각 쥐의 옆구리에 육종肉腫을 조금씩 심었다. 이 종양은 동물의 면역체계가 이것을 제대로 퇴치하지 못할 경우 계속 자라서 결국 동물을 죽게 만드는 종류의 것이었다. 비지테이너가 심은 육종의 양은 정상조건이라면 50퍼센트의 쥐가 종양을 퇴치하고 살아남을 만한 것이었다.

이것은 훌륭하게 설계된 실험이었다. 전기충격의 양과 지속시간, 음식, 주거조건, 종양의 양 등 물리적인 것들은 모두 통제되었다. 세 집단 사이의 유일한 차이는 이 집단들이 처한 심리적 상태였다. 한 집단은 학습된 무기력을 경험했고 다른 한 집단은 상황 지배력을 경험했으며 또 다른 한 집단은 심리적으로 변화가 없었다. 따라서 이 세 집단이 종양을 퇴치하는 능력에서 차이를 보인다면 이 차이의 원인은 심리적 상태에 있을 수밖에 없을 것이다.

한 달 뒤 전기충격을 받지 않았던 쥐의 50퍼센트가 죽었고 50퍼센트는 종양을 퇴치했다. 이것은 정상적인 비율이었다. 전기충격을 끄기 위해 막대를 누름으로써 충격에 지배력을 행사했던 쥐의 경우에는 70퍼센트가 종양을 퇴치했다. 반면에 통제 불가능한 전기충격을 경험해 무기력해진 쥐의 경우에는 겨우 27퍼센트만이 종양을 퇴치했다.

이로써 매들런 비지테이너는 심리상태가 (곧 학습된 무기력이) 암의 원인이 될 수 있음을 증명한 첫 번째 인물이 되었다.

실제로는 거의 첫 번째였다. 매들런이 중요한 과학적 업적들이 실리는 최고의 학술지 「사이언스Science」에 기고하기 위해 논문을 써내려가던 시기에 나는 이 학술지의 최신판을 펼쳐 본 적이 있었다. 거기에는 캐나다 오타와의 연구자들인 래리 스클라와 하이미 애니스먼이 수행한 비슷한 실험이 실려 있었다. 이들은 쥐 대신 생쥐를 사용했고, 종양을 퇴치하는 능력 대신 종양 성장률을 측정했다. 하지만 결과는 똑같았다. 곧 무기력 상태에서 종양의 성장이 더욱 빨랐다.

매들런의 또 다른 발견은 쥐의 아동기, 더 정확히 말하자면 이유기에 관한 것이었다. 매들런은 어릴 적 지배력을 행사해본 쥐들이 자라서도 종양에 대해 면역성이 있음을 발견했다. 이때 매들런은 어린 쥐들에게 집단에 따라 피할 수 있는 충격 또는 피할 수 없는 충격을 주거나 또는 아무 충격도 주지 않았다. 그리고 나서 쥐들이 어른이 될 때까지 기다렸다가 쥐들에게 육종을 심었다. 그런 다음 원래의 세 집단 각각을 다시 세 집단으로 세분하여 피할 수 있는 충격 또는 피할 수 없는 충격을 주거나 또는 아무 충격도 주지 않았다. 그 결과 어릴 적에 무기력을 학습했던 쥐들 대부분은 어른이 되어 종양을 퇴치하지 못했다. 반면에 어릴 적 전기충격에 대해 지배력을 행사했던 쥐들은 대부분 어른이 되어 종양을 퇴치했다. 결국 어릴 적 경험이 어른이 되어 종양을 퇴치하는 데 결정적임이 입증된 것이었다. 어릴 적 지배력이 면역력을 키운 반면, 어릴 적 무기력은 어른이 되어 암에 걸릴 위험을 확대시킨 셈이었다.

매들런이 박사학위를 딴 뒤 여러 대학에 조교수 자리를 지원하자 일부 대학에서는 매들런에게 완전한 이력서를 제출하도록 요구했다. 그 기회에 나도 알게 되었는데, 놀랍게도 매들런은 심리학 대학원과정에 진학하기 전에 이미 예일대학에서 간호학 조교수로 있었다. 그밖에도 그가 베트남전 때의 용감한 행동을 인정받아 은성훈장과 기타 여러 가지 훈장을 받았다는 사실 또한 알게 되었다. 1970년의 침공 시기에 그는 캄보디아 패럿츠 비크32에서 병원을 운영하고 있었다.

그는 내게 그 이상은 말해주지 않았다. 하지만 돌이켜보면 1976년에 그가 스스로 선택해 학문적 전장 속으로 걸어들어갔을 때 그가 보인 용기와 강인한 성격이 어디서 왔는지 이제 조금 이해가 되었다. 그가 스스로 걸어들어간 영역인 신체 건강에 미치는 심리적 영향이라는 주제는 당시 주로 신앙치료자와 허풍쟁이들이 활동하던 곳이었다. 매들런은 마음이 병에 영향을 줄 수 있다는 것을 과학적으로 증명하고 싶었지만, 이런 야망은 그의 직업경력 동안 주로 동료 의사들의 조소와 불신만 자아냈다. 정신적 과정이 아니라 오직 물리적 과정만이 질병에 영향을 줄 수 있다는 것이 정설이었기 때문이다. 그래서 그는 호의적인 대화와 지지를 찾아 대학으로 돌아오게 된 것이었다. 그리고 그의 획기적인 박사논문은 마음이 실제로 질병을 통제할 수 있음을 증명하는 데 기여했다. 이제는 의학계조차 이러한 사실을 믿기 시작했다. 현재 매들런은 예일 의대 소아간호학과장으로 있다.

생각과 감정이 신체에 영향을 미치는가?

정신과정이 신체 질병에 영향을 미칠 수 있다는 것이 왜 그렇게 큰 저항에 부딪힐까? 이 물음은 내가 아는 한 철학적으로 가장 복잡한 문제와 관련이 있다.

17세기의 위대한 합리주의 철학자 르네 데카르트René Descartes는 물질과 정신이라는 두 가지 실체만이 세계에 존재한다고 주장했다. 그렇다면 이 두 실체는 어떻게 상호작용할까? 한 당구공이 다른 당구공에 부딪쳐 그것을 움직이게 하는 과정은 우리가 눈으로 볼 수 있다. 그러나 내 손을 움직이려고 마음먹는 일이 내 손의 실제 운동을 어떻게 일으키는가? 데카르트는 나름대로 기발한 대답을 생각해냈다. 그는 마음이 송과선(뇌에 있는 기관, 이것이 무슨 일을 하는지는 아직도 많이 밝혀지지 않았다)을 통해 몸으로 연결된다고 말했다. 그러나 그의 대답은 틀린 것이었다. 그 뒤 철학자들과 과학자들은 정신적 실체가 어떤 경로를 통해 물질적 실체에 영향을 미칠 수 있는지 밝혀내려고 많은 애를 썼다.

데카르트는 이원론자였다. 그리고 정신적인 것이 물질적인 것에 영향을 미칠 수 있다고 믿었다. 얼마 뒤 반대 학파가 생겨나 승리하게 되었는데 이것이 곧 유물론이다. 유물론자들은 세계에 오직 한 가지 실체(물질적인 것)만이 존재한다고 믿거나 또는 정신적 실체가 있더라도 인과적 작용을 미치지는 않는다고 믿는다. 오늘날 거의 모든 과학자들과 의사들은 유물론자다. 그들은 생각과 감정이 신체에 영향을 끼칠 수 있다는 생각을 한사코 반대한다. 그들이 보기에 이것은 유심론이다. 정서적 또는 인지적 상태가 질병에 영향을 준다는 주장은 무엇이든지 유물론과 충돌할 수밖에 없다.

나는 지난 20년 동안 건강과 희망에 관한 세 가지 물음과 씨름해왔다. 세 가지 물음 모두 신체 질병을 이해하려는 시도의 최첨단 분야에 속하며 심신문제를 현대적으로 구현한 것이기도 하다.

첫째 물음은 원인에 관한 것이다. 희망이 실제로 생명을 지탱할까? 절망과 무기력이 실제로 사람을 죽일 수 있을까?

둘째 물음은 기제에 관한 것이다. 이 물질세계에서 희망과 무기력은 어떻게 작용하는가? 과연 어떤 기제를 통해서 이처럼 정신적인 일이 이처럼 물질적인 일을 건드릴 수 있는가?

셋째 물음은 치료에 관한 것이다. 사고방식 또는 설명양식을 바꾸면 정말로 건강이 좋아지고 생명이 연장될까?

낙관성과 건강

낙관성이라는 심리적 특성이 건강을 증진시킬 수 있음을 뒷받침하는 과학적 증거들이 지난 5년 동안 세계 곳곳의 실험실에서 꾸준히 흘러나왔다. 이 증거들은 웃음에서부터 살려는 의지에 이르기까지 다양한 심리상태들이 건강에 도움을 주었다는 수많은 일화들을 이해할 수 있는 길을 터주고 나아가 그런 일화들을 불필요하게 만든다.

학습된 무기력의 이론은 네 가지 이유에서 낙관성이 건강에 유익한 작용을 한다고 강력히 주장한다.

첫째 이유는 쥐의 학습된 무기력이 쥐를 종양 성장에 더 취약하게 만들었다는 매들런 비지테이너의 연구결과로부터 나온다. 이 연구결과를 지지하는 더 상세한 연구가 얼마 지나지 않아 발표되었는데, 그것은 무기력한 쥐의 면역체계에 관한 것이었다.

면역체계는 신체가 세포 수준에서 질병에 대항하는 기제다. 여기에는 여러 종류의 세포들이 포함되어 있는데, 이것들은 바이러스, 박테리아, 종양세포 같은 외부 침입자를 찾아내 죽이는 역할을 한다. 그 한 종류인 T세포는 홍역바이러스 같은 특정 침입자를 발견하면 크게 증식하여 침입자를 죽인다. 또 다른 종류인 자연살해세포(NK세포)는 외부에서 들어온 것이면 무엇이든 만나는 대로 죽인다.

무기력한 쥐의 면역체계를 살핀 연구자들은 피할 수 없는 충격의 경험이 면역체계를 약화시킨다는 것을 발견했다. 무기력해진 쥐의 혈액 속에 있는 T세포는 죽여야 할 특정 침입자를 만나도 이전처럼 빠르게 증식하지 않았다. 무기력한 쥐의 비장牌臟에 있는 NK세포는 더 이상 외부 침입자를 죽이지 못했다.

이 연구결과는 학습된 무기력이 행동에만 영향을 미치는 것이 아님을 보여준다. 무기력은 세포 수준에까지 작용을 미쳐 면역체계를 이전보다 수동적으로 만든다. 그러므로 비지테이너의 실험에서 무기력한 쥐가 종양을 퇴치하지 못한 한 가지 이유는 무기력의 경험을 통해 면역체계 자체가 약화되었기 때문일 수 있다.

그렇다면 이것이 설명양식에 대해 뜻하는 바는 무엇인가? 설명양식은 학습된 무기력을 크게 좌우하는 역할을 한다. 우리가 이미 살펴보았듯이 낙관적인 사람들은 무기력에 저항한다. 이들은 실패해도 쉽게 위축되지 않고 쉽게 포기하지도 않는다. 낙관적인 사람들은 일생을 살면서 학습된 무기력에 빠지는 경우가 비관적인 사람들보다 적다. 그리고 학습된 무기력을 덜 경험할수록 면역체계는 더 좋은 상태에 있다. 그러므로 낙관성이 개인의 일생에 걸쳐 건강에 영향을 미칠 수 있는 첫째 이유는 그것이 무기력을 예방해 면역력을 더욱 튼튼하게 유지하는 데 기여하기 때문이다.

낙관성이 건강에 기여하는 둘째 이유는 건강관리를 확실히 하고 의학적 권고를 따르는 일과 관계가 있다. 자신의 병이 지속적이고 만연적이며 개인적인 것이라고 생각하는 비관적인 사람의 경우를 생각해보라. 이런 사람은 "내가 무엇을 하든 소용없어"라는 생각에 아무것도 하려 들지 않을 것이다. 이런 사람은 다른 사람에 비해 금연도 덜 시도하고 감기주사도 덜 맞으며 운동도 덜할 것이다. 나아가 아파도 의사에게 덜 가고 의사의 조언도 덜 따를 것이다. 하버드대학 졸업생 100명을 35년간 추적한 연구에 따르면 실제로 비관적인 사람들은 낙관적인 사람들보다 담배를 덜 끊었고 병에 더 자주 걸렸다. 이와 같이 일을 스스로 통제하고자 하는 낙관적인 사람들은 병을 예방하는 활동을 더 많이 할 것이며 일단 병에 걸리면 더 열심히 치료를 받으러 갈 것이다.

낙관성이 건강에 중요한 셋째 이유는 살면서 겪는 시련의 횟수 자체와 관계가 있다. 통계적으로 볼 때 인생의 어느 시기에 나쁜 일들을 많이 겪은 사람일수록 병에도 더 자주 걸린다. 똑같이 6개월을 살더라도 그 안에 이사하거나 해직당하거나 이혼한 사람은 그렇지 않은 사람보다 전염병과 심장마비, 그리고 암에 걸릴 위험이 더 크다. 삶에 큰 변화가 있을 때는 평소보다 더 자주 건강진단을 받을 필요가 있는 것도 같은 이유에서다. 만일 당신에게 이직, 퇴직, 이별, 사별 같은 일이 닥치면 설령 본인은 건강하게 느끼더라도 건강을 주의 깊게 살피는 것이 매우 중요하다. 아내와 사별한 사람이 그 뒤 6개월 안에 사망할 확률은 평소보다 몇 배나 높다. 만일 당신의 어머니가 세상을 뜬다면 아버지가 빠른 시일 안에 적어도 한 번 종합건강진단을 받도록 신경을 써야 한다. 그럼으로써 당신 아버지의 생명이 결정적으로 연장될 수도 있다.

그렇다면 과연 어떤 사람이 살면서 나쁜 일을 더 겪을까? 바로 비관적인 사람들이 더 그러하다. 비관적인 사람들은 수동적인 편이므로 나쁜 일을 피하기 위한 조치도 덜 취할 것이고 일단 나쁜 일이 생겼을 때 그것을 멈추려는 시도도 덜 할 것이다. 그들이 나쁜 일을 더 많이 겪고 또 나쁜 일이 많을수록 병에 더 자주 걸린다고 할 때, 이 둘을 합하면 결국 비관적인 사람들은 병에 더 자주 걸릴 수밖에 없다는 결론이 나온다.

낙관적인 사람들이 더 건강한 마지막 이유는 사회적 지지 때문이다. 사랑과 우정의 관계들을 유지하는 능력은 신체 건강에 중요한 역할을 하는 듯하다. 고민이 있을 때 한밤중에 전화해 이야기할 수 있는 친구가 적어도 한 명 있는 중년의 사람은 그렇지 않은 사람보다 결국 신체적으로도 더 건강할 것이다. 결혼하지 않은 사람들은 결혼한 부부보다 우울증에 빠질 확률이 더 높다. 평범한 사회적 접촉조차 병에 대한 완충 작용을 한다. 아플 때 혼자 지내는 사람은 더 아파지는 경향이 있다.

내 어머니는 칠십 대 중반에 수술을 받은 적이 있는데, 이 바람에 몇 달 동안 인공항문을 하고 계셔야 했다. 이것은 내장에 통로를 내어 바깥 봉지로 연결시킨 것으로 남이 보면 역겨울 정도다. 어머니는 이것이 부끄러우셔서 친구도 만나지 않으셨고 브리지게임도 하지 않으셨으며 우리가 방문하는 것도 막으셨다. 이렇게 어머니는 인공항문을 다시 막고 봉지를 뗄 때까지 주로 혼자 집에만 계셨다. 불행히도 어머니는 이렇게 혼자 지내던 동안에 어릴 때 헝가리에서 걸린 적이 있었던 결핵을 다시 앓게 되었다. 통계적으로 볼 때 고독한 사람은 그렇지 않은 사람보다 병에 걸릴 위험이 더 크다. 특히 완치되지 않은 병이 재발할 확률이 높은데, 어머니에게 이런 일이 발생한 것이었다.

비관적인 사람들도 똑같은 문제를 안고 있다. 비관적인 사람들은 곤경이 닥치면 금세 수동적이 되며 사회적 지지를 얻고 유지하고자 하는 노력도 덜 한다. 사회적 지지의 결여와 질병 사이의 연관은 낙관적 설명양식이 건강에 기여한다는 주장을 뒷받침하는 네 번째 이유인 셈이다.

비관성과 질병

비관성과 질병 사이의 인과관계를 처음 체계적으로 연구한 사람은 크리스 피터슨이다. 1980년대 중반 버지니아공대에서 이상심리학을 가르쳤던 크리스는 수업시간에 학생 150명에게 귀인양식 질문지를 작성토록

했다. 그리고 거기에 덧붙여 본인의 건강상태와 최근에 의사를 방문한 횟수도 기록하도록 했다. 그런 다음 크리스는 이듬해 이 학생들의 건강상태를 확인해보았다. 그 결과 비관적인 학생들이 낙관적인 학생들보다 두 배 더 전염병에 걸렸고 두 배 더 자주 의사를 방문한 것으로 드러났다.

그런데 혹시 비관적인 사람들이 정말로 신체적으로 더 아팠다기보다는 아픈 것에 대해서 질문지에 불만을 더 많이 늘어놓았기 때문에 이런 결과가 나온 것은 아닐까? 그렇지 않다. 크리스는 학생들이 귀인양식 질문지를 작성하기 전과 후의 두 번에 걸쳐서 질병과 의사 방문 횟수를 조사했다. 그 결과 비관적인 사람들이 병에 걸려 의사를 방문한 횟수가 이전보다 늘어난 것으로 나왔다.

유방암에 걸린 여성 69명을 5년 동안 추적한 영국의 어느 선구적인 연구 결과, 재발을 경험하지 않은 여성들은 암과 '싸워 이기려는' 자세를 가진 경우가 많았다. 반면 사망했거나 재발을 경험한 여성들은 처음 암 진단을 받았을 때 무기력하게 체념하는 반응을 보인 경우가 많았다.

그 뒤에 수행된 한 연구에서는 유방암이 재발해 국립암연구소를 찾은 여성 34명을 조사해보았다. 이들을 대상으로 결혼, 자녀, 직업, 질병 등 삶 전반에 관하여 장시간 면접이 이루어졌다. 그리고 수술, 방사선치료, 화학요법 등은 그 뒤에 이루어졌다. 우리는 이 면접기록을 가져다 이 사람들이 얼마나 낙관적인지 설명문구 내용분석 기법으로 분석해보았다.

보통 유방암이 재발하면 오래 살지 못한다. 그리고 실제로 연구 대상이 되었던 여성들도 약 1년이 지나자 세상을 뜨기 시작했다. 일부는 수개월 만에 사망했고 몇몇 소수는 오늘날까지 살아있다. 그렇다면 누가 가장 오래 살았는가? 바로 삶에서 큰 기쁨을 느꼈고 낙관적인 설명양식을 가지고 있었던 사람들이다.

혹시 기쁨이나 낙관성 때문이 아니라 처음부터 암이 덜 심각했기 때문에 낙관적인 사람들이 우연히 더 오래 살게 된 것은 아닐까? 그렇지 않다. 국립암연구소에는 병의 심각성에 관한 상세한 기록이 보존되어 있다. 거기에는 NK세포의 활동, 암에 걸린 림프절의 수, 확산 정도 등이 기록되어 있다. 조사 결과, 병의 심각성과는 별개로 기쁨과 낙관적 설명양식이 수명연장에 기여한 것으로 판명되었다.

그러나 이런 연구결과에 대한 도전도 있었다. 1985년에 말기암 환자에 대한 널리 알려진 연구에서 배리 캐실레스는 어떤 심리적 변인도 생존기간에 차이를 가져오지 않았다고 결론지었다. 「뉴잉글랜드의학저널」 특별 논설에서 편집위원 마셔 에인젤은 '질병이 정신상태를 직접 반영한다는 우리의 믿음이 대부분 그저 전해 내려오는 이야기일 뿐임을 인정' 하게 만드는 증거가 바로 이 연구라고 떠들었다. 그는 잘 설계된 연구들을 무시하고 주변의 형편없는 연구들만 인용하면서 건강심리학 전체를 싸잡아 마음이 질병에 영향을 줄 수 있다는 '신화'를 영속화하고 있다고 비난했다. 심리상태는 결코 신체 건강에 영향을 줄 수 없다는 자신들의 교리를 뒷받침하는 것이라면 지푸라기라도 잡는 유물론자들이 잔치를 벌인 날이었다.

그렇다면 심리상태가 질병에 영향을 준다는 것을 보여주는 많은 연구들과 캐실레스의 연구를 어떻게 조화시킬 수 있을까? 첫째, 캐실레스의 심리검사는 부적절했다. 그는 기존의 잘 개발된 검사들을 그대로 사용하지 않고 그 일부만 떼어서 사용했다. 그 결과 보통 수십 개의 질문을 통해 측정되는 개념들이 겨우 한두 개의 짧은 질문을 통해 측정되었다. 둘째, 캐실레스가 연구한 환자들은 모두 말기환자들이었다. 만약 누가 대형 화물트럭에 치었다면 그 사람이 낙관적이든 비관적이든 그것은 별 상관이 없을 것이다. 그러나 만약 자전거에 치였다면 낙관적인 태도를 가지는 것이 결정적인 작용을 할 수도 있을 것이다. 암이 치명적인 수준까지 번져서 '말기'로 판명된 환자에게 심리적 과정이 큰 기여를 할 것이라고는 나도 생각지 않는다. 그러나 아직 종양이 작고 병이 이제 시작되는 단계라면 낙관성이 삶과 죽음의 차이를 낳을 수도 있다. 사별이나 낙관성가 면역체계에 미치는 영향을 살핀 앞의 연구들이 바로 이런 점을 보여준다.

면역체계

유물론자들은 면역체계를 지니고 있는 개인의 심리적 과정과 면역체계를 분리해 생각한다. 이들은 낙관성이나 희망 같은 심리적 변인을 영혼처럼 황당한 것으로 보기 때문에 낙관성, 우울, 사별 등이 모두 면역체계에 영향을 미친다는 주장에 고개를 설레설레 흔든다. 그러나 이들은 면역체계가 뇌에 연결되어 있다는 사실, 그리고 희망 같은 마음의 상태에 상응하는 뇌 상태가 있다는 사실을 잊고 있다. 개인의 심리는 뇌 상태에 반영되고 뇌 상태는 다시 신체의 나머지 부분에 영향을 미친다. 그러므로 감정이나 생각이 질병에 영향을 미치는 과정을 이야기한다고 해서 신비주의나 유심론에 빠질 필요는 없다.

뇌와 면역체계를 연결하는 것은 신경이 아니라 호르몬이다. 호르몬은 혈관을 통해 떠다니면서 정서적 상태를 몸 여기저기로 전달할 수 있는 화학적 전달자다. 어떤 사람이 우울할 때면 뇌 상태에 변화가 생긴다는 것은 이미 많이 관찰된 사실이다. 신경세포들 사이에서 정보를 전달하는 호르몬인 신경전달물질은 경우에 따라 고갈될 수 있다. 이런 신경전달물질 가운데 하나인 카테콜아민은 개인이 우울할 때 고갈된다.

그렇다면 과연 어떤 일련의 물리적 과정을 통해서 면역체계는 자신의 주인(곧 개인)이 비관적이거나 우울하거나 비통해하는 것을 감지할까? 카테콜아민이 고갈되면 우리 몸 안의 모르핀인 엔도르핀이라는 다른 화학물질의 활동이 증가한다. 그리고 면역체계의 세포들은 엔도르핀 수준을 감지하는 수용체를 가지고 있다. 결국 개인이 우울해져서 카테콜아민 수준이 낮아지면 엔도르핀 수준이 올라가고 이것을 감지한 면역체계는 활동이 저하되는 것이다.

이 모든 것이 단지 생물학적으로 꾸며낸 허구는 아닐까? 아니면 실제로 우울, 사별, 비관성 등이 면역체계의 활동을 저하시키는가?

약 10년 전에 오스트레일리아의 한 선구적인 연구집단에서는 치명적인 상해나 질병으로 최근에 아내를 잃은 남성 26명을 조사했다. 연구자들은 이 남성들에게 아내가 사망한 지 1주 후와 6주 후의 두 번에 걸쳐 피를 뽑아달라고 부탁했다. 이런 절차를 통해 연구자들은 개인이 비탄에 빠져 있는 동안의 면역체계를 관찰할 수 있었다. 그리고 실제로 이 시기에 면역체계의 활동이 저하되었음을 발견했다. 곧 T세포가 평소처럼 빠르게 증식하지 않음을 발견한 것이다. 그러다 시간이 흐르면서 면역체계가 다시 회복되기 시작하는 것을 관찰했고, 이 획기적인 연구는 그 뒤 미국에서도 확증되었고 또 더 확대되었다.

그밖에 우울은 면역체계가 반응하는 방식에도 영향을 미치는 듯하다. 한 연구에서는 시련과 우울을 경험한 37명의 여성으로부터 피를 뽑아 T세포와 NK세포를 관찰했다. 그 결과 삶에 커다란 변화를 겪고 있는 여성들은 그렇지 않은 여성들보다 NK세포의 활동수준이 낮은 것으로 밝혀졌다. 이 여성들 가운데 우울한 사람일수록 면역반응이 떨어졌다.

우울과 비탄이 면역활동을 일시적으로 저하시킨다면, 더 장기적인 상태인 비관성은 면역활동을 그만큼 장기적으로 저하시킬 것이다. 이미 5장에서 보았듯이, 비관적인 사람들은 그렇지 않은 사람들보다 더 쉽게 그리고 더 자주 우울해진다. 그러므로 비관적인 사람들의 면역활동은 일반적으로 낮은 수준에 있을 것이다.

이것을 검증해보기 위해 펜실베이니아대학의 대학원생 레슬리 카멘과 나는 예일대학의 주디 로딘과 공동연구를 진행했다. 주디는 코네티컷 주 뉴헤이븐 시와 그 주변에 사는 많은 노인들의 건강을 장기간 관찰하고 있었다. 이 노인들의 평균연령은 71세였으며, 주디는 이들을 대상으로 매년 몇 차례에 걸쳐 영양섭취, 건강, 손자 이야기 등을 주제로 긴 면접을 실시했다. 그밖에 1년에 한 번씩 피를 뽑아 면역체계를 검사했다. 우리는 이 면접기록을 토대로 비관성 수준을 평가한 뒤, 혹시 우리가 면역활동을 예측할 수 있는지 확인하기 위해 다음 번 피검사를 기다렸다. 그 결과 우리의 예상대로 낙관적인 사람들이 비관적인 사람들보다 활발한 면역활동을 보였다. 그러나 면접 당시 노인들의 건강이나 우울수준은 면역반응을 예측하지 못했다. 이렇게 볼 때 비관성은 건강이나 우울의 매개 없이 면역활동을 저하시키는 듯하다.

이런 모든 연구들을 종합해볼 때 심리상태가 면역반응을 변화시킬 수 있음에 틀림없다. 사별, 우울, 비관성 등은 모두 면역체계의 활동을 저하시킬 수 있다. 이것이 정확히 어떻게 작동하는지 알기 위해서는 아직도 정밀한 연구들이 더 필요하다. 그러나 한 가지 가능한 경로를 추측해볼 수는 있다. 앞에서도 언급했듯이, 뇌의 일부 신경전달물질은 개인이 우울 등의 심리상태에 있을 때 고갈되며, 그러면 뇌의 엔도르핀 수준이 올라간다. 면역체계는 이 호르몬을 감지하는 수용체를 가지고 있다. 그래서 엔도르핀 활동이 증가하면 면역체계가 활동을 중단한다.

비관성 수준이 면역체계를 고갈시킬 수 있는 것이 사실이라면, 비관성이 개인의 일생에 걸쳐 신체 건강에 해로운 영향을 끼칠 가능성이 높다.

낙관성과 더 건강한 삶

낙관적인 사람이 비관적인 사람보다 오래 산다는 것이 가능한 일인가? 낙관적인 설명양식을 가진 젊은이가 여생을 더 건강하게 보낼 것이라는 이야기가 있을 법한 이야기인가?

이것은 과학적으로 답하기가 쉽지 않은 물음이다. 장수 마을을 찾아가 주민 대다수가 낙관적인 사람임을 밝힌다하더라도 충분한 답변이 되지 않을 것이다. 왜냐하면 이 사람들이 건강하게 장수해서 낙관적인 것인지 아니면 그 반대인지 확인할 수 없기 때문이다.

위 물음에 답하기 전에 우리에게는 먼저 해결해야 할 문제들이 있었다. 우선 설명양식이 평생 크게 변하지 않고 안정된 것인지 확인할 필요가 있었다. 젊은이의 낙관성이 늙어서까지 건강에 영향을 미치려면 낙관성이 평생 동안 일정 수준을 유지해야만 할 것이다. 이것을 살펴보기 위하여 우리 대학의 대학원생 멜러니 번스와 나는 노인들이 보는 간행물에 광고를 내어 십 대 때 쓴 일기장을 아직도 가지고 있는 사람들을 찾았다. 그 결과 30명의 노인들이 우리 광고를 보고 우리에게 일기장을 건네주었다. 우리는 그것을 설명문구 내용분석 기법으로 분석해 노인들이 십 대였을 때의 설명양식 분석표를 만들었다. 그밖에도 노인들은 원하는 사람에 한해서 건강, 가족, 일 등 자신의 현재 삶에 대한 긴 작문을 작성해 우리에게 건네주었다. 우리는 이것도 설명문구 내용분석 기법으로 분석해 노인 설명양식 분석표를 따로 작성했다. 이 두 분석표 사이에 어떤 관계가 있었을까?

우리의 분석 결과, 좋은 일에 대한 설명양식은 50년의 세월 동안 변화가 아주 심했다. 이를테면 똑같은 사람이 인생의 어느 시점에서는 좋은 일을 단순히 운으로 돌리는가 하면 어느 다른 시점에서는 자기가 잘한 탓으로 돌리는 식이었다. 그러나 나쁜 일에 대한 설명양식은 50년 이상의 기간 동안에 매우 안정된 것으로 나타났다. 십 대 때 자신이 '매력이 없어서' 남자아이들이 자기한테 관심이 없었다고 쓴 여성들은 50년 뒤에도 자신이 '매력이 없어서' 손자들이 놀러오지 않는다고 썼다. 이렇게 볼 때 나쁜 일을 바라보는 우리의 시각, 즉 삶의 비극에 대한 우리의 이론은 평생 그대로 남아있는 셈이다.

이 중요한 발견을 통해 우리는 과연 젊은이의 설명양식이 나이가 많이 들어서까지 건강에 영향을 미치는가라는 물음에 한 발짝 다가서게 되었다. 이 물음을 연구하기 전에 우리에게 필요했던 것은 또 무엇이었을까?

우리에게는 아래와 같은 특성을 지닌 사람들이 많이 필요했다.

1. 젊었을 때 말했던 인과적 설명들이 설명문구 내용분석을 적용할 만큼 많이 남아있는 사람.
2. 젊은 시절 그런 말들을 했을 때 건강하고 성공적이었던 사람. 이런 사람이 필요한 까닭은 만약 젊은 시절 건강하지 못했거나 이미 실패한 인생을 살고 있었다면 그것 때문에 나중에 비관적으로 되었고 건강도 더 나빠졌을 수 있기 때문이다. 그리고 실제로 그렇다면, 설령 젊은 시절의 낙관성과 더 건강하게 장수한 인생 사이에 상관관계가 발견되더라도, 그 이유가 단순히 젊은 시절의 나쁜 건강상태나 실패가 덜 건강한 인생을 초래했기 때문일 수 있다. 이런 연구는 하나마

나 한 것이다.

3. 정기적으로 건강진단을 받은 사람. 왜냐하면 그래야만 우리가 일생에 걸쳐 건강상태를 살펴볼 수 있기 때문이다.
4. 현재 나이가 꽤 든 사람. 왜냐하면 그래야만 우리가 일생에 걸쳐 건강에 대한 예측을 확인해볼 수 있기 때문이다.

이것은 꽤 많은 요구조건이다. 이 모두를 충족하는 사람들을 과연 어디에서 찾을 수 있을까?

그랜트연구의 남성들

조지 베일런트는 내가 굉장히 존경하는 정신분석학자다. 1978년과 1979년 사이에 그와 나는 캘리포니아 스탠퍼드의 행동과학종합연구센터라는 두뇌집단에서 '동기생'으로 있었다. 조지는 정신분석학에서 방어의 개념을 끌어와 마구 밀어붙였다. 인간에게 일생 동안 무엇이 일어나는가는 단순히 우리에게 얼마나 많은 불행이 닥치는가의 문제가 아니라 우리가 그런 불행을 정신적으로 어떻게 방어하는가의 문제라고 그는 주장했다. 나아가 우리가 습관적으로 불행을 설명하는 방식도 이런 방어의 일종이라고 주장했다. 조지에게는 자신의 이론들을 시험해볼 독특한 집단이 있었다. 다시 말해 그는 일부 비범한 남성들이 중년을 지나 노년에 접어들기까지 10년 이상의 기간에 걸쳐 이들을 추적해 인터뷰했다.

1930년대 중반에 윌리엄 그랜트 재단은 건강한 성인들을 평생에 걸쳐 연구하기로 결정했다. 이 연구의 목적은 특별한 재능을 가진 사람들을 추적 조사하여 성공과 건강의 결정요인들을 밝히는 데 있었다. 그래서 연구자들은 5년 동안 하버드대학 신입생들 가운데 신체가 매우 건강하고 지적으로나 사회적으로 뛰어난 재능을 지닌 남성들을 골라내기로 했다. 연구자들은 광범위한 검사를 토대로 1939년에서 1944년까지 전체 신입생의 약 5퍼센트에 해당하는 200명의 남성을 뽑아내어 그 뒤로 이들의 행적을 추적했다. 이제 70의 나이에 근접하고 있는 이 남성들은 50년 동안 이 부담되는 연구에 적극 협조했다. 5년에 한 번씩 포괄적인 건강진단을 받았고 정기적으로 면담에 응했으며 무수히 많은 질문지들을 작성했다. 그 결과 무엇이 개인을 건강하고 성공적으로 만드는지에 관한 정보의 보고가 산출되었다.

이 그랜트연구를 처음 시작했던 연구자들 자신이 그사이 너무 늙어버렸기 때문에 이들은 연구대상인 남성들의 수명이 다할 때까지 연구를 이어서 수행할 젊은 후계자를 찾게 되었다. 이때는 하버드출신들의 25회 동창회가 열리던 시점이었다. 이때 연구자들은 당시 삼십 대 초반으로 미국에서 가장 촉망받는 신진 정신의학자 가운데 한 명이었던 조지를 선택했다.

조지가 그랜트연구를 수행하면서 처음 발견한 중요한 사실은 20세 때 부자였다고 해서 건강이나 성공이 보장받는 것은 아니라는 점이었다. 이런 남성들 가운데 실패하거나 건강이 악화된 경우가 상당한 비율을 차지했기 때문이다. 결혼의 실패, 파산, 때 이른 심장발작, 알코올 중독, 자살, 기타 비극적인 사건들이 관찰되었다. 하물며 암살당한 사람도 한 명 있었다. 이 남성들이 비통한 사건과 치명적인 충격을 경험한 비율은 같은 시기에 대도시 빈민가에서 태어난 남성들과 대략 같았다. 조지의 이론적 관심은 연구대상 남성들 가운데 누가 행복한 인생을 살고 누가 괴로운 인생을 살지 예측하고 이해하는 데 있었다.

앞에서도 이야기했듯이 조지는 자신이 방어라고 부른 것, 다시 말해 사람들이 저마다 시련에 대처하는 독특한 방식에 관심의 초점을 맞추었다. 연구대상이 된 남성들 가운데 몇몇은 학창시절에 유머, 이타주의, 승화 같은 '성숙한 방어전략'으로 실패에 대처한 반면, 다른 몇몇은 그렇지 못했다. 예를 들어 여자친구와 헤어지면 이들은 부정, 투사 또는 그 밖의 '미성숙한 방어전략'을 사용했다. 그런데 희한하게도 이십 대 초기에 성숙한 방어전략을 지녔던 사람들이 훨씬 더 성공적이고 건강한 삶을 이어간 것으로 관찰되었다. 20세 때 성숙한 방어전략을 구사했던 남성들이 60세가 되었을 때 그 가운데 만성질환에 시달리는 사람은 한 명도 없었다. 반면에 20세 때 성숙한 방어전략을 사용하지 못했던 남성들 가운데 1/3은 60세 때 건강이 좋지 않았다.

이제 우리가 찾던 집단이 바로 여기에 있었다. 이 사람들은 젊은 시절에 인과적 설명들을 기록으로 남겼다. 또 이런 설명을 할 당시 성공적이고 건강했다. 그밖에 평생에 걸쳐 충실하게 건강진단을 받아왔으며 현재는 중후반의 연령대에 있었다. 게다가 이들의 성격과 삶에 관한 그 밖의 많은 정보들이 수집되어 있었다. 이제 우리는 다음과 같은 물음을 던질 수 있다. 이 사람들 가운데에서 낙관적인 사람들이 비관적인 사람들보다 더 건강한 삶을 살고 있을까? 그리고 이들이 더 오래 살까?

조지는 크리스 피터슨과 나의 공동연구 제안을 관대하게 받아들였다. 조지는 자신을 소중하고 독특한 표본의 후견인으로 여겼다. 그래서 한편으로는 연구대상자들의 신원이 드러나지 않도록 늘 주의하면서 다른 한편으로는 인생 전반에 걸친 건강과 성공의 예측요인을 찾아내고자 하는 다른 진지한 학자들에게 표본을 '빌려주는' 역할을 했다. 우리는 '밀봉된 봉투' 기법을 사용하기로 결정했다. 조지는 우리가 사람들의 신원뿐 아니라 누가 건강한지에 대해서도 전혀 모른 채 작업을 진행하도록 조치했다.

우선 그는 표본에서 절반인 99명을 무작위로 뽑아내 그 사람들이 1945년에서 1946년 사이에 제2차 세계대전에서 돌아와 쓴 글들을 우리에게 보여주었다. 거기에는 비관적이거나 낙관적인 설명들이 가득 들어 있었다.

"함장이 너무 멍청해서 배가 가라앉았다."

"내가 그 잘난 하버드 출신이라 것을 다른 병사들이 불쾌하게 여기는 바람에 그들과 결코 친해질 수 없었다."

우리는 이런 모든 글들을 설명문구 내용분석 기법으로 분석해 개인별로 청년 말기의 설명양식 분석표를 만들었다.

그 뒤 눈 오는 어느 날 크리스와 나는 조지가 정신의학교수로 있는 다트머스로 비행기를 타고 날아갔다. 그날은 이른바 밀봉된 봉투를 열어 우리가 작업한 사람들이 실제로 어떤 삶을 살아왔는지 확인하는 날이었다. 우리는 60세 때의 건강과 25세 때의 낙관성 사이에 강한 상관관계가 있음을 확인했다. 낙관적인 남성들보다 비관적인 남성들에게 중년의 병들이 더 일찍 그리고 더 심각하게 찾아오기 시작했다. 그리고 45세 때에는 이미 두 집단의 건강에 큰 차이가 있었다. 45세 전에는 낙관성이 건강에 아무런 영향도 끼치지 않았다. 그때까지는 사람들이 25세 때와 똑같은 건강상태를 유지했다. 그러나 45세가 되면 남성들의 신체는 내리막길로 접어든다. 이때 얼마나 빨리 그리고 얼마나 심각하게 몸이 쇠퇴하는지는 25년 전의 비관성에 의해 훌륭히 예측되었다. 게다가 개인의 방어전략, 25세 때의 신체적·정신적 건강 등 다른 여러 요인들을 추가해 계산해보아도 여전히 낙관성이 45세부터 그 뒤 20년 동안의 건강을 좌우하는 첫 번째 요인이었다. 이 남성들은 이제 사망의 연령대로 막 접어들고 있다. 따라서 10년 뒤에는 낙관성이 더 건강한 삶뿐 아니라 더 긴 수명도 예측하는지 알아낼 수 있을 것이다.

심신문제의 재고찰

　심리상태가 건강에 영향을 미친다는 것을 명백히 뒷받침하는 증거들이 있다. 우울과 비탄과 비관성은 모두 단기적으로나 장기적으로 건강에 해로운 영향을 끼치는 듯하다. 나아가 이런 일이 어떻게 일어날 수 있는가 하는 것도 더 이상 완전히 신비에 싸인 문제가 아니다. 우리는 삶의 시련에서 시작해 건강의 악화로 끝나는 연쇄과정을 그럴듯하게 추측해볼 수 있다.

　이 연쇄과정은 개인을 무기력하게 만드는 상실, 실패, 패배 같은 시련과 함께 시작된다. 우리가 이미 살펴보았듯이, 이런 시련에 처하면 누구나 적어도 일시적으로는 무기력해진다. 그리고 이때 비관적인 설명양식을 지닌 사람들은 쉽게 우울해진다. 우울은 카테콜아민의 고갈과 엔도르핀의 분비증가를 낳는다. 그리고 엔도르핀의 증가는 면역체계의 활동을 저하시킬 수 있다. 우리의 몸은 언제나 병원균에 노출되어 있다. 정상적인 경우에는 면역체계가 병원균을 저지하고 있지만, 카테콜아민과 엔도르핀 연결고리를 통해 면역체계의 활동이 일부 중단되면 병원균이 활개를 치게 될 수 있다. 따라서 때로는 치명적이기까지 한 질병에 걸릴 위험이 커진다.

　상실−비관성−우울−카테콜아민 고갈−엔도르핀 분비증가−면역활동 억제−질병의 연쇄과정을 이루는 고리들은 모두 검사될 수 있는 것들이다. 그리고 우리는 이미 각 고리의 작동에 대한 증거를 가지고 있다. 이 연쇄과정에 신비하고 측정 불가능한 과정이나 영혼 같은 것은 전혀 포함되어 있지 않다. 나아가 만약 이것이 정말로 마음이 몸에 작용하는 연쇄 과정이라면 각 연결고리마다 치료와 예방의 조치를 취할 수 있을 것이다.

심리적 예방과 치료

"이것은 평생 단 한 번 있는 기회입니다" 하고 주디 로딘이 말했다.

"안전한 것을 제안할 때가 아닙니다. 우리가 연구해보고자 늘 갈망해왔던 것을 제안해야 합니다."

비관성이 면역체계에 미치는 영향에 관한 뉴헤이븐연구를 나와 함께 수행했던 주디는 마음이 들떠 있었다. 건강심리학계의 세계적 지도자들인 소수의 저명한 학자들이 한자리에 모였다. 그들에게 마침내 자신들의 학문적 꿈을 실현하기에 충분할 만큼 큰 재원을 마련할 기회가 찾아온 것이었다. 그러나 정작 문제는 그 큰 꿈이 무엇인가에 있었다.

주디는 천재다. 예일대학 석좌교수, 동부심리학회 회장, 저명한 국립의학연구소 회원, 이 모든 것을 마흔 번째 생일 전에 이루었으니 말이다. 그리고 오늘 오후에는 맥아더재단의 건강과 행동 네트워크 의장직을 맡아야 했다. 몹시 추웠던 겨울 아침 주디는 우리를 뉴헤이븐에 불러모았다. 그는 이제 심리적 과정이 건강과 면역체계에 미치는 영향을 연구하는 정신신경면역학이라는 갓 태어난 분야에 대한 지원을 맥아더재단에 요청할 때가 무르익었다고 말했다. "맥아더재단은 꽉 막힌 곳이 아니에요. 그들은 의학의 면모를 일신할 만한 잠재력을 지녔지만 국립건강연구소같이 평범한 후원집단이 떠맡기에는 너무 모험적인 사업을 후원하려고 물색 중입니다. 그리고 우리 자신도 국립건강연구소에 3년마다 후원사업을 제안하지만 늘 판에 박힌 똑같은 과학 안에서만 사업을 찾고 있는 실정입니다. 교수님들께서 진심으로 마음속 가장 깊은 곳에서부터 우러나 하고 싶은 것, 그러나 차마 당국에 제안할 수 없었던 것은 무엇입니까?"

피츠버그대학의 젊은 심리종양학 교수로 평소 수줍어하고 부드럽게 말하던 샌드라 레비가 큰소리로 말했다.

"제가 진심으로 하고 싶은 것은 치료와 예방을 시도하는 것입니다."

그는 흥분해서 말했다.

"주디와 마티[33] 덕분에 우리는 비관적 설명양식이 면역기능 저하와 건강 악화를 불러온다는 사실을 알게 되었습니다. 이것이 일어나는 연쇄과정에 대해서도 그럴듯한 추론이 가능하고요. 또 인지치료로 설명양식이 바뀔 수 있다는 것을 입증하는 확실한 증거들도 있습니다. 이제 이 심리적 연결고리에 개입할 차례입니다. 설명양식을 바꾸고 나아가 말 그대로 암을 치료할 차례입니다."

우리는 당황해서 오랫동안 말을 잇지 못했다. 그 방 바깥에 있는 사람 중에서 면역체계의 저하된 활동을 심리치료로 다시 끌어올릴 수 있다고 믿는 사람은 아마 거의 없었을 것이다. 하물며 심리치료로 암을 치료할 수 있다고 믿는 사람은 더더욱 없었을 것이다. 학계의 나머지 사람들에게 이것은 확립된 의학치료에 반기를 드는 사기행위로 보일 것이었다. 사기 냄새를 풍기는 것만큼 어렵게 획득한 과학적 명성을 한순간에 날려버리는 것도 없다. 신체 질병을 치료하는 심리치료라니! 말이 되는 소리인가?

나는 용기를 내어 침묵을 깨고 말했다.

"저도 샌디 의견에 동의합니다."

이렇게 말하는 나도 내가 우리 모두를 어디로 몰아가고 있는지 확신이 서질 않았다.

"주디가 뭔가 미래로 향한 것을 원한다면, 꿈을 원한다면, 좋습니다. 면역체계를 심리적인 수단으로 변화시키는 시도를 해봅시다. 만약 우리가 틀렸다면 시간을 몇 년 낭비한 셈이 되겠지요. 만약 반대로 우리가 옳다면, 만약 우리가 흠잡을 데 없는 연구로 당국을 설득할 수 있다면, 만에 하나 정말로 그런 일이 일어난다면 그것은 우리의 건강제도에 혁명을 불러오는 것이겠지요."

그날 아침 주디 로딘과 샌드라 레비와 나는 그것을 해보기로 결의했다. 우선 인지치료로 면역체계를 활성화시키는 일에 관한 예비연구의 후원을 재단에 신청했다. 이것은 금세 승인을 받았고, 그래서 그 뒤 2년에 걸쳐 꽤 심각한 두 종류의 암인 흑생종과 결장암으로 고생하는 환자 40명을 대상으로 연구를 할 수 있게 되었다. 이 환자들은 평소대로 화학요법과 방사선치료를 계속 받았다. 그리고 그것에 덧붙여 12주 동안 매주 한 번씩 변형된 형태의 인지치료를 받았다. 변형된 인지치료의 목표는 우울증을 치료하는 것이 아니라 상실에 대한 새로운 사고방식으로 환자들을 무장시키는 데 있었다. 그러기 위해서 환자들로 하여금 자신들의 자동적인 생각을 깨닫고 주의를 다른 데로 돌리거나 또는 자신들의 비관적 설명을 스스로 반박하도록 유도했다(12장 참조). 또 스트레스에 대처하기 위한 이완훈련을 실시해 인지치료를 보완했다. 우리는 그밖에도 암환자들로 통제집단을 구성했는데, 이들은 물리치료는 똑같이 받았지만 인지치료나 이완훈련은 받지 않았다.

"와~! 이 수치를 직접 보셔야 되는데."

2년 뒤 11월 어느 날 아침 샌디가 전화했다. 나는 그가 그렇게 흥분한 것을 일찍이 본 적이 없었다.

"인지치료를 받은 암환자들의 NK세포 활동이 매우 급격히 늘었어요. 통제집단에서는 전혀 늘지 않았고요. 와~!"

한마디로 말해 인지치료가 우리의 희망대로 면역체계를 크게 향상시킨 것이었다.

과연 이 치료가 암의 진행에 변화를 가져왔는지 또 암환자들의 생명을 구했는지 판단하기에는 아직 너무 이르다. 면역체계는 하루하루 달라질 수 있는 반면, 암은 훨씬 느리게 진행한다. 따라서 좀 더 기다려봐야 알 수 있다. 그러나 맥아더재단에게는 이 예비연구로도 충분했다. 모험적인 정신을 가지고 있던 그들은 장기적인 연구계획을 후원하기로 결정했다. 1990년부터 우리는 더 큰 규모로 암환자들에게 인지치료를 실시하여 면역체계를 활성화하고 암의 진행방향을 돌리는 시도를 할 것이다. 나아가 환자들의 수명까지 연장할 수 있을지 두고 볼 일이다.

우리는 똑같은 기대와 흥분을 가지고 예방에도 노력을 다할 것이다. 우리는 질병에 걸릴 위험이 큰 사람들(최근에 이혼했거나 별거를 시작한 사람들과 혹한 속에서 복무하는 신병들)을 대상으로 이 책 12장에 소개된 연습을 실시할 계획을 가지고 있다. 보통 이런 사람들은 병에 걸릴 확률이 매우 높다. 과연 이런 사람들의 비관적 설명양식을 바꾸어 면역력을 키우고 질병을 예방할 수 있을까?

우리는 크게 기대하고 있다.

11장

새로운 역사심리학의 시도

소년 시절 읽었던 지그문트 프로이트의 글들은 그 뒤 나를 줄곧 사로잡았던 물음들의 형성에 강력한 영향을 끼쳤다. 프로이트 덕분에 나는 '뜨거운' 심리학(동기, 정서, 정신질환 등)에 매료된 반면, '차가운' 심리학(지각, 정보처리, 청각과 시각 등)에는 이상하리만치 관심이 없었다. 그러나 소년 시절 읽었던 또 다른 작가로 보통 프로이트만큼 평가받지는 못하지만 내게는 더 깊은 흔적을 남긴 대중작가가 있었으니 바로 아이작 아시모프다. 그는 많은 공상과학소설을 쓴 소설가이자 공상가였다.

일단 손에 쥐면 놓지 못하는(나는 그것을 사춘기의 흥분에 휩싸인 채 단숨에 30시간을 들여 읽었다) 《창설 삼부작Foundation Trilogy》에는 지적인 사춘기 아이들의 위대한 영웅 해리 사이든이 등장한다. 그는 미래를 예측하기 위해 '역사심리학'을 발명한 과학자다. 사이든에게 개인이란 예측할 수 없는 존재다. 그러나 개인이 모여 집단을 이루면 원자들의 집단처럼 상당히 정확한 예측이 가능해진다. 예측에 필요한 것은 오직 사이든의 통계방정식과 그가 발견한 행동원리들이다. 그러나 그것이 무엇인지 아시모프는 독자들에게 결코 말해주지 않았다. 그러면 역사의 진행과정과 위기의 결과까지 예견할 수 있다. "와! 심리학적 원리로 미래를 예측한다니!" 하고 민감한 나이였던 나는 생각했다.

이 "와!"는 그 뒤 내 인생을 줄곧 따라다녔다. 1970년대 초 아직 젊은 교수였던 나는 역사심리학이라는 분야가 실제로 있다는 것을 알고 매우 흥분했다. 그리고 얼마 뒤 나는 펜실베이니아대학 역사학과 조교수였던 친한 친구 앨런 코스와 함께 이 주제로 대학원 세미나를 개설했다. 이 세미나를 통해 우리는 아시모프의 공상과 비교될 만한 학문적 작업을 자세히 들여다볼 기회를 가졌다. 하지만 그것은 실망 자체였다.

세미나에서 우리는 에릭 에릭슨Erik Erikson이 프로이트의 정신분석 원리를 마틴 루터Martin Luther에게 적용했던 작업에 관해 읽었다. 거기에서 에릭슨은 가톨릭교에 대한 루터의 반항심이 어릴 적 용변훈련에서 비롯한 것이라고 썼다. 에릭슨 교수는 루터의 어린 시절에 관한 몇 조각 정보로부터 그렇게 엄청난 가설을 끌어낸 것이었다. 이런 식의 황당무계한 추정은 해리 사이든이 생각한 것과 확실히 거리가 멀었다. 첫째, 정신분석의 원리로는 이룰 수 있는 것이 그리 많지 않을 것이다. 이를테면 정신분석가가 침상에 누운 환자의 반항심을 분명히 설명하려 할 때조차 그것은 별 도움이 되지 않을 것이다. 아무리 분석가가 환자의 어린 시절에 관해 최대한 인내심을 발휘해 자세히 듣는다고 치더라도 말이다. 하물며 몇 백 년 전에 죽은 사람의 반항심을 이런 식으로 설명한다는 것은 말도 안 된다. 둘째, 한때 '역사심리학'으로 간주된 것은 개별 사례연구들이었던 반면, 아시모프가 강조했듯 타당한 예측을 하려면 사례들이 무리로 있어야 한다. 그래야 비로소 예측 불가능한 개별적 차이들을 무디게 만들 수 있기 때문이다. 셋째, 가장 잘못된 점은 그런 종류의 역사심리학으로는 아무엇도 예측할 수 없다는 데 있다. 오히려 그것은 사건들을 이미 오래 전에 결론난 것으로 취급했고, 그것들을 정신분석적으로 되돌아보면서 그것들이 의미를 갖도록 이야기를 꾸며내었다.

내가 1981년에 글렌 엘더의 도전에 응답해 '타임머신'을 개발했을 때에도 아시모프의 꿈은 여전히 내게 큰 비중을 차지하고 있었다. 당시 나는 내용분석 기법(사람들이 쓰거나 말한 것을 분석해 거기에 녹아있는 설명양식을 찾아내는 기법)을 사용해 질문지에 응답할 수 없는 사람들의 낙관성 수준을 밝히고자 했다. 예컨대 딸과 어머니를 함께 조사해야 할 때나, 스포츠계의 영웅, 적대적 기업인수의 위협에 처한 경영인, 세계적 지도자 등 같은 경우다. 그러나 질문지에 응답할 수 없는 또 다른 종류의 사람들이 많이 있다. 죽은 사람들 또는 역사에 행적을 남긴 사람들이 그런 경우다. 나는 설명문구 내용분석 기법이야말로 글렌이 꿈꾸던 타임머신이라고 그에게 말했다. 나는 이것을 질문지에 응답하지 않은 동시대인뿐만 아니라 죽은 사람 같이 질문지에 응답할 수 없는 사람들에게도 적용할 수 있을 것이라고 말했다. 필요한 것은 오직 사람들이 한 말이 말 그대로 남아있는 자료였다. 이런 문구들만 남아있다면 거기에 설명문구 내용분석 기법을 적용해 설명양식을 찾아낼 수 있을 것이었다. 이때 우리가 활용할 수 있는 자료는 엄청 다양하게 있었다. 자서전, 유언장, 기자회견 기록, 일기장, 치료 기록, 전장에서 집으로 보낸 편지, 후보지명 수락연설 등등. 그래서 나는 글렌에게 말했다. "글렌, 우리가 역사심리학을 할 수 있어요."

우리는 무엇보다도 해리 사이든이 요구했던 세 가지 핵심적인 것들을 가지고 있었다. 첫째, 우리는 건전한 심리학적 원리를 가지고 있었다. 곧 낙관적 설명양식은 우울을 이겨내는 능력을 예측할 뿐만 아니라 성취능력과 끈기도 예측한다. 둘째, 우리는 산 사람이든 죽은 사람이든 사람들의 설명양식을 측정하기 위한 타당한 방법을 가지고 있었다. 셋째, 우리에게는 연구할 수 있는 많은 사람들이 있었다. 그것은 통계적 예측을 하기에 충분한 숫자였다.

1983년 봄 어느 날 아침 나는 내가 만난 대학생들 가운데 가장 팔팔한 20세 청년이었던 해럴드 줄로우에게 이 모든 것을 설명하고 있었다. 그의 발상과 에너지, 독창성과 열정은 대단했다. 나는 그를 감동시켜 펜실베이니아대학에 들어오게 할 목적으로 그에게 설명문구 내용분석 기법을 설명하면서 그것이 열어줄 새 지평에 관해 이야기했다.

"그것을 정치에 적용하는 것에 대해 생각해보셨나요?" 하고 그가 물었다. "어쩌면 선거를 예측할 수 있을지도 모르죠. 틀림없이 미국 사람들은 낙관적인 지도자를 원할 거에요. 자기들의 문제가 해결될 것이라고 말해주는 사람 말예요. 너무 고민하거나 망설이는 사람은 아니지요. 사람들이 많아야 한다고 하셨죠? 미국 유권자 수는 어때요? 유권자 개인이 선거에서 어떻게 투표할지는 예측할 수 없겠지만, 유권자 집단이 어떻게 투표할지는 우리가 예측할 수 있을 겁니다. 두 후보가 말한 것을 바탕으로 각자의 낙관성 분석표를 만들면 누가 이길지 우리가 예측할 수 있을 겁니다."

나는 그가 '우리'라고 말하는 것이 마음에 들었다. 왜냐하면 그가 펜실베이니아로 오겠다는 뜻이므로. 그리고 실제로 왔다. 그가 와서 5년 동안 했던 일은 독창적인 것이었다. 그는 내 도움을 약간 받아서 중요한 역사적 사건이 일어나기 전에 그것을 예측한 최초의 심리학자가 되었다.

1948년에서 1984년까지의 미국 대통령선거

미국 유권자들은 어떤 종류의 대통령을 원하는가? 낙관성이 미국 유권자들에게 중요할까?

    정치학은 해럴드 줄로우의 취미였다. 그리고 그는 대학원에서 자기 취미를 마음껏 살린 연구를 시작했다. 우리는 근래에 있었던 대선에서 승자와 패자들의 후보수락연설들을 다시 읽어보았다. 그러자 낙관성 수준의 차이가 확연히 눈에 띄었다. 대선에서 두 번 실패한 애들리 스티븐슨이 1952년 민주당 전당대회에서 처음 후보로 지명되었을 때 행한 연설을 들어보자.

소란과 흥분이 가라앉으면, 악단이 떠나가고 조명이 어두워지면, 우리가 책임져야할 냉혹한 현실이 우리를 기다리고 있습니다. 국내에서는 분쟁과 불화와 물질주의가 그리고 해외에서는 무자비하고 불가해하며 적대적인 권력이 음산하고 무시무시한 유령들처럼 우리 주변을 맴돌고 있는 역사적 시점에 우리는 놓여 있습니다.

이것이 불멸의 문장일지는 몰라도 어쨌든 다른 한편으로는 반추의 연속이기도 하다. 자신의 지적 명성에 걸맞게 스티븐슨은 나쁜 일들에 대해 심사숙고하면서 그것들을 분석하고 있다. 그러나 정작 그것들을 변화시키기 위한 행동제안은 빠져 있다. 그의 설명양식을 살펴보자.

서기 이래 가장 유혈이 낭자했고 동요가 심했던 시대인 20세기의 시련은 전혀 사라질 기미를 보이지 않고 있습니다. 희생과 인내와 확고한 목적이 다가올 앞날에 우리의 운명이 될 것입니다.……
저는 굳이 대통령 후보지명을 추구하지 않았습니다. 왜냐하면 이 직책이 주는 부담이 상상력을 뒤흔들어 놓기 때문입니다.

이것은 스티븐슨에게 전형적인 두 개의 설명문구다. 이탤릭체로 쓴 것은 설명이고 보통 글자체로 쓴 것은 그것이 설명하는 사건이다. 다가올 시련이 꽤 오랫동안 희생을 요구할 것이다(매우 지속적인 설명). 엄청난 부담 때문에 후보지명을 추구하지 않았다(매우 만연적인 설명). 애들리 스티븐슨은 지적으로 뛰어난 인물이었지만 정서적으로는 블랙홀과 같았다. 그의 설명양식은 우울한 것이었고 반추하는 비율도 높았다.

스티븐슨과 두 번에 걸쳐 맞섰던 드와이트 아이젠하워의 연설은 전혀 딴판이었다. 반추하는 비율이 낮았고 낙관적인 설명양식을 사용했으며 행동에 대한 언급으로 가득 찼다. 아이젠하워가 1952년 공화당의 후보지명을 수락하면서 행한 연설("나는 한국으로 갈 것이다")을 들어보자.

오늘은 우리의 전투가 시작된 첫째 날입니다.
11월 4일까지 우리가 가야할 길은 투쟁의 길입니다. 저는 이 투쟁에 모든 것을 바칠 것입니다.
저는 이전에 전투를 목전에 두었던 경험이 많습니다. 그럴 때면 저는 늘 캠프나 야외에 있는 병사들을 찾아가 얼굴을 맞대고 그들의 관심사항에 관해 이야기를 나누었으며 우리 모두의 위대한 사명에 관해 그들과 토의했습니다.

아이젠하워의 연설은 스티븐슨의 문장처럼 우아하지도 섬세하지도 않았다. 그러나 그는 1952년과 1956년 두 번에 걸쳐 압승을 거두었다. 물론 그는 위대한 전쟁영웅이었고 그것에 비하면 상대방의 경력은 보잘 것 없었다. 역사가들은 다른 누가 나왔어도 아이젠하워를 이기지 못했을 것이라고 추측한다. 그리고 실제로 공화당뿐 아니라 민주당도 그를 후보로 지명하길 원했다. 그렇다면 과연 아이젠하워의 낙관성과 스티븐슨의 비관성이 선거결과에 인과적인 영향을 미쳤을까? 우리는 그렇다고 생각한다.

어느 대통령후보가 상대방보다 더 비관적이고 더 반추하는 설명양식을 지니고 있다면 그런 후보에게 무슨 일이 일어날까? 우리는 세 가지 부정적인 일이 일어날 것이라고 생각한다.

첫째, 상대적으로 어두운 설명양식을 지닌 후보는 더 수동적일 것이며 유세활동도 덜 하며 도전에도 덜 적극적으로 반발할 것이다.

둘째, 유권자들은 그런 후보를 덜 좋아할 것이다. 여러 실험연구들에 따르면 사람들은 우울한 사람을 그렇지 않은 사람보다 덜 좋아하며 더 자주 피한다. 물론 그렇다고 해서 대통령후보들이 모두 우울하다는 뜻은 아니다. 대개는 그렇지 않다. 다만 유권자들은 낙관성의 모든 차원에 매우 민감하게 반응하기 때문에 두 후보의 미세한 차이까지도 알아챌 것이라는 뜻이다.

셋째, 상대적으로 비관적인 후보는 유권자들에게 희망을 덜 불어넣을 것이다. 비관적인 후보가 나쁜 일에 대해 행하는 지속적이고 만연적인 설명은 유권자들에게 절망의 신호를 보낸다. 이런 후보가 나쁜 일에 대해 반추를 많이 할수록 유권자들은 더 많은 절망의 신호를 받을 것이다. 유권자들이 자기 나라의 문제를 해결할 것이라는 믿음이 가는 대통령을 원한다고 할 때, 유권자들은 낙관적인 후보를 선택할 것이다.

이런 세 가지 결과를 함께 고려할 때 우리는 두 경쟁후보 가운데 비관적인 반추를 더 많이 하는 후보가 선거에서 패배할 것이라고 예측할 수 있다.

후보의 낙관성이 실제로 선거결과에 영향을 미치는지 검사하기 위해서는 두 후보의 연설을 서로 비교해볼 수 있고 나아가 이전 후보의 연설과도 비교해볼 수 있는 표준적인 상황이 필요했다. 국가의 장래에 대한 후보들의 견해를 들을 수 있는 후보수락연설은 그런 의미에서 안성맞춤이었다. 40년 전까지만 해도 후보수락연설은 집회장에 모인 충실한 당원들을 상대로 행해졌을 뿐, 그것이 일반인들의 가정에까지 전달되지는 않았다. 그러나 1948년 이래로 후보수락연설은 TV 전파를 통해 대규모 청중에게까지 전달되었다. 그러므로 우리는 1948년부터 시작해서 모두 열 번에 걸쳐 행해진 대통령선거에서 모든 후보지명 수락연설로부터 모든 인과적 설명들을 추출했다. 그런 다음 그것들을 무작위로 섞어서 (누가 무엇을 말했는지 모르는) 평가자들로 하여금 그것들의 낙관성 수준을 설명문구 내용분석 기법으로 평가하게 했다. 거기에 덧붙여 반추 정도를 평가하기 위해 나쁜 일에 관해 분석 또는 평가만 하고 구체적인 행동제안이 따르지 않는 문장들의 백분율을 구했다. 또 '행동지향성'도 평가하였는데, 이것은 후보가 지금까지 한 일이나 앞으로 할 일에 관해 이야기하는 문장들의 백분율로 구했다. 우리는 설명양식 점수와 반추 점수를 합산해 총점을 내었으며 비관성와 반추를 합쳐 비관반추라 불렀다. 비관반추 점수가 높을수록 후보의 연설양식이 나쁜 셈이었다.

  1948년부터 1984년까지 대선마다 두 후보의 비관반추 점수를 비교해본 결과 우리가 가장 먼저 발견한 점은 이 점수가 낮은, 상대적으로 낙관적인 후보가 열 번의 선거 가운데 아홉 번을 승리했다는 사실이었다. 우리는 단순히 연설내용을 살펴보았을 뿐인데도 우리의 예측은 여론조사보다도 정확했다.

  우리의 예측이 빗나간 유일한 선거는 리처드 닉슨과 휴버트 험프리가 대결했던 1968년의 선거였다. 험프리의 후보수락연설이 닉슨의 연설보다 조금 더 낙관적이었으며, 때문에 우리는 험프리를 택했다. 당시 여론

조사에서도 험프리의 승리를 점쳤으나 중간에 뜻하지 않은 사건이 있었다. 험프리가 시카고 전당대회에서 수락연설을 하는 동안 거리에서는 폭동이 일어나 경찰이 히피족들을 두들겨 패는 사건이 벌어졌다. 이 사건으로 험프리는 인기가 폭락하여 여론조사에서 15퍼센트나 뒤진 채 미국 현대사에서 가장 짧았던 선거운동을 시작해야 했다. 그러나 이야기는 이것으로 끝이 아니었다. 험프리는 지지기반을 꾸준히 넓혀서 선거일에는 1퍼센트 미만의 차이로 일반투표에서 지고 말았다. 여론조사 전문가들에 따르면 당시 만약 선거운동 기간이 3일만 더 길었더라면 낙관적인 험프리가 승리했을 것이라고 한다.

그렇다면 후보들의 비관반추 점수차와 표차 사이에는 어떤 관계가 있을까? 우리는 둘 사이에 매우 밀접한 관계가 있음을 발견했다. 상대후보보다 훨씬 더 낙관적이었던 후보들은 선거에서 압승을 거두었다. 아이젠하워가 두 번에 걸쳐 스티븐슨을, 존슨이 골드워터를, 닉슨이 맥가번을, 레이건이 카터를 압도적으로 눌렀다. 반면에 상대후보보다 약간 더 낙관적이었던 후보들은 간발의 차이로 일반투표에서 승리했다. 카터가 포드를 이겼을 때가 그런 경우였다.

그러나 여기서 한 가지 의문이 든다. 낙관성이 먼저인가 아니면 상대보다 앞서 있는 것이 먼저인가? 나중에 승자가 된 후보의 더 높은 낙관성 수준이 유권자로 하여금 그 후보를 찍게 만든 것인가 아니면 단순히 그 후보가 이미 앞서 있었기 때문에 더 낙관적이었던 것인가? 낙관성은 원인인가 아니면 당선이 유력하다는 사실의 단순한 부수현상인가?

이것을 살필 수 있는 좋은 방법은 선거의 후발주자를 추적하는 것이다. 후발주자들은 말 그대로 여론조사에서 뒤처진 채 선거운동을 시작한다. 이 경우 우리는 당연히 앞서 있기 때문에 낙관적이라고 말할 수 없다.

1948년 선거에서 해리 트루먼은 토마스 듀이보다 13퍼센트 뒤처진 채 선거운동을 시작했다. 그러나 트루먼의 비관반추 점수는 듀이의 점수보다 훨씬 낙관적인 것이었다. 결국 트루먼은 모든 여론조사 결과를 무색케 하면서 4.6퍼센트 차이로 선거에서 승리했다. 1960년에 존 케네디는 리처드 닉슨보다 6.4퍼센트 뒤처진 채 시작했다. 그러나 케네디의 비관반추 점수는 닉슨의 점수보다 상당히 더 낙관적인 것이었으며, 결국 케네디는 0.2퍼센트의 차이로 간신히 선거에서 승리했다. 이것은 근대에 가장 아슬아슬했던 대선이기도 했다. 1980년에 로널드 레이건은 현직 대통령이던 지미 카터보다 1.2퍼센트 뒤진 채 시작했다. 그러나 레이건의 비관반추 점수가 더 낙관적인 것이었으며, 결국 그는 10퍼센트 이상의 차이로 승리했다.

초기투표에서 앞서 있는 것과 현직 대통령인 것은 낙관성을 부추길 만한 요인인데, 이 요인들을 통계학적으로 통제하는 것이 가능하다. 그리고 그럴 경우 낙관성이 여전히 선거결과에 영향을 미친다는 사실을 확인할 수 있다. 실제로 낙관성은 표차에 가장 큰 영향을 미치는 요인이었다. 비관반추의 점수차는 일반투표의 표차를 우리가 알고 있는 어느 다른 요인보다도 훨씬 정확하게 예측했다.

왜 낙관성이 유권자들에게 효력을 발휘하는지에 대해 세 가지 이유를 생각해볼 수 있겠다. 첫째, 낙관적인 후보간 더 활발하게 선거운동을 할 것이다. 둘째, 유권자들은 비관적인 후보를 덜 좋아할 것이다. 셋째, 낙관적인 후보가 유권자에게 더 많은 희망을 심어줄 것이다. 우리에게는 두 번째 요인과 세 번째 요인을 직접 측정할 방법이 없었다. 그러나 열 번 중 일곱 번의 선거에서 후보들이 얼마나 활발하게 선거운동을 했는지 측정하기 위하여 우리는 각 후보가 매일 행한 선거유세의 횟수를 셀 수 있었다. 그 결과 예측대로 더 낙관적인 후보가 더 많은 선거유세를 한 것으로 드러났으며, 이것은 곧 낙관적인 후보가 더 활발한 선거운동가임을 말해준다. 후보수락연설의 원고는 대개 다른 사람이 대신 써주고 여러 차례 수정을 거친다. 그렇다면 이것은 후보의 실제 낙관성 수준을 반영하는가 아니면 원고 작성자의 낙관성을 반영하는가? 아니면 국민이 듣고 싶어한다고 후보가 생각하는 것을 반영하는가? 어찌 보면 이것은 중요한 문제가 아니다. 왜냐하면 우리가 행한 낙관성 분석은 유권자들이 후보에 대한 인상을 바탕으로 어떻게 행동할지를 예측한 것이기 때문이다. 이때 인상이 참된 것이든 조작된 것이든 그것은 중요하지 않다. 그러나 다른 관점에서 보면 후보가 실제로 어떤 인물인지를 아는 것이 중요할 수 있다. 후보의 실제 면모에 접근하는 한 방법은 사전에 준비된 연설과 비교적 즉흥적인 기자회견이나 토론을 비교해보는 것이다. 우리는 후보들 사이에 토론이 진행되었던 네 번의 선거를 대상으로 이 비교를 해보았다. 그 결과 후보 수락연설에서 비관반추 점수가 좋았던 후보가 예외 없이 토론에서도 좋은 점수를 얻었다.

그 뒤 나는 세계적 지도자 여섯 명의 사전 준비된 연설과 기자회견을 갖고 이 지도자들의 신원을 내가 알 수 없도록 조치한 상황에서 각각의 설명양식을 산출해보았다. 그 결과 나는 놀랍게도 수차례 다듬은 연설문에서부터 기자회견 때의 즉흥적인 발언에 이르기까지 일정하게 남아있는 '지문'을 발견했다. 곧 지속성과 만연도 점수는 다듬어진 연설이든 즉흥적인 연설이든 똑같았다. 나아가 내가 평가했던 지도자마다 독특한 설명양식 특성을 지니고 있었다. 그래서 어떤 문서가 당사자가 직접 쓴 것인지 아닌지를 판단하는 데, 이를테면 인질이 직접 쓴 것인지 아니면 인질범이 대신 쓴 것인지를 판단하는 데 이 기법을 활용할 수도 있지 않을까 하는 생각이

들었다. 개인화 점수는 연설과 기자회견 사이에서 일정한 변화를 보였다. 다시 말해 비난을 인정하는 식의 개인적 설명이 공식 연설에서는 '세탁' 되어 있는 반면, 즉흥적인 발언에서는 조금 더 자주 나타났다.

종합해 볼 때 자필이든 대필이든 사전 준비된 연설문은 보통 연사의 근본 성격을 반영한다. 연사는 연설초안을 자신의 낙관성 수준에 맞게 스스로 고치거나 또는 이 중요한 특성에서 자기와 어울리는 대필자를 고른다. 그러나 대선후보들 가운데 적어도 한 명의 예외가 있었다. 바로 마이클 듀카키스였다.

1900년에서 1944년까지의 미국 대통령선거

혹시 우리가 제2차 세계대전 이후 열린 열 번의 대선 가운데 아홉 번을 예측한 것이 요행은 아니었을까? 또는 유권자가 낙관적인 후보를 뽑는다는 것이 텔레비전 시대에만 나타나는 현상은 아닐까? 우리는 이런 물음들을 확인해보기로 했다. 그래서 윌리엄 맥킨리와 윌리엄 브라이언이 대결했던 1900년 대선까지 거슬러 올라가 그 사이에 있었던 후보지명 수락연설들을 빠짐없이 읽었다. 그런 뒤 화자의 신원을 은폐한 조건에서 연설문들의 설명양식과 반추 정도를 분석했다. 이로써 우리의 분석자료에 열두 번의 대선이 추가된 셈이었다.

결과는 똑같았다. 새로 추가된 열두 번 가운데 아홉 번의 대선에서 비관반추 점수가 좋은 후보가 승리했다. 마찬가지로 표차도 승자의 비관반추 점수가 패자의 점수보다 얼마나 좋은가와 높은 상관관계를 보였다. 예외에 해당하는 세 번의 대선은 닉슨 대 험프리의 '예외'처럼 흥미로운 것이었다. 우리의 예측이 빗나간 세 번의 대선은 모두 프랭클린 루스벨트의 재선 때 일어났다. 루스벨트는 세 번에 걸쳐 상당한 표차로 승리했는데, 그의 비관반추 점수는 알프레드 란던, 웬델 윌키, 토마스 듀이의 점수보다 매번 더 암울한 것이었다. 하지만 이 세 번의 대선에서는 상대후보의 희망찬 연설보다 루스벨트의 검증된 위기관리능력이 표의 향방에 더 큰 영향을 준 것이 아닌가 싶다.

1900년부터 1984년까지 스물두 번의 대선에서 미국인들은 상대적으로 더 낙관적인 연설을 한 후보를 열여덟 번이나 선택했다. 후발주자가 역전에 성공했던 대선의 경우 그 주자는 예외 없이 더 낙관적인 후보였다. 대선의 표차는 후보들의 비관반추 점수차와 매우 높은 상관관계를 보였다. 상대후보보다 훨씬 더 낙관적이었던 후보는 선거에서 압도적인 승리를 거두었다.

이렇게 지난 대선결과들을 예측하는 데 성공한 해럴드 줄로우와 나는 이제 미래를 예측해보기로 작정했다.

1988년 대선을 예측할 수 있을 것인가?

정신분석학을 바탕으로 한 기존의 역사심리학은 사건을 '뒤로' 예측한다. 곧 과거를 예측하기 위해 그것보다 더 이전의 과거를 연구한다. 에릭슨의 유명한 《젊은 루터Young Man Luther》가 그렇다. 에릭슨은 루터의 용변훈련에 관한 몇 조각 정보를 재주껏 주워모아 장차 루터가 권위를 파괴하는 종교혁명가가 될 것이라고 '예측'한다. 그것이 바로 루터가 나중에 한 일이므로 새삼스럽게 놀랄 것도 없다. 결과가 이미 알려져 있는 한 그것을 슬쩍 엿볼 기회란 널려 있게 마련이다.

스물두 번에 걸친 과거의 대선을 '뒤로' 예측했던 우리의 경우도 마찬가지다. 우리는 누가 이겼는지 이미 알고 있었다. 물론 우리는 분석을 순수하게 진행하려고 노력했고 평가자들에게 (평가할 문장이 누구의 것인지 알지 못하도록) 은폐방법을 적용했다. 그렇더라도 비판적인 독자들은 우리가 무엇을 '예측'했다고까지 말하는 데는 주저할 것이다. 만약 역사심리학이 (해리 사이든의 주장처럼) 정말로 미래를 예측하기까지 한다면 역사심리학은 실용적으로도 흥미롭고 방법론적으로도 건전한 학문이 될 것이다.

1987년 말엽 해럴드 줄로우는 2년의 작업 끝에 1900년부터 1984년까지 있었던 대선들에 대한 분석을 마쳤다.

이제 1988년에는 어떻게 될 것인지를 예측해볼 채비를 갖춘 셈이었다. 이제껏 중요한 역사적 사건이 일어나기 전에 그것을 예측했던 사회과학자는 없었다. 경제학자들은 쉬지 않고 호황과 불황을 예측하지만, 정작 예측과 다른 결과가 발생하면 모른척하기 쉽다. 하지만 우리는 과거 대선에 대한 연구결과가 너무 확실했기 때문에 모험을 감행해도 될 것 같은 느낌이 들었다.

우리는 세 가지 선거전을 예측하기로 했다. 첫째, 누가 예비선거에서 각 당의 후보로 지명될 것인가? 둘째, 누가 대선 자체에서 승리할 것인가? 셋째, 33명의 상원의원을 뽑는 선거전은 또 어떻게 될 것인가? 우리는 바로 작업에 착수해 최대한 많은 후보들의 연설문을 모았다.

1988년 대통령후보 예비선거

1988년 1월 열세 명의 경쟁자들이 뉴햄프셔, 아이오와 등지에서 매일 유세를 펼치며 선거운동을 하고 있었다. 여섯 명의 공화당후보들이 끝까지 싸웠으며 로버트 돌과 조지 부시가 치열한 선두경쟁을 벌였다. 투기꾼들은 부시가 패배할 것이라고 생각했다. 돌은 억세고 부시는 겁쟁이라고

들 말했다. 그러나 목사 패트 로버트슨, 보수주의자 잭 켐프, 장군 알렉산더 헤이그도 무시할 수 없었다.

민주당의 경선은 대혼전이었다. 게리 하트는 성추문의 충격에서 벗어나는 듯했으며 다시 선두로 나섰다. 상원의원 폴 사이몬, 주지사 마이클 듀카키스, 상원의원 앨버트 고어, 하원의원 리처드 케파르트도 각자 기회가 있는 것으로 평가되었다. 반면에 신부 제시 잭슨은 흑인표밖에 얻지 못할 것으로 여겨졌다.

「뉴욕타임스」는 각 후보의 유세문(후보들이 하루에도 몇 번씩 큰 차이 없이 행하는 연설의 기초가 되는 문서)을 발표했다. 우리는 13개의 유세문을 모두 설명문구 내용분석 기법으로 분석해 각각의 비관반추 점수를 산출했다. 그리고 그것을 바탕으로 예측을 시도했다. 2월의 아이오와 지방대회를 앞둔 주말 해럴드는 설령 우리의 예측이 들어맞아도 우리가 미래를 예측했다는 것을 아무도 믿어주지 않을지 모른다는 걱정에 우리가 예측한 것을 밀봉해 「뉴욕타임스」와 펜실베이니아대학 심리학과장 앞으로 발송하자고 주장했다.

"우리가 맞을 경우 우리가 엿보았다는 말이 나오지 않도록 확실히 하고 싶어요" 하고 해럴드가 하소연했다.

우리의 예측은 분명했다. 민주당의 경우 우리에게 승자는 확실했다. 매사추세츠 주지사 마이클 듀카키스가 비록 아직 두각을 나타내고 있지 않았지만 승자임에 틀림없었다. 그의 비관반추 점수는 나머지 후보들보다 단연 뛰어났다. 그밖에 우리에게는 확실한 패자도 보였다. 명예가 많이 실추된 콜로라도 출신 상원의원 게리 하트의 비관반추 점수는 최하위였으며 그의 연설은 사실상 우울증 환자의 말처럼 들렸다. 제시 잭슨의 경우에는 비관반추 점수가 꽤 좋아서 전문가들을 놀라게 할 잠재력이 있다고 보았다. 그리고 실제 결과는 듀카키스의 당연한 승리였다. 하트는 자신을 지지하는 주의원 한 명 없이 중도하차하여 꼴찌가 되었으며, 잭슨의 분전은 세상을 놀라게 했다.

공화당의 경우에도 우리에게 승자는 확실했다. 조지 부시의 낙관성은 다른 후보들보다 월등했으며 그의 비관반추 점수는 듀카키스보다도 좋았다. 로버트 돌은 낙관성 순위에서 한참 아래였다. 돌과 부시의 비관반추 점수차는 듀카키스와 하트의 점수차보다도 컸다. 우리는 돌이 일찌감치 뒤처질 것으로 예측했다. 로버트슨의 점수는 돌보다도 아래였으며, 가장 암울한 비관반추 점수를 얻은 사람은 헤이그였다. 로버트슨은 아무 성과도 거두지 못할 것이며 헤이그는 완전히 파산할 것이라고 우리는 예측했다.

실제로 부시는 사람들의 예상 이상으로 쉽게 돌을 꺾었다. 로버트슨은 입후보조차 하지 못해 도덕적 다수파[34]에게 큰 실망을 안겨주었다. 헤이그는 주의원을 한 명도 얻지 못한 채 물러나 최대의 패배자가 되었다.

해럴드가 2월 초에 밀봉했던 예측이 결국 어떻게 되었는지 5월 초에 함께 따져보면서 나는 그 결과를 거의 믿을 수가 없었다. 그것은 사실상 완벽했다.

1988년의 대선 유세

예비선거가 겨우 반쯤 끝났을 무렵 「뉴욕타임스」에서 전화가 걸려왔다. 우리의 예측을 건네받았던, 사실 우리에게 유세문을 분석하도록 처음 제안하기도 한 기자는 예측이 잘 들어맞는 것을 보고 그것에 관해 기사를 썼다고 말했다. "이것을 앞면에 실을 계획입니다"라고 말하면서 그는 누가 대선에서 이길 것 같으냐고 물었다. 우리는 즉답을 피했다. 유세문만 따지자면 부시가 듀카키스보다 상당히 더 낙관적이었다. 따라서 우리는 부시가 6퍼센트 차이로 대선에서 승리할 것이라고 이미 결론을 내렸다. 그러나 우리는 유세문만 가지고 예측하는 것이 마음에 걸렸다. 왜냐하면 한편으로는 부시의 유세문에 본인이 직접 사건을 설명하는 인용문들이 별로 없었기 때문이었고, 다른 한편으로는 과거 대선에 관한 우리의 자료들이 모두 예비선거 유세가 아니라 후보지명 수락연설을 근거로 했었기 때문이었다.

해럴드에게는 또 다른 걱정이 있었다. 공화당과 민주당 양쪽 선거조직에서 우리의 채점방법을 알아내고자 기민하게 연락을 취해왔기 때문이었다. 해럴드는 기자들이 무슨 질문을 하건 신경 쓰지 않는다고 했다(내가 보기에 그는 그것을 오히려 즐겼다). 그러나 후보들 자체에 대해서는 우려를 표시했다. 만약에 그들이 우리의 원리를 이용해 유권자들이 듣기 좋게 연설문을 다시 쓰면 어떻게 될까? 만약 그런 일이 실제로 벌어진다면 현재 선거에 대한 우리의 예측이 쓸모없게 되는 것 아닌가?

나도 약간 불안하긴 했지만 그에게는 걱정하지 말라고 말했다. 미국 정치인들은 냉정한 사람들이기 때문에 그렇게 빨리 우리 연구를 진지하게 받아들이지 않을 것이라고 했다. 나 자신도 연구결과를 잘 믿지 못하겠는데, 하물며 어느 후보 진영의 참모가 이것을 토대로 연설문을 다시 쓰겠냐고 말했다. 그래서 나는 공화당과 민주당 양쪽에 자료를 보내주자고 제안했다. 우리의 연구는 공적인 것이며, 선거운동을 하는 사람들도 다른 사람과 똑같이 이것을 열람할 권리가 있다고 말했다.

7월의 어느 무더운 날 늦은 저녁 해럴드와 나는 내 집 거실에서 주지사 마이클 듀카키스의 후보지명 수락연설을 생중계로 듣고 있었다. 소문에 따르면 듀카키스는 이 연설에 엄청난 비중을 두고 있었으며 초안을 작성하느라 (케네디를 위한 연설문 작성자로 이름을 떨친) 시어도어 소렌슨까지 동원되었다고 했다. 우리는 연필을 쥔 채 듀카키스의 연설을 들으면서 거기에 담긴 반추와 설명을 세어갔다. 나는 설명 횟수를, 해럴드는 반추 횟수를 셌다.

한참 세던 나는 해럴드에게 속삭였다. "끝내주는데! 이대로만 간다면 누구도 당해내지 못할 거야."

이제 발명과 모험의 미국정신을 재점화할 때입니다. 이제 부두경제정책[35]을 '하면 된다' 경제정책으로 바꾸고, 모든 미국인에게서 최선의 것을 끌어내어 최선의 미국을 건설할 때입니다.

그것은 정말 끝내주는 연설이었다. 그의 비관반추 점수는 엄청 낙관적인 것이었다. 그것은 근대역사에서 가장 낙관적인 후보수락연설 가운데 하나였으며 그보다 더 낙관적이었던 것은 아이젠하워의 1952년 연설과 험프리의 1968년 연설이 전부였다. 또한 듀카키스 자신의 예비선거 유세문과 비교해보아도 비관반추 점수가 훨씬 좋아졌다. 그의 낙관성은 예비선거 이래로 크게 상승한 것처럼 보였다.

국민들의 반응도 좋았다. 듀카키스는 전당대회 이후 여론조사에서 꽤 앞서나가기 시작했다.

과연 조지 부시가 이런 뛰어난 연설을 능가할 수 있을까?

드디어 8월 말이 되어 우리가 학수고대하던 부시의 연설이 뉴올리언스의 공화당 전당대회에서 있었다. 이것 또한 정말로 막강했다. 미국이 안고 있는 문제에 대한 부시의 설명은 지극히 일부이고 일시적인 용어들로 표현되었다.

시당국에는 수뢰가 있고 금융계에는 탐욕이 있습니다. 워싱턴에는 권력남용이 있으며 일상적으로는 야망의 작은 부정행위들이 있습니다.

비관반추 점수로 볼 때 부시의 연설은 근대역사의 대선에 나왔던 웬만한 다른 후보들을 다 누를 만한 것이었다. 그러나 듀카키스의 7월 연설보다는 못했다. 부시의 연설은 듀카키스의 연설보다 조금 더 반추가 많았고 조금 덜 낙관적이었다. 우리는 두 후보의 비관반추 점수를 현직 요인과 득표 요인을 함께 고려한 방정식에 넣고 크랭크를 돌렸다. 그 결과 우리는 후보지명 수락연설을 근거로 듀카키스의 3퍼센트 신승을 예측했다.

나는 이제껏 스포츠든 다른 무엇이든 무엇에 내기를 걸어본 적이 없었다. 그러나 이번만은 거의 확실한 것처럼 보였다. 그래서 나는 라스베이거스의 도박장에 전화를 걸었다. 그러나 도박장에서는 배당률을 가르쳐주지 않았다. 미국 대통령 선거에 내기를 거는 것은 미국에서 불법이라는 것이었다. 내기가 소신 있는 투표행위를 저해할 수 있기 때문이었다. "영국에 가서 알아보시죠" 하고 직원이 말했다.

이렇게 해서 나는 9월 초 스코틀랜드로 가게 되었다. 나는 영국 파운드를 어느 정도 모아 듀카키스에게 전부를 걸 심산으로 친구와 함께 도박장들을 전전했다. 부시가 전당대회 연설 이후 여론조사에서 듀카키스를 추월했기 때문에 나는 6대 5의 배당률로 합의를 볼 수 있었다. 드디어 내기가 성립한 것이었다.

필라델피아로 돌아온 나는 해럴드에게 이 이야기를 하면서 내기의 일부를 떼어주려고 했다. 그러나 그는 그것을 받아야할지 확신이 서지 않는다고 말했다. 그의 한 옥타브 올라간 목소리에 내 등골이 오싹해지는 느낌이었다. 그는 7월에 들었던 연설이 듀카키스의 참모습인지 의심스럽다고 했다. 그는 노동절 이후 있었던 듀카키스의 연설들을 읽어보았는데 그것들은 전당대회 연설과 느낌이 달랐다고 했다. 나아가 듀카키스가 예비선거 때 사용했던 유세문도 전당대회 연설과 다르다는 것이었다. 그래서 해럴드는 혹시 지명연설이 듀카키스보다 소렌슨을 더 반영하는 것은 아닌지, 또는 혹시 더 심하게는 비관반추 점수를 크게 낮추려고 고의로 수정된 것은 아닌지 의심하기 시작했다. 그러면서 지금 당장 자신의 대학원 수당을 걸기보다는 첫 후보토론 때까지 기다리겠다고 말했다.

후보들 간의 TV토론을 살펴보았던 다른 네 번의 대선에서는 지명연설의 비관반추 점수가 좋은 사람이 예외 없이 토론에서도 좋은 비관반추 점수를 얻었었다. 그러나 이번은 달랐다. 해럴드의 경고가 맞아떨어지는 듯했다. 듀카키스의 비관반추 점수는 전당대회 수준에서 과거의 유세문 수준으로 급격히 떨어졌다. 반면에 부시는 한결같았으며 듀카키스보다 더 낙관적인 말투를 한 번 더 과시하고 있었다.

부시와 듀카키스 사이의 첫 TV토론이 있은 다음날 아침 해럴드는 여전히 내 내기의 일부를 건네받으려 하지 않았다. 그의 의심은 더욱 커져가고 있었다. 부시의 선거활동과 수락연설은 그의 참모습을 보여주었으며 매우 낙관적인 것이었다. 그러나 듀카키스는 더 이상 그렇게 낙관적으로 보이지 않았다. 해럴드는 듀카키스의 7월 연설이 진정한 듀카키스가 아니었다는 생각을 떨칠 수가 없었다. 여론도 이런 사정을 반영하는 듯했다. 부시가 앞서나가고 있었으며 차이도 점점 벌어지고 있었다.

두 번째 TV토론은 듀카키스의 비관반추 점수가 크게 떨어진 날이었다. 왜 예산균형을 약속할 수 없느냐는 질문을 받자 듀카키스가 말했다.

"우리 둘 중 누구도 그것을 할 수 있다고는 생각지 않습니다. 사실 앞으로 어떻게 될지 예견할 방도가 없습니다."

문제가 지속적이고 통제 불가능하다는 이런 주장은 듀카키스가 7월에 또는 9월에 했던 말들보다 훨씬 비관적인 어조를 띠었다. 이것이 점점 그의 전형적인 어조가 되어가고 있었다. 반면에 부시는 낙관적인 태도를 착실하게 유지하고 있었다.

남은 선거운동 기간에도 비관반추 점수에서 똑같은 차이가 나타났다. 부시의 유세는 듀카키스의 유세보다 일관되게 더 낙관적이었다. 선거운동을 유심히 지켜보던 나와 해럴드에게는 듀카키스가 10월 초 어느 시점에 선거를 내심 포기한 것처럼 보였다. 10월 말에 우리는 TV토론과 가을 유세의 평가점수들을 다시 방정식에 대입하여 최종 예측을 산출했다. 우리는 부시가 9.2퍼센트 차이로 승리할 것을 예측했다.

그리고 11월에 조지 부시는 마이클 듀카키스를 8.2퍼센트 차이로 눌렀다.

1988년의 상원선거

상원 33석을 둘러싸고도 선거전이 벌어졌다. 우리는 그 중에서 29개 선거전에 참여한 양당 후보들이 주로 1988년 봄과 여름에 행했던 연설문들을 구할 수 있었다. 이것들은 대부분 출마예상자들이 입후보를 선언하면서 발표한 것들이었다. 이때는 선거운동이 종료되기 전이었으므로 부시와 듀카키스의 마지막 TV토론 때와 달리 비관반추 점수의 차이는 후보들이 여론에서 앞서거나 뒤져있는 것과 상당히 무관한 것이었다. 선거 전날 해럴드는 29개 선거전에 대한 비관반추 분석을 완료하였고, 자기 일을 책임지는 의미에서 이것을 밀봉해 신뢰할 수 있는 여러 증인들에게 발송했다.

대선 결과는 일찍 나왔지만 우리는 상원의석 투표결과를 지켜보느라 밤늦게까지 긴장을 늦출 수 없었다. 그 결과 우리는 29개의 상원의석 가운데 25개를 정확히 예측한 것으로 판명되었다. 그뿐 아니라 모든 개표가 완료됨에 따라 딱 한 경우를 빼고는 모든 역전과 접전까지 정확히 예측한 것으로 판명되었다.

우리는 코네티컷 주에서 조 리버만이 현직의 유력한 후보 로웰 웨이커에게 아슬아슬한 역전승을 거둘 것으로 예측했다. 그리고 실제로 리버만은 0.5퍼센트 차이로 승리했다.

또한 우리는 플로리다 주에서 코니 맥이 버디 맥케이에게 역전승을 거둘 것으로 예측했다. 낙관적인 코니 맥은 세금인상의 이유에 대해 다음과 같이 외부적이고 일시적이며 일부의 방식으로 설명했다. "[전임 상원의원] 로튼 차일즈가 돈 잘 쓰는 사람들과 어울리더니 스스로 급료인상을 결의했다."(해럴드는 이 설명에 대해 4점을 부여했다) 반면에 맥의 경쟁자였던 버디 맥케이는 플로리다의 발전문제를 비관적으로 "플로리다의 자기인식" 탓으로 돌렸다(해럴드는 이 지속적이고 만연적이며 개인적인 설명에 대해 14점을 부여했다). 실제로 코니 맥은 한참 뒤처진 채 선거전을 시작했지만 결국에는 1퍼센트 미만의 차이로 승리했다.

그러나 우리는 몬태나 주에서 콘래드 번스가 현직의 존 멜처에게 거둔 놀라운 역전승은 예상하지 못했다.

이상이 우리가 예측한 결과였다. 우리는 오직 연설의 설명양식과 거기에 드러난 반추 정도만을 토대로 대선 예비선거와 대선 자체와 29개의 상원선거를 예측하려고 시도했다. 그 결과 우리는 예비선거에서 투표결과가 발표되기 훨씬 전에 양당의 승자와 패자를 완벽하게 예측했다. 대통령선거에 대한 예측은 혼합된 것이었다. 나는 내기에서 졌지만, 해럴드는 듀카키스의 후보지명 수락연설이 듀카키스의 참모습이 아니라고 생각했다. 그 뒤 가을에 있었던 연설들은 부시의 승리를 예측케 하는 것이었다. 하지만 당시에는 누구나 다 그렇게 생각했다. 그밖에 우리는 상원선거의 86퍼센트를 제대로 예측했을 뿐만 아니라 한 경우를 제외하고는 모든 역전과 신승까지도 정확히 예측했다. 우리 이외에 어느 누구도 이렇게 정확하게 예측하지 못했다.

내가 알기로 이것은 사회과학자가 중요한 역사적 사건을 예측한 첫 번째 사례다. 당연히 그 사건이 일어나기 전에 말이다.

다른 문화권의 설명양식

1983년 뮌헨에서 열린 국제행동발달학회의 학술대회에 참석한 적이 있었다. 대회 이튿날 나는 자신을 엘레라고 간단히 소개한 열정적인 한 젊은 독일 대학원생과 대화를 나누게 되었다. "선생님께서 오늘 아침 설명문구 내용분석 기법에 대해 말씀하실 때 떠오른 생각이 있는데요" 하고 그가 말했다. "그 생각에 대해 말씀드리기 전에 우선 한 가지 여쭙고 싶습니다. 선생님께서는 낙관성 혜택과 비관성, 무기력, 수동성 등의 위험이 인간 본성의 보편적 법칙을 반영한다고 생각하시나요? 아니면 우리 사회 같은 곳에서만 타당한 것일까요? 미국이나 서독처럼 서구화된 사회 말이에요."

그것은 참 좋은 질문이었다. 나는 그 학생에게 통제나 낙관성을 중시하는 것이 우리 사회의 광고나 청교도 윤리의 영향 탓은 아닐까 하는 생각을 스스로도 이따금 하게 된다고 말했다. 나아가 서구화된 문화권에서 유행병처럼 퍼지고 있는 우울증이 비서구 문화권에서는 그렇게 광범위하게 나타나지 않는 것 같다고 말했다. 어쩌면 성취욕망에 크게 사로잡히지 않은 문화권에서는 사람들이 무기력이나 비관성 때문에 우리들처럼 심하게 고통 받지 않을지도 모른다.

그러나 나는 동물의 세계에서 얻은 교훈이 의미 있을지 모른다고도 했다. 상실이나 무력감을 경험했을 때 우울한 증상을 보이는 것은 서구화된 사람들만이 아니기 때문이다. 자연상태에서든 실험실에서든 무력한 처지에 있는 동물들이 보이는 증상은 서구화된 사람들의 증상과 놀라우리만치 비슷하다. 예컨대 다른 침팬지가 죽었을 때 침팬지들이 보이는 반응, 전기충격을 피할 수 없을 때 쥐들이 보이는 반응이 그렇다. 그밖에 금붕어, 개, 심지어 바퀴벌레까지도 무엇에 실패하면 우리 인간과 아주 비슷하게 행동한다. 만약 상실과 무력감에 대해 우울한 반응을 보이지 않는 문화가 정말로 있다면 그것은 어린 자식을 자주 잃거나 끝없이 궁핍한 생활이 수천 년 동안 이어져 우울이라는 자연적 반응이 사라져버렸기 때문일 것이라고 말했다.

"나는 서구화된 사람들이 우울해지거나 통제력을 찬미하도록 문화적으로 주입되거나 세뇌된 것이라고는 생각하지 않아요" 하고 내가 말했다.

"하지만 통제에 대한 욕망이나 무력감에 대한 절망적 반응이 자연적인 성주의의 효과가 보편적으로 나타난단 뜻은 아니에요."

나는 직장이나 정계에서 성공한 사람들의 예를 들었다. 미국의 생명보험 영업사원이나 미국 대통령후보의 경우에는 낙관성이 큰 효과를 발휘한다. 그러나 과연 점잖은 영국사람들도 악착같이 붙들고 늘어지는 영업사원한테 좋게 반응할까? 또는 무뚝뚝한 스웨덴사람들도 아이젠하워 같은 인물을 자기네 지도자로 뽑으려 할까? 또는 자신의 실패에 대해 남의 탓만 하는 사람을 일본사람들이 좋게 여길까? 이런 것들은 그럴듯해 보이지 않는다.

나는 낙관성을 학습하는 것이 아마 이들 문화에서도 우울의 고통을 덜기 위한 좋은 방법이 되겠지만, 직장이나 정치 분야에서 낙관성이 효과를 발휘하려면 그곳 문화에 맞게 수정될 필요가 있을 것이라고 말했다. 그러면서 다만 문화에 따라 낙관성의 효과가 어떻게 다른지에 대해 아직 별로 연구된 것이 없다는 점이 아쉽다고 했다.

"그런데 내가 설명문구 내용분석 기법에 대해 강의하는 동안 떠올랐다는 생각이 뭐예요?" 하고 내가 물었다.

"어떤 문화나 시대에 사람들이 얼마나 희망 또는 절망을 갖고 사는지를 알아낼 방법이 있다고 생각해요" 하고 엘레가 대답했다. "예를 들자면 국가적 설명양식 같은 것이 있을까요? 한 국가나 민족이 위기에 처했을 때 어떻게 행동할지를 예측할 수 있게 해주는 것 말이에요. 또는 국민들에게 희망을 더 불러일으키는 특정 형태의 정부가 있을 수 있을까요?"

그것은 훌륭한 질문이었다. 내가 답변을 하긴 했지만, 사실 그것은 거의 답이 없는 질문이었다. 예컨대 사람들이 쓰거나 말하거나 노래 부르는 것 등을 설명문구 내용분석 기법으로 분석해서 불가리아사람들이 나바호족[36] 사람들보다 나은 설명양식을 가지고 있다는 것을 알게 되었다고 치자. 그렇더라도 이 분석결과는 별 의미가 없을 것이다. 한 문화가 다른 문화보다 더 낙관적이라는 식으로 말하는 것은 너무 속 좁은 얘기일 것이다. 날씨도 다르고 역사와 유전자 풀도 다르며 서로 다른 대륙에서 살고 있기 때문이다. 불가리아사람들과 나바호사람들 사이에 설명양식의 차이가 있더라도, 그것이 반드시 각 민족의 희망과 절망의 양적 차이를 뜻하는 것이 아니라 그밖에 무수한 방식으로 설명될 수 있을 것이다.

"그런 식으로 엉뚱한 비교를 한다면 선생님 말씀이 맞습니다" 하고 엘레가 말했다. "하지만 제가 생각하는 것은 나바호사람들과 불가리아사람들이 아니에요. 그것보다는 훨씬 비슷한 두 문화에 대해 말하고 있는 것이지요. 동베를린과 서베를린 말이에요. 거기 사는 사람들은 장소나 날씨도 똑같고 사투리나 감정을 표현하는 말과 몸짓 등도 다 같지요. 게다가 1945년까지는 역사도 같았고요. 그러다 그 뒤로 정치체계에서만 차이가 나지요. 40년 동안 떨어져 자란 일란성 쌍둥이와 같다고나 할까요? 다른 모든 요인들은 동일하므로 과연 정치체계에 따라 절망이 다르게 경험되는지를 연구할 수 있는 완벽한 경우라고 생각해요."

이튿날 학술대회에서 나는 취리히에서 온 한 교수에게 어제 만났던 이 창의적인 대학원생에 관해 이야기했다. 내가 이 학생의 특징을 이야기하면서 이름이 엘레라고 하자, 이 교수는 그가 외팅겐-외팅겐과 외팅겐-슈필베르크[37] 가문의 공주 가브리엘레이며 바이에른 주의 가장 유망한 과학자 가운데 한 명이라고 했다.

그다음날 나는 다시 가브리엘레와 차를 함께 마시며 대화를 나눌 기회가 있었다. 나는 만약에 동서베를린 사람들 사이에 설명양식의 차이가 발견된다면 그것은 오로지 공산주의와 자본주의의 차이에서 비롯한 것으로 의미 있게 해석할 수 있을 것이라는 데 동의한다고 말했다. 그렇지만 비교를 위한 자료를 실제로 어떻게 구할 수 있겠냐고 물었다. 단순히 베를린 장벽을 넘어가 무작위로 동베를린 사람들에게 낙관성 질문지를 나눠 줄 수는 없는 일 아닌가?

"현재 정치상황에서는 불가능하지요" 하고 그가 말했다(당시 소련의 공산당 서기장은 안드로포프였다). "그러나 동서베를린 양쪽의 문서만 있으면 된다고 생각해요. 정확한 비교가 가능한 문서 말이에요. 똑같은 사건에 관해 똑같은 시기에 작성된 문서여야 하겠지요. 정치나 경제 또는 정신건강 같은 것 말고 중립적인 사건을 다룬 것이어야 하고요. 바로 그런 것이 있다고 생각해요" 하고 그가 말을 이었다. "약 넉 달 뒤에 유고슬라비아에서 동계올림픽이 열리지요. 그러면 동서베를린의 신문들에서 자세히 보도할 테고요. 스포츠기사들이 대부분 그렇듯이 거기에는 승리나 패배를 둘러싸고 운동선수나 기자가 말한 인과적 설명들이 아주 많이 들어 있겠지요. 그것들을 모두 설명문구 내용분석 기법으로 분석해 어느 문화가 더 비관적인지 살펴보고 싶어요. 그러면 문화에 따른 희망의 양적 차이가 비교 가능하다는 것이 증명되는 셈이겠지요."

나는 결과가 어떻게 나올 것으로 예측하고 있는지 물었다. 그는 적어도 스포츠 지면에서는 동독의 설명양식이 더 낙관적일 것 같다고 말했다. 동독사람들이 워낙 올림픽에서 뛰어난 성적을 올려왔을 뿐더러 국가의 노골적인 선전기관인 신문들도 국민의 사기를 북돋우려 할 것이기 때문이라고 했다.

내 예측은 달랐지만 나는 잠자코 있었다.

그 뒤 석 달 동안 나는 가브리엘레와 국제전화로 수차례 대화를 나누었으며 그의 편지를 여러 통 받았다. 동독 문서를 입수한다는 것이 언제나 쉬운 일은 아니었기 때문에 그는 동베를린 신문들을 어떻게 구해 볼지 고민하고 있었다. 그러다 결국 동베를린에 있는 한 사람과 친구사이인 것처럼 가장해 그 사람이 깨진 컵이나 휜 포크 따위 쓸모없는 주방용품을 스포츠 지면이 있는 신문지에 싸서 우편으로 보내주기로 했다. 그러나 이런 방법은 필요 없게 되었다. 왜냐하면 올림픽 기간 동안에는 동베를린 신문을 원하는 만큼 소지하고도 베를린 검문소를 무사통과할 수 있었기 때문이었다.

이제 남은 것은 분석작업이었다. 그는 동서베를린의 신문을 세 개씩 선정해 올림픽 전 기간에 걸쳐 거기에 실린 사건설명 인용문들을 뽑아내 평가했다. 가브리엘레가 찾아낸 인용문은 모두 381개였다. 그 가운데 운동선수나 기자가 한 낙관적인 설명 몇 가지를 살펴보자면 다음과 같다.

한 빙상경주선수는 자기가 뒤처진 이유가 "이날 아침 해가 약해서 빙판 위에 거울 같은 얼음막이 형성되지 않았기 때문"이라고 했다(부정적 사건, 4). 눈 위에서 넘어진 한 스키선수는 "근처 나무에 있던 눈이 쏟아져 내려 헬멧 유리를 가렸다"고 설명했다(부정적 사건, 4). 어떤 선수들은 "우리가 상대편보다 강하다는 것을 알고 있기 때문"에 두렵지 않다고 말했다(긍정적 사건, 16).

비관적 설명의 예를 들어보자면 다음과 같다. 한 선수가 완패한 이유는 "그 선수의 컨디션이 워낙 안 좋았기 때문"이었다(부정적 사건, 17). "그는 눈물을 거두어들일 수밖에 없었다. 메달을 딸 희망이 사라져 버렸기 때문"이었다(부정적 사건, 17). 한 선수가 승리한 까닭은 "상대선수가 밤새 술을 퍼 마셨기 때문"이었다(긍정적 사건, 3).

그렇다면 누가 낙관적인 설명을 하였고 누가 비관적인 설명을 하였는가? 결과는 가브리엘레의 예상과 전혀 딴판이었다. 동독사람들의 설명이 서독사람들의 설명보다 훨씬 더 비관적인 것으로 나왔기 때문이었다. 이 결과가 더욱 놀라운 까닭은 동독선수들의 성적이 매우 훌륭했기 때문이었다. 동독선수들은 24개의 메달을 획득한 반면 서독선수들은 고작 4개의 메달을 획득했다. 따라서 동독 신문들은 서독 신문들보다 좋은 일을 더 많이 보도할 수 있었다. 실제로 동독 신문들에 실린 설명의 61퍼센트가 동독에게 좋은 일에 관한 것이었던 반면, 서독 신문들에 실린 설명의 47퍼센트만이 서독에게 좋은 일에 관한 것이었다. 그런데도 동베를린의 기사들은 서베를린의 기사들보다 훨씬 황량한 어조를 띠고 있었다.

"결과를 보고 깜짝 놀랐어요" 하고 가브리엘레가 내게 이야기했다. "결과가 아무리 확실하더라도 동베를린 사람들이 서베를린 사람들보다 더 비관적이고 우울하다는 것을 또 다른 방법으로 입증하기 전까지는 이것을 믿지 못할 것입니다. 서베를린의 자료와 비교하기 위해서 동베를린의 정확한 자살 및 입원 통계를 구해보려고 했어요. 하지만 당연히 구할 수가 없었죠."

가브리엘레의 박사논문은 심리학이 아니라 인간행동학 분야의 것이었다. 인간행동학이란 생물학의 한 분야로 자연적인 환경에서 사람들을 관찰하면서 그들의 행동을 매우 자세히 기록하는 학문이다. 이 학문을 창시한 콘라트 로렌츠는 오리 새끼들을 관찰한 바 있는데, 이때 오리 새끼들은 그에게 '각인' 되어 로렌츠를 어미로 착각하고는 그를 졸졸 따라다녔다. 로렌츠의 이런 세심한 자연관찰이 곧이어 체계적인 인간관찰로 확장된 것이었다. 가브리엘레의 박사논문을 지도한 두 교수는 로렌츠의 대표적 후계자들이었다. 나는 가브리엘레가 초등학교 교실에서 정밀한 관찰을 이미 많이 해왔다는 것을 알고 있었다. 그러나 동서베를린의 술집에 가서 사람들을 관찰할 계획이라는 말을 들었을 때는 조금 염려가 되었다.

"설명문구 내용분석 분석결과를 정리해 증명할 방법이란 제 생각에 동베를린으로 가는 수밖에 없습니다" 하고 가브리엘레가 내게 편지를 썼다. "거기에 가서 절망의 표시들을 일일이 센 다음에 서베를린의 똑같은 상황에서 센 횟수와 비교하는 것이지요. 괜히 경찰의 의심을 받을 필요가 없으므로 술집이 적당한 것 같습니다."

가브리엘레는 정확히 그것을 실천에 옮겼다. 그는 1985년 겨울에 산업지역에 있는 31개의 술집을 방문했다. 그 가운데 14개는 서베를린에 있었고 17개는 동베를린에 있었다. 이 술집들은 독일말로 크나이페라고 부르는데, 주로 노동자들이 일 끝나고 술 마시러 가는 곳이었다. 술집들이 벽을 하나 사이에 두고 서로 가깝게 밀집해있었기 때문에 가브리엘레는 평일 닷새 동안에 모든 관찰을 마칠 수 있었다.

이 기간 동안에 그는 술집에 들어가 최대한 눈에 띄지 않게 한쪽 구석에 앉곤 했다. 그런 다음 주목할 손님들을 선택해 그 사람들이 무엇을 하는지 5분 단위로 측정했다. 그는 문헌에 우울과 관련된 것으로 나오는 것 가운데 미소, 웃음, 몸의 자세, 활기찬 손동작, 손톱을 깨무는 것 같은 작은 동작들까지 관찰 가능한 것들은 모두 세었다.

이런 식으로 측정한 결과 동베를린 사람들이 서베를린 사람들보다 훨씬 더 우울한 것으로 또 다시 나왔다. 서베를린 사람들의 69퍼센트가 미소를 지은 반면, 겨우 23퍼센트의 동베를린 사람들만이 미소를 지었다. 서베를린 사람들의 50퍼센트가 똑바로 앉거나 서 있었던 반면에 겨우 4퍼센트(!)의 동베를린 사람들만이 그런 자세를 취했다. 서베를린 노동자들의 80퍼센트가 개방적인 몸자세(다른 사람을 향한)를 취했던 반면 겨우 7퍼센트(!)의 동베를린 노동자들만이 그런 자세를 취했다. 그밖에도 서베를린 사람들은 동베를린 사람들보다 2배 반이나 더 자주 웃었다.

말과 신체언어로 측정했을 때 이런 큰 차이는 동베를린 사람들이 서베를린 사람들보다 훨씬 더 절망을 느끼고 있음을 보여준다. 그러나 이 연구를 통해 이런 차이의 원인이 정확히 무엇인지까지는 알 수 없었다. 동서베를린이 1945년까지 한 문화에 속해 있었으므로 이 연구결과는 상이한 두 정치체계가 희망의 양에 어떤 차이를 불러왔음을 분명히 시사하고 있다. 그러나 두 체계의 어떤 측면 때문에 희망이 증가 또는 감소한 것인지는 이 연구를 통해 확인되지 않는다. 예컨대 생활수준의 차이 때문일 수도 있고 표현의 자유나 여행의 자유에서 차이가 나기 때문일 수도 있다. 아니면 책이나 음악이나 음식에서 차이가 나기 때문일 수도 있다.

게다가 이 연구는 동베를린 사람들이 공산정권의 등장과 베를린 장벽의 구축 이래로 희망을 덜 갖게 된 것인지 아니면 서베를린 사람들이 1945년 이후 희망을 더 갖게 된 것인지도 말해주지 않는다. 우리가 이 연구를 통해 알 수 있는 것이라고는 동쪽 사람들이 서쪽 사람들보다 절망을 더 많이 보인다는 차이뿐이다. 그러나 우리는 현재 제2차 세계대전 이후의 모든 동계올림픽을 대상으로 스포츠기사들의 설명문구 내용분석 분석을 수행하고 있다. 이 분석이 끝나면 동베를린 사람들과 서베를린 사람들의 희망이 시간이 지남에 따라 어떻게 변화해왔는지 알 수 있을 것이다.[38]

이 연구가 보여준 또 한 가지는 문화에 따라 희망과 절망의 양이 어떻게 다른지를 측정할 수 있는 방법이 있다는 점이었다. 이 방법을 사용해 가브리엘레 외팅겐은 다른 학자들이 비교 불가능하게 여겼던 것을 비교할 수 있었다.

종교와 낙관성

흔히 종교를 가지면 희망도 생기고 세상 시련에도 더 잘 견딜 수 있게 된다고들 말한다. 거대한 종교단체들은 눈에 보이는 것보다 더 많은 좋은 것들이 우리 인생에 있다는 믿음을 전파한다. 개인이 실패에 직면해도 이것이 훨씬 더 큰 전체의 일부라는 믿음이 완충작용을 한다. 이런 완충작용을 하는 희망은 내세의 부귀영화처럼 구체적일 수도 있고 신의 섭리나 기나긴 진화의 일부라는 믿음처럼 추상적일 수도 있다. 이것은 우울증에 대한 연구들에서도 입증되고 있다. 런던의 사회학자 조지 브라운은 외外헤브리디스제도[39]에서 우울한 가정주부들을 대상으로 면접을 실시해 필생의 연구업적을 쌓았는데, 이 연구에서 꾸준히 교회에 다니는 사람들은 교회에 다니지 않는 사람들보다 덜 우울한 것으로 드러났다.

그렇다면 특정 종교가 다른 종교보다 더 많은 희망을 불어넣어 줄까? 이 물음이 제기된 것은 1986년 가브리엘레가 맥아더재단과 독일 국립과학재단의 후원을 받아 펜실베이니아대학에 박사후 과정으로 오게 되었을 때였다. 가브리엘레는 두 종교를 비교하는 일이 원칙적으로 두 문화의 희망과 절망을 비교하는 일과 다르지 않을 것이라고 주장했다. 그러나 문제는 동서베를린처럼 시공간적으로 밀접하게 연관된 두 종교를 찾아내는 데 있었다.

문제의 실마리가 풀리기 시작한 것은 우리가 젊은 사회학자이자 역사학자인 불같은 성미의 에바 모라브스카를 알게 되면서부터였다. 나는 그에게 나의 대학원 세미나 시간에 참석해 19세기 러시아계 유대인과 러시아계 슬라브인의 무력한 상황을 주제로 발표해달라고 부탁했다. 세미나에서 에바는 유대인들이 억압에 직면해서도 비슷한 처지의 슬라브인들보다 훨씬 덜 무력감에 빠져 있었다는 증거들을 제시했다. 그러면서 왜 유태인들은 상황이 견디기 어려울 만큼 악화되자 그곳을 뜬 반면에 슬라브인들은 그러지 않았는가라는 질문을 던졌다. "두 집단 모두 엄청난 억압에 직면해 있었거든요" 하고 에바가 말했다. "슬라브 소작농들은 정말로 끔찍한 가난 속에서 살았지요. 그런 가난은 아마 미국사람들한테는 상상도 안 될 거예요. 유대인들도 가난했을 뿐만 아니라 종교적 박해와 대학살의 위협 속에서 살아야 했지요. 그러나 결과적으로 유대인들은 다른 나라로 이주한 반면에 슬라브인들은 그대로 머물러 있었습니다."

"어쩌면 러시아정교를 믿었던 슬라브인들이 유대인들보다 더 무력감과 절망을 느꼈을 것입니다" 하고 에바가 말했다. "어쩌면 상이한 두 종교가 상이한 수준의 낙관성을 사람들에게 심어주었는지 모르지요. 혹시 러시아정교가 유대교보다 더 비관적인 종교인 것은 아닐까요?"

러시아에서는 이 두 문화가 여러 마을에 걸쳐 나란히 자리 잡고 있었기 때문에 사람들의 기도문이나 옛날이야기 또는 현재 이야기들에 담긴 설명양식을 직접 비교하는 것이 가능했다. 슬라브인과 유대인이 매일 말하고 듣는 소재들이 다른 색조를 띠고 있을까?

어느새 가브리엘레와 에바는 공동작업을 시작했다. 에바는 러시아정교 성직자들의 도움을 받아 두 문화의 종교적이거나 세속적인 자료들을 많이 모을 수 있었다. 거기에는 일일 기도서와 대축제일 기도서, 종교적 이야기와 민간 이야기, 민요, 잠언 등이 포함되어 있었다. 이 자료들은 이야기나 노래의 형태로 재현되었거나 또는 사람들이 일상 속에서 자연스럽게 내뱉은 것들이었다. 따라서 이런 것들이 사람들의 설명양식에 강력한 영향을 미쳤을 것으로 간주되었다. 가브리엘레는 이 자료들을 설명문구 내용분석 기법으로 분석했다. 그 결과 세속적인 자료들에서는 두 문화의 차이가 나타나지 않았으나, 종교적인 자료들에서는 차이가 나타났다. 곧 러시아계 유대인들의 종교적인 자료가 러시아정교의 자료보다 특히 영속성 차원에서 두드러지게 더 낙관적이었다. 유대인의 자료에서 긍정적 사건은 더 먼 장래에까지 투사된 반면(좋은 일이 오래 지속될 것이다) 부정적 사건은 더 단축되어 묘사되었다.

이렇게 에바와 가브리엘레는 전래 이야기와 기도문을 토대로 러시아유대교가 러시아정교보다 더 낙관적이라는 사실을 보여주었다. 물론 이렇게 매일 듣는 종교적 메시지를 통해 서서히 내면화된 희망의 차이가 유대인들의 이주와 슬라브 소작농들의 정주라는 차이를 낳았다고 단정할 근거는 없다. 한 민족이 이주하게 된 원인이란 매우 복합적인 것이다. 그러나 유대교의 상대적 낙관성이 한 원인일 수 있으며, 이런 주장은 처음으로 제기된 것이기도 하다. 이 주장을 검증하려면 독창적인 역사적·심리학적 연구가 필요할 것이다. 가브리엘레와 에바의 연구는 적어도 두 종교가 사람들에게 심어주는 희망의 정도를 비교할 수 있는 새로운 방법을 고안했다는 점에서 의미가 있다.

역사심리학의 재고찰

그동안 역사심리학이라 불렸던 것은 해리 사이든이 염두에 두었던 것과 아주 동떨어진 것이었다. 그것은 진정한 예측이 아니라 '뒤로' 예측하면서 엿보기였다. 그리고 인간집단의 행위가 아닌 개인의 삶을 재구성했다. 게다가 수상쩍은 심리학적 원리를 토대로 했으며 통계기법을 사용할 줄 몰랐다.

그러나 우리는 다른 식으로 역사심리학을 했다. 우리는 중요한 사건이 일어나기 전에 그것을 예측하려고 시도했다. 가끔 '뒤로' 예측할 때에도 엿보지 않으려고 은폐기법을 사용했다. 나아가 유권자들의 투표, 한 민족의 이주 등 커다란 집단의 행위를 예측하려고 시도했다. 그밖에 건전한 심리학적 원리를 토대로 했으며 타당성이 확립된 통계기법을 사용했다.

그러나 이것은 시작에 불과하다. 미래의 심리학자들은 이론을 검증하기 위해 미심쩍은 실험실연구나 집단을 대상으로 한 값비싼 종단연구에만 매달릴 필요가 없을 것이다. 왜냐하면 역사적 문서들이 이론검증의 풍부한 근거가 될 수 있기 때문이다. 나아가 미래를 예측하는 일이 이론검증의 더욱 확실한 방법이 될 수 있기 때문이기도 하다.

만약 이렇게 된다면 해리 사이든도 흡족해하지 않을까 싶다.

제3부

낙관성의 실천

12장

비관적인 사람에서 낙관적인 사람으로

삶이 우리에게 지우는 좌절과 비극의 짐은 낙관적인 사람이든 비관적인 사람이든 크게 다르지 않다. 다만 낙관적인 사람이 그것을 더 잘 견뎌낼 뿐이다. 이미 살펴보았듯 낙관적인 사람은 실패해도 다시 일어선다. 처지가 조금 안 좋아졌더라도 기운을 내서 다시 시작한다. 반면에 비관적인 사람은 쉽게 포기하고 우울해진다. 낙관적인 사람은 더 빨리 회복하기 때문에 직장이나 학교 또는 경기장에서 더 많은 것을 이루어낸다. 낙관적인 사람은 건강상태도 더 좋으며 수명도 더 길 것이다. 미국인들은 낙관적인 사람을 지도자로 원한다. 비관적인 사람는 형편이 좋을 때조차 언제 망할지 모른다는 불길한 예감에 시달린다. 비관적인 사람에게 이것은 나쁜 소식이다. 그러나 좋은 소식은 비관적인 사람도 낙관적인 사람의 기술을 배워서 삶의 질을 확실히 개선할 수 있다는 점이다. 그리고 이 변화의 기술은 낙관적인 사람에게도 이로울 수 있다. 거의 모든 낙관적인 사람들도 이따금 경미한 우울증을 경험한다. 이럴 때 비관적인 사람에게 도움이 되는 기술이 낙관적인 사람에게도 도움이 될 수 있다.

비관성를 버리고 좀 더 낙관적인 사람이 된다는 것이 그리 탐탁지 않게 여겨지는 사람도 있을 것이다. 이런 사람에게 낙관적인 사람이란 아주 성가신 사람, 자기자랑만 일삼는 허풍쟁이, 제 잘못에 대해 책임질 생각은 않고 늘 남 탓만 하는 사람일지 모른다. 그러나 낙관성이든 비관성이든 나쁜 품행과는 상관이 없다. 앞으로 이 장에서 보게 되겠듯이, 낙관적인 사람가 되자는 것은 더욱 이기적으로 자기 주장을 하고 남들에게 자기를 뽐내는 법을 배우자는 것이 아니다. 낙관적인 사람이 되자는 것은 그저 개인적인 좌절에 직면했을 때 자신에게 말하는 법을 새롭게 배우자는 것이다. 다시 말해 자신의 실패를 좀 더 기운을 북돋워주는 관점에서 바라보는 법을 배우자는 것이다.

낙관성의 기술을 배우는 것이 탐탁지 않게 여겨질 수 있는 또 다른 이유가 있다. 우리는 6장에서 낙관성 대 비관성의 대차대조표를 살펴본 바 있다. 낙관성은 이 장 서두에서 다시 짚어본 장점들을 가지고 있으며, 비관성도 한 가지 장점을 가지고 있다. 예리한 현실감각을 유지시켜준다는 것이 바로 그것이다. 그렇다면 낙관성의 기술을 배운다는 것이 곧 현실감각을 희생해야 함을 뜻할까?

이것은 변화와 관련된 이 책 3부의 장들의 목표를 더욱 예리하게 다듬도록 해주는 깊이 있는 물음이다. 이 장들의 목표는 모든 상황에 맹목적으로 적용 가능한 절대적이고도 무조건적인 낙관성을 독자들에게 선사하는 데 있지 않다. 우리가 제시하고자 하는 것은 유연한 낙관성이다. 그것은 자신의 역경을 바라보는 관점을 좀 더 자유롭게 선택할 수 있도록 도와줄 것이다. 그렇게 된다면 설령 부정적 설명양식을 지니고 있더라도 더는 비관성의 횡포에 휘둘리지 않을 것이다. 설령 나쁜 일이 들이닥쳐도 그것을 지속적이고 만연적이며 또한 개인적인 의미로 해석해서 비관적 설명양식에 담긴 심각한 폐해에 스스로 노출되는 일이 없게 될 것이다. 우리는 독자들에게 자신의 불행을 바라보는 한 가지 대안적 관점을 제안할 뿐이다. 이것은 맹목적 낙관성의 노예가 되라는 요구가 아니다.

낙관성 활용 지침

3장에서 했던 낙관성 자기진단의 결과 점수를 토대로 자신이 낙관성의 기술을 습득할 필요가 있는지 여부를 판단할 수 있다. 만약 자신의 G-B 점수(총점)가 8점 미만이면 이 장이 도움이 될 것이다. 점수가 낮을수록 받게 될 도움도 클 것이다. 만약 자신의 점수가 8점이거나 그 이상이면 다음과 같은 질문을 스스로 던져보라. 그래서 이 질문들 가운데 하나라도 그렇다고 답한다면 그런 사람에게도 이 장이 유익할 것이다.

- "쉽게 의욕을 잃는 편인가?"
- "생각보다 자주 우울해지는가?"
- "생각보다 자주 실패를 경험하는가?"

앞으로 배우게 될, 설명양식을 바꾸기 위한 기술을 어떨 때 사용할 것인가? 무엇보다도 자신이 이루고자 하는 것이 무엇인지 자문해보라.

- 만약 무엇을 달성해야 한다면(예컨대 승진되길 원한다거나 상품을 판매해야 한다거나 어려운 보고서를 작성해야 한다거나 경기에서 이겨야 한다면), 낙관성을 이용하라.
- 만약 자신의 감정상태에 관심이 있다면(예컨대 우울을 이겨내거나 의욕을

잃지 않고자 한다면), 낙관성을 이용하라.
- 만약 상황이 장기화되면서 건강이 중요한 문제로 떠오른다면, 낙관성을 이용하라.
- 만약 지도자가 되길 원한다면, 또는 다른 사람들에게 감동을 주거나 사람들이 자신에게 투표하기를 원한다면, 낙관성을 이용하라.

다른 한편으로 이런 기술을 사용하지 말아야 할 때도 있다.

- 만약 위험하고 불확실한 미래의 계획을 세워야 한다면, 낙관성을 이용하지 말라.
- 만약 미래가 어두운 사람에게 조언해야 하는 상황이라면, 처음부터 낙관성을 이용하지 말라.
- 만약 어려운 처지에 있는 사람에게 동정을 표시하고 싶다면, 낙관적인 말로 시작하지 말라. 그러나 신뢰와 공감의 관계가 형성된 뒤에는 낙관성을 이용하는 것이 그 사람에게 도움이 될 수 있다.

낙관성을 이용하지 말아야 할 경우를 판단하기 위한 근본 지침은 문제가 되는 구체적인 상황에서 실패할 경우 어떤 대가를 치러야 하는지를 묻는 것이다. 그래서 실패의 대가가 크다면 낙관성은 바람직한 전략이 아니다. 비행기 날개에 한 번 더 제빙조치를 할 것인지를 결정해야하는 조종사, 파티에서 술을 마신 뒤 차를 몰고 귀가할 것인지를 결정해야하는 사람, 배우자에 대한 욕구 불만으로 들통이 나면 결혼이 깨질 수도 있는데 바람을 피울 것인지를 결정해야하는 사람, 이런 사람들은 낙관성을 이용하지 말아야 한다. 이런 경우 실패의 대가란 각각 죽음, 자동차 사고, 이혼이다. 이런 대가를 하찮게 여기는 전략을 사용하는 것은 적절하지 않다. 그러나 반대로 실패의 대가가 작다면 낙관성을 이용하라. 한 번 더 전화를 할 것인지를 결정해야하는 영업사원의 경우에 실패하더라도 잃는 것은 자신의 시간뿐이다. 수줍어서 먼저 말을 걸지 못하고 망설이는 사람에게 실패의 대가란 거절당하는 것뿐이다. 새로운 운동종목을 배울지 망설이는 청소년은 오직 좌절을 각오하면 된다. 승진에서 제외되어 실망한 임원이 새로운 직책을 조용히 타진해볼 경우 실패의 대가란 몇 번 거절당하는 것뿐이다. 이런 사람들은 모두 낙관성을 이용해야 한다.

이 장에서는 일상생활 속에서 비관성에서 낙관성으로 태도를 바꾸기 위한 기본 원리를 제시할 것이다. 대부분의 자기치료 기법들은 온갖 임상적 주장들을 늘어놓지만 실제 그런 주장들을 뒷받침하는 연구는 매우 빈약하다. 반면에 우리가 제시할 기법은 철저한 연구를 거친 것이다. 나아가 수천 명의 성인들이 이 기법을 사용해 자신들의 설명양식을 영구히 변화시켰다.

이어질 세 개의 장들은 각각 독립적으로 구성되어 있다. 이 장은 직장생활을 제외한 성인 삶의 모든 영역을 포괄한다. 그리고 13장은 자녀들에 관한 장이고, 14장은 직장생활에 관한 장이다. 이 세 장들은 낙관성 학습이라는 본질적으로 같은 기법을 상이한 맥락에서 다루고 있다. 때문에 장들이 일부 중복되는 인상을 받을지 모른다. 만약 이들 주제 가운데 하나에만 관심이 있다면 굳이 다른 두 장을 읽을 필요는 없다.

ABC 모형

케이티라는 여성은 2주 동안 엄격한 다이어트를 하고 있었다. 그러다 오늘밤 일을 마치고 친구들과 어울려 술도 마시고 친구들이 주문한 나초[40]와 치킨도 몇 조각 먹었다. 그러고는 곧바로 다이어트를 망쳤다는 느낌이 들었다.

그는 혼자 생각했다. "잘했어, 케이티. 오늘밤 다이어트를 완전히 망쳐버렸군. 나는 너무 너무 나약해. 고작 친구들하고 술집에 와서 폭식가가 되었군. 친구들이 나를 바보로 여기겠지? 에라, 2주 동안 다이어트 한 것이 모두 수포로 돌아갔군! 그래, 정말로 돼지가 되는 거야. 냉장고에 있는 케이크도 먹자."

케이티는 냉동식품을 뜯어 초콜릿 과자 전체를 맛있게 먹었다. 오늘밤까지 성실히 지켜오던 다이어트가 망가지기 시작했다.

케이티가 나초와 치킨 몇 조각을 먹은 일과 그다음에 정말로 마구 먹어댄 일 사이에는 필연적인 연관이 없다. 둘을 잇는 것은 자기가 왜 나초를 먹었나에 대해 스스로 생각해낸 설명이다. 그의 설명은 매우 비관적이며("내가 너무 나약해"), 결론 또한 매우 비관적이다("다이어트 한 것이 모두 수포로 돌아갔군!"). 그러나 실제로는 다이어트가 수포로 돌아간 것이 아니었다. 지속적이고 만연적이며 개인적인 설명을 하게 되면서 스스로 포기한 것이었다.

케이티가 처음에 자동적으로 머릿속에 떠오른 설명을 스스로 반박하기만 했어도 나초를 먹은 일은 전혀 딴판의 결과를 낳았을 것이다.

"케이티, 속도를 늦추자" 하고 스스로에게 말할 수도 있었을 것이다. "무엇보다도 내가 술집에서 폭식가처럼 행동한 것은 아니잖아? 라이트 맥주 두 잔을 마셨고 치킨 두세 조각과 나초 두세 개를 먹었지. 따로 저녁은 안 먹었고. 결국 따져보면 다이어트를 위해 먹어야 할 양보다 겨우 조금 더 많은 열량을 섭취한 셈일걸. 다이어트가 딱 하룻밤 조금 빗나갔다고 해서 내가 나약한 것은 아니지. 2주 동안 엄격하게 다이어트를 지켜왔잖아? 게다가 나를 바보로 여기는 사람은 아무도 없어. 내가 무엇을 먹는지 유심히 지켜본 사람이 있을까? 게다가 몇몇은 내가 살이 빠져 보인다고 했잖아? 어쨌든 설령 내가 먹지 말았어야 할 것을 먹었더라도 그렇다고 해서 다이어트를 그만두고 아예 더 뒤로 퇴보할 필요는 없지. 그것은 무의미한 짓이야. 실수 조금 했다고 나를 욕하고만 있을 게 아니라, 될수록 손실을 줄이고 지난 2주 동안 했듯이 엄격하게 다이어트를 계속 하는 것이 최선이야."

이것은 ABC의 문제다.[41] 사람들은 나쁜 일을 겪으면 그것에 관해 이러저러한 생각을 하게 된다. 그리고 이런 생각들은 금세 믿음으로 굳어진다. 이런 믿음이 습관처럼 굳어진다면, 생각을 멈추고 그것에 주의를 집중하지 않고는 자기가 그런 믿음을 가지고 있다는 사실조차 깨닫기 어렵다. 그런데 이런 믿음이 아무 일도 안하고 그냥 있는 것이 아니라 또 다른 결과를 낳는다. 믿음은 우리가 느끼는 것과 우리가 다음에 할 것의 직접적인 원인이 된다. 믿음은 한편으로 낙담과 포기, 다른 한편으로 행복과 건설적 행위 사이의 차이를 낳을 수 있다.

우리는 이 책 전체에 걸쳐 특정 믿음이 포기반응을 촉발한다는 사실을 여러 번 보아왔다. 이제 이 악순환을 끊는 방법을 제시하고자 한다. 첫 번째 단계는 나쁜 일과 믿음과 결과 사이의 연결을 보는 것이다. 두 번째 단계는 자신의 삶 속에서 이 ABC가 일상적으로 어떻게 작동하고 있는지를 살피는 것이다. 이 기법은 일반인들의 설명양식을 바꾸기 위해 나와 두 명의 세계적 인지치료사가 함께 개발한 프로그램의 일부다(그 한 명인 스티븐 홀론 박사는 밴더빌트 대학 심리학교수이자 이 분야에서 가장 대표적인 학술지의 편집자다. 또 한 명인 아서 프리맨 박사는 뉴저지 의치대학 정신의학교수다).

이제 몇 가지 ABC를 예로 들어 이것이 어떻게 작동하는지 살펴보자. 아래에는 나쁜 일의 예에 덧붙여 믿음과 결과 중 하나만 제시되어 있다. 빠진 요소를 당신이 직접 채워보라.

■ ABC 찾기

1. A. 주차할 데를 보고 주차를 하려고 하는데 다른 사람이 새치기했다.
   B. 나는 _ _ _ _ _ _ _ _ _ _ _ _ _라고 생각했다.
   C. 나는 화가 나서 창문을 내리고 그 사람한테 소리를 질렀다.

2. A. 숙제를 안 한다고 애한테 큰소리를 질렀다.
   B. "내가 형편없는 엄마지"라는 생각이 들었다.
   C. 나는 _ _ _ _ _ _ _ _ _ _ _을 느꼈다(또는 했다).

3. A. 가장 친한 친구가 전화를 받지 않았다.
   B. 나는 _ _ _ _ _ _ _ _ _ _ _ _라고 생각했다.
   C. 나는 하루 종일 우울했다.

4. A. 가장 친한 친구가 전화를 받지 않았다.
   B. 나는 _ _ _ _ _ _ _ _ _ _ _ _라고 생각했다.
   C. 그 일로 불쾌하지 않았고 내 할 일을 했다.

5. A. 아내(또는 남편)와 다투었다.
   B. "내가 뭐 하나 제대로 하는 것이 없지" 하고 생각했다.
   C. 나는 _ _ _ _ _ _ _ _ _ _ _ _ _ _을 느꼈다(또는 했다).

6. A. 아내(또는 남편)와 다투었다.
   B. "저 사람이 원래 기분이 엄청 안 좋았지" 하고 생각했다.

C. 나는 _ _ _ _ _ _ _ _ _ _ _ _ _을 느꼈다(또는 했다).

7. A. 아내(또는 남편)와 다투었다.
B. "나는 언제든지 오해가 풀리게 할 수 있어" 하고 생각했다.
C. 나는 _ _ _ _ _ _ _ _ _ _ _ _ _을 느꼈다(또는 했다).

이 일곱 상황에서 요소들이 어떻게 상호작용하는지 살펴보자.

1. 첫 번째 예에서는 "저 도둑놈이 내 자리를 훔쳐갔네" "저런 뻔뻔하고 치사한 짓을 하다니"와 같은 새치기에 대한 생각이 화를 촉발했다.

2. 자기가 아이를 대하는 태도에 대해 "내가 형편없는 엄마지"라고 스스로 설명함으로써 슬픔을 느끼고 나아가 아이가 숙제를 하게 해야 할지 망설이게 된다. "형편없는 엄마"처럼 지속적이고 만연적이며 개인적인 특성 때문에 나쁜 일이 생긴 것이라고 스스로 설명하면 낙담과 포기가 뒤따른다. 그 특성이 지속적인 것일수록 낙담도 오래 갈 것이다.

3, 4. 둘 다 가장 친한 친구가 전화를 받지 않은 상황이다. 만약 세 번째 예에서처럼 뭔가 지속적이고 만연적인 것을 생각했다면(예컨대 "나는 늘 이기적이고 남 생각을 할 줄 몰라. 그러니 놀랄 일도 아니지" 하고 생각했다면) 우울해질 것이다. 그러나 만약 네 번째 예에서처럼 일시적이고 일부하며 외부적인 설명을 했다면 마음이 심란해지지 않을 것이다. "그 친구 이번 주 내내 야근하고 있지" 또는 "친구가 기분이 안 좋은가 보네" 하고 생각할 수 있을 것이다.

5, 6, 7. 아내 또는 남편과 다투었을 때는 어떤가? 만약 다섯 번째 예에서처럼 "내가 뭐 하나 제대로 하는 것이 없지" 하고 생각한다면(지속

적이고 만연적이며 개인적인 설명), 우울해지고 화해의 시도도 하지 않을 것이다. 반면에 만약 여섯 번째 예에서처럼 "저 사람이 원래 기분이 엄청 안 좋았지" 하고 생각한다면(일시적이고 외부적인 설명), 어느 정도 화가 나고 조금 낙담하면서 일시적으로만 침체될 것이다. 그러나 기분이 풀리면 아마도 뭔가 화해를 시도할 것이다. 만약 일곱 번째 예에서처럼 "나는 언제든지 오해를 풀리게 할 수 있어" 하고 생각한다면, 화해를 시도할 것이고 나아가 금방 기분도 좋아지면서 기운이 넘치게 될 것이다.

(1) 나의 ABC 기록하기

ABC가 자신의 일상 속에서 어떻게 작동하는지 알아내기 위하여 하루나 이틀쯤 ABC 일기를 써보자. 자기 생활에서 다섯 개의 ABC를 기록할 때까지만 일기를 쓰면 된다.

이것을 기록하려면 평소 의식하지 않지만 마음속에서 늘 벌어지는 독백에 주의를 기울여야 한다. 관건은 아주 사소한 것이라도 어떤 불행한 사건과 그것 때문에 드는 감정 사이의 연결을 찾아내는 것이다. 예컨대 전화로 대화를 나누던 친구가 전화를 빨리 끊고 싶어 하는 인상을 풍긴다면(마음을 약간 상하게 하는 불행한 사건), 당신은 슬픈 마음이 들 것이다(결과로 생긴 감정). 이런 작은 사건도 ABC 기록이 될 수 있다.

ABC 기록은 세 부분으로 작성하도록 한다.

첫 번째 부분인 '불행한 사건'에는 거의 모든 것이 해당될 수 있다. 예컨대 새는 수도꼭지, 친구가 눈살을 찌푸린 일, 아기가 계속 울어대는 일, 요금 청구서가 많이 나온 일, 무뚝뚝한 배우자 등이 모두 불행한 사건이 될 수 있다. 이런 상황을 객관적으로 기록하도록 한다. 다시 말해 일어난 사실만을 기록하고 그것에 대한 평가는 기록하지 않도록 한다. 예를 들어 배우자와 다투었을 경우 자신의 말이나 행동에 상대방이 불만스러워했다고 기록할 수 있을 것이다. 그러나 "아내(또는 남편)가 부당했다"라는 식으로 '불행한 사건' 부분에 기록하지는 말라. 이것은 사실이 아니라 추론이기 때문이다. 이런 것은 두 번째 부분인 '믿음'에 기록할 수 있을 것이다.

여기서 믿음이란 나쁜 일에 대한 본인의 해석이다. 이때 주의할 점은 생각과 감정을 분리해야 한다는 점이다. 감정은 세 번째 부분인 '결과'에 기록한다. "다이어트를 망쳐버렸네"라거나 "나는 능력이 없는 것 같아" 등은 믿음이다. 믿음은 맞을 수도 있고 틀릴 수도 있다. 반면에 "슬프다"라는 것은 감정이다. 이때 "슬프다"가 맞는지 틀리는지를 따지는 것은 무의미하다. 슬프다고 느끼면 슬픈 것이다.

마지막 '결과' 부분에는 자신의 감정이나 행동을 기록하도록 한다. 내가 슬픈가? 걱정이 되는가? 기쁜가? 죄책감을 느끼는가? 등등을 적으면 된다. 여러 감정이 들면 모두 적어라. 다시 말해 자신의 확인 가능한 모든 감정과 행동을 기록하도록 한다. 그래서 내가 무엇을 했는가? "기운이 전혀 없었다" "배우자의 사과를 받아낼 계획을 짰다" "침대에 다시 누웠다" 등등이 모두 결과로 일어난 행동일 수 있다.

자신의 ABC 기록을 작성하기에 앞서 흔히 경험할 수 있는 몇 가지 예를 참고로 살펴보자.

불행한 사건 | 남편이 애들을 목욕시키고 재우기로 했는데, 회의를 마치고 집에 와 보니 다들 TV 앞에 몰려 있었다.

왜곡된 믿음 | 남편은 왜 내 부탁을 들어주지 못할까? 애들 목욕시키

고 재우는 것이 그렇게 어려운가? 이제 저 즐거운 분위기에 찬물을 끼얹으면 나만 악당이 되겠지?

잘못된 결론 | 정말로 화가 치밀어 남편한테 변명할 기회도 주지 않고 마구 소리를 지르기 시작했다. 거실로 가서 "잘 있었니?"라는 말 한 마디 없이 TV를 꺼버렸다. 내가 악당이 되었다.

불행한 사건 | 일을 마치고 일찍 집에 와 보니 아들 녀석이 친구들과 차고에서 마리화나를 피우고 있었다.

왜곡된 믿음 | 도대체 저 녀석은 자기가 무엇을 하고 있다고 생각하는 것일까? 오늘은 완전히 박살을 내야지! 얼마나 무책임한 짓을 한 것인지 깨닫게 해줘야 해. 저 녀석을 도무지 믿을 수가 없어. 내뱉는 말이 하나같이 다 거짓말이야. 저 녀석 말은 하나도 귀담아 들을 필요가 없어.

잘못된 결론 | 나는 아이에게 미칠 정도로 화를 냈다. 자초지종을 묻지도 않고 아이한테 "믿지 못할 비행 청소년"이라고 말했다. 그날 저녁 내내 화가 가시질 않았다.

불행한 사건 | 괜찮은 남자한테 전화를 걸어 같이 영화보러 가자고 했다. 그랬더니 그 남자가 회의준비 때문에 다음 기회로 미루자고 한다.

왜곡된 믿음 | 그래, 뻔한 변명이지. 내 감정을 자극하지 않으려고 했을 뿐이야. 실제로는 내게 관심이 없는 거지. 도대체 내가 뭘 기대하고 그런 짓을 했담? 너무 노골적으로 행동했어. 내가 먼저 다른 사람한테 데이트 신청하는 짓은 이제 안할 거야.

잘못된 결론 | 내가 바보 같고 황당하고 꼴 보기 싫었다. 함께 영화 보러갈 사람을 찾으니 친구들한테 표를 주기로 마음먹었다.

불행한 사건 | 다른 사람들과 함께 운동을 하기로 해서 체육관에 가보니 나만 빼고 다들 그을린 피부에 다부진 몸매를 하고 있었다.

왜곡된 믿음 | 내가 여기서 뭘 하고 있담? 저 친구들과 비교하니 내 꼬락서니가 뭍에 올라온 고래 같네! 더 망신당하지 말고 어서 여기를 떠야지.

잘못된 결론 | 다들 나만 쳐다보는 것처럼 느껴졌고 결국 15분 만에 그곳을 빠져나왔다.

이제 당신의 차례다. 앞으로 며칠 동안 주변에서 일어난 일들을 갖고 다섯 개의 ABC 단계를 기록하라.

불행한 사건 :
왜곡된 믿음 :
잘못된 결론 :

불행한 사건 :
왜곡된 믿음 :
잘못된 결론 :

불행한 사건 :
왜곡된 믿음 :
잘못된 결론 :

불행한 사건 :

왜곡된 믿음 :

잘못된 결론 ::

불행한 사건 :

왜곡된 믿음 :

잘못된 결론 :

다섯 개의 ABC 단계를 기록했으면 그것을 다시 한 번 주의 깊게 읽어 보라. 그러면서 왜곡된 믿음과 잘못된 결론 사이에 어떤 연결이 있는지 살펴보라. 그러면 비관적 설명은 수동적 자세와 낙담을 촉발하는 반면, 낙관적 설명은 기운을 불러일으킨다는 사실을 보게 될 것이다.

그다음 단계는 명백하다. 만약 당신이 불행한 사건에 뒤따른 자신의 습관적인 왜곡된 믿음들을 바꾼다면 불행한 사건에 대한 자신의 반응도 자연히 바뀔 것이다. 이렇게 바꾸는 데 사용할 매우 신뢰할 만한 방법들이 있다.

반박과 주의 돌리기

일단 자신의 왜곡된 믿음을 알아차렸으면, 이제 그것에 대처하는 두 가지 기본방식을 배울 차례다. 첫째는 왜곡된 믿음이 들거든 그냥 주의를 다른 데로 돌리는 것이다. 다시 말해 어떤 다른 것을 생각하려고 애써라. 둘째는 왜곡된 믿음을 반박하는 것이다. 장기적으로 보면 반박이 주의 돌리기보다 더 효과적이다. 만약 특정 믿음을 성공적으로 반박했다면, 다시 똑같은 상황에 처해도 그 생각이 머릿속에 다시 떠오를 가능성은 그렇게 크지 않을 것이기 때문이다.

인간은 자신의 주의를 끌거나 대응할 필요가 있는 좋거나 불행한 사건들에 대해 이러저러한 생각을 하게 마련이다. 이것은 진화의 맥락에서 중대한 의미를 지닌다. 만약 인간이 위험이나 자기에게 필요한 것들을 곧바로 알아차리지도 못하고 그것들에 어떻게 대처할지 걱정도 되지 않는다면, 우리 인간은 그렇게 오래 생존하지 못할 것이다. 비관적인 사고습관은 이 유용한 과정을 해로운 방향으로 한걸음 더 나아가고 있다. 다시 말해 이런 왜곡된 믿음들이 우리의 주의를 끌면서 머릿속에서 끊임없이 맴돌고 있다. 왜곡된 믿음들은 그 자체의 성질 때문에 좀처럼 잊혀지지 않는다. 이것들은 필요와 위험을 환기시키는 원시적이고도 생물학적인 장치이기 때문이다. 아마도 진화과정을 통해서 사춘기 이전의 아이들은 결코 굽히지 않는 낙관적인 사람이 된 반면에, 어른들은 걱정하고 미리 계획해야만 더 잘 생존할 수 있고 나아가 자녀들까지도 더 잘 생존할 수 있게 된 듯하다. 그러나 현대인의 삶에서 이런 원시적인 환기장치들은 오히려 방해가 되고 수행능력과 정서적인 삶의 질을 떨어뜨릴 수 있다.

그럼 이제 주의 돌리기와 반박의 차이에 관해 자세히 살펴보기로 하자.

(2) 주의 돌리기

자, 이제 바닐라 아이스크림을 곁들인 사과 파이 한 조각을 머릿속에 떠올리지 않도록 해보라. 따끈따끈한 파이와 아이스크림이 맛과 온도에서 멋진 대조를 이룬다.

당신은 아마도 파이를 생각하지 않으려고 해도 안할 수가 없을 것이다. 그러나 당신은 실제로 주의를 딴 데로 돌릴 수 있는 능력을 지니고 있다.

자, 사과 파이를 한 번 더 머릿속에 떠올려보자. 떠올렸는가? 입에 침이 도는가? 자, 이제 자리에서 일어나 손바닥으로 벽을 쾅 치면서 "그만!" 하고 외쳐라.

파이가 머릿속에서 사라지지 않았는가?

이것은 머릿속에 자꾸 떠오르는 생각을 떨쳐버리고자 할 때 사람들이 흔히 쓰는 간단하면서도 매우 효과적인 사고중지 기법 가운데 하나다. 어떤 생각을 떨치기 위해 종을 크게 울리는 사람도 있고 빨간색으로 "그만!"이라고 대문짝만하게 쓴 카드를 들고 다니는 사람도 있다. 손목에 고무 밴드를 차고 있다가 어떤 생각을 떨치고 싶을 때마다 그것을 딱 소리 나게 세게 잡아당기면 효과가 좋다고 하는 사람도 많다.

이런 물리적인 기법들 가운데 한 가지와 주의이동이라는 기법을 병행하면 더욱 장기적인 효과를 거둘 수 있다. 어떤 부정적인 생각을 중단시킨 뒤에 생각이 다시 그쪽으로 흘러가는 것을 막으려면 어떤 다른 것에 주의를 기울여야 한다. 배우들이 한 감정에서 다른 감정으로 재빨리 옮아가야 할 때 이 방법을 쓴다. 이것을 연습해보자. 어떤 작은 물건을 집어 들고 몇 초 동안 그것을 면밀히 살펴보라. 만져도 보고 입에 넣어 맛도 보고 냄새도 맡아보고 무슨 소리가 나는지 두드려도 보라. 그 물건에 이렇게 주의를 집중함으로써 주의이동이 강화되었음을 느낄 수 있을 것이다.

끝으로 반추 자체의 성질을 이용해 반추를 약화시키는 방법이 있다. 반추란 어떤 생각이 머릿속에서 계속 맴도는 성질을 뜻하므로 우리는 그런 생각을 잊지 않을 것이며 따라서 그것에 영향을 줄 수도 있다. 만약 어떤 불행한 사건이 생기면 그것에 관해 숙고할 시간을 나중으로 잡아라. 이를테면 오늘 저녁 6시……. 이와 같이 근심거리가 생겨서 그것에 관한 생각을 멈추기가 어려울 때는 "그만! 나중(몇 날 몇 시)에 잘 생각해보겠다"라는 식으로 스스로 다짐하는 것이다.

　나아가 근심거리가 생긴 바로 그 순간에 그것을 종이에 적어두어라. 근심거리를 적어두기(이것은 근심을 공개적으로 표출해 일정하게 처리하는 효과를 낳는다)와 그것에 관해 생각할 시간을 잡아두기를 병행하면 꽤 효과를 볼 수 있다. 이것(특정 생각의 환기)은 반추의 존재이유를 이용해 반추 자체를 약화시키는 방법이다. 생각할 것을 적어두고 생각할 일정까지 잡아두면 반추의 존재이유가 사라지며, 존재이유가 사라지면 강도도 약화된다.

(3) 반박

　마음을 어지럽히는 생각을 슬쩍 피하는 것은 훌륭한 응급처치가 될 수 있다. 그러나 더 지속적이고 철저한 치료법은 그것을 반박하는 것이다. 왜곡된 믿음에 반론을 제기하라. 공격에 나서라. 불행한 사건에 뒤따른 왜곡된 믿음들을 효과적으로 반박하면 낙담과 포기라는 습관적인 반응을 없애고 활기와 유쾌한 기분을 되찾을 수 있다.

불행한 사건 ｜ 최근에 나는 석사학위를 딸 목적으로 퇴근 후에 야간 수업을 듣기 시작했다. 수업시간에 처음으로 시험을 보았는데 성적이 바라던 대로 잘 나오질 않았다.

왜곡된 믿음 ｜ 형편없는 성적이군, 주디. 틀림없이 반에서 꼴찌일거야. 내가 멍청한 거지. 어쩌겠어? 현실을 직시해야지. 게다가 이 나이에 쟤네들하고 경쟁하기가 쉬운가? 열심히 해봤자 누가 나 같은 마흔 살 된 여자를 고용하겠어? 스물세 살 된 애들도 있는데. 도대체 무슨 생각으로 등록을 했담? 한마디로 나는 이미 늦었어.

잘못된 결론 ｜ 완전히 절망에 빠지고 내가 쓸모없는 인간이라는 느낌이 들었다. 그것을 시도했다는 사실 자체가 황당하게 느껴졌다. 등록을 취소하고 지금 직장에 만족하기로 마음먹었다.

반박 | 내가 너무 확대해석하고 있는 것이지. 모두 A가 나오길 바랐는데 실제로는 B, B+, B-를 받았지. 이것이 형편없는 성적은 아니잖아? 반에서 1등은 아니겠지만, 그렇다고 꼴찌도 아니지. 내가 확인했어. 옆자리 남자애는 C가 둘에다 D+잖아. 내가 바라던 대로 잘 하지 못한 까닭은 나이 때문이 아니야. 나이가 많다고 해서 내가 반에서 머리가 제일 나쁠 이유는 없어. 내가 그렇게 잘 하지 못한 이유 가운데 하나는 살면서 신경 쓸 다른 일들이 많아서 공부할 시간이 충분하지 않기 때문이겠지. 하루 종일 근무해야 하고 가족도 있잖아. 내 처지에서 이 정도면 시험을 잘 본 것이라고 생각해. 시험을 한 번 봤으니까 앞으로 더 잘하려면 공부에 얼마나 많은 노력을 쏟아야 하는지 이제 알잖아? 그리고 누가 나를 고용할지를 지금부터 고민할 필요는 없어. 이 교육과정을 이수한 사람들은 거의 모두 괜찮은 일자리를 얻었어. 지금 내가 신경 쓸 것은 교재를 열심히 학습해서 학위를 따는 일이야. 일단 졸업부터 하고 그다음에 좋은 직장을 찾는 데 초점을 맞추면 되잖아.

활력 얻기 | 나 자신과 시험에 대해 훨씬 편안하게 느끼게 되었다. 나는 등록을 취소하지 않기로 했다. 나이 때문에 내가 원하는 것을 포기하지는 않을 것이다. 물론 나이 때문에 불리할지 모른다는 걱정이 아직도 든다. 하지만 지레 걱정은 하지 않기로 했다.

이렇게 주디는 성적에 대한 자신의 왜곡된 믿음을 효과적으로 반박했다. 그럼으로써 감정이 절망에서 희망으로 바뀌었고 행동도 도전에서 돌격으로 바뀌었다. 주디는 당신이 배우게 될 몇몇 기법을 알고 있었다.

(4) 거리 두기

믿음은 믿음일 뿐임을 깨닫는 것이 매우 중요하다. 믿음이 사실일 수도 있고 사실이 아닐 수도 있다. 만약 당신의 라이벌이 질투심에 불타 크게 화를 내면서 "너는 형편없는 엄마야. 이기적이고 남을 배려할 줄도 모르고 멍청해!" 하고 외친다면 어떻게 하겠는가? 아마도 한 귀로 듣고 다른 귀로 흘려버릴 것이다. 또는 그 말에 화가 치민다면 상대의 면전에서 또는 스스로 그것을 반박할 것이다. "애들이 나를 얼마나 사랑하는데" 하고 말할 수 있을 것이다. "내가 아이들하고 보내는 시간이 얼마나 많은데? 수학도 가르쳐주고 축구도 가르쳐주지. 험한 세상을 어떻게 헤쳐갈지도 가르쳐주고. 어쨌든 저 친구가 자기 애들이 형편없으니까 그저 질투심에 저러는 거야"라고 말할 수도 있다.

이처럼 타인의 근거 없는 비난에 대해 거리를 두기란 그리 어렵지 않다. 그러나 자기가 스스로, 그것도 매일 쏟아내는 비난에 대해 거리를 두기란 훨씬 어려운 일이다. 어쨌든 자신이 스스로에 대해 한 생각이므로 참이지 않을까? 사실 그렇지 않다!

우리가 무슨 일에 실패했을 때 자신에게 던지는 말은 질투심에 불타는 친구가 내뱉은 헛소리만큼이나 근거가 없을 수 있다. 우리가 자신을 돌아보며 하는 설명들은 왜곡일 때가 많다. 그것들은 과거의 불쾌한 경험(예컨대 어릴 적의 갈등, 엄한 부모, 지나치게 트집을 잡았던 리틀 야구 코치, 큰 언니의 질투 등)이 낳은 나쁜 사고습관에 지나지 않는다. 그런데도 우리는 그것들이 우리 자신으로부터 나온 것처럼 보이기 때문에 그것들을 절대 진리처럼 여긴다. 그러나 그것들은 믿음일 뿐이다. 그리고 단순히 무엇을 믿는다고 해서 정말로 그런 것은 아니다. 단순히 누가 자기는 취직도 안 될 것이며 매력도 재주도 없다고 스스로 믿는다고 해서 정말로 그런 것은 아니다.

자신의 믿음에서 한 발짝 물러나 믿음을 잠시 보류하는 것, 적어도 그것이 정확한 것으로 입증될 때까지 자신의 비관적 설명으로부터 거리를 두는 것이 절대적으로 필요하다. 그리고 자기 자신에 대한 믿음이 정확한지 따지는 것이 바로 반박이 하는 일이다.

그 첫 단계는 믿음의 존재 자체가 심의를 정당화함을 깨닫는 것이며 그 다음 단계는 반박을 실행에 옮기는 것이다.

자기 자신과 토론하는 법

다행히 당신은 살면서 누구와 논쟁한 경험이 이미 무수히 많을 것이다. 다른 사람과 말다툼을 할 때마다 우리는 논쟁의 기술을 사용한다. 자기 자신에게 내뱉은 근거 없는 비난에 대해 일단 반박하기 시작하면 평소 익힌 논쟁기술에 시동이 걸리면서 이것을 새로운 각도에서 사용할 수 있을 것이다.

설득력 있는 반박을 위해 중요한 네 가지 요소가 있다.

- 그것이 사실인가?(증거)
- 다르게 볼 여지는 없나?(대안)
- 그래서 어떻다는 것인가?(함축)
- 그것이 어디에 쓸모가 있나?(유용성)

(5) **증거**

왜곡된 믿음에 반박하기 위한 최선의 방법은 그것이 사실과 다름을 보이는 것이다. 나쁜 일에 대한 비관적 반응은 흔히 과잉반응이므로, 그것에 배치되는 사실은 그보다 몇 배나 많을 것이다. 당신은 탐정의 역할을 떠맡아 다음과 같이 물으면 된다. "이 믿음을 뒷받침하는 증거는 무엇인가?"

주디가 바로 이렇게 했다. 처음에는 자신이 '형편없는' 성적으로 '반에서 꼴찌'일 것이라고 생각했다. 하지만 증거가 있는지 조사해보았다. 그 결과 옆자리에 앉은 사람이 훨씬 나쁜 성적을 받았다는 사실을 확인했다.

케이티는 다이어트를 '망쳐버렸다'고 생각했다. 그러나 나초와 치킨과 라이트 맥주에 들어 있는 열량을 따져본 결과, 친구들과 외출하느라 건너뛴 저녁식사보다 조금 더 많은 열량을 섭취했을 뿐임을 알게 되었다.

우리가 이 책에서 제시하는 접근법과 이른바 '긍정적 사고의 힘' 사이의 차이를 이해할 필요가 있다. 긍정적 사고방식은 증거가 없거나 심지어 반대 증거가 있는데도 "나는 매일 모든 면에서 점점 나아지고 있다"는 식으로 들뜬 진술을 믿으려고 할 때가 종종 있다. 만약 당신이 이런 진술을 진심으로 믿을 수만 있다면 더 많은 힘을 얻게 될 것이다. 그러나 긍정적 사고방식을 배운 사람들 가운데 많은 수는 회의적인 사고방식에 익숙해진 까닭에 이런 식의 추켜올리기에 서툴다. 이와 반대로 낙관성 학습은 정확성을 추구한다.

우리는 긍정적인 진술을 단순히 되뇌는 것이 기분이나 수행능력을 약간은 몰라도 크게 향상시키지는 않는다는 사실을 발견했다. 오히려 차이를 낳는 것은 부정적인 진술에 어떻게 대처하는가 하는 문제다. 나쁜 일에 뒤따르는 왜곡된 믿음들은 대개 부정확하다. 대부분의 사람들이 파국을 생각한다. 사람들은 대개 가능한 온갖 원인들 가운데 가장 불길한 함축이 담긴 것을 지목한다. 그러므로 자신의 파국적인 설명에 담긴 왜곡을 드러낼 증거를 찾는다면 그것을 반박하는 데 매우 효과적일 것이다. 그러면 현실은 십중팔구 당신의 편일 것이다.

낙관성 학습은 근거없는 현실 긍정을 통해서가 아니라 '부정적이지 않은' 사고의 힘을 통해서 효과를 발휘한다.

(6) 대안

우리에게 일어나는 일들은 거의 모두가 하나 이상의 원인을 가지고 있다. 사건들은 대부분 여러 원인을 가지고 있는데 만약 당신이 시험을 형편없이 보았다면, 거기에는 다음과 같은 요인들이 모두 영향을 미쳤을 수 있다. 시험의 난이도, 당신이 공부한 양, 당신의 지적 능력, 출제 교수의 공정성, 다른 학생들의 시험결과, 당시 당신의 피로도, 비관적인 사람들은 가능한 이 모든 원인들 가운데 가장 나쁜 것에 집착하는 재주를 가지고 있다. 가장 지속적이고 만연적이며 개인적인 것이 바로 그것이다. 주디는 "이 나이에 재네들하고 경쟁하기가 쉬운가?"라고 했다.

앞에서와 마찬가지로 여기서도 현실은 보통 반박의 편에 서 있다. 수많은 원인이 있는데 굳이 가장 해로운 것에 집착할 이유가 없지 않는가? "이것을 덜 파괴적으로 바라볼 수는 없을까?" 하고 스스로 물어보라. 주디는 자기반박의 경험을 쌓은 덕에 쉽게 그것을 찾았다. "하루 종일 근무해야 하고 가족도 있잖아" 케이티 역시 자기반박의 기술을 훌륭히 터득함으로써 자신의 "나약함"을 "자그마치 2주 동안이나 다이어트를 엄격하게 지켰으니 얼마나 대단해?"로 바꿀 수 있었다.

자신의 왜곡된 믿음에 이의를 제기하려면 우선 문제의 사태에 기여했을 가능성이 있는 모든 원인들을 탐색하라. 이때 일시적이고 ("공부하는 데 많은 시간을 들이지 못했다") 일부이며 ("이번 시험은 유난히 까다로웠다") 외부적인 ("교수의 평가가 공정치 못했다") 원인들에 초점을 맞춰라. 대안이 될 만한 믿음을 만들어내기 위해서는 이제까지 별로 그럴듯하게 여기지 않았던 가능성들을 파헤치는 데 많은 노력을 기울여야 할 것이다. 이와 정반대로 비관적 사고는 대개 여러 가능성들 가운데서 가장 불길한 믿음에 집착하는데, 그 까닭은 증거가 있기 때문이라기보다 그저 그것이 아주 불길한 것이기 때문이다. 당신이 할 일은 대안을 만들어내는 기술을 익혀서 이런 파괴적인 습관을 무력화시키는 것이다.

(7) **함축**

그러나 세상의 이치를 따져볼 때 사실이 늘 당신 편인 것은 아니다. 당신에 대한 부정적인 믿음이 옳을 수도 있다. 이럴 때 필요한 기술은 파국을 막기이다.

믿음이 옳다고 쳐도 여전히 남는 물음은 "그것이 무엇을 함축하는가?" 하는 점이다. 주디는 나머지 학생들보다 나이가 많았다. 하지만 그래서 어떻다는 것인가? 주디가 나이가 많다고 해서 다른 학생들보다 반드시 머리가 나쁠 이유는 없다. 또 아무도 주디를 고용하려 들지 않을 것임을 뜻하지도 않는다. 케이티가 다이어트를 어겼다는 사실이 곧 그가 폭식가임을 뜻하지는 않으며, 케이티가 바보인 것도 아니다. 나아가 케이티가 다이어트를 완전히 포기해야 함을 뜻하는 것은 더더욱 아니다.

이런 불길한 함축들이 현실이 될 개연성이 얼마나 되는지 따져보아야 한다. 세 과목 모두 B를 받았다는 사실 때문에 아무도 주디를 고용하지 않게 될 개연성이 얼마나 되는가? 치킨과 나초 두세 개를 먹었다는 사실이 정말로 케이티가 폭식가임을 뜻하는가? 이런 함축들이 얼마나 불합리한 것인지를 확인했다면, 그다음에는 이것들을 반박할 증거를 찾아라. 케이티는 자기가 2주 동안이나 다이어트를 엄격하게 지켰다는 사실을 회상했다. 이 사실에 비추어볼 때 케이티 자신이 폭식가일 개연성은 거의 없었다. 주디는 자기가 등록한 과정에서 석사학위를 딴 사람들은 거의 모두 괜찮은 일자리를 얻었다는 사실을 기억해내었다.

(8) 유용성

이따금 어떤 믿음을 지님으로써 생기는 결과가 그 믿음의 진위 자체보다 더 중요할 때가 있다. 나의 믿음이 파괴적인가? 자기가 폭식가라는 케이티의 믿음은 설령 맞는다고 쳐도 파괴적인 것이다. 다이어트를 완전히 끝장내는 지름길이기 때문이다.

세상이 불공정하다는 사실이 드러나면 매우 흥분하는 사람들이 있다. 물론 우리도 이런 감정을 이해한다. 그러나 세상이 공정해야 한다는 믿음은 한편으로 가치 있는 것이지만 다른 한편으로 큰 비탄의 원인이 될 수 있다. 그것을 계속 강조해봐야 나한테 무슨 좋은 일이 생기는가? 때로는 자신의 믿음이 정확한지 따지고 그것을 반박하느라 시간을 허비하느니 차라리 자신의 현실과 타협하는 것이 매우 유용하다. 예컨대 폭탄 해체작업을 하는 기술자가 "이것이 터져서 내가 죽을 수도 있겠지?" 하고 생각한다면 손이 부들부들 떨리기 시작할 것이다. 이런 경우라면 나는 반박보다 주의 돌리기가 더 나은 방법이라고 생각한다. 당장 무엇을 해야 하는 상황에서는 주의 돌리기가 반박보다 더 나은 선택일 것이다. 이때 우리가 던져야 할 물음은 "이 믿음이 참인가?"가 아니라 "지금 이것을 생각하는 것이 나한테 도움이 되는가?"이다. 그래서 그 대답이 "아니다"이면 주의 돌리기 기법을 이용하라(그만! 그것에 대해 고민할 시간을 따로 잡아두어라. 그리고 고민할 거리를 적어두어라).

또 다른 전략은 자신의 현재 상황을 바꾸기 위한 모든 방법을 찾아보는 것이다. 설령 자신의 믿음이 현재는 맞더라도, 혹시 상황이 바뀔 수는 없는가? 상황을 바꾸기 위해 내가 할 수 있는 것은 무엇인가?

(9) 자신의 반박 기록

이제 ABCDE 모형을 실습해보자. ABC가 무엇을 뜻하는지는 이미 살펴보았다. 여기에 추가된 D(Disputation)는 반박을 뜻하고 E(Engergization)는 활기를 뜻한다.

앞으로 며칠 동안 당신이 직면할 나쁜 일 다섯 가지를 기록하라. 그러면서 자신의 믿음을 주의 깊게 살피고 그 결과를 관찰한 뒤에 자신의 믿음을 강력하게 반박하라. 그런 다음 자신의 왜곡된 믿음에 성공적으로 대처함으로써 어떻게 활력이 생겨나는지 관찰하여 빠짐없이 기록하라. 기록할 다섯 가지 나쁜 일들은 사소한 것이어도 된다. 우편물이 늦게 왔다. 전화를 걸었는데 상대가 받지를 않았다. 주유소 직원이 기름을 넣고 앞유리도 닦아주지 않았다. 이런 모든 경우들에서 효과적인 자기반박을 위하여 앞에서 배운 네 가지 기술을 이용하라.

자신의 반박 기록을 작성하기에 앞서 아래 예들을 살펴보자.

불행한 사건 | 친구한테서 비싼 귀고리를 빌렸는데 밖에서 춤을 추다가 한쪽을 잃어버렸다.

왜곡된 믿음 | 내가 너무 무책임하지. 그것은 케이가 제일 좋아하는 귀고리인데. 그것을 태연히 차고 나가 잃어버리다니. 케이가 이 사실을 알면 나한테 엄청 화를 낼 거야. 그럴 만도 하지. 내가 케이라도 나를 미워할걸. 내가 왜 이렇게 덤벙거리는지 모르겠어. 케이가 나하고 절교하자고 해도 놀라울 것이 없어.

잘못된 결론 | 기분이 영 말이 아니었다. 부끄럽고 황당했다. 케이한테 전화해 무슨 일이 일어났는지 말하고 싶지 않았다. 용기를 내서 전화하려고 했지만, 결국은 내가 멍청하다는 느낌에 한동안 그냥 앉아 있었다.

반박 | 그래, 귀고리를 잃어버린 것은 정말 불운한 일이야. 그것은 케이가 제일 좋아하는 귀고리인데다(증거) 틀림없이 크게 실망할거야(함축). 하지만 케이도 그것이 사고라는 점을 인정할거야(대안). 게다가 이 일 때문에 정말로 케이가 나를 미워하게 될 것 같지는 않아(함축). 단지 귀고리를 잃어버렸다고 해서 나 자신을 완전히 무책임한 사람이라고 스스로 규정하는 것은 적절하지 않다고 생각해(함축).

활력 얻기 | 귀고리를 잃어버린 것을 생각하면 여전히 마음이 아팠다. 그러나 이제는 부끄럽다는 느낌이 거의 들지 않았다. 또 케이가 이 일로 절교할 것이라는 걱정도 하지 않게 되었다. 긴장이 어느 정도 풀려서 케이에게 전화를 걸어 자초지종을 이야기했다.

아래의 예는 일부가 이미 나왔던 것이다.

불행한 사건 | 일을 마치고 일찍 집에 와 보니 아들 녀석이 친구들과 차고에서 마리화나를 피우고 있었다.

왜곡된 믿음 | 도대체 저 녀석은 자기가 무엇을 하고 있다고 생각하는 것일까? 오늘은 완전히 박살을 내야지! 얼마나 무책임한 짓을 한 것인지 깨닫게 해줘야 해. 저 녀석을 도무지 믿을 수가 없어. 내뱉는 말이 하나같이 다 거짓말이야. 저 녀석 말은 하나도 귀담아 들을 필요가 없어.

잘못된 결론 | 나는 아이에게 미칠 정도로 화를 냈다. 자초지종을 묻

지도 않고 아이한테 '믿지 못할 비행 청소년'이라고 말했다. 그날 저녁 내내 화가 가시질 않았다.

자기반박의 기술을 터득한 사람이라면 이 독백을 아래와 같이 결론지을 것이다.

반박 | 좋아, 조수아가 마리화나를 피운 것이 무책임한 행동이었다는 점은 분명히 맞아. 하지만 그렇다고 해서 저 녀석이 완전히 무책임하고 도무지 믿을 수 없는 놈인 것은 아니지(함축). 학교를 빼먹은 적도 없고 늦게 집에 오는 날에는 언제나 전화를 했잖아? 게다가 집안에서 자기가 할 일은 다 했지(증거). 물론 이것이 매우 심각한 일인 것은 사실이야. 하지만 저 아이가 말하는 것은 모두 거짓말이라고 생각하는 것은 아무 도움도 안 돼(유용성). 요즘 저 아이와 나눈 대화도 별 문제가 없었지. 내가 냉정을 유지해야 일도 더 잘 풀릴 것이라고 생각해(유용성). 만약 내가 이 문제에 대해 조수아하고 대화를 하려 들지 않는다면 문제가 해결될 수가 없지(유용성).

활력 얻기 | 흥분을 가라앉히고 차츰 상황을 통제할 수 있었다. 우선 조수아를 '믿지 못할' 놈이라고 말한 점에 대해 사과했다. 그리고 마리화나를 피운 것에 대해 함께 이야기를 나눌 필요가 있다고 조수아에게 말했다. 대화가 때때로 상당히 격해지기도 했지만, 어쨌든 적어도 이야기를 나누었다.

불행한 사건 | 친구들을 집으로 초대해 저녁식사를 대접했다. 나에 대해 좋은 인상을 심어주고 싶은 사람이 있었는데, 그 사람은 음식에

거의 손을 대지 않았다.

왜곡된 믿음 | 음식 맛이 고약하군. 나는 형편없는 요리사야. 그 사람을 더 잘 알게 되길 바랐는데, 이제 그를 잊는 편이 나을 것 같아. 그 사람이 식사 도중에 일어나서 가버리지 않은 것만 해도 다행이지.

잘못된 결론 | 나는 정말로 실망했고 나 자신에게 화가 났다. 내 요리솜씨에 스스로 너무 당황해서 그날 저녁 남은 시간 동안 그 사람을 피하고 싶은 마음뿐이었다. 단언하건대 상황이 내가 바라던 대로 굴러가지 않았다.

반박 | 이것은 웃기는 얘기다. 음식 맛이 고약하기까지 하지는 않다는 것을 나도 안다(증거). 그 사람은 그렇게 많이 먹지 않았을 수 있지만 다른 사람들은 모두 잘 먹었다(증거). 그 사람이 많이 먹지 않은 이유는 수도 없이 많을 수 있다(대안). 다이어트 중일 수도 있고 왠지 기분이 썩 좋지 않았을 수도 있고 별로 배가 고프지 않았을 수도 있다(대안). 그 사람이 저녁을 많이 먹지 않았을지 모르지만 어쨌든 식사자리를 즐기는 것 같았다(증거). 재미있는 얘기도 몇 번 했고 편안해 보였다(증거). 게다가 설거지하는 것을 돕겠다고 나서기까지 했지(증거). 그 사람이 나 때문에 기분을 망쳤다면 그렇게 하지 않았을 거야(대안).

활력 얻기 | 더 이상 특별히 당황하거나 나에 대해 화가 나지 않았다. 만약 내가 그 사람을 회피한다면 그것이야말로 그 사람을 더 잘 알게 될 기회를 스스로 망치는 것이라는 점을 깨달았다. 한마디로 말해, 마음을 편하게 가질 수 있고 나한테 좋은 기회인 이 저녁시간을 괜한 상상으로 망치게 하지 않았다.

이제 당신 차례다. 이번 주와 다음 주에 주변에서 일어나는 일을 기록하라. 불행한 사건을 일부러 찾아나서지 말고, 그런 일이 우연찮게 생기거든 어떤 독백이 마음속에서 일어나는지 주의 깊게 귀를 기울여라. 그래서 부정적 믿음이 발견되거든 그것을 반박하라. 그것을 철저하게 반박한 다음 ABCDE를 기록하라.

불행한 사건 :

왜곡된 믿음 :

잘못된 결론 :

반박 :

활력 얻기 :

불행한 사건 :

왜곡된 믿음 :

잘못된 결론 :

반박 :

활력 얻기 :

불행한 사건 :

왜곡된 믿음 :

잘못된 결론 :

반박 :

활력 얻기 :

불행한 사건 :

왜곡된 믿음 :

잘못된 결론 :

반박 :

활력 얻기 :

불행한 사건 :

왜곡된 믿음 :

잘못된 결론 :

반박 :

활력 얻기 :

목소리의 객관화

    반박을 연습하기 위해 불행한 사건이 닥칠 때까지 기다릴 필요는 없다. 친구에게 당신에 대한 부정적인 믿음을 큰 소리로 말해보라고 부탁할 수 있을 것이다. 그런 다음에 그 친구의 비난을 역시 큰 소리로 반박하는 것이다. 이것은 "목소리의 객관화"라고 하는 연습이다. 약 20분 동안 함께 연습할 친구를 찾아라. 배우자도 좋은 상대가 될 것이다. 친구가 할 일은 당신을 비판하는 것이다. 때문에 신중하게 친구를 고를 필요가 있다. 당신이 진심으로 신뢰하는 사람, 그 사람 앞에서 당신이 방어적인 태도를 취하지 않을 사람을 선택하라.

    이제 친구에게 지금은 당신을 비판해도 괜찮다는 점을 설명하라. 당신이 자신에게 내뱉는 비판을 대비해 그와 비슷한 것들을 반박해보는 연습이므로 친구의 비판을 감정적으로 받아들이지 않을 것이라고 이야기하라. 당신의 ABC 기록을 친구와 함께 다시 읽어보면서 어떤 부정적 믿음들이 당신을 자꾸 들볶는지 지적해낼 수 있다면 친구가 적절한 비판점을 찾는 데 도움이 될 것이다. 이상의 점들이 함께 이해되었다면, 당신은 실제로 친구의 비판을 감정적으로 받아들이지 않을 것이며 이런 연습을 통해서 당신과 친구 사이에 공감의 끈이 오히려 강화될 수도 있다는 것을 깨닫게 될 것이다.

이제 당신이 할 일은 친구의 비판을 모든 수단과 기술을 동원해 큰 소리로 반박하는 것이다. 당신이 생각해낼 수 있는 모든 반대증거를 동원하라. 대안이 될 만한 모든 설명들을 분명하게 말하라. 친구의 비난에 담긴 함축들이 그렇게까지 심각하지는 않다는 점을 논증하여 파국을 막아라. 만약 친구의 비난이 현재는 맞는다고 생각한다면, 현재 상황을 바꾸기 위해 당신이 할 수 있는 일들을 모두 열거하라. 이때 친구가 중간에 끼어들어 당신의 반론에 다시 반론을 제기할 수 있다. 그러면 당신이 다시 그것에 응수해야 한다.

이 연습을 시작하기에 앞서 아래 예들을 친구와 함께 읽어보라. 각 예에서는 한 상황이 발단이 되어 친구가 통렬한 비난을 가하게 된다. 당신이 자신의 설명 속에서 스스로를 거칠게 대하듯 친구도 이 상황에서 당신을 거칠게 대해야 한다.

상황 | 열다섯 살 된 딸의 침실에서 옷가지를 치우던 캐롤은 딸이 옷 밑에 숨겨둔 피임약을 발견했다.

(친구의) 비난 | 일이 이 지경이 되도록 너는 그것도 몰랐니? 걔는 이제 겨우 열다섯 살이야. 네가 열다섯 살이었을 때는 데이트도 안 했어. 어떻게 너는 제 딸이 뭘 하려고 하는지도 모르고 있을 수가 있니? 수잔이 누군가와 성관계를 갖는다는 사실을 네가 눈치도 못 채고 있었다면

너희 관계가 완전히 엉망이란 얘기잖아. 그러고도 네가 엄마니?

반박 | 글쎄, 내가 십 대였을 때하고 수잔의 경험을 비교하는 것은 별로 도움이 안 돼(유용성). 시대가 바뀌었잖아. 요즘은 옛날과는 다른 세상이지(대안). 수잔이 누구와 잤으리라고 전혀 생각지 못했던 것은 사실이야(증거). 하지만 그렇다고 해서 우리 관계가 완전히 엉망인 것은 아니야(함축). 딸애와 피임에 관해 이야기를 나누었던 것이 헛수고는 아니었던 셈이지. 어쨌든 개가 피임약을 쓰고 있으니 말이야(증거). 적어도 그것은 바람직한 것이라고 볼 수 있지.

친구가 끼어듦 | 너는 너 자신의 삶에 몰두해 일에만 정신이 팔려 있어. 그러니 네 딸의 인생에 무슨 일이 일어나고 있는지도 모르지. 너는 형편없는 엄마야.

반박의 재개 | 요즘에는 일 때문에 정신이 없었어. 어쩌면 내가 바라던 만큼 딸애와 호흡이 맞지 않았던 것이겠지(대안). 하지만 나는 그것을 바꿀 수 있어(유용성). 이 일로 벌컥 화를 내거나 나를 비난하는 것보다는 차라리 이것을 계기로 삼아 딸애와 대화의 통로를 다시 트고 성이나 그밖에 딸애의 관심사항에 대해 이야기를 나누는 편이 나을 거야(유용성). 물론 처음에는 쉽지 않겠지. 딸애가 선뜻 이야기하려 하지 않을 테고. 그래도 우리는 해낼 수 있어.

상황 | 이 경우에 비관적인 사람은 더그라는 남성이다. 그는 여자친구 바바라와 함께 한 친구의 집에서 열린 저녁파티에 참석했다. 바바라는 파티에서 더그가 한 번도 본 적이 없는 닉이라는 남자와 이야기를 나누며 적지 않은 시간을 보냈다. 차를 몰고 집으로 돌아오던 중 더그는 끝내 참지 못하고 바바라에게 쏘아붙였다. "너하고 그 녀석하고

공통점이 많아 보이던데. 네가 그렇게 활기차게 얘기하는 것을 본 적이 꽤 됐지. 그 녀석 전화번호도 받아놨길 바란다. 그런 우정을 썩힌다면 그것은 말도 안 되지." 더그의 반응에 깜짝 놀란 바바라는 그렇게 불안 해할 필요가 없다고 웃으면서 말했다. "닉은 그냥 직장 친구야."

(친구의) 비난 | 바바라가 다른 사람과 밤새 웃고 떠들었던 건 정말 무례한 짓이야. 거기 온 사람들 모두 바바라 친구들이었잖아. 너만 외톨이 신세가 되었다는 것을 바바라도 알거야.

반박 | 내가 좀 과민하게 반응한 것 같아. 바바라가 밤새 닉하고만 얘기한 것은 아니지(증거). 우리가 파티에 참석했던 것은 모두 4시간 동안이었고 바바라가 그 친구와 이야기를 나눈 것은 대략 45분 정도였을걸(증거). 거기 참석한 대부분의 사람들을 내가 처음 본 것은 사실이지만, 그렇다고 해서 바바라가 나를 애기처럼 돌봐주어야 할 책임이 있는 것은 아니잖아(대안). 처음 한 시간 동안은 그래도 자기 친구들한테 나를 소개시켜주곤 했지. 그리고 저녁식사가 끝나기 전까지는 닉과 단둘이 이야기하지도 않았어(증거). 우리 사이가 그만큼 확실하다고 느꼈기 때문에 바바라가 저녁 내내 나한테 들러붙어 있지 않아도 된다고 생각한 것이 아닐까 싶어(대안). 내가 혼자서도 사람들과 어울릴 수 있다는 것을 바바라도 알지(증거).

친구가 끼어듦 | 바바라가 정말로 너한테 신경을 썼다면, 늦은 저녁에 그 녀석하고 그렇게 시시덕거리지는 않았을 거야. 바바라가 너한테 신경 쓰는 것보다 네가 바바라한테 신경 쓰는 것이 확실히 더 많지. 바바라의 감정이 결국 그 정도라면 차라리 이쯤에서 끝내는 것이 나을지 몰라.

반박의 재개 | 바바라가 나를 사랑하는 것은 틀림없어(증거). 우리가 사귄 지도 꽤 오래 되었는데, 그 사이 바바라가 헤어지자거나 다른 사

람을 만나고 있다고 말한 적은 없어(증거). 바바라가 맞아. 모르는 사람들을 그렇게 많이 한꺼번에 만나게 돼서 내가 조금 신경이 날카로웠던 게지(대안). 내가 빈정댄 것에 대해 바바라한테 사과하고 내가 왜 그렇게 반응했는지 설명하는 것이 좋겠어(유용성).

상황 | 앤드루의 아내 로리는 알코올 중독자다. 지난 3년 동안은 술을 전혀 입에 대지도 않더니 최근에 다시 마시기 시작했다. 앤드루는 자기가 동원할 수 있는 모든 수단과 방법을 써서 로리가 술 마시는 것을 중단시키려 했다. 로리를 설득시키려고도 해봤고 위협도, 애원도 해봤다. 그러나 매일 밤 퇴근 후 집에 와 보면 로리는 술에 취해 있었다.

(친구의) 비난 | 끔찍한 일이군. 너는 로리가 술을 그만 마시게 할 능력도 없냐? 무엇이 그렇게 로리의 마음을 괴롭히고 있는지 네가 이미 오래 전에 알아차렸어야 하는 것 아니야? 어떻게 일이 이 지경이 되도록 까맣게 모르고 있을 수가 있어? 너는 로리가 스스로에게 무슨 짓을 하고 있는지 깨닫게 해줄 능력도 없어?

반박 | 물론 내가 로리가 술을 그만 마시도록 할 수만 있다면 더 바랄 것이 없겠지. 하지만 그것은 비현실적이야(증거). 지난번에 이런 일이 있었을 때 내가 알게 된 것은 로리가 술을 그만 마시도록 할 수 있는 것이 정말 아무것도 없다는 사실이었어(증거). 본인 스스로가 술병을 놓겠다는 결심을 하지 않는 한, 본인이 보려고 하지 않는 것을 내가 보게 만들 방법은 없어(대안). 그렇다고 해서 이 문제로 나까지 무력해진다는 뜻은 아니야(함축). 나 자신을 또다시 비난하는 덫에 빠지지 않기 위해서 중독자 가족모임[42]에 참석할까 생각 중이야(유용성).

친구가 끼어듦 | 너는 둘 사이의 관계가 좋았다고 생각하지. 그러나 실제로는 지난 3년 동안 너 자신을 기만한 것이 아닐까? 너희 결혼이 로리한테는 아무 의미가 없었던 게지.

반박의 재개 | 단순히 로리가 술을 다시 마시기 시작했다고 해서 지난 3년 동안의 우리 결혼생활이 아주 무가치했다고 볼 필요는 없지(대안). 우리 사이는 좋았어(증거). 그리고 관계는 앞으로 더 나아질 거야. 이것은 로리의 문제야(대안). 나는 적어도 이 점을 스스로 늘 명심해야 한다고 생각해(유용성). 로리가 술을 마시는 것은 내가 무엇을 잘못했거나 또는 안 했기 때문이 아니야(대안). 우리 둘을 위해서 내가 당장 할 수 있는 최선은 이 일 때문에 내 심정이 어떤지, 내 관심과 걱정은 무엇인지에 관해 누군가와 대화를 나누는 것이라고 생각해(유용성). 이것이 여자들이나 할 짓인지 모르겠지만, 어쨌든 한번 해보려고 해.

상황 | 브렌다는 언니 앤드리어와 언제나 매우 가깝게 지냈다. 둘은 같은 학교를 다녔고 같은 동아리에서 활동했으며 결혼한 뒤에도 같은 동네에서 살았다. 앤드리어의 아들은 다트머스대학교 1학년이다. 그리고 브렌다의 아들 조이는 이제 어느 대학을 갈지 고민할 나이가 되었다. 브렌다와 앤드리어는 이 일에 큰 관심을 보였는데, 정작 조이는 고등학교 3학년이 되자 부모에게 대학에 가고 싶지 않다고 말했다. 그 대신 집을 수리하고 건축하는 일을 하고 싶다고 했다. 왜 조이가 대학에 가려 하지 않느냐고 앤드리어가 브렌다에게 묻자 브렌다는 자제력을 잃고 느닷없이 쏘아붙였다. "그게 언니하고 무슨 상관이야? 모든 사람이 언니 아들의 뒤를 쫓아가야 하는 건 아니잖아?"

(친구의) 비난 | 네 언니가 네 삶의 모든 것을 속속들이 알고 있다는 것

이 너한테는 정말 짜증나고 피곤한 일이겠다. 네 언니도 자기 식구가 있는데, 왜 그렇게 네 삶에 일일이 간섭하려고 드는지 모르겠어.

반박 | 그것은 약간 과민반응이 아닐까? 언니가 한 일은 왜 조이가 대학에 가지 않기로 마음먹었는지 물어본 게 전부야(증거). 충분히 그렇게 물어볼 수 있지(대안). 만약 상황이 뒤바뀌어 내 아들이 아니라 언니 아들이 대학에 가지 않겠다고 했다면 나도 똑같이 물어봤을 거야(증거).

친구가 끼어듦 | 네 언니는 자기 아들이 다트머스에 다니는데 조이는 그렇지 않으니까 자기가 너보다 더 잘났다고 생각하는 거야. 그래, 네가 네 언니한테 그런 대우를 받을 이유는 전혀 없어. 네 언니는 그저 쓸데없이 지껄일 뿐이야.

반박의 재개 | 언니는 잘난 체하지도 않았고 나한테 모욕을 주지도 않았어. 다만 조이에 대해 관심이 많으니까 걱정이 돼서 한 얘기지(대안). 나도 언니 아들을 생각하면 부럽기도 하고 조이 애기가 나오면 신경이 날카로워지는 것 같아(대안). 사실 나는 나와 언니 사이가 아주 가까운 것에 대해서 자랑스럽게 생각해. 물론 간간이 경쟁심이 생기는 것은 사실이야. 하지만 세상을 준다 해도 우리 우애와 바꾸진 않을 거야(유용성).

상황 | 도널드는 대학교 4학년생이다. 그의 아빠는 오랫동안 병을 앓다 4년 전에 돌아가셨다. 성탄절에 집에 찾아간 도널드에게 엄마는 지난 몇 달 동안 사귀어온 지오프라는 남자와 결혼할 계획이라고 말했다. 엄마가 지오프와 사귄다는 사실을 도널드도 알고 있었지만, 그래도 엄마의 결혼 애기는 그에게 충격적이었다. 도널드가 잠자코 있자

엄마가 도널드의 생각을 물었다. 결국 도널드는 "그런 작자하고 결혼한다니 말도 안 돼요" 하고 외치며 집을 뛰쳐나갔다.

(친구의) 비난 | 너희 엄마가 그 작자와 결혼할 계획이라는 것이 도무지 믿기질 않는다. 너희 엄마가 그 사람을 잘 알지도 못하잖아? 그 사람은 나이도 너무 많고 너희 엄마와 전혀 어울리질 않아. 너희 엄마는 어떻게 너에게 그러실 수가 있냐?

반박 | 잠깐! 이게 정말 그렇게 나쁜 일일까? 우선 엄마가 지오프를 얼마나 잘 아시는지 나는 몰라(증거). 학교 때문에 일 년 내내 집에 없었으니까(증거). 두 사람이 알게 된 것은 몇 달밖에 안 되지만, 아마 두 사람이 늘 함께 시간을 보내셨을 거야(대안). 그리고 그 사람 나이가 너무 많다는 건 웃기는 얘기지(증거). 그래봐야 열 살 더 많아. 우리 아빠는 엄마보다 열세 살이나 더 나이가 많으셨지(증거).

친구가 끼어듦 | 너희 엄마는 어떻게 너희 아빠한테 그러실 수가 있냐? 너희 아빠께서 돌아가신 지가 얼마나 됐다고 벌써 다른 사람으로 바꾸시려고 하냐? 정말 역겨운 일이야. 너희 엄마는 도대체 어떤 분이시기에 그렇게 비열한 행동을 하시는 거야?

반박의 재개 | 엄마가 이렇게 행복해하시는 것을 오랫동안 본 적이 없어(증거). 아마도 나를 정말로 괴롭히는 건 내가 아직도 아빠를 많이 그리워한다는 점일 거야. 그래서 엄마가 아빠를 잊고 다시 사랑에 빠졌다는 사실이 이해하기 힘든 것이지(대안). 어쩌면 내가 그 점을 엄마에게 이야기할지도 몰라. 확실한 것은 아빠가 돌아가신 지 4년이 되었다는 사실이야(증거). 그리고 내가 좋던 싫던 엄마는 계속 살아가셔야 하는 것이고(대안). 나도 엄마가 혼자 계시는 것을 보고 싶지 않아. 어찌 보면 내 부담이 줄어든 셈이지(함축). 왜냐하면 이제 엄마가 외로우시지 않을까

걱정할 필요가 없게 되었으니까. 다시 말해, 엄마가 아빠를 다른 사람으로 대체했다기보다 그저 자신을 행복하게 해줄 어떤 사람을 찾았을 뿐이라는 얘기지(대안). 나는 아빠도 기뻐해주실 거라고 생각해(증거). 아빠도 엄마가 다시는 누구를 사랑하지 않기를 바랄 거라고는 생각하지 않아(증거). 이 일이 내게 너무 놀라웠을 뿐이야(대안). 내가 지오프라는 사람을 알게 되면 내 마음도 조금은 나아지지 않을까 싶어(유용성). 희망컨대 그 사람은 틀림없이 좋은 사람일거야.

자, 이제 당신 차례다.

이 장을 마무리하며

이제 당신은 낙관성 학습의 핵심 기술인 반박을 당신의 일상 속에서 나름대로 구사할 수 있게 되었을 것이다. 우리는 제일 먼저 ABC 연쇄(왜곡된 믿음이 낙담과 수동성을 낳는다는 사실)에 대해 살펴보았다. 감정과 행동은 보통 불행한 사건으로부터 곧바로 생기는 것이 아니다. 오히려 감정과 행동은 불행한 사건에 대한 왜곡된 믿음으로부터 곧바로 생긴다. 이것은 곧 불행한 사건에 대한 정신적 반응을 바꾸면 실패에 대해 훨씬 더 잘 대처할 수 있음을 뜻한다.

불행한 사건에 대한 당신의 해석을 바꾸기 위한 중심 수단은 반박이다. 당신의 자동적인 해석에 대해 반박하는 것을 지금부터 매사에서 실천에 옮겨라. 의기소침하거나 근심스럽거나 화가 날 때는 언제나 당신이 자기 자신에게 무슨 말을 하고 있는지를 살펴라. 때로는 당신의 믿음이 옳은 것으로 밝혀질 때도 있을 것이다. 그럴 때는 어떻게 하면 현재 상황을 바꿀 수 있을지, 또 불행한 사건이 재난으로 확대되는 것을 막으려면 어떻게 해야 할지에 주의를 집중하라. 그러나 대부분의 경우에 왜곡된 믿음은 왜곡이다. 그러므로 왜곡된 믿음에 의문을 제기하라. 그것이 당신의 정서를 지배하지 않도록 하라. 다이어트와 달리 낙관성 학습은 일단 실행에 옮기면 유지하기는 어렵지 않다. 일단 왜곡된 믿음을 반박하는 습관이 몸에 배면 당신의 하루하루가 훨씬 좋게 진행될 것이며 주관적으로도 훨씬 행복하게 느낄 것이다.

13장

자녀의 낙관성 키워주기

  우리는 흔히 어린 시절을 목가적인 시절, 나이가 들면서 짊어지게 될 책임의 부담이 없는 시기, 진지한 삶이 시작되기 전의 보호된 휴지기로 생각하고 싶어 한다. 그러나 이미 앞 장들에서 보았듯이 비관성과 그것이 낳는 우울증으로부터 보호된 시기란 없다. 많은 아동들이 비관성으로 심한 고통을 받고 있다. 비관성은 장래에도 아동들에게 고통을 줄 것이며 그들의 교육과 생계를 위협하고 그들의 행복을 망칠 것이다. 학령기 아동들은 성인과 같은 비율과 강도로 우울증에 시달리고 있다. 가장 우려되는 것은 비관성이 세상을 바라보는 방식으로 고착화된다는 점, 아동기 비관성이 성인기 비관성의 모체가 된다는 점이다.

  앞에서 이미 언급했듯이 몇몇 연구에 따르면 아동은 실제로 비관성의 많은 부분을 엄마로부터 배운다. 그밖에 어른들의 꾸짖음으로부터도 비관성을 배운다. 그러나 아동이 비관성을 학습할 수 있다고 한다면 그것을 버리는 것도 가능하다. 그리고 그 방법은 성인의 경우와 똑같다. 곧 살면서 겪는 실패와 좌절을 좀 더 낙관적으로 자신에게 설명하는 법을 익히면 된다. ABC 기법은 성인의 경우 수만 명을 대상으로 철저히 연구되고 학습되었지만, 아동의 경우에는 상대적으로 연구가 덜 되어 있는 편이다. 그러나 당신의 자녀에게 이것을 권할 만큼의 지식은 축적되어 있다. 자녀에게 낙관성을 가르치는 것은 근면이나 정직을 가르치는 것만큼 중요하다고 말할 수 있다. 왜냐하면 낙관성이 자녀의 장래에 그만큼 심대한 영향을 끼칠 수 있기 때문이다. 그렇다면 어떤 아이들이 낙관성의 기술을 배울 필요가 있을까?

부모들 가운데에는 자녀의 정서적 성장이 자연스럽게 진행되는 데 개입하기를 약간 망설이는 사람들이 있다. 그러나 낙관성의 기술을 습득하는 것은 일반적으로 아동들에게 유익할 것이다. 이 기술이 당신의 자녀에게 얼마나 필요할지를 판단하기 위해서는 다음의 세 가지 지침을 고려하라.

첫째, 7장에서 해보았던 아동 귀인양식 질문지 점수가 얼마인가? 만약 당신의 자녀가 딸인 경우에는 7.0 미만의 점수를 그리고 아들인 경우에는 5.0 미만의 점수를 얻었다면, 당신의 자녀는 좀 더 낙관적인 아동보다 우울증을 경험할 확률이 2배나 높으며 이 장에서 큰 도움을 얻을 수 있을 것이다. 자녀의 점수가 낮을수록 이 장에서 얻게 될 도움이 클 확률이 높다.

둘째, 8장에서 해보았던 우울증 검사의 점수는 얼마인가? 만약 10점 이상의 점수를 얻었다면 이 장에 소개된 기술들이 도움이 될 것이다. 만약 16점 이상의 점수를 얻었다면 이 장의 기술들을 반드시 배울 필요가 있다고 생각한다.

셋째, 당신이 배우자와 종종 다투는 편인가? 나아가 더 극적으로는 별거나 이혼의 가능성이 존재하는가? 만약 그렇다면 당신의 자녀에게 이 기술들이 시급히 필요할 것이다. 우리의 조사에 따르면 아이들은 이러한 시기에 종종 심하게 우울해진다. 그리고 이 우울증이 몇 년 동안 지속되면서 학교성적도 떨어지고 설명양식도 비관적인 방향으로 영구히 변화하게 된다. 이럴 경우 부모의 즉각적인 개입이 결정적으로 중요할 수 있다.

이 장을 통해 당신은 앞 장에서 배웠던 ABC 체계를 당신의 자녀에게 가르칠 수 있을 것이다. 만약 당신이 아직 앞 장을 읽지 않았거나 읽은 지 이미 오래되었다면 앞 장을 한번 읽어보기를 권한다. 앞 장의 소재들과 친숙해지면 더욱 능숙하게 자녀를 지도할 수 있을 것이기 때문이다.

자녀를 위한 ABC 모형

당신의 자녀가 낙관성을 학습하기 위한 첫걸음은 불행한 사건과 믿음과 결과 사이의 연결을 깨닫는 데 있다. 아래 연습들은 이 연결을 깨닫게 해주려는 시도다. 이것들은 8~14세의 아동들을 대상으로 고안된 것이다. 그보다 더 어린 아이들은 이것을 이해하기 어려울 것이지만 만약 부모가 인내심을 발휘하고 또 아이가 충분한 지적 능력을 지니고 있다면 일곱 살 아이들도 이 연습을 해낼 수 있을 것이다. 열다섯 살 이상의 성숙한 아이들은 성인 대상의 연습을 하도록 한다. 이들에게 아동 대상의 예들은 어린애 취급받는 느낌을 줄 것이다.

자녀에게 낙관성을 가르치는 일은 부모와 자녀 모두에게 유익하다. 자녀에게 무슨 혜택이 돌아갈지는 자명하다. 다른 한편으로 무엇을 가르친다는 것은 가르치는 사람에게도 그것을 잘 배울 수 있는 최선의 방법이다. 자녀에게 낙관성 기술을 가르치다 보면 이 기술에 대한 당신 자신의 이해도 크게 향상될 것이다.

다음과 같이 시작하라. 우선 당신이 앞 장을 읽고 성인 대상의 연습들을 해본 뒤 자녀와 함께 할 시간을 30분 정도 내라. 그런 다음 자녀에게 ABC 모형에 관해 설명하라. 자녀에게 전달할 요지는 사람의 감정이 그냥 진공상태에서 생기는 것이 아니라는 점이다. 일이 잘 안 풀릴 때 자녀가 어떻게 생각하느냐에 따라 자녀가 어떻게 느끼느냐가 실제로 달라진다는 점을 분명히 이해시켜라. 자녀가 문득 슬퍼지거나 화가 나거나 무슨 걱정이 들거나 당황스러울 때는 언제나 어떤 생각이 이런 감정을 촉발한 것이다. 만약 자녀가 이 생각을 찾아내는 법을 배울 수 있다면 그것을 변화시킬 수도 있을 것이다.

자녀가 이런 기본 관계를 이해했다면 그다음에는 자녀와 함께 아래 세 개의 예를 살펴보라. 각 예를 읽은 뒤 자녀로 하여금 그것을 당신에게 자녀 자신의 언어로 다시 설명케 하라. 이때 초점은 왜곡된 믿음과 잘못된 결론 사이의 연결이다. 자녀의 설명이 끝났으면 각 예의 뒤에 있는 물음들을 살펴보라.

불행한 사건 | 반 친구들이 모두 보는 앞에서 미너 선생님이 나에게 고함을 치는 바람에 다들 웃음을 터뜨렸다.

왜곡된 믿음 | 선생님은 나를 미워한다. 그리고 이제 반 친구들이 모두 나를 바보로 생각한다.

잘못된 결론 | 나는 정말로 슬펐고 책상 밑으로 기어들어가고 싶었다.

이 아이가 왜 슬펐을까 하고 자녀에게 물어보라. 왜 책상 밑으로 기어들어가고 싶었을까? 만약 이 아이가 미너 선생님에 대해 다르게(예를 들어 "선생님이 불공정하다는 것을 반 친구들이 다 알아" 하고)생각했다면 결과가 어떻게 달라졌을까? 반 친구들이 이 아이를 바보로 생각했을까?

믿음은 결과로 이어지는 결정적 단계다. 만약 믿음이 바뀐다면 결과도 바뀔 것이다.

불행한 사건 | 나의 가장 친한 친구 수잔은 이제 조애니가 자기의 가장 친한 친구라면서 앞으로는 학교 식당에서 내 옆이 아니라 조애니 옆에 앉을 것이라고 내게 말했다.

왜곡된 믿음 | 내가 그렇게 멋있지 않기 때문에 수잔은 나를 더 이상 좋아하지 않는다. 조애니는 정말로 웃기는 얘기를 잘한다. 내가 웃기는 얘기를 하면 아무도 안 웃는다. 조애니는 정말로 멋있게 옷을 입지만 내 스타일은 얼간이 같다. 만약 내가 아이들한테 좀 더 인기가 있었다면 틀림없이 수잔은 나와 가장 친한 친구로 남아있으려 했을 것이다. 이제 아무도 점심시간에 내 옆에 앉지 않을 것이다. 이제 모두들 조애니가 수잔의 가장 친한 친구라는 것을 알 것이다.

잘못된 결론 | 식당에 가기가 정말로 두려웠다. 웃음거리가 되고 혼자 앉아 밥을 먹어야 하는 것이 싫었기 때문이었다. 그래서 배가 아프다고 꾀병을 부리면서 양호실에 가게 해달라고 프랭클 선생님에게 말했다. 내가 정말로 볼품없게 느껴졌으며 전학을 가고 싶었다.

이 아이가 왜 전학을 가고 싶어 했을까? 수잔이 조애니 옆에 앉을 것이라는 사실 때문일까? 아니면 이제 아무도 자기 옆에 앉지 않을 것이라고 스스로 생각했기 때문일까? 이 아이는 왜 자기가 볼품없다고 느꼈을까? 자기가 옷 입는 스타일이 얼간이 같다고 생각한 것이 여기서 어떤 역할을 했을까? 만약 이 아이가 '수잔은 변덕쟁이야' 하고 생각했다면 결과가 어떻게 변했을까?

불행한 사건 | 친구들과 함께 버스 정류장에서 버스를 기다리고 있었는데 중학교 3학년 학생들이 떼로 몰려오더니 친구들이 모두 보는 앞에서 나를 '뚱보' '고깃덩어리' 라고 놀려대기 시작했다.

왜곡된 믿음 | 개네들 말이 맞기 때문에 내가 대꾸할 말이 없다. 정말로 나는 뚱보다. 이제 내 친구들이 모두 나를 비웃을 것이다. 그리고 아무도 버스에서 내 옆에 앉으려고 하지 않을 것이다. 이제 모두들 내 별명을 부르며 나를 놀려댈 것이다. 그리고 나는 그것을 그냥 받아들일 수밖에 없을 것이다.

잘못된 결론 | 당황스러워 죽고 싶을 지경이었다. 친구들로부터 도망치고 싶었지만 막차였기 때문에 그럴 수가 없었다. 어쩔 수 없이 고개를 떨어뜨린 채 운전석 바로 뒤 맨 앞좌석에 혼자 앉기로 했다.

이 아이는 왜 친구들로부터 도망치고 싶었을까? 남들이 '뚱보' 라고 놀렸기 때문일까? 아니면 이제 친구들이 모두 자기를 따돌릴 것이라고 생각했기 때문일까? 좀 더 건설적으로 생각할 수도 있었을까? 만약 아이가 '내 친구들은 의리가 있어' '내 친구들은 모두 저 중학생들을 바보로 생각할거야' 라고 생각했다면 어떻게 되었을까?

당신의 자녀가 ABC의 관계를 이해했으면 이 연습을 마치도록 한다. 그런 다음 당신의 자녀가 일상생활 속에서 ABC를 연습하는 것을 가르치기 위해 내일로 30분의 시간을 잡아두어라.

다음 날이 되거든 불행한 사건-왜곡된 믿음-잘못된 결론 사이의 연결을 복습하고 필요하면 위의 예들 가운데 하나를 다시 한 번 살펴보아라. 그런 다음 당신의 자녀에게 자기 생활에서 한 가지 예를 들어 적어보라고 말하라. 자녀가 막연해하거든 당신 자신의 ABC 기록에서 한두 가지를 예로 보여주라.

이제 자녀가 직접 자기의 일상생활에서 ABC를 찾을 차례라고 말하라. 앞으로 며칠 동안 자녀가 할 일은 예를 찾아와서 당신과 그것에 관해 이야기하는 것이다. 매일 방과 후에 이 예들을 기록하고 토의하라. 이때 슬픔, 화, 걱정, 포기 등이 모두 자기 자신의 믿음을 통해서 생긴다는 사실을 강조하라. 그리고 이런 믿음들이란 당연한 것이 아니라 언제든지 바뀔 수 있다는 점을 확실하게 설명하라. 자녀가 다섯 개의 예를 하루나 이틀 만에 찾아가지고 올 수도 있을 것이다. 다섯 개의 예를 모두 찾아오면, 다음 단계인 반박으로 넘어갈 차례다.

〈자녀의 ABC 기록〉

불행한 사건 :

왜곡된 믿음 :

잘못된 결론 :

불행한 사건 :

왜곡된 믿음 :

잘못된 결론 :

불행한 사건 :

왜곡된 믿음 :

잘못된 결론 :

불행한 사건 :

왜곡된 믿음 :

잘못된 결론 :

불행한 사건 :

왜곡된 믿음 :

잘못된 결론 :

자녀의 ABCDE

반박은 아이들의 경우에도 어른들의 경우와 똑같은 과정을 거친다. 당신의 자녀가 ABC 연결을 이해했으면, 그다음에는 반박-활력 연결을 설명해줄 차례다. 45분 정도 시간을 내어 ABC 연결의 복습부터 시작하라. 자녀 자신의 ABC 기록에서 2개의 예를 이용해 복습하라. 자녀가 어떤 생각을 가졌다고 해서 그것이 반드시 참인 것은 아니라는 점을 자녀에게 설명하라. 자기를 싫어하는 어느 다른 아이가 자기에 대해 한 얘기를 반박할 수 있듯이, 자기 자신의 생각도 똑같이 반박할 수 있다.

자녀가 직접 찾은 예들 가운데 하나를 선택해 만약 자기가 제일 싫어하는 아이가 자기한테 똑같은 말을 했다면 어땠을까 상상해보라고 말하라. 이럴 때 당신의 자녀는 어떻게 반응할까? 자녀가 한 가지 그럴듯한 반응을 이야기하면, 더 이상 새로운 것이 생각나지 않을 때까지 또 다른 반응을 생각해보라고 계속 요구하라. 그런 다음에 지금 다른 사람의 비난을 반박한 것과 똑같이 자기 자신의 부정적 생각도 반박할 수 있다고 설명하라. 그러나 반박의 결과는 크게 다르다. 자녀가 자기 자신에게 내뱉은 부정적인 말들을 반박할 수 있다면, 자녀는 더 이상 그렇게 생각하지 않을 것이며 이전보다 더 명랑하고 활기차게 될 것이다.

이제 아래 몇 개의 예를 자녀와 함께 철저히 연습해보기 바란다. 네 개의 예 가운데 둘은 이미 나왔던 것이고 둘은 새로운 것이다.

불행한 사건 | 반 친구들이 모두 보는 앞에서 미너 선생님이 나에게 고함을 치는 바람에 다들 웃음을 터뜨렸다.

왜곡된 믿음 | 선생님은 나를 미워한다. 그리고 이제 반 친구들이 모두 나를 바보로 생각한다.

잘못된 결론 | 나는 정말로 슬펐고 책상 밑으로 기어들어가고 싶었다.

반박 | 미너 선생님이 나에게 고함을 쳤다고 해서 반드시 그 선생님이 나를 미워하는 것은 아니다. 미너 선생님은 거의 모든 학생들에게 고함을 친다. 그런데 선생님은 우리 반을 제일 좋아한다고 말씀하셨다. 내가 좀 멍청한 짓을 해서 선생님이 화를 내신 것 같다. 그러므로 이 일로 선생님을 탓하고 싶지 않다. 우리 반 친구들 모두는, 아마 린다만 빼고 모두는 (린다는 정말로 착한 아이다) 미너 선생님한테 적어도 한 번 크게 꾸중을 들었다. 그렇기 때문에 친구들이 나를 바보로 여길 것이라고 생각되지 않는다.

활력 얻기 | 심하게 꾸중을 들은 것 때문에 여전히 조금은 슬펐지만 이전보다는 훨씬 덜 했다. 그리고 이제는 책상 밑으로 기어들어가고 싶다는 마음이 사라졌다.

믿음을 소리 내어 다시 한 번 읽어라. 그런 다음 자녀에게 이 믿음을 자녀 자신의 언어로 반박해보라고 요구하라. 이때 자녀에게 각각의 반박이 어떤 작용을 하는지 설명해보라고 요구하라. 예컨대 미너 선생님이 모든 학생들에게 고함을 친다는 사실을 깨달은 것이 "미너 선생님이 나를 미워한다"는 생각에 어떤 역작용을 일으키는가?

불행한 사건 | 나의 가장 친한 친구 수잔은 이제 조애니가 자기의 가장 친한 친구라면서 앞으로는 학교 식당에서 내 옆이 아니라 조애니 옆에 앉을 것이라고 내게 말했다.

왜곡된 믿음 | 내가 그렇게 멋있지 않기 때문에 수잔은 나를 더 이상 좋아하지 않는다. 조애니는 정말로 웃기는 얘기를 잘한다. 내가 웃기는 얘기를 하면 아무도 안 웃는다. 조애니는 정말로 멋있게 옷을 입지만 내 스타일은 얼간이 같다. 만약 내가 아이들한테 좀 더 인기가 있었다면 틀림없이 수잔은 나와 가장 친한 친구로 남아있으려 했을 것이다. 이제 아무도 점심시간에 내 옆에 앉지 않을 것이다. 이제 모두들 조애니가 수잔의 가장 친한 친구라는 것을 알 것이다.

잘못된 결론 | 식당에 가기가 정말로 두려웠다. 웃음거리가 되고 혼자 앉아 밥을 먹어야 하는 것이 싫었기 때문이었다. 그래서 배가 아프다고 꾀병을 부리면서 양호실에 가게 해달라고 프랭클 선생님에게 말했다. 내가 정말로 볼품없게 느껴졌으며 전학을 가고 싶었다.

반박 | 수잔은 정말로 나무랄 데 없이 좋은 아이다. 하지만 수잔이 가장 친한 친구가 새로 생겼다고 말한 것은 이번이 처음이 아니다. 얼마 전에는 코니가 가장 친한 친구라고 말했었다. 그런데 그 말을 하기 전에는 재클린이 수잔의 가장 친한 친구였다. 내가 웃기는 얘기를 얼마나 잘 하는가는 중요치 않다고 생각한다. 그리고 내 옷 스타일이 문제는 아니라고 생각한다. 왜냐하면 지난번에 수잔과 내가 쇼핑몰에 함께 가서 둘이 똑같은 옷을 샀기 때문이다. 다만 수잔은 가장 친한 친구를 계

속 바꾸기를 좋아하는 것 같다. 수잔이 내 유일한 친구가 아니므로 별 상관없다. 나는 제시카와 란타냐와 함께 앉아 점심을 먹으면 된다.

활력 얻기 | 누구와 함께 점심을 먹어야 하는지에 대해 더 이상 크게 걱정하지 않았다. 이제 내가 볼품없게 느껴지지도 않았다.

왜곡된 믿음과 결과를 큰 소리로 다시 읽어라. 그런 다음 자녀에게 이 왜곡된 믿음을 자녀 자신의 언어로 반박해보라고 요구하라. 필요하다면 자녀에게 구체적인 질문을 던져라. 자녀가 말한 반박의 각 논점이 믿음에 어떤 역작용을 일으키는지 설명해보라고 요구하라. 수잔이 몇 주에 한 번씩 가장 친한 친구를 바꾼다는 사실을 깨달은 것이 "수잔은 나를 더 이상 좋아하지 않는다"는 생각에 대하여 어떻게 반대증거가 되는가? "내 스타일은 얼간이 같다"는 생각에 대한 반대증거는 무엇인가?

불행한 사건 | 오늘 체육시간에 라일리 선생님은 두 아이를 발야구 주장으로 뽑았다. 그리고 이 두 주장이 일렬로 서 있던 나머지 학생들 가운데에서 팀원을 뽑았다. 그런데 나는 겨우 끝에서 세 번째로 뽑혔다.

왜곡된 믿음 | 크리시와 세트는 나를 싫어한다. 얘들은 나를 팀원으로 뽑기를 원치 않는다. 이제 반 친구들이 모두 나를 바보 취급할 것이다. 아무도 나를 팀원으로 다시 뽑으려 하지 않을 것이다. 나는 정말로 바보이다. 당연히 아무도 나와 놀려고 하지 않을 것이다.

잘못된 결론 | 내가 너무 멍청하게 느껴졌고 거의 울음이 터져 나올 지경이었다. 하지만 내가 정말로 운다면 모두들 나를 더 심하게 비웃을 것이라는 생각이 들었다. 그래서 혼자 가만히 선 채로 공이 내게 오지 않기만을 기도했다.

반박 | 내가 운동을 잘 하지 못하는 것은 사실이다. 하지만 스

스로 바보라고 생각한다면 내 기분만 더 상할 것이다. 내가 체육은 잘 못하지만 아주 잘하는 것도 있다. 예를 들어 선생님이 학습 조를 짜라고 말씀하시면 아이들은 모두 나하고 같은 조가 되려고 한다. 게다가 내가 미국 독립전쟁에 관해 쓴 수필이 일등상을 받았다. 크리시와 세트가 정말로 나를 싫어한다고는 생각지 않는다. 그저 가장 좋은 발야구 선수들을 자기 팀에 뽑으려 했을 뿐이다. 그렇다고 해서 애들이 내게 야비하게 굴거나 한 것은 아니다. 그래, 체육을 잘 하는 아이들도 있고 다른 것을 잘 하는 아이들도 있는 것이다. 그리고 나는 수학이나 독서, 사회과목 같은 것들을 잘할 뿐이다.

활력 얻기 | 이렇게 생각하고 나니까 기분이 훨씬 좋아졌다. 물론 모든 것을 잘하면 얼마나 좋을까 하는 생각이 여전히 든다. 그리고 운동할 때 제일 마지막으로 뽑히는 것은 여전히 마음에 들지 않는다. 하지만 적어도 몇몇 다른 일에서는 내가 제일 먼저 뽑힐 것이라는 사실을 알고 있다. 그리고 크리시와 세트가 나를 싫어하는 것이 아니라는 사실도 알고 있다.

당신의 자녀에게 위의 반박을 자기 자신의 언어로 말해보라고 요구하라. 그리고 "크리시와 세트는 나를 싫어한다"는 생각에 대한 모든 반대증거를 자녀 자신의 언어로 설명해보라고 요구하라. 이 생각을 반박하기 위해서 그밖에 어떤 증거를 끌어들일 수 있겠는가?

불행한 사건 | 어제는 내 동생의 생일이었다. 엄마와 새아빠는 동생에게 온갖 선물과 엄청 큰 케이크를 사주셨다. 그리고 나를 쳐다보지도 않으셨다.

왜곡된 믿음 | 부모님은 늘 템플만 좋아하셨다. 동생이 갖고 싶어 하는 것은 모두 다 사주셨다. 부모님은 내가 있다는 것도 잘 모르신다. 나는 부모님이 왜 나보다 동생을 더 좋아하시는지 알고 있다. 왜냐하면 동생이 나보다 공부를 잘하기 때문이다. 동생 성적표에는 '매우 뛰어남'이라고 쓰여 있다. 그러나 내 성적표에는 글쓰기에 대해 '개선 요망'이라고 쓰여 있다.

잘못된 결론 | 나는 정말로 슬프고 외로웠다. 엄마가 나를 더는 보고 싶지 않다고 말씀하실까봐 겁이 났다.

반박 | 엄마와 새 아빠가 템플에게 온갖 선물과 그 밖의 것들을 사주신 것은 사실이다. 왜냐하면 템플 생일이었으니까. 내 생일에도 부모님은 많은 선물을 사주셨다. 부모님이 오늘은 동생에게 더 많은 관심을 기울이셨을지 모른다. 하지만 그렇다고 해서 반드시 부모님이 동생을 더 좋아하시는 것은 아니다. 오늘은 동생 생일이니까 동생이 특별하게 느끼도록 애쓰신 것뿐이다. 우리 선생님이 템플의 선생님처럼 나를 '매우 뛰어남'이라고 평가했다면 물론 좋았을 것이다. 그러나 우리 선생님도 수업태도와 과학에서는 나를 좋게 평가했다. 어쨌든 엄마와 새 아빠는 나와 템플의 성적을 비교하지 않으신다고 늘 말씀하셨다. 그리고 우리 자신만을 비교하며 또 우리가 최선을 다하면 그것으로 만족하신다고 말씀하셨다.

활력 얻기 | 이제는 엄마가 나를 쫓아낼지 모른다는 걱정이 들지 않았다. 템플이 부모님의 관심을 끈 것에 대해서 더 이상 나쁜 기분이 들지 않았다. 내 생일이 다시 오면 동생도 똑같이 느낄 것이라는 점을 깨달았기 때문이다.

만약 당신의 자녀가 예들을 잘 따라오지 못하면 연습시간을 마쳐도 좋다. 이럴 경우 다음날에 다시 40분 정도 시간을 내도록 한다. 그래서 지난 시간에 자녀가 가장 잘 이해했던 예를 가지고 반박과 활력 사이의 연결을 다시 살펴보면서 나머지 연습을 시작할 수 있다.

이제 당신 자녀의 차례다. 자녀의 ABC 기록으로 되돌아가 5개의 예마다 왜곡된 믿음을 반박하도록 자녀에게 요구하라. 이때 증거, 대안, 함축, 유용성의 네 가지 기술을 사용해 자녀를 돕도록 한다. 그러나 이 개념들을 자녀에게 따로 가르칠 필요는 없다. 이것들을 사용해 자녀를 가르치는 것으로 충분하다.

이제 자녀에게 과제를 주어라. 자녀가 할 일은 앞으로 닷새 동안 매일 한 번씩 실생활에서 생기는 왜곡된 믿음을 실제로 반박하는 것이다. 그래서 매일 저녁 당신과 자녀가 함께 그것을 적고 검토하도록 한다. 매일 연습시간을 마친 뒤에는 다음날 어떤 불행한 사건들이 자녀에게 생길 것 같은지 상기시키고 그럴 경우 어떻게 반박할 것인지 자녀에게 마음의 준비를 시켜라.

〈자녀의 ABCDE 기록〉

불행한 사건 :

왜곡된 믿음 :

잘못된 결론 :

반박 :

활력 얻기 :

불행한 사건 :

왜곡된 믿음 :

잘못된 결론 :

반박 :

활력 얻기 :

불행한 사건 :

왜곡된 믿음 :

잘못된 결론 :

반박 :

활력 얻기 :

불행한 사건 :

왜곡된 믿음 :

잘못된 결론 :

반박 :

활력 얻기 :

불행한 사건 :

왜곡된 믿음 :

잘못된 결론 :

반박 :

활력 얻기 :

자녀를 위한 목소리의 객관화

자녀와 함께 할 마지막 연습은 목소리의 객관화다. 이 심리기법은 한편으로 기운 사람이 아니라 중립적인 제3자가 우리 자신에 대해 비난할 때 그것을 검토하고 반박하는 것이 더 용이하다는 사실을 이용한 것이다. 지금의 경우에는 당신 자녀의 마음속에서 생기는 가혹하고 위협적인 말들이 제3자의 입을 통해서 나오도록 하는 것이다. 이때 자녀의 연습을 돕는 부모나 손가락 인형 등이 제3자의 역할을 할 수 있다.

자녀의 도움을 받아 당신이 자녀에게 비난을 하면 당신의 자녀가 그것에 응수하는 것이다. 당신이 자녀에게 어떤 비난을 해야 할지 자녀에게 도움을 청하라. 자녀의 ABC 기록을 다시 살펴보면서 자녀가 흔히 어떤 비난을 스스로 하는지 찾아보는 것도 도움이 될 것이다.

반박기술을 충분히 터득하기 위해 이 연습을 하는 것이라고 자녀에게 설명하라. 이때 당신이 자녀의 왜곡된 믿음을 촉발하는 원인제공자 노릇을 할 수도 있을 것이다.

당신은 이런 비난이 맞는다고 생각하지 않는다는 점을 자녀에게 자주 상기시켜라. 자녀가 종종 스스로 내뱉을 만한 것이기 때문에 이런 비난을 사용할 뿐이라는 점을 자녀에게 자주 상기시켜라. 이때 각별한 주의가 필요하다. 당신은 무엇보다도 부모다. 그리고 당신이 하는 비난은 자녀를 잘 아는 사람의 비난이기 때문에 어쩌면 진실에 너무 가까울 수밖에 없음을 명심해야 한다. 자녀의 마음 깊숙이 파고들어 자녀에게 상처를 입힐 심각한 비난은 삼가야 할 것이다.

자녀가 아직 어리다면 인형놀이가 자녀를 사랑하는 부모와 말하기 난처한 비난 사이에 거리를 두기 위한 좋은 방법이 될 수 있다. 이럴 경우 손가락 인형을 사용해 인형으로 하여금 비난하게 하라. 그렇게 하기 위해서 자녀에게 다음과 같이 말할 수 있다.

"아이들은 때때로 다른 아이들에 대해서 비열한 얘기를 하곤 하지. 만약 다른 아이들이 너에 대해서 비열하고 부당한 얘기를 한다면 너는 그것을 맞받아치면서 바로잡으려고 하겠지. 그것은 당연한 행동이야. 그런데 우리가 ABC 기록에 관해 함께 연습하면서 보았듯이 사람들은 때때로 자기 자신에 대해서도 비열하고 부당하게 얘기할 때가 있어. 너도 너 자신에 대해서 정말로 맞지 않는 얘기들을 할 때가 있는 것이 사실이잖아? 그리고 이런 부당한 얘기들을 어떻게 반박해야 하는지에 대해서도 배웠지. 그러면 이번에는 손가락 인형을 사용해서 자기 자신에게 응수하는 법을 배워보자. 이 인형이 너의 ABC 기록을 읽어서 네가 자신에게 무슨 말을 하는지 알고 있다고 치자. 그리고 이 인형이 야비한 악당이라고 치자. 이제 네가 할 일은 이 인형의 비난을 맞받아치면서 그것이 맞지 않고 부당하다는 것을 보여주는 것이야."

우선 어떤 종류의 믿음을 어떻게 반박해야 하는지 자녀에게 이해시키기 위해서 아래 예들을 소리 내어 읽어보라. 그러면서 몇몇 비난은 인형이 말하는 것처럼 해보라.

상황 | 켄은 중학교 1학년이다. 켄은 중산층 학군에 있는 매우 좋은 학교로 버스통학을 한다. 켄은 좋은 학생이고 학교 가는 것을 좋아하며 친구도 아주 많다. 매일 방과 후 켄과 친구들은 누구 집에 가서 시간을 보낼지 결정한다. 켄은 친구들을 모두 자기 집으로 초대하고 싶었지만 자기가 사는 동네와 부모를 생각하면 너무 부끄러웠다. 어느

날 한 친구가 다 같이 켄의 집으로 가자고 제안했다. 켄은 매우 당황했으며 자기 집으로 갈 수 없다고 말했다. 그러면서 "우리 아빠는 의사인데 집에 사무실을 차려 놓으셨거든" 하고 둘러댔다. 친구들에게 거짓말을 한 것 때문에 슬프고 부끄러웠던 켄은 몸이 안 좋다는 핑계를 대고 혼자 집으로 향했다.

비난(엄마의 비난, 그러나 아주 심한 비난을 할 때는 특히 꼭두각시 인형을 이용함) | 이 거짓말쟁이야 (인형). 네 아빠가 의사라고? 웃기고 있네. 친구들을 네 집으로 데리고 오긴 틀렸군. 조금 있으면 친구들 중에 네 집에 가보거나 네 부모를 만난 사람이 아무도 없다는 것을 누군가가 알아차릴 거야.

반박 | 나도 리키처럼 훌륭한 부모와 집을 가졌으면 얼마나 좋을까 싶어. 내가 사는 동네와 부모 때문에 내가 부끄러워하는 것이 나도 싫어. 하지만 이것에 대해 내가 할 수 있는 것은 별로 없는 것 같아. 어쨌든 친구들이 한 번도 가보지 않은 집이 우리 집만 있는 것은 아니야. 실제로는 가장 가까운 헨리네 집으로 주로 몰려갔어.

엄마가 (때로는 인형이 말하는 식으로) 끼어듦 | 네가 쓰레기 같은 곳에서 살며 네 아빠는 술주정뱅이고 엄마는 가정부로 일한다는 것을 친구들이 곧 알게 될 거야. 그러면 친구들이 더 이상 너와 가까이 지내려 하지 않을 걸. 학교에서 모두한테 웃음거리가 되고 말 거야 (인형).

반박의 재개 | 우리 아빠가 백수건달이라는 걸 애들이 알게 된다면 내가 정말로 바보처럼 느껴질 거야. 하지만 애들이 그것 때문에 나와 더 이상 친구하려 하지 않을 것이라고는 생각하지 않아. 애들이 내가 부잣집 아이라고 생각해서 나와 친구로 지내는 것은 아니거든. 만약 스튜위의 아빠가 실업자라는 것을 내가 알게 된다면 스튜위에 대해 나쁜

느낌이 들기는 하겠지만 그렇다고 해서 스튜위를 멀리하지는 않을 거야. 그래! 친구들 부모가 무슨 일을 하는지 또 어디에 사는지 내가 죄다 알고 있는 것도 아니야. 내가 알기로는 애들 부모 가운데 몇몇은 우리 부모만큼이나 가난해. 글쎄, 당분간 친구들을 집으로 초대하지는 않겠지만, 어쨌든 이제 그것 때문에 거짓말을 하지는 않을 거야.

비난을 소리 내 한 번 더 읽어라. 그러면서 당신의 자녀에게 비난을 자녀 자신의 언어로 반박해보라고 요구하라. 중간에 또 다른 비난들을 제기하고 자녀로 하여금 그것들을 반박하도록 하라.

상황 │ 린은 아주 좋아하는 친구 베치로부터 밤샘파티에 초대를 받았다. 엄마의 차를 얻어 타고 베치의 집에 와서 보니 베치 부모는 집에 안 계셨고 파티에 온 여자아이들은 베치 부모의 술을 마시려 하고 있었다. 린은 그 자리가 정말로 불편하게 느껴졌다. 그래서 아프다고 둘러댄 뒤에 엄마에게 자기를 데리러 와달라고 전화를 했다.

(부모의) 비난 │ 네가 술을 마시고 싶지 않았다면 아프다는 핑계를 댈 것이 아니라 사실대로 말했어야지. 그런데 너는 그러질 않고 간편한 방법을 택했어. 너는 그 정도 용기도 없구나 (인형).

반박 │ 나도 용기 있어. 정말로 간편한 방법은 애들과 어울려 술을 마시는 것이야. 애들이 모두 술을 마시고 있었으니까. 아픈 척한 것은 괜찮은 방법이었다고 생각해. 덕분에 애들한테 욕을 듣거나 술 마시라는 강요도 받지 않고 자리를 빠져나올 수 있었으니까.

부모가 (인형의 입을 통해) 끼어듦 │ 너는 아직도 애기야. 베치가 같이 놀자고 처음으로 초대한 것인데, 너는 뭘 했어? 그 집에 가서 착한 척하다가 파티를 망쳐놓은 것밖에 더 있어?

반박의 재개 | 내가 밤샘파티를 망쳐놓은 건 아니야. 내가 거기에 머물렀어도 베치 부모님이 돌아오시지 않을까 겁나서 재미있게 놀지도 못했을 거야. 어찌 보면 베치가 나한테 그렇게 멋진 친구가 아닌지도 몰라.

비난을 소리 내 한 번 더 읽어라. 그러면서 당신의 자녀에게 비난을 자녀 자신의 언어로 반박해보라고 요구하라. 중간에 또 다른 비난들을 제기하고 자녀로 하여금 그것들을 반박하도록 하라.

이제 비난을 소리 내 다시 읽어라. 그러면서 당신의 자녀에게 비난을 자녀 자신의 언어로 반박해보라고 요구하라. 그리고 필요하면 중간에 끼어들어라. 당신의 자녀가 스스로 새로운 것을 추가해 반박을 더욱 그럴듯하게 만들 수 있는지 살펴보라.

상황 | 애니타는 부모에게 끈덕지게 졸라 원하던 강아지를 갖게 되었다. 그러나 몇 주도 지나지 않아 애니타는 강아지에게 흥미를 잃었다. 강아지에게 음식을 주는 것도 자주 잊었고 강아지를 산책시키는 일도 게을리 했다. 결국 애니타의 부모는 애니타가 강아지를 더 잘 돌보지 않으면 강아지를 다른 사람에게 넘기겠다고 말했다. 그러자 애니타는 소리치며 말했다. "엄마와 아빠는 너무 야비해. 엄마와 아빠는 원래부터 내가 강아지를 갖는 것을 원치 않았어. 강아지를 나한테서 떼어놓을 구실만 찾고 있는 거잖아!"

(부모의) 비난 | 네 부모는 세상에서 제일 야비한 사람이야!

반박 | 좋아, 엄마와 아빠가 이 세상에서 제일 야비한 사람은

아니겠지. 나는 엄마와 아빠를 좋아해. 우선 나한테 강아지도 사주었고 내 생일에는 아빠가 나와 동생을 데리고 뉴욕에 가서 하루를 보냈었지. 그날은 아빠가 정말로 멋있었어.

부모가 (인형의 입을 통해) 끼어듦 | 강아지는 네 것이야. 부모님이 너한테 사준 것인데, 이제는 다시 강아지를 없애려고 하네. 부모님은 그저 네가 재미있어 하는 것이 싫은 거야.

반박의 재개 | 엄마와 아빠가 그렇게 흥분한 것은 내가 강아지에게 음식도 잘 안주고 함께 산책도 잘 안했기 때문일 거야. 강아지가 생기면 내가 모든 책임을 지겠다고 말했었거든. 하지만 그렇게 일이 많을 줄은 몰랐어. 내가 만약 매일 산책도 시키고 음식도 잘 주었다면 엄마와 아빠도 나를 조금 도와주시려 했겠지. 엄마와 아빠한테 이걸 얘기해보는 것이 좋을 것 같아.

비난을 소리 내 다시 읽으면서 당신의 자녀에게 비난을 자녀 자신의 언어로 반박해보라고 요구하라.

이제 자녀의 ABC 기록에서 자녀가 자기 자신에게 했던 비난 몇 가지를 골라 인형의 입을 통해 반복하라. 그런 다음 자녀의 반박을 칭찬해주어라. 그런 뒤에 자녀의 주의력이 아직도 흐트러지지 않았으면 아래의 마지막 예로 넘어가라. 이 예에서는 세 사람이 각자 자기를 비난한 뒤 자신의 비난을 다시 반박하고 있다. 따라서 이것은 조금 복잡하며 열 살 이상의 아이들에게 더 적합한 예다. 만약 당신의 자녀에게 이 예가 너무 어려워 보이면 이것을 건너뛰고 그다음을 읽도록 하라.

상황 | 호프는 열네 살이고 언니 미건은 열다섯 살이다. 이들

의 부모는 몇 달 전부터 별거를 하고 있다. 호프와 미건은 엄마와 함께 살고 있지만, 일요일 하루와 목요일 저녁에는 아빠와 함께 시간을 보낸다. 일요일이면 늘 같은 일이 반복된다. 아빠가 두 아이를 데리러 집으로 온다. 호프는 아빠 차의 앞에 앉고 미건은 뒤에 앉는다. 호프가 라디오를 켜면 아빠는 라디오 소리를 줄인다. 아빠가 "어떻게 지냈어?" 하고 물으면 호프는 "좋아" 하고 중얼거리며 라디오 소리를 높인다. 그러면 호프의 행동거지가 탐탁지 않은 미건이 나서서 대화를 이어간다. 그러나 결국 아빠는 분노와 실망감에 라디오를 갑자기 꺼버린다. 호프는 낮은 목소리로 빈정대듯 중얼거리고 미건은 잠자코 있다.

호프의 비난 | 그래, 또 시작이군. 오늘도 아주 즐겁고 스릴 넘치는 일요일이 되겠군. 아빠는 일주일에 단 하루와 저녁 한때만으로 우리 인생에 유유히 끼어들 수 있다고 생각하는 모양이야. 그러면 나머지는 다 잘 될 줄 아나 보지? "어떻게 지냈어?" 하고 물으면 나보고 무슨 대답을 하라는 거야? 당연히 잘 지내지 못했지. 엄마와 아빠가 별거하는 바람에 매일 봐야 할 사람하고 하루를 보내느라 내 일요일이 날아가 버렸잖아. 내가 어떻게 지내는지 아빠가 정말로 관심이 있다면 더 자주 전화를 했어야지. 그저 일주일 중에 정해진 날이 왔으니까 나와 시간을 보낸다는 것은 말도 안 돼.

호프의 반박 | 일요일은 힘든 날이야. 어쩌면 식구들 기분이 이렇게 비참한 것은 우리 모두가 너무 긴장한 탓인지도 몰라. 사실, 꼭 이렇게 흘러갈 필요는 없는데. 내가 조금만 마음을 편하게 가져도 라디오를 아주 크게 틀거나 무성의한 대답으로 아빠를 괴롭히지 않을 텐데. 어쩌면 아빠는 그런 질문에 대답하는 것이 쉽지 않다는 것을 모를 수도 있어. 어쩌면 아빠가 "어떻게 지냈어?" 하고 묻는 것은 내 친구들이나 내가

"요즘 어때?" 하고 묻는 것과 마찬가지일지도 몰라. 물론 지금이 이상적인 상황은 아니지만 그래도 다행히 아빠가 근처에 살아서 서로 볼 수 있잖아? 내 친구들 중에는 부모가 별거하는 바람에 아빠를 전혀 보지 못하는 애들도 있는데. 일요일마다 아빠와 시간을 보내야만 하는 것은 마음에 들지 않아. 일요일에 친구들하고 어디 놀러가고 싶을 때도 있으니까. 무슨 요일이 우리한테 가장 적합한지 매주 우리가 결정할 수 있다면 더 좋을 텐데. 그러면 내가 해야만 하는 다른 것들처럼 느껴지지도 않을 테고. 아빠한테 한번 말해봐야지. 아빠가 왜 더 자주 우리한테 전화하지 않는지 정말로 이해가 안 돼. 하지만 그렇다고 해서 아빠가 관심이 없어서 그런 것이라고 무턱대고 추측하면 안 되지. 전화를 기다리기만 할 것이 아니라 아빠와 이야기하고 싶으면 내가 먼저 전화할 수도 있는 거잖아? 아빠가 전화를 자주 안 해서 섭섭하긴 하지만, 그래도 성급한 결론을 내리는 것보다는 왜 전화를 안 하는지 아빠한테 물어보는 것이 더 나을 거야. 오늘 중에 얘기를 꺼내봐야겠다.

미건의 비난 | 또 시작이군. 차에 탄 지 겨우 5분밖에 안 됐는데 아빠와 호프는 벌써 시작이야. 분위기를 잘 잡았어야 했는데. 내가 뭘 잘못했을까? 대화가 잘 굴러가도록 좀 더 신경을 썼더라면 좋았을 텐데. 이렇게 간단한 것도 못하면서 어떻게 상황이 다시 좋아지길 바랄 수 있담? 내가 정말로 일을 망쳐버렸어.

미건의 반박 | 어쩌면 내가 나한테 너무 많은 것을 요구한 것일지도 몰라. 어차피 대화라는 것은 두 사람이 하는 거잖아? 내가 아무리 지치도록 말하고 또 말해도 다른 사람들의 반응이 없으면 쓸모없는 일이지. 일이 평화롭게 풀리길 간절히 바라기 때문에 내가 통제할 수도 없는 것을 통제하려고 괜히 애쓰고 있는 것인지도 몰라. 내가 편안한 마음으로

즐겁게 떠들 수는 있지만 그런다고 해서 모든 게 해결되는 건 아니야. 정말 불쾌한 일이지만, 어쨌든 저 둘이 싸우는 게 적어도 내 탓은 아니잖아?

아빠의 비난 | 도대체 왜 이런 거야? 일요일마다 똑같잖아? 우리가 이렇게 같은 차를 타고 가는 것이 두 번째인데, 호프가 라디오를 켜는 바람에 내 말이 거의 들리질 않잖아? 쟤를 이해할 수가 없어. 나를 보고 싶지도 않다는 거야? 애들이 나보다는 엄마를 더 좋아한다는 건 나도 알아. 그래서 여태 함께 살았던 거고. 하지만 이제 애들도 현실을 받아들이고 거기서 최선을 다할 줄 알아야지. 미건은 나름대로 잘 하고 있잖아? 그런데 왜 호프는 일을 망치기만 하는지 모르겠어. 어쩌면 둘 다 별거가 내 탓이라고 생각하고 있는지 몰라. 엄마는 매일 하루 종일 보잖아? 아빠와 만났으면 즐겁게 지내야지, 이건 나를 완전히 이방인 취급하는 셈이잖아? 애들이 날 이보다는 좋게 대해줘야 하는 거 아냐?

아빠의 반박 | 정말 가볍게 볼 일이 아니야. 포기하지 말고 흥분을 가라앉히자. 그리고 곰곰이 생각해보자. 우선 호프가 나를 보고 싶지 않다고 말한 적은 없어. 어쩌면 쟤가 저렇게 공격적인 까닭은 아직도 별거 때문에 쟤 마음이 크게 혼란스럽기 때문이겠지. 쟤들이 아직 애들이라는 사실과, 별거가 정말로 애들의 세상 전체를 뒤흔들었다는 사실을 내가 잊고 있었는지 몰라. 호프의 처신을 미건과 비교하는 것은 별 도움이 안 될 거야. 미건은 언니고 늘 더 조용한 아이였지. 사실, 미건이 공격적이지 않다고 해서 걔가 현실에 아주 잘 적응하고 있다고 단순하게 생각해서도 안 되지. 호프에 대해서는 적어도 쟤가 뭔가 못마땅해 한다는 건 내가 알잖아? 오히려 미건의 마음속은 전혀 들여다볼 수가 없지. 어쩌면 내가 이렇게 쉽게 화를 내는 까닭은 현재 상황에서 좌절

감을 느끼고 있기 때문일지도 몰라. 상황이 나아지길 원하지만, 별거에 대해서 애들과 이야기를 나눈다는 것이 쉽지 않아. 그래, 쟤네는 애들이니까 내가 좀 더 잘할 수 있을 거야. 우리 문제에 대해 이야기를 꺼내기가 아무리 힘들더라도 아빠인 나로서 해야만 하는 일이야.

이제 당신 자녀의 ABC 기록에서 몇 가지를 골라 연습을 계속하라. 만약 당신이 꼭두각시 인형을 사용하고 있다면, 인형으로 하여금 자녀에게 각각의 비난을 큰 소리로 읽도록 하라. 그런 다음 자녀에게 비난받은 사람의 입장이 되어 비난을 자녀 자신의 언어로 반박해보라고 요구하라.

자기 자신의 왜곡된 믿음을 반박하기는 모든 아이들이 배울 수 있는 삶의 기술이다. 배운 기술들이 모두 그렇듯 이것도 처음에는 사용하기가 약간 어색할 것이다. 테니스를 처음 배울 때 백핸드로 치기가 얼마나 어색할지 상상해보라. 당신 자신의 생각을 반박하기도 이것과 마찬가지다. 연습을 거듭하면 백핸드도 자연스러워지듯 자신의 생각을 반박하기 역시 마찬가지로 자연스러워질 것이다. 이 기술을 이른 나이에 익힐수록 비탄에 빠지는 일도 그만큼 줄어들 것이다.

이른 나이에 배운 낙관성 기술은 그 사람의 근본적인 특성이 될 것이다. 청결이나 친절의 습관처럼 낙관성 기술도 짐이라기보다는 몸에 배게 할 가치가 있는 것이며 낙관성은 청결보다 훨씬 더 중요한 습관이다. 더욱이 당신 자녀의 우울증 검사나 아동 귀인양식 질문지 점수가 좋지 않거나 또는 당신의 부부사이가 좋지 않다면 낙관성은 특히 중요하다. 이런 경우에 당신의 자녀가 낙관성 기술을 습득하지 않았다면 우울증에 빠지고 학업성적도 떨어질 위험이 크다. 그러나 낙관성 기술을 습득했다면 당신의 자녀가 장기간에 걸쳐 절망과 무기력에 빠지는 일은 거의 없을 것이다.

14장

낙관적인 조직으로의 변화

당신이 직장에서 부닥칠 수 있는 가장 힘든 상황을 생각해보라. 일이 정말로 절망적으로 느껴지고 벽돌담을 들이받은 것 같은 느낌이 들 때를 생각해보라. 이런 상황에서 당신은 어떻게 하겠는가?

스티브 프라스퍼는 생명보험 영업사원이다. 거의 매일 저녁 5시 30분부터 9시 30분까지 그는 생면부지의 사람들에게 전화를 걸어 냉정한 통화를 해야만 한다. 그는 자기 일 중에서 이 부분이 마음에 들지 않았다. 그는 시카고에 사는 부부들 가운데 최근에 아기를 낳은 부부들 전체 명단에서 전화할 사람의 이름을 고른다. 그의 저녁 시간은 흔히 다음과 같이 흘러간다.

그가 첫 번째 잠재 고객에게 전화를 걸자 상대방은 15초 만에 전화를 끊는다. 두 번째 잠재 고객은 필요한 보험들을 이미 모두 들었다고 말한다. 세 번째 사람은 외로운 사람이다. 그는 스티브가 말하도록 놔둔 뒤 지난밤 열린 시카고 컵스[43] 경기의 관전평을 장황하게 늘어놓는다. 30분이 지나서야 비로소 스티브는 이 사람이 생활보조금을 받고 있으며 보험 가입에는 전혀 관심이 없다는 것을 알게 된다. 네 번째 사람은 "야 임마, 귀찮게 하지 마!"라며 전화를 끊는다. 이쯤 되면 스티브는 벽에 부딪힌 듯한 느낌을 받는다. 침울하게 전화기를 쳐다보다 사람들 명단을 쳐다보고 그러다 다시 전화기를 쳐다본다. 신문을 훌훌 넘기고 또 다시 전화기를, 이번에는 좀 더 오랫동안 응시한다. 그러다 맥주 한 캔을 들이마시며 TV를 툭 켠다.

불행히도 스티브는 나오미 사전트와 직접적인 경쟁관계에 있다. 나오미는 스티브와 똑같은 명단을 가지고 똑같이 고된 일을 하고 있는 다른 보험회사 직원이다. 그러나 나오미는 벽에 부딪혀도 낙심하지 않는다. 그는 여전히 기운차게 다섯 번째와 여섯 번째, 아니 열 번째 전화까지 건다. 그러다 열두 번째 통화에서 드디어 만날 약속을 따낸다. 스티브는 3일 뒤에야 비로소 비슷한 고객을 만나게 되지만, 고객은 자기에게 필요한 보험들은 이미 모두 가입했다고 정중하게 말한다.

나오미는 성공적인 반면 스티브는 실패를 불러들이고 있다. 따라서 당연히 나오미는 자기 일에 낙관적이고 열정적인 반면 스티브는 자기 일에 비관적이고 의기소침해 있다. 상식적으로 생각하자면 성공이 사람을 낙관적으로 만든다. 그러나 이 책에서 반복적으로 보아왔듯이 반대 방향으로도 영향을 주고받을 수 있다. 곧 낙관적인 사람이 성공을 거둔다. 학교에서든 경기장에서든 직장에서든 낙관적인 사람은 자기 재능을 최대한 발휘한다.

그리고 이제 우리는 왜 그러한지도 알고 있다. 낙관적인 사람은 굴하지 않는다. 일상적인 실패뿐 아니라 중대한 실패에 직면해서도 낙관적인 사람은 포기하지 않는다. 직장에서 벽에 부딪혀도 계속 나아가며 특히 자신의 경쟁자가 벽에 부딪혀 무기력해지기 시작하는 고비에 처해 있다면 더 더욱 그럴 것이다.

나오미는 이 원리에 따라 행동한다. 그는 자신의 업무분야에서 오직 평균적으로 열 번의 통화 가운데 한 통화만 만나자는 약속으로 이어지고 다시 세 번의 이런 약속 가운데 한 번만이 실제 판매로 이어진다는 사실을 알고 있다. 그의 심리 전체는 냉정한 통화라는 벽을 넘는 데 맞춰져 있으며 나름의 낙관성 지지기법을 이용해 이런 심리를 유지하고 있는 것이다. 이것이 바로 스티브가 가지고 있지 않은 기법이다.

낙관성은 꼭 경쟁적인 상황이 아니더라도 직장에서 유용하게 쓰일 수 있다. 당신의 일이 매우 힘들어질 때마다 낙관성이 힘을 보태줄 것이다. 낙관성은 일이 잘 처리된 경우와 일이 형편없이 처리되거나 아예 처리되지 못한 경우 사이의 차이를 낳을 수 있다. 전혀 경쟁적이지 않은 일을 한번 살펴보자. 예컨대 이 장을 쓰는 일에 대해 생각해보자.

나오미 사전트와 달리 나는 타고난 낙관적인 사람이 아니다. 나는 장애를 넘어서는 기술을 학습해야만, 때로는 발명해야만 했다. 내가 글을 쓰면서 가장 힘든 부분은 예를 드는 것이었다. 내가 다루는 추상적 원리에 피와 살을 덧붙여줄 생생한 예들이 필요했다. 원리에 관해 글을 쓰는 것은 25년 동안 그것에 관해 연구해왔기 때문에 늘 쉽게 풀렸다. 그러나 수년 동안 나는 예가 필요한 부분에만 이르면 골치가 아프면서 벽에 부딪힌 느낌이 들었다. 이 부분을 쓰는 일만은 피하고 싶어서 전화를 걸거나 자료를 분석하는 등 안절부절 못했다. 벽이 정말로 높게 느껴질 때면 외출해서 브리지게임을 하곤 했다. 이런 식으로 몇 시간이 또는 심지어 며칠이 흘러가기도 했다. 이럴 때면 일만 지체되는 것이 아니라, 몇 시간이 며칠로 바뀌면서 죄책감과 우울증에 사로잡히곤 했다.

그러나 이 모든 것이 바뀌었다. 나는 여전히 예상보다 자주 벽에 부딪히지만 이런 상황에서 내게 늘 도움이 되는 몇 가지 기술을 발견했다. 이 장에서 나는 이 기술들 가운데 두 가지를 소개하려고 한다. 당신은 이것들을 직장에서 이용할 수 있을 것이다. 하나는 자기 내면의 대화에 귀를 기울이는 것이고 다른 하나는 자신의 부정적 대화를 반박하는 것이다.

우리는 누구나 낙담의 개인적 급소 또는 자기만의 벽을 가지고 있다. 이 벽에 부딪혔을 때 무엇을 하는가에 따라 무기력과 지배력, 실패와 성공의 차이가 생길 수 있다. 일단 벽이 보이기 시작한 상황에서 실패란 게 으름에서 비롯하는 것이 아니다. 벽을 넘어서지 못하는 것이 흔히 게으름 때문이라고 하지만 사실은 그렇지 않다. 이것은 재능이나 상상력이 부족하기 때문에도 아니다. 이것은 그저 몇 가지 매우 중요한 기술을 학교에서 전혀 배운 적이 없어서 모르고 있기 때문이다.

당신은 직장에서 어떨 때 벽에 부딪히는가? 직장에서 당신에게 가장 장애가 되고 당신을 절망하게 만드는 반복적 상황을 머릿속에 떠올려보라. 이것은 고객에게 전화를 거는 일일 수도 있고 대화를 글로 적는 일일 수도 있다. 계산서 때문에 고객과 다투는 일일 수도 있고 거래를 맺는 일일 수도 있다. 물건 구입에 앞서 손익계산을 꼼꼼히 하는 일일 수도 있고 무관심한 학생들의 생기 없는 눈을 쳐다보는 일일 수도 있다. 느려터진 동료가 지나치게 시간을 끌어 인내심을 발휘해야 하는 일일 수도 있고 당신이 감독하는 의욕 없는 종업원의 동기를 북돋워야 하는 일일 수도 있다. 어쨌든 당신의 예를 염두에 두고 있어라. 왜냐하면 이 장의 많은 부분은 직장에서 당신의 개인적인 벽을 넘어서는 일에 초점이 맞추어져 있기 때문이다.

낙관성의 세 가지 강점

낙관성 학습은 사람들이 벽을 넘어서게 해준다. 그리고 이것은 개인에게만 해당하는 것이 아니다. 9장에서 보았듯 팀 전체의 설명양식이 승리나 패배를 낳을 수 있다. 마찬가지로 조직에서도 크건 작던 낙관성을 필요로 한다. 조직은 재능과 동기를 갖추었을 뿐만 아니라 낙관적인 사람이기도 한 사람들을 필요로 한다. 낙관적인 사람들이 가득하거나 중요한 적소마다 박혀있는 조직은 그렇지 않은 조직보다 우세한 조직이다. 조직이 낙관성의 강점을 활용할 수 있는 세 가지 방법이 있다.

첫 번째 방법인 선발은 6장의 주제였다. 메트라이프생명보험이 그랬듯이 당신의 회사도 직원을 충원하기 위해 낙관적인 사람들을 선발할 수 있다. 낙관적인 사람들은 비관적인 사람들보다 특히 절박한 상황에서 더 많은 것을 생산한다. 재능과 동기만으로는 충분하지 않다. 우리가 이미 살펴보았듯이, 성공할 수 있다는 확고한 신념이 없다면 뛰어난 재능과 집요한 동기도 쓸모없게 될 수 있다. 오늘날 50곳 이상의 회사에서 직원선발에 낙관성 질문지를 사용하여 재능과 동기뿐 아니라 성공에 필요한 낙관성을 갖춘 사람들을 찾아낸다. 낙관적인 사람을 선발하는 능력은 신입사원의 모집과 훈련에 비용이 많이 들고 이직률이 높은 직업의 경우에 특히 중요한 것으로 판명되었다. 낙관적인 사람을 선발하는 것은 값비싼 인력의 낭비를 줄이고 전체 팀의 생산성과 업무만족도를 높인다. 그러나 낙관성의 활용은 이것으로 그치지 않는다.

회사에서 낙관성을 활용할 수 있는 두 번째 방법은 사원의 배치를 통해서다. 추진력과 끈기와 대담한 기획력을 필요로 하고 따라서 실패율이 높고 스트레스를 많이 받는 일자리에는 강력한 낙관성이 명백한 덕목이 된다. 반대로 극단적인 비관성은 어디에도 유리한 자산이 될 수 없음도 명백하다. 그러나 상당량의 비관성을 요구하는 일자리들도 있다. 6장에서 보았듯이 많은 연구결과에 따르면 비관적인 사람들은 낙관적인 사람들보다 현실을 더 정확히 본다. 모든 성공적인 기업은, 아니 이 점에 관해서라면 모든 성공적인 인생은 현실의 정확한 이해와 오늘의 현실 너머를 꿈꿀 줄 아는 능력을 모두 필요로 한다. 그러나 조사결과 한 사람이 정신의 이 두 가지 성질을 함께 지니고 있는 경우는 그리 흔치 않은 것으로 드러났다.

우리는 이 장에서 필요에 따라 낙관성과 비관성을 선택해 사용할 수 있는 기술을 배울 것인데, 이런 기술을 가지고 있는 사람은 별로 없다. 큰 회사에서는 대개 다양한 사람들이 다양한 과제를 수행한다. 이 경우 어떻게 하면 적절한 자리에 적절한 인재를 배치할 수 있을까?

어떤 심리적 특성을 지닌 사람이 특정한 일자리에 가장 적합한지를 결정하려면 일자리에 대한 두 가지 질문을 던져야 한다. 첫째, 그 일이 얼마나 많은 끈기와 추진력을 필요로 하는가? 둘째, 얼마나 많은 좌절과 거부, 심지어 패배를 각오해야 하는가? 이런 것들이 큰 비중을 차지하는 영역에서는 낙관적 설명양식이 반드시 필요하다.

- 판매
- 중개
- 홍보
- 프리젠테이션
- 자금조달
- 창의적인 일
- 경쟁이 심한 일

- 스트레스가 극도로 심한 일

　반대편 극단에는 뛰어난 현실감각을 필요로 하는 일자리들이 있다. '실패하면 안 되는' 직업, 이직률이 낮은 직업, 압박이 크지 않은 상황에서 특별한 전문기술을 발휘해야 하는 직업 등이 보통 여기에 해당한다. 이런 직업에는 '100만 달러 판매원' 클럽의 순위에 오르내리는 저돌적인 사람보다 성찰적인, 현실적인 사람이 더 적합하다. 그밖에 극도로 예리한 현실감각을 필요로 하는 상급 경영직과 전문직도 여기에 해당하는데, 이런 직업에서는 낙관성을 자제할 줄 알아야 하며 적당히 비관적인 태도가 덕목이 될 수 있다. 이런 직업이 필요로 하는 사람은 언제 앞으로 돌진하면 안 되는지, 언제 지나친 조심이 차라리 더 나은지를 아는 사람이다. 적당한 비관성이 필요한 영역은 아래와 같다.

- 설계와 안전관리
- 기술적 문제와 비용의 평가
- 계약의 협상
- 재무관리와 회계
- 법률(그러나 소송은 별개임)
- 기업경영
- 통계
- 전문적인 저술활동
- 품질관리
- 인사와 노무 관리

이렇게 볼 때 낙관적인 조직에서는 극단적인 비관성을 제외한 모든 수준의 낙관성이 제자리를 찾을 수 있다. 관건은 입사 지원자의 낙관성 수준을 파악하여 그 사람이 가장 효과적으로 일할 수 있는 적소에 그 사람을 배치하는 것이다.

그러나 어느 조직에나 맡은 업무에 비해 지나치게 비관적인 사람들이 여러 직책에 걸쳐 있다. 이런 사람들이 자신의 업무에 적합한 재능과 동기를 가지고 있는 경우도 드물지 않기 때문에 이들을 교체하는 것은 비용이 많이 들 뿐 아니라 비인간적이기까지 한 처사다. 다행히 이런 사람들에게도 낙관성을 가르치는 것이 가능하다.

낙관성 배우기

조직이 활용할 수 있는 낙관성의 세 번째 강점은 이 장의 핵심 주제이기도 하다. 이것은 바로 직장에서 낙관성 배우기에 관한 것이다.

직장 환경에서 낙관성을 배울 필요가 없는 두 부류의 사람들이 있다. 한 부류는 운 좋게도 낙관적인 사람으로 타고난 사람들이고 다른 부류는 위에서 언급한 '실패하면 안 되는' 직업을 가진 사람들이다. 나머지 사람들에게는 낙관성을 배우는 것이 유익할 것이며 그 중 일부에게는 매우 유익할 것이다.

스티브 프라스퍼의 예를 다시 살펴보자. 그는 보험 영업사원으로 일하는 것을 좋아했다. 무엇보다도 독립적인 것을 즐겼다. 그는 누구의 간섭도 받지 않고 자신의 스케줄을 짰으며 원하면 아무 때나 시간을 낼 수 있었다. 보험 판매가 그의 적성에도 잘 맞았으며 일에 대한 동기도 강했다. 그러나 그가 주목할 만한 성공을 거두기 위해 필요한 것이 한 가지 더 있었다. 그것은 바로 벽을 넘어서는 일이었다.

스티브는 4일에 걸친 낙관성 훈련과정에 참여했다. 이 과정은 12장에서 언급한 바 있는 두 명의 일류 인지치료사인 밴더빌트 대학의 스티븐 홀론 박사와 뉴저지 의치대학의 아서 프리맨 박사가 나와 공동으로 포사이트 회사의 의뢰를 받아 개발한 것이다. 포사이트는 버지니아 주의 폴스처치 시에 있는 회사로 댄 오랜 박사가 이끌고 있다. 이 회사는 산업분야에서 우리의 낙관성 질문지를 관리하고 직장인의 낙관성 훈련을 위한 연수회를 개최한다. 판매직원을 위한 대부분의 훈련과정이 고객에게 무엇을 말할 것인가를 가르치는 반면에 우리의 과정과 뒤따르는 연습은 고객이 거절할 때 자기 자신에게 무엇을 말할 것인가에 초점을 맞추고 있다. 이것은 근본적인 차이다. 예컨대 스티브 프라스퍼는 일련의 기술을 배워 자기 자신을 크게 바꿀 수 있었다. 이 장은 당신이 자신의 직업적 특성에 따라 이 기술의 가장 기본적인 것들을 배울 수 있도록 구성되었다.

직장에서 일어나는 내면의 대화 바꾸기: ABCDE 모형

일이 잘못되었을 때 당신이 하는 생각과 벽에 부딪혔을 때 스스로 내뱉는 말이 당신의 다음 행동과, 포기할지 아니면 일을 바로잡기 시작할지를 결정할 것이다. 이것을 살피기 위한 도식은 12장에서 이미 소개되었던 앨버트 엘리스의 ABCDE 모형이다.

ABC

A는 불행한 사건을 가리킨다. 몇몇 사람들에게 불행한 사건은 종점을

의미한다. 이들은 스스로 다음과 같이 말한다. "무슨 소용이람? 나는 더 이상 계속할 수 없어. 왜 이것을 계속하고 있을까? 일을 그저 엉망으로 만들고 있을 뿐인데" 그러면서 이들은 포기한다. 반면에 다른 사람들에게 불행한 사건은 종종 성공으로 이어지는 일련의 도전이 시작되는 지점일 뿐이다. 불행한 사건에는 거의 모든 것이 포함될 수 있다. 더 많은 돈을 벌기 위한 압박, 거부당한 느낌, 상사의 비난, 지루해진 어느 학생의 하품, 당신이 떠나가도록 놔두지 않는 배우자 등등.

우리는 불행한 사건에 부닥치면 언제나 왜 일이 잘못되었을까 스스로 해석하고 설명하면서 그 일에 대한 왜곡된 믿음을 형성하게 된다. 우리가 불행한 사건을 만났을 때 가장 먼저 하는 것은 그 일을 설명하려고 하는 것이다. 이 책 여러 곳에서 보았듯이 불행한 사건에 대한 우리의 해석과 설명양식은 우리의 다음 행동에 결정적인 영향을 미친다.

그렇다면 상이한 믿음의 결과는 무엇인가? 우리의 설명양식과 믿음이 개인적이고 지속적이며 만연적인 요인들의 형태를 띤다면("내 탓이야. …… 항상 이럴 거야. …… 내가 무엇을 하든 마찬가지일 거야") 우리는 쉽게 포기해버리며 무력해진다. 그러나 우리의 설명양식이 반대 형태를 띤다면 우리에게 기운이 생긴다. 이처럼 믿음의 결과에는 행동뿐만 아니라 감정도 포함된다.

이제 몇 개의 ABC 연결을 완성하는 연습을 해보자. 이 예들 중에는 당신의 삶에 해당하는 것도 있을 것이고 그렇지 않은 것도 있을 것이다. 각 예마다 불행한 사건이 먼저 있고 그것에 대한 왜곡된 믿음과 결과 중 하나가 제시되어 있다. 당신이 할 일은 ABC 연결이 매끄럽도록 빠진 부분을 채워 넣는 것이다.

- ABC 찾기

1. A. 내가 차를 몰고 가는데 누가 사이에 끼어들었다.
   B. 나는 _ _ _ _ _ _ _ _ _ _ _ _ 라고 생각했다.
   C. 나는 화가 치밀어 경적을 울렸다.

2. A. 손쉽게 물건을 팔 수 있는 기회를 놓쳤다.
   B. "나는 형편없는 영업사원이야"라고 생각했다.
   C. 나는 _ _ _ _ _ _ _ _ _ _ _ _ 을 느꼈다(또는 했다).

3. A. 상사한테 꾸중을 들었다.
   B. 나는 _ _ _ _ _ _ _ _ _ _ _ _ 라고 생각했다.
   C. 나는 하루 종일 우울했다.

4. A. 상사한테 꾸중을 들었다.
   B. 나는 _ _ _ _ _ _ _ _ _ _ _ _ 라고 생각했다.
   C. 나는 그 일로 전혀 언짢지 않았다.

5. A. 아내(또는 남편)는 나에게 매일 저녁 일찍 집에 들어오라고 말했다.
   B. 나는 _ _ _ _ _ _ _ _ _ _ _ _ 라고 생각했다.
   C. 나는 화가 나고 불만스러웠다.

6. A. 아내(또는 남편)는 나에게 매일 저녁 일찍 집에 들어오라고 말했다.
   B. 나는 _ _ _ _ _ _ _ _ _ _ _ _ 라고 생각했다.
   C. 나는 슬펐다.

다음 세 경우에서는 당신이 영업사원이라고 상상해보라.

7. A. 일주일 내내 고객과 만날 약속을 하나도 따내지 못했다.
   B. 나는 "무엇 하나 제대로 하는 게 없어"라고 생각했다.
   C. 나는 _ _ _ _ _ _ _ _ _ _ _ _ 을 느꼈다(또는 했다).

8. A. 일주일 내내 고객과 만날 약속을 하나도 따내지 못했다.
B. 나는 "지난주에는 아주 좋았는데"라고 생각했다.
C. 나는 _ _ _ _ _ _ _ _ _ _ _ _ _을 느꼈다(또는 했다).

9. A. 일주일 내내 고객과 만날 약속을 하나도 따내지 못했다.
B. 나는 "이번 주 우리 상관의 지시가 엉터리였다"라고 생각했다.
C. 나는 _ _ _ _ _ _ _ _ _ _ _ _ _을 느꼈다(또는 했다).

이 연습의 요점은 우리가 불행한 사건에 대해 어떻게 생각하는가에 따라 그 뒤 우리의 감정과 행동이 어떻게 달라지는지를 확실히 깨닫는 데 있다.

첫 번째 예에서 당신은 아마도 다음과 같은 식으로 빈 칸을 채웠을 것이다. "저런 멍청한 놈이 있나?" "웬 난리야?" "뻔뻔한 자식!" 다섯 번째 예에서는 다음과 같이 말했을 수 있다. "내 입장은 전혀 생각하질 않는군." 불행한 사건에 대한 우리의 설명양식이 외부적인 것이라면 또는 우리가 불행한 사건을 자신의 영역에 대한 침해로 여긴다면, 우리는 화가 난다.

두 번째 예에서 우리는 슬프고 맥이 빠지고 매사가 귀찮아질 것이다. "나는 형편없는 영업사원이야"라는 설명양식은 개인적이고 지속적이며 만연적인 설명이다. 다시 말해 우울증으로 가는 지름길인 것이다. 마찬가지로 여섯 번째 예에서 당신이 매일 저녁 집에 일찍 들어오라는 배우자의 요구를 듣고 슬퍼졌다면 당신은 아마도 "나는 너무 자기중심적이야" 또는 "나는 형편없는 남편이야" 같은 식으로 생각했을 것이다.

세 번째 예에서 상사의 꾸중을 듣고 하루 종일 우울했다면 그 사이를 매개하는 설명양식은 어떤 것이겠는가? 그것은 뭔가 지속적이고 만연적이며 개인적인 설명양식일 것이다. "어떻게 하면 보고서를 잘 쓸 수 있을지 나도 모르겠어" 또는 "나는 언제나 일을 엉망으로 만들어버려" 같은 식일 것이다. 그러나 상사의 꾸중을 듣고도 전혀 언짢지 않으려면 설명양식을 어떻게 바꿔야 할까? 무엇보다도 필요한 것은 당신이 변화시킬 수 있는 또는 원래 가변적인 어떤 것을 꾸중의 이유로 삼는 것이다. 예컨대 "보고서를 잘 쓰려면 어떤 도움이 필요한지 알아" 또는 "교정을 보게 돼"라고 생각할 수 있다. 두 번째로 필요한 것은 덜 만연적인 형태로 생각하는 것이다. 예컨대 "이번 보고서는 좀 문제가 있었어"라고 생각할 수 있다. 세 번째로 필요한 것은 자기를 탓하지 않는 것이다. 예컨대 "그 상사가 기분이 나빴어" 또는 "시간적인 여유가 없었어"라는 식으로 생각하는 것이다. 만약 당신이 이와 같은 세 방향으로 당신의 믿음을 자연스럽게 바꿀 수 있다면, 불행한 사건이 성공을 위한 도약대로 바뀔 수 있다.

마지막 세 가지의 예 가운데 일곱 번째 예에서처럼 당신이 "무엇 하나 제대로 하는 게 없어"(지속적이고 만연적이며 개인적인 설명양식)라고 생각한다면 당신은 슬퍼지고 아무것도 하지 않을 것이다. 그러나 여덟 번째 예에서처럼 "지난주에는 아주 좋았는데" 하고 생각한다면 슬픔이 커지는 것을 막고 일을 계속할 것이다. 또 아홉 번째 예에서처럼 "이번 주 우리 상관의 지시가 엉터리였다"(일시적이고 일부며 외부적인 설명양식)이라고 생각한다면 상관에게는 언짢은 마음이 들겠지만 다음 주에는 나아질 것이라는 희망도 갖게 될 것이다.

ABCDE

ABC 연결, 다시 말해 불행한 사건에 대한 당신의 믿음과 그것에 뒤따르는 당신의 감정 사이의 연결을 분명히 이해하기 바란다. 좀 더 연습이 필요하다면 자신의 직장생활을 소재로 12장에서 했던 ABC 기록 연습지('나의 ABC를 기록하기')을 해보라. 직장에서 갑자기 맥이 빠지거나 슬플 때, 화가 나거나 불안하거나 좌절감을 느낄 때, 이럴 때마다 자신이 방금 전에 했던 생각을 기록해보라. 그러면 이것들이 조금 전에 했던 ABC 연습의 답변들과 매우 비슷하다는 것을 알게 될 것이다.

당신이 B, 곧 불행한 사건에 대한 당신의 왜곡된 믿음과 설명을 바꿀 수 있다면 C도 따라서 바뀔 것이다. 이런 식으로 당신은 불행한 사건에 대한 반응을 수동성, 슬픔, 분노 등에서 활기와 쾌활함 등으로 바꿀 수 있다. 이런 변화에 결정적인 영향을 미치는 것이 바로 D다. D는 자신의 왜곡된 믿음 대한 반박을 가리킨다.

자신의 신념을 반박하기

앞에 나왔던 예를 다시 한 번 들어보겠다. 만약 길에서 비틀거리던 술주정뱅이가 "너는 언제나 일을 엉망으로 만들어버리고 아무 재주도 없어! 직장을 때려치워!" 하고 소리친다면 어떻게 반응하겠는가? 아마도 술주정뱅이의 비난을 귀담아 듣지 않을 것이다. 비난을 곧바로 머리에서 지워버리고 자기 할 일을 하거나 만약 그것이 신경에 거슬렸다면 그런 비난에 대해 스스로 반박할 것이다. "내가 얼마 전에 쓴 보고서 덕분에 우리 회사의 재무 위기상황이 호전되었는데." "내가 얼마 전에 부사장으로 승진했건만." "저 작자가 나에 대해 뭘 안다고? 그냥 술 취해 하는 소리지."

그러나 당신이 자기 자신에게 똑같이 가혹한 얘기를 한다면 어떻게 될까? 그러면 당신은 그것을 믿고 그것을 반박하지 않을 것이다. 어쨌거나 자기가 자기에 대해서 말한 것이니까 반박의 여지가 없는 사실일 것이라고 추론한다.

이것은 나쁜 착각이다. 이전 장들에서 이미 보아왔듯이 우리가 어려운 처지에서 우리 자신에게 하는 말은 길에서 비틀거리는 술주정뱅이의 헛소리만큼이나 근거 없는 것일 수 있다. 자기 자신에 대한 설명양식 대개 현실에 근거한 것이 아니다. 오히려 이것은 희미한 과거의 경험, 먼 옛날의 갈등, 부모의 꾸중, 무서운 선생님의 권위적인 비난, 애인의 시기하는 언동 등을 바탕으로 형성된 나쁜 습관이다. 그러나 이런 설명양식이 자기 자신으로부터 나온 것처럼 보이기 때문에("나 자신보다 더 믿음직한 것이 어디 있겠는가?") 우리는 이것에 특권을 부여한다. 우리는 이런 설명양식들에 말대꾸도 못하고 이것들이 우리의 삶을 지배하도록 놔둔다.

실패에 대처하고 벽을 넘어서기 위한 기술의 많은 부분은 실패에 대한 즉각적인 반응으로 생기는 우리의 생각을 반박하는 법을 배우는 데 있다. 이런 설명양식은 우리 마음에 깊이 뿌리박혀 있기 때문에 이것을 효과적으로 반박할 수 있기까지 상당량의 연습이 필요하다. 당신의 자동적인 생각들을 반박하는 법을 배우기 위해서는 우선 직장에서 일어나는 자기 내면의 대화에 귀 기울일 줄 알아야 한다. 아래의 게임은 그 구체적인 방법을 당신에게 가르쳐줄 것이다.

(1) **벽 뛰어넘기 게임**

이 게임의 초점은 당신 자신의 개인적인 벽, 직장에서 모든 것을 포기하고 싶은 충동을 가장 많이 불러일으키는 부분에 맞춰져 있다. 우리가 보험 영업사원들을 대상으로 실시했던 연수회에서는 이 부분을 찾아내기가 쉬웠다. 그것은 바로 냉정한 통화로, 생면부지의 사람에게 전화를 걸어 만날 약속을 얻어내는 일이었다. 영업사원들은 냉정한 통화를 각오하고 끈질기게 전화를 걸어야 했다. 이런 상황에서 쉽게 낙담하고 거절당한 뒤 곧바로 다시 기운을 차리지 못한 사원들은 낙오하였고, 매일 저녁 전화를 스무 번 걸 수 있었던 사원들은 성공했다.

이 연수회에서 우리는 냉정한 통화를 직장인들의 ABC를 확인하기 위한 도구로 사용했다. 영업사원들은 각자 경험한 냉정한 통화의 목록을 작성했다. 연수회 첫날 저녁에 이들은 열 번의 냉정한 통화를 숙제로 해야 했다. 그리고 각 통화마다 불행한 사건과 왜곡된 믿음과 결과를 적도록 했다. 아래에 몇 개의 예를 살펴보자.

불행한 사건 | 전화를 막 걸려고 하는 순간.
왜곡된 믿음 | 나는 이것이 싫다. 이 통화는 할 필요가 없을 것 같다.
잘못된 결론 | 긴장되었고 수화기를 들기까지 어려움을 겪었다.

불행한 사건 | 오늘 밤 첫 전화는 걸자마자 끊겼다.
왜곡된 믿음 | 예의가 없군. 나한테 말할 기회도 안 주었네. 나를 이렇게 대하면 안 되는데.
잘못된 결론 | 불쾌했고 두 번째 전화를 걸기 전에 잠시 쉬어야 했다.

불행한 사건 | 오늘 밤 첫 전화는 걸자마자 끊겼다.
왜곡된 믿음 | 그래? 뭐 이상할 것도 없지. 그만큼 "예"라는 대답에 가까워진 것 아니겠어?
잘못된 결론 | 느긋한 마음이 들었고 기운이 솟았다.

불행한 사건 ｜ 상대방 여성을 10분 가까이 전화기에 붙들어 두었는데 결국 약속을 정하고 싶지 않다는 대답이 돌아왔다.

왜곡된 믿음 ｜ 정말로 좋은 기회를 날렸군. 내가 뭘 잘못했을까? 이런 통화를 하고도 약속을 얻어내지 못한다면 나는 정말로 형편없는 놈이다.

잘못된 결론 ｜ 풀이 죽고 좌절감을 느꼈다. 다음 전화를 걸기가 걱정되었다.

여기서 우리는 불행한 사건에 대해 지속적이고 만연적이며 개인적인 설명양식이 뒤따르면("나는 정말로 형편없는 놈이다") 낙담과 포기가 결과로 나타남을 볼 수 있다. 그러나 불행한 사건에 대해 반대 형태의 설명양식이 뒤따르면("뭐 이상할 것도 없지") 그 결과는 활력있고 좋은 기분이다.

이제 당신이 직접 벽 뛰어넘기 게임을 할 차례다. 직장에서 당신이 벽에 직면했을 때 어떤 내면적 대화가 일어나는지 귀를 기울여라. 그러면서 당신의 믿음에 따라 당신의 그다음 감정과 행동이 어떻게 달라지는지 관찰하라. 이 게임은 세 가지 변형된 방식으로 할 수 있다. 셋 가운데 당신의 직업상황에 가장 잘 어울리는 것을 골라라.

1. 당신이 하는 일 가운데 낯선 사람에게 전화를 거는 일이 포함되어 있으면 그 목록을 꺼내 다섯 번 전화를 걸어라. 각 통화를 마친 뒤 자신에게 나빴던 일을 적고 그 뒤 머릿속에 떠오른 생각들과 뒤이어 자신이 어떻게 느꼈고 행동했는지를 적어라. 이것을 뒤에 있는 빈칸들에 기록하라.

2. 당신이 하는 일에 냉정한 통화가 포함되어 있지 않은 경우에는 당신이 직장에서 매일 직면하는 벽을 스스로 찾아내기 바란다. 그래서 일하는

동안에 경험하는 당신의 개인적인 ABC 기록을 작성하라. 어떻게 해야 할지 막연하다면 아래의 예들이 참고가 될 것이다.

학생들을 가르칠 때 직면하는 한 가지 벽은 학생들의 무관심에 대처하는 것이다. 학생들을 가르치다 보면 내가 무언가를 하든, 내가 얼마나 창의적으로 이야기를 하려고 하든 상관없이 무언가를 배울 관심이 전혀 없는 학생들이 있다는 느낌을 받는다. 나는 학생들의 목구멍 속으로 억지로 지식을 밀어 넣는 듯한 느낌을 싫어한다. 내가 저 학생들에게 도달할 수 없다는 것을 알게 되면 창의적으로 이야기하기가 점점 더 힘들어진다. 왜냐하면 "해서 뭐하나?" 하는 생각이 은연중에 들기 때문이다.

간호사들의 심신을 탈진케 하는 주요 원인 가운데 하나는 간호사들이 위와 아래로부터 받는 대우의 문제와 관련이 있다. 환자들은 종종 요구가 많고 비우호적이며 변덕스럽다. 의사들도 종종 요구가 많고 비우호적이며 변덕스럽다. 그래서 간호사들은 혹사당하고 저평가를 받는다는 느낌을 가질 수 있다. 간호사들의 전형적인 불만은 다음과 같다. "교대근무가 시작될 때마다 오늘은 압박에 시달리지 말아야 하고 스스로 다짐합니다. 당연히 환자들은 요구가 많고 변덕스럽지요. 아파서 병원에 온 사람들이니까요. 하지만 누구는 안 아픈가요? 게다가 의사들이 저를 대하는 태도를 받아넘기기란 결코 쉽지 않아요. 의사들은 저를 같은 팀의 동료로 대하는 것이 아니라 마치 제가 하는 일이 별로 중요하지도 않고 제가 머리도 별로 좋지 않은 것처럼 행동하지요. 아침에 아무리 각오를 해봐야 소용없어요. 얼마 지나면 괴로워지면서 다음 근무시간이 두려워지기 시작해요. 그러면서 기운이 빠지고 우울해지기 시작하지요. 그러다 보면 근무가 끝날 시간만 세게 됩니다."

이제 당신이 직장에서 매일 직면하는 벽을 찾아보라. 그래서 다음 주에는 매일 그 벽을 똑바로 대면하고 그때 당신이 자기 자신에게 무슨 말을 하는지 귀를 기울여라. 약간의 자유시간이 생기는 즉시 불행한 사건과 당신의 왜곡된 믿음과 결과를 적어라. 그것을 뒤에 있는 빈칸들에 기록하라.

3. 게임의 세 번째 형태는 개인적인 벽에 매일 직면하지는 않는 사람들을 위한 것이다. 중요한 보고서나 계획서를 작성해야 하는데 일이 손에 잡히지 않는 것은 보통 일 년에 겨우 몇 번 직면하는 벽이다. 벽이 그렇게 자주 나타나지 않는 또 다른 직업으로 다른 사람들을 감독하는 일을 들 수 있다.

경영자들이 직면하는 한 가지 벽은 그들이 감독하는 사람들의 동기수준을 높게 유지하는 일이다. 이와 관련해 한 경영자는 다음과 같이 말했다. "사람들을 관리하다 보면 이따금 …… 또는 적어도 주기적으로 매우 큰 좌절감을 느끼게 됩니다. 가장 힘든 부분은, 제가 정말로 두려워하는 부분은 사람들의 동기와 생산성을 일정하게 유지하는 일이지요. 저는 긍정적인 태도를 보이면서 솔선수범하려고 노력합니다. 하지만 이따금 사람들이 무슨 생각을 하는지 도무지 이해되지 않을 때가 있어요. 그러면 당연히 누군가를 지목해 야단을 치게 되는데, 결국에는 제가 너무 잔소리가 심하지 않았나 하는 느낌이 듭니다. 저는 사람들을 너무 무르게 대하고 싶지도 않지만 그렇다고 해서 너무 엄하게 대하고 싶지도 않아요. 그러다 보면 결국 저 자신이 완전히 무능력한 것처럼 느껴져요. 이미 말씀드렸듯이 이것은 정말로 좌절감을 불러일으키는 것이지요."

만약 당신이 이 세 번째 범주에 속한다면 오늘 저녁 집에서 20분 정도 시간을 내어 조용한 방으로 가라. 그런 다음 당신의 벽을 구성하는 상황을 최대한 생생하게 상상해보라. 가능하다면 보조도구를 사용해도 좋다. 만약 당신의 벽이 보고서를 작성하는 일이라면 종이 한 장을 앞에 놓고 내일까지 보고서를 써야 한다고 상상하고, 이런 상황에서 절망을 느끼도록 해보라. 땀이 날 정도로 노력해보라. 만약 당신이 경영자라면 피고용자 가운데 가장 퉁명스런 사람의 얼굴을 떠올려보라. 그리고 자기 자신과 마음껏 대화하라. 이런 상황에서 경험하게 되는 불행한 사건과 당신의 왜곡된 믿음과 결과를 적어라. 매번 불행한 사건에 변화를 주면서 5회에 걸쳐 해본 뒤 아래 빈칸들에 기록하라.

불행한 사건 :
왜곡된 믿음 :
잘못된 결론 :

불행한 사건 :
왜곡된 믿음 :
잘못된 결론 :

불행한 사건 :
왜곡된 믿음 :
잘못된 결론 :

불행한 사건 :

왜곡된 믿음 :

잘못된 결론 :

불행한 사건 :

왜곡된 믿음 :

잘못된 결론 :

당신 자신의 다섯 ABC 사례를 기록했으면 당신의 왜곡된 믿음들을 다시 한 번 주의 깊게 살펴보라. 그러면 당신 내면의 대화에서 비관적 설명양식은 수동성과 낙담을 촉발하는 반면, 낙관적 설명양식은 활기를 촉발한다는 사실을 알게 될 것이다. 이제 다음 단계는 불행한 사건에 습관적으로 뒤따르는 비관적 설명양식들을 변화시키는 일이다. 이를 위해 이제 게임의 두 번째 단계인 반박으로 넘어가자.

(2) **반박**

벽 뛰어넘기 게임의 두 번째 단계는 당신이 방금 한 것을 반복하는 것이다. 다만 이제는 당신이 비관적인 설명을 할 때마다 그것을 반박해야 한다. 다행히도 반박 기술을 익히는 것은 많은 훈련을 필요로 하지 않는다. 우리는 다른 사람의 말이나 행동에 동의하지 않을 때 실제로든 아니면 그저 머릿속에서든 이것을 반박하는 일을 매일 한다. 우리는 다른 사람의 왜곡된 믿음을 반박하는 일을 평생 동안 연습해왔다. 그러나 우리가 미처 해보지 못한 것은 우리 자신의 왜곡된 믿음을 자신의 것이 아니라 질투하는 동료, 못된 학생, 최악의 적 등의 것인 양 다루는 일이다.

오늘 밤 집에 가거든 이 게임의 첫 번째 단계에서 당신이 사용했던 것과 똑같은 장면을 골라라. 냉정한 통화를 위한 명부를 꺼내들거나 또는 조용한 방에 들어가 직장에서 자신의 벽에 부딪히는 모습을 머릿속에 떠올려라. 이제 5회에 걸쳐 불행한 사건과 대면하면서 당신 자신의 부왜곡된 믿음에 초점을 맞춰 그것을 반박하라. 매회를 마친 뒤 ABC에 덧붙여 당신의 반박(D)과 그것에 뒤이은 활력과 감정(E)을 적어라. 이 일을 시작하기에 앞서 아래 예들을 참고로 읽어보기 바란다.

〈냉정한 통화〉

불행한 사건 | 상대방이 한참 내 얘기를 듣다 갑자기 전화를 끊었다.

왜곡된 믿음 | 그 사람이 내 얘기를 그렇게까지 들어줬으면 이야기를 마칠 때까지 기다렸어야 한다. 내가 무엇을 잘못했기에 마지막에 기회를 날려버렸을까?

잘못된 결론 | 상대방에게 화가 났고 나 자신에게 정말 실망했다. 이날 저녁은 두 손 들고 싶은 기분이었다.

반박 | 어쩌면 그 사람은 한참 무슨 일을 하던 중이었는지 몰라. 그래서 다시 그리로 돌아가려고 안절부절못했는지 모르지. 바쁜 사람을 그렇게 오래 전화기에 붙들어두고 있었다면 나도 꽤 잘한 셈이지. 그 사람의 모든 행동을 내가 통제할 수는 없는 노릇이잖아? 내가 할 수 있는 것이라고는 내 자료를 성의껏 제시하고 상대방이 그것을 들어줄 시간과 마음의 여유가 있길 바라는 것이 전부야. 그 사람이 그렇지 않았다는 것이 분명해졌고. 그래봐야 그 사람 손해지.

활력 얻기 | 다음 전화를 걸 마음의 준비가 되었다. 나의 대화솜씨에 만족했고 내 일이 결국 보상받을 것이라는 자신감이 들었다.

불행한 사건 | 그 남자는 관심이 있었는데도 내가 그 사람 아내와 얘기를 하고 나서야 비로소 만날 약속을 했다.

왜곡된 믿음 | 시간을 많이 낭비했군. 이제 이 부부한테 다시 팔려면 그만큼 딴 데 쓸 시간이 줄어든 셈이잖아? 왜 그 사람은 혼자 결정을 내리지 못하는 거야?

잘못된 결론 | 나는 매우 성급해졌고 약간 화가 나기까지 했다.

반박 | 이봐, 적어도 거절한 것은 아니잖아? 어쨌든 성공적으로 약속까지 이어졌으니 시간낭비는 아니었지. 내가 그 남자한테 팔았다면 그 사람 아내한테도 팔 수 있어. 이제 절반은 온 셈이야.

활력 얻기 | 자신감이 생겼고 조금만 더 노력하면 판매실적을 올릴 수 있을 거라는 낙관적인 생각이 들었다.

불행한 사건 | 벌써 스무 번이나 전화를 걸었는데 겨우 여섯 번 연락이 되었다.

왜곡된 믿음 | 이건 시간낭비야. 계속할 기운도 없는걸. 나는 너무 무계획적이야.

잘못된 결론 | 좌절감을 느꼈고 지치고 우울했으며 패배감에 젖었다.

반박 | 한 시간에 여섯 번 통화한 정도라면 나쁜 결과가 아니야. 이제 7시 반밖에 안 되었으니 아직도 한 시간 반을 더 할 수 있어. 이제 10분만 쉬면서 심기일전해 이번 시간엔 지난 시간보다 더 많은 전화를 걸자.

활력 얻기 | 행동계획을 세운 덕분에 패배감과 우울함이 줄었고 좀 더 기운이 생겼다.

불행한 사건 | 일하느라 한참 전화를 걸고 있는데 남편이 전화했다.
왜곡된 믿음 | 이 시간에 웬 전화야? 그러면 내 페이스가 흐트러지고 시간만 허비되잖아?
잘못된 결론 | 짜증이 나서 남편에게 퉁명스럽게 대했다.
반박 | 그 사람한테 너무 심하게 굴지 말자. 자기 전화가 나한테 방해가 될 줄 알았겠어? 오히려 잠시 쉬라고 전화했는지도 몰라. 이렇게 따로 살면서도 나에 대해 생각해준다는 건 기분 좋은 일이야. 친절하고 힘이 돼 주는 남편이 있어서 좋아.
활력 얻기 | 마음이 한결 누그러졌고 남편과 우리 결혼에 대해 좋은 느낌이 들었다. 남편에게 다시 전화해 내가 왜 무뚝뚝하게 굴었는지 설명했다.

불행한 사건 | 마흔 번이나 전화를 했는데 약속을 한 건도 못 건졌다.
왜곡된 믿음 | 나는 되는 게 없어. 이것은 멍청한 짓이야. 얻는 결과가 하나도 없잖아? 완전히 시간과 정력만 낭비하고 있어.
잘못된 결론 | 좌절감이 들었고 이 일을 하며 시간을 보낸 것에 대해 너무나 화가 났다.
반박 | 이제 겨우 하루 일했고 겨우 마흔 번 전화했잖아? 냉정한 통화를 한다는 것은 누구에게나 힘든 일이야. 살다 보면 오늘 같은 날도 있는 거지. 어쨌든 뭔가 배울 수 있는 경험을 했잖아? 말하는 솜씨를 연습할 수 있었으니까. 내일 밤에는 더 잘할 거야.
활력 얻기 | 여전히 조금은 좌절감이 들었지만 그렇게 심하지는 않았다. 그리고 더 이상 화가 나지 않았다. 내일 밤에는 뭔가 결과가 있을 것이다.

〈교육〉

불행한 사건 | 나는 일부 학생들이 수업에 대해 보이는 무관심을 깨뜨릴 수 없었다.

왜곡된 믿음 | 왜 쟤네들한테 다다갈 수 없는 것일까? 내가 좀 더 활기찼거나 좀 더 창의적으로 또는 좀 더 똑똑하게 가르쳤다면 애들의 관심을 불러일으킬 수 있었을 텐데. 가장 도움이 필요한 애들에게 다가가지 못한다면 나는 내 할 일을 못하는 셈이지. 나는 선생 체질이 아닌 것 같아.

잘못된 결론 | 창의적으로 수업할 기분이 아니었다. 풀이 죽고 의기소침해졌다.

반박 | 교사로서의 나의 자질을 소수 학생들을 근거로 판단한다는 것은 말도 안 돼. 내가 대다수 학생들에게는 흥미를 불러일으키는 것이 사실이잖아? 게다가 어떻게 하면 창의적인 수업이 될까, 또 학생들의 개인적 특성을 최대한 보장할 수 있을까 많은 시간을 궁리하잖아? 학기말에 좀 더 시간이 나면 학교에서 나와 똑같은 문제에 직면하는 다른 교사들과 모임을 만들 수 있어. 이렇게 여럿이 모여 의논하면 무관심한 학생들에게 다가가기 위한 아이디어가 떠오를 수도 있을 거야.

활력 얻기 | 교사로서 내가 하는 일에 대해 좀 더 나은 감정을 갖게 되었다. 그리고 다른 교사들과의 의논을 통해 새로운 아이디어가 떠오를 수 있다는 희망이 생겼다.

〈간호〉

불행한 사건 | 근무시간이 6시간 남았는데 직원이 부족한 상황이었다. 그런데 한 의사가 나한테 너무 느리다고 말했다.

왜곡된 믿음 | 맞는 얘기야. 나는 너무 느려. 언제나 일이 매끄럽게 돌아가도록 했어야 하는데, 그러질 못했잖아? 다른 간호사들은 그렇게 했을 거야. 나는 이 일에 소질이 없는 것 같아.

잘못된 결론 | 나 때문에 정말로 우울해졌다. 제대로 일을 못해 죄책감이 들었다. 근무 도중에 병원을 뛰쳐나가고 싶은 충동을 느꼈다.

반박 | 일이 늘 매끄럽게 진행되면 이상적이지. 그러나 그것은 현실적이지 못해. 특히 병원이라는 곳에서는. 어쨌든 모든 것을 충분히 배려하지 못한 것이 나만의 책임은 아니야. 나도 근무 중인 다른 간호사들만큼은 하고 있어. 평소보다 좀 느렸을지도 모르지만 오늘은 직원이 부족해서 내가 할 일이 더 많잖아. 그러니 일을 처리하는 데 좀 더 시간이 걸릴 수밖에 없지. 추가 근무로 의사한테 약간 불편이 돌아가는 것에 대해 내가 기분 상해할 필요는 없어. 오히려 추가 근무를 맡게 된 것에 대해 좋게 생각할 수도 있어.

활력 얻기 | 나 자신에 대해 기분이 훨씬 좋아졌고 의사에게 돌아가는 불편에 대해 죄책감을 훨씬 덜 갖게 되었다. 아직도 6시간이나 남았다는 사실이 그렇게 부담되지 않았다.

〈관리〉

불행한 사건 | 우리 조가 생산계획을 따라잡지 못하고 있다. 그래서 상관이 불만을 늘어놓기 시작했다.

왜곡된 믿음 | 왜 우리 조원들은 제대로 일을 못하지? 그들이 알아야 할 것들은 모두 내가 가르쳐주었는데, 하는 일이 계속 엉망이잖아? 왜 나는 사람들이 일을 더 잘하게 만들지 못할까? 내가 고용된 것도 그것 때문인데. 이제 상관이 불평하고 있으니, 모든 것이 내 잘못이라고 생

각하겠지? 나는 형편없는 조장이야.

잘못된 결론 | 우리 조 전체에 대해 정말로 화가 났고 언짢았다. 사람들을 모두 내 사무실로 불러들여 호통을 치고 싶었다. 나 자신에 대해서도 불쾌했고 일에 대해 신경이 날카로워졌다. 계획을 따라잡을 때까지 상관을 피하고 싶었다.

반박 | 우선 우리 조가 뒤처지고 있는 것은 사실이야. 하지만 신입 조원들이 몇 명 되고, 이들이 제대로 일하는 것을 배우고 속도를 내려면 시간이 걸리겠지. 전에도 이런 일이 있었지만 요즘처럼 신입 조원들이 많았던 적은 없었어. 이들 모두에게 제대로 지시를 내렸지만 시간이 걸릴 수밖에 없어. 이들 가운데서도 더 빠른 사람도 있고 한 명은 정말로 빨리 따라오고 있지. 내가 근본적으로 잘못한 것은 없어. 게다가 숙련공들은 잘 하고 있잖아? 이건 인내의 문제일 뿐이야. 그리고 특히 신입 조원들에게 주의를 기울일 필요가 있어. 이미 이 모든 것을 상관에게 설명했었고 상관도 인정했잖아? 나한테 다르게 해보라고 말한 적도 없지. 상관이 생산부에서 압력을 받고 있는 것이 틀림없어. 생산부에서야 속도를 늦출 이유가 없지. 그러니 우리 상관도 마찬가지고. 상관과 한 번 더 이야기를 해서 혹시 내가 빠트린 것이 있냐고 직접 물어봐야겠다. 그리고 조원들에 대한 감독도 계속해야지. 자극과 용기를 주면서 밀어붙이기를 계속하고, 숙련공들이 서로 돕게 만들 수 있는 방법이 없는지 살펴봐야겠다.

활력 얻기 | 더 이상 호통치고 싶지 않았다. 오히려 그들과 차분하게 열린 마음으로 우리 상황에 대해 토론할 수 있게 되었다. 회사에서 내 실적이 좋다는 것을 생각하니 내 일에 대한 불안도 훨씬 줄었다. 상관을 피할 것이 아니라 만나서 진척된 상황에 대해 보고도 하고 상관의

모든 질문에 답할 것이다.

이제 당신 자신의 반박을 기록할 차례다. 모두 5회에 걸쳐 기록하라.

불행한 사건 :

왜곡된 믿음 :

잘못된 결론 :

반박 :

활력 얻기 :

불행한 사건 :

왜곡된 믿음 :

잘못된 결론 :

반박 :

활력 얻기 :

불행한 사건 :

왜곡된 믿음 :

잘못된 결론 :

반박 :

활력 얻기 :

불행한 사건 :

왜곡된 믿음 :

잘못된 결론 :

반박 :

활력 얻기 :

불행한 사건 :

왜곡된 믿음 :

잘못된 결론 :

반박 :

활력 얻기 :

당신은 자신의 왜곡된 믿음을 스스로 반박하기 시작함에 따라 낙담과 무기력에서 활기와 더 나은 기분으로 결과가 바뀌었음을 직접 경험했을 것이다.

이 시점에서 당신은 자동적으로 떠오르는 자신의 왜곡된 믿음들을 반박하기 위한 연습이 어느 정도 필요하다. 이제 이것을 위한 연습을 하나 해보자.

목소리의 객관화

상사가 사무실로 들어오는 나를 보고 눈살을 찌푸린다. '내 보고서가 엉망인 것이 틀림없어. 나는 이제 잘릴 거야.' 이렇게 생각한 나는 풀이 죽은 채 내 사무실로 돌아와 침울하게 보고서를 응시한다. 그것을 다시 읽을 기운조차 없다. 몇 분 동안 골똘히 생각에 잠긴다. 점점 더 황량한 기분이 든다.

당신에게 이런 일이 일어나면 황량한 기분을 깨기 위해 어떻게 할 것인가? 상사의 찌푸림 또는 그밖에 황량한 기분을 일으킨 것에 대한 자신의 비관적 설명양식을 반박해야 한다. 앞의 두 장에서 이미 살펴보았듯이 효과적인 반박에 유용한 네 방책이 있다.

- 증거
- 대안
- 함축
- 유용성

(1) **증거**

탐정의 입장이 되어 물음을 던져라. "그 믿음을 지지하는 증거는 무엇인가? 또 그것에 반대되는 증거는 무엇인가?"

예컨대 상사의 눈살을 찌푸리게 만든 것이 자신의 보고서라고 생각한 근거는 무엇인가? 보고서에 무슨 잘못이 있기에 상사가 불쾌해졌을지 구체적으로 짐작이 가는가? 자신의 믿음은 명백한 요인들을 모두 고려하고 있는가? 결론이 전제로부터 제대로 도출되었는가? 상사가 보고서를 읽기는 했는가? 아니면 아직도 비서의 책상 위에 놓여 있지는 않은가?

이런 것들을 따지다 보면 종종 스스로 파국으로 몰고 갔음을 발견하게 된다. 객관적인 증거도 없이 때로는 지극히 희미한 육감에만 의지해 상상할 수 있는 최악의 결론으로 비약했음을 발견하게 된다.

(2) **대안**

불행한 사건을 다르게 바라볼 수는 없을까?

예컨대 상사가 눈살을 찌푸린 일에 대해 어떤 대안적 설명양식들이 가능한가? 대안이 머릿속에 쉽게 떠오르지 않을 수 있다. 왜냐하면 자동적인 비관적 설명양식이 수년 동안 의문시되지 않은 채 몸에 깊이 배어있을 수 있기 때문이다. 따라서 생각해낼 수 있는 모든 대안적 설명양식들을 의식적으로 찾아나서야 한다. "상사가 그저 오늘 기분이 언짢은 건 아닌가?" "상사가 세무감사 준비로 지난밤 거의 뜬눈으로 지새우지는 않았나?" "나 때문이라면 그것이 보고서 때문인가 아니면 요란한 나비넥타이 때문인가?"

당신이 일단 여러 대안들을 생각해냈다면, 다시 첫 단계로 돌아가 각 대안에 대한 증거들을 살필 수 있을 것이다.

(3) 함축

당신의 암울한 설명이 옳다고 칠 때, 그래서 어떻다는 것인가? 그래서 하늘이 무너졌는가?

상사를 언짢게 만든 것이 당신의 보고서라고 치자. 그렇다고 해서 반드시 상사가 당신을 해고하게 될까? 어쨌든 이번이 당신의 첫 번째 실수인 것은 아닌가? 상사가 당신의 능력에 대해 부정적 인상을 갖기 시작했다면, 그것을 바꾸기 위해 당신은 무엇을 할 수 있는가? 다시 첫 단계로 돌아가보자. 설령 당신의 보고서가 상사의 마음에 들지 않았다 해도 그렇다고 상사가 당신을 해고하리라고 보는 증거는 무엇인가?

상황이 유리하지 않다는 것이 곧 파국을 뜻하는 것은 아니다. 현재 상황에 담긴 가장 현실적인 함축들을 조사함으로써 파국을 막는 중요한 기술을 터득하라.

(4) 유용성

때로는 설명양식의 정확성이 정말 중요한 것이 아닐 때가 있다. 중요한 것은 오히려 그 문제에 관해 지금 생각하는 것이 무슨 도움이 되는가 하는 점일 수 있다.

줄타기 곡예사가 높은 줄 위에 올라가 "떨어지면 어떻게 될까?"라는 문제에 주의를 집중한다면 이것은 어리석은 짓일 것이다. 이 문제에 대해 다른 때에 생각해보는 것은 매우 유용할 수 있다. 그러나 줄 위에 있는 것에 온 정신을 쏟아야 할 상황에서는 그렇지 않다.

상사가 눈살을 찌푸린 일이 불러올 수 있는 최악의 가능성들에 대해 골똘히 생각에 잠긴다면 그것 때문에 더 큰 곤경에 빠지게 되지는 않을까? 다른 생각에 잠기는 바람에 오늘 오후로 예정된 나의 중요한 발표가 엉망이 되지는 않을까? 만약 그렇다면 자신의 왜곡된 믿음으로부터 주의를 딴 데로 돌려야 한다.

주의를 돌리는 데 사용할 수 있는 확실한 세 방법이 있다. 모두 간단하면서도 효과적인 방법이다.

- 신체적으로 주의를 끄는 일을 하라. 손목에 찬 고무 밴드를 세게 잡아당기기, 찬물로 힘차게 세수하면서 "그만!"이라고 스스로 외치기 등을 생각해볼 수 있다.
- 걱정거리에 대해 숙고할 시간을 따로 잡아라. 오늘 저녁 30분일 수도 있고 그밖에 자신의 하루일정에 맞는 아무 때나 좋다. 걱정거리를 자꾸 곱씹게 되거든 "그만! 오늘 저녁 7시 반에 진지하게 고민하자!"라고 스스로 말하라. 걱정이 머릿속에서 빙빙 맴돌면서 사라졌다가 또 다시 떠오르곤 하는 괴로운 과정은 나름의 목적을 지니고 있다. 그것은 우리가 대처해야 할 문제를 잊거나 경시하지 않도록 해주는 것이다. 그러나 그

문제에 대해 고민할 시간을 따로 마련해두면 지금 그것을 곱씹을 이유 자체가 약화된다. 따라서 이제는 그것을 곱씹는 것이 심리적으로 필요 없게 된다.
- 걱정거리가 머릿속에 떠오르는 순간에 그것을 종이에 적어 놓아라. 그러면 적당한 시점이 되었을 때 그것을 어쩔 수 없어서가 아니라 의도적으로 되돌아볼 수 있게 된다. 주의 돌리기의 두 번째 방법과 마찬가지로 이것도 곱씹어 생각하는 일의 존재이유 자체를 빼앗는 작용을 한다.

자신의 비관적 설명양식을 반박하기 위한 네 가지 방책(증거, 대안, 함축, 유용성)이 갖춰졌으면 이제 당신은 자신의 반박을 객관화하는 연습을 할 차례다. 다시 말해 자신의 생각을 밖으로 꺼내어 공개적으로 다룰 수 있는 곳으로 옮기는 연습을 해보자. 여러 낙관성 세미나에서 효과적이었던 한 방법을 소개하면 다음과 같다. 잘 아는 직장 동료 가운데 함께 연습할 사람을 한 명 골라라. 직장에서 적당한 사람을 구하기 어렵다면 배우자나 기꺼이 도와줄 만한 친구도 괜찮다. 이 사람이 할 일은 당신이 자신에게 내뱉는 비관적인 비난과 같은 종류의 비난을 당신에게 던지는 것이다. 당신의 ABCDE 기록을 함께 살펴본다면 당신이 스스로 어떤 종류의 비난을 상습적으로 내뱉는지 이 사람이 알 수 있을 것이다. 당신이 할 일은 피고의 입장이 되어 비난을 큰 소리로 반박하여 무찌르는 것이다. 당신이 생각할 수 있는 모든 논리를 끌어들여라. 연습을 시작하기에 앞서 아래 예들을 살펴보자.

(내가 나를 공격하듯이 공격하는) 직장 동료 | 지배인은 네가 말할 때 네 얼굴을 쳐다보지도 않던데. 네가 할 말이 중요하지 않다고 생각하는

것이 틀림없어.

(피고의 입장이 된) 나 | 내가 말하는 동안 지배인이 나를 거의 쳐다보지 않은 것은 사실이야. 내 아이디어에 각별한 주의를 기울이는 것 같지 않았어(증거). 하지만 그렇다고 해서 반드시 내 아이디어가 중요하지 않다고 말할 수는 없어. 또 지배인이 그것을 중요하게 생각하지 않는다고도 말할 수 없고(함축). 어쩌면 그때 지배인의 머리가 복잡했을 수도 있어(대안). 지난번에는 지배인이 내 아이디어에 귀를 기울인 적도 있고 몇몇 경우에는 나한테 의견을 구하기까지 했었어(증거).

(중간에 끼어드는) 직장 동료 | 네가 멍청한 거야.

(다시 반박하는) 나 | 설령 내 아이디어가 지배인 마음에 들지 않았다고 쳐도, 그렇다고 해서 내가 멍청한 건 아니야(함축). 난 대화할 때 뭔가 기발한 얘기들을 잘 하는 편이지(증거). 앞으로는 지배인에게 시간이 되는지 먼저 물어보고 나서 내 아이디어를 말하도록 할 거야(함축). 이렇게 하면 지배인이 내 아이디어에 흥미가 없는 것인지 아니면 지금 마음의 여유가 없는 것인지 확실히 분간할 수가 있겠지(대안).

(내가 흔히 스스로 비난하듯이 비난하는) 동료 교사 | 선생님은 학생들에게 다가가질 못하고 있어요. 선생님 말씀을 듣느니 종이를 씹어서 불어대는 것을 더 좋아하겠지요.

(피고의 입장이 된) 나 | 제가 일부 학생들에게 다가가지 못하고 있는 것은 사실이에요(증거). 하지만 그렇다고 해서 제가 좋은 선생이 못 된다고 말할 수는 없지요(함축). 대부분의 학생들은 제 말에 흥미를 보이거든요. 그리고 제가 만든 창의적인 수업안에 대해서도 자부심을 느끼고요(증거). 물론 모든 학생들이 제 과목에 흥미를 느낀다면 더 바랄 나위가 없겠지요. 하지만 그것은 현실적이지 않아요(대안). 어쨌든 저는 이 학생

들을 수업에 끌어들여 공부에 관심을 갖도록 자극을 주려고 끊임없이 노력하고 있어요(증거).

(중간에 끼어드는) 동료 교사 │ 학생들의 주의를 50분도 잡아두지 못한다면 결코 훌륭한 교사라고 말할 수 없지요.

(다시 반박하는) 나 │ 단순히 제가 아직 소수 학생들에게 애를 먹고 있다고 해서 대다수 애들한테는 실제로 매우 잘하고 있다는 사실이 사라지지는 않지요(함축).

직장 동료 │ 너는 상관이 너를 완전히 깔아뭉개도 가만히 있냐? 자존심도 없어? 너는 정말로 겁쟁이야.

(피고의 입장이 된) 나 │ 상관과 토의하는 것은 많은 사람들이 힘들어하는 일이지(대안). 내가 그 사람과 얘기하면서 동료들과 얘기할 때처럼 내 주장을 강하게 펴지 못한 것은 사실이야. 하지만 내 관심을 분명하고 차분하게 표현했어(증거). 신중하다고 해서 내가 겁쟁이인 것은 아니야. 그 사람은 내 지배인이고 나를 좌지우지할 힘을 가지고 있어(대안). 사실 그것은 미묘한 상황이었어. 내가 너무 조심스러웠는지 모르지만 어쨌든 지배인에게 위협이나 공격을 가하진 않았잖아? 그랬더라면 정말로 대화의 문이 닫혀버렸겠지(함축). 이참에 지배인과 다시 토론하기에 앞서 시간을 조금 내어서 내가 말하고자 하는 바를 분명하면서도 다투지 않는 식으로 말하는 연습을 하면 좋을 것 같아(유용성).

직장 동료 │ 상대방이 무턱대고 전화를 끊은 것은 다시 말해 네 말솜씨가 아주 틀렸다는 얘기지.

(피고의 입장이 된) 나 │ 내 말솜씨가 아주 끝내주지는 않았을지 몰

라. 하지만 그런대로 괜찮았어. 또 분명하고 권위 있게 말했지(증거). 내 표현방식은 오늘 다른 사람들한테 했던 것과 크게 다르지 않았어. 그리고 이렇게 전화를 끊어버린 것은 내가 지금까지 시도한 스무 번 이상의 냉정한 통화 가운데 처음이었어(증거). 내 말솜씨와 그 사람이 전화를 끊어버린 것은 아무 상관이 없다고 생각해. 그 사람이 뭔가 중요한 일을 하던 중이었는지 몰라. 아니면 원래 전화 광고를 무시하는 사람일 수도 있고(대안). 어쨌든 그 사람이 전화를 끊어버린 것은 안 좋은 일이지. 하지만 그것이 내 무능력을 반영하는 것은 아니야(함축). 전화 광고에 대해서 네게 좋은 아이디어가 있다면 이따가 쉴 때 기꺼이 들어볼 생각이 있어(유용성).

동료 간호사 | 너는 뭐 하나 제대로 하는 게 없구나. 환자들은 늘 너를 찾고 의사들은 틈만 나면 네 흠을 잡잖아? 네가 정말로 좋은 간호사라면 환자와 의사 모두를 만족시킬 줄 알아야지.

(피고의 입장이 된) 나 | 내가 아무리 열심히 뛰어다녀도 내가 신경 쓸 일들이 또 남아있는 것은 사실이야(증거). 원래 이 일이 그런 걸. 그렇다고 내가 좋은 간호사가 아니라고 생각할 필요는 없지(함축).

(중간에 끼어드는) 동료 간호사 | 이것은 스트레스가 많은 직업이야. 그런데 네게는 이것을 감당할 만한 동기가 부족해.

(피고의 입장이 된) 나 | 환자나 의사를 만족시킬 책임이나 힘이 나한테 있다고 생각하는 것은 비현실적이야. 물론 나로서는 환자들이 최대한 편안하게 있도록 노력해야지. 또 의사들이 자기 업무량을 잘 감당하도록 도와야 하고. 하지만 내가 그 사람들의 만족을 모두 책임져야 하는 것은 아니야(대안). 그래, 이것은 스트레스가 많은 직업이지. 스트레

스를 잘 처리할 수 있는 방법을 알았으면 좋겠어. 시간을 내서 숙련 간호사들이 스트레스를 어떻게 감당하는지 이야기를 들어보면 좋을 것 같아(유용).

이제 당신 차례다. 20분 정도 시간을 내어 피고의 입장이 되라. 그래서 당신의 친구에게 당신이 평소 스스로 내뱉는 것과 같은 종류의 비난을 던지라고 부탁하라. 그런 다음 가능한 모든 수단을 동원해서 그것을 반박하라. 당신 자신과 친구가 충분히 납득할 만큼 반박이 이루어졌으면 그다음 비난으로 넘어가라. 20분 뒤 역할을 바꿔보는 것도 좋을 것이다.

이 장을 되돌아보며

이 장에서 우리는 당신에게 직장에서 사용할 수 있는 두 가지 근본 기술을 전달하고자 했다.

첫째, 당신은 불행한 사건이 닥쳤을 때 떠오르는 믿음들을 종이에 적어둠으로써 자기 내면의 부정적 대화에 귀 기울이는 법을 배웠다. 그 결과 왜곡된 믿음들이 떠올랐을 때는 대개 낙담과 수동적인 태도가 뒤따른다는 것을 깨달았을 것이다. 만약 당신이 불행한 사건에 대해 자동적으로 떠오르는 이런 설명양식들을 바꿀 수 있다면 그것들에 뒤따르는 감정도 유쾌한 기분으로 바꿀 수 있을 것이다.

둘째, 이것을 위해 당신은 자신의 왜곡된 믿음을 반박하는 연습을 했다. 직장에서 또는 상상 속에서 이런 생각들이 떠오를 때 이것들에 대한 반박을 적어두는 연습을 했다. 나아가 목소리의 객관화를 통해서 더 많은 연습을 했다.

그러나 이것은 시작에 불과하다. 나머지는 당신 자신에 달렸다. 이제 불행한 사건이 닥칠 때마다 그것을 스스로 어떻게 설명하고 있는지에 귀를 기울여라. 그래서 비관적 설명양식이 떠오르거든 그것을 적극적으로 반박하라. 스스로 반박할 때 증거, 대안, 함축, 유용성을 길잡이로 삼고 필요하다면 주의 돌리기를 이용하라. 이것을 새로운 습관으로 만들어 당신이 평소 늘 내뱉던 자동적인 비관적 설명양식들을 몰아내라.

15장

유연한 낙관성의 실천

새벽 4시면 나를 엄습하던 공포가 최근 두 달 사이에 바뀌었다. 그뿐 아니라 사실상 내 삶 전체가 바뀌었다. 최근 내게 딸이 하나 생겼다. 라라 카트리나 셀리그만. 딸아이는 아름다움 자체다. 내가 키보드를 치고 있는 지금, 딸아이는 엄마의 젖을 빨고 있다. 그러다 푸른빛이 아련하게 감도는 흰자위에 깊고 푸른 눈동자로 나를 뚫어져라 쳐다보다가 문득 미소를 짓는다. 미소는 딸아이가 가장 최근에 익힌 것이다. 미소가 얼굴 전체로 퍼진다. 나는 지난 겨울 하와이에서 본 아기 혹등고래를 머릿속에 떠올린다. 하와이 코나 연안에서 멀리 떨어진 곳에서 아기 고래는 살아있는 것만으로도 행복에 겨운 듯 즐겁게 물 위로 뛰어오르기를 거듭한다. 곁에서는 아기 고래의 부모가 차분하게 망을 보고 있다. 라라의 미소는 너무나 감동적이다. 새벽 4시가 되면 아기 고래의 모습이 내게 또 다시 떠오른다.

딸아이에게 미래란 무엇인가? 그 모든 긍정들은 결국 어떻게 될 것인가? 엄청난 수의 새로운 세대가 막 태어나고 있다. 「뉴욕타임스」의 보도에 따르면 오늘날 결혼한 미국 여성들은 갑자기 10년 전보다 두 배나 더 아이를 낳을 계획을 가지고 있다고 한다. 이 새로운 세대는 미래에 대한 우리의 긍정인 동시에 위험에 직면한 세대이기도 하다. 흔히 얘기하는 원자폭탄과 환경오염, 정치적 위험 등은 말할 것도 없거니와 그밖에도 정신적 또는 심리적 위험에 직면할 것이다. 그러나 위험을 치료할 방법이, 그리고 낙관성 학습이 치료과정에서 떠맡을 역할이 있을 것이다.

우울증의 재고찰

4장에서 보았듯 우울증은 제2차 세계대전 이래로 증가 추세에 있다. 오늘날 젊은 사람들은 그들의 조부모 세대보다 열 배나 더 자주 심한 우울증에 시달린다. 나아가 우울증은 여성들과 젊은이들에게 특히 큰 타격을 주고 있다. 그러나 사회에 만연한 이 우울증이 쇠퇴하고 있다는 징후는 어디서도 찾아볼 수 없으며, 나의 새벽 4시 공포는 이것이 라라와 그 또래 세대에게 진정한 위험임을 경고하고 있다.

왜 우울증이 이렇게 예전보다 훨씬 더 만연하게 되었는지, 그리고 왜 선진국의 현대적 생활 속에서 아이들이 해로운 우울증에 이렇게 취약해졌는지를 설명하기 위해 우선 또 다른 두 가지 위험스런 경향을 살펴보고자 한다. 그것은 곧 자아의 번창과 공동체의 쇠퇴다.

(1) 자아의 번창

우리가 살고 있는 사회는 자아를 찬양한다. 개인의 기쁨과 고통 또는 성공과 실패가 이처럼 진지하게 받아들여진 적은 일찍이 없었다. 우리 경제는 점점 더 큰 비중으로 개인의 변덕에 기대어 번창하고 있다. 우리 사회는 자아에게 지금까지 누려본 적이 없는 힘을 부여하고 있다. 자아를 변화시키는 힘, 심지어 자아의 사고방식까지 변화시키는 힘이 바로 그것이다. 오늘날은 한마디로 개인적 통제의 시대다. 자아의 확장이 계속된 나머지 이제 개인의 무기력은 우리가 살면서 예상하고 또 받아들여야 할 운명이라기보다 치료 가능한 어떤 것으로 간주되기에 이르렀다.

20세기로 접어들면서 대량생산체제가 생겨났을 때만 해도 자아의 개인적 통제란 전혀 중요한 문제가 아니었다. 우리가 오직 흰색 냉장고만 살 수 있었던 까닭은 대량생산체제에서 모든 냉장고에 똑같은 색깔을 칠하는 것이 더 큰 벌이가 되었기 때문이다. 그러나 1950년대에 트랜지스터와 초보적인 인공지능이 출현하면서 우리는 선택을 강요받기 시작했다. 왜냐하면 이제 100개의 냉장고 가운데 한 개는 라인석44으로 표면을 장식하는 것이 그것을 팔 시장만 있다면 똑같이 벌이가 되었기 때문이다. 인공지능 덕분에 개인의 선택에 의존해 번창하는 어마어마한 특별주문 시장이 새롭게 열렸다. 요즘은 청바지가 다 청색이 아니다. 청바지에도 수십 가지 색상과 수백 가지 스타일이 있다. 시장에 나오는 새 차의 모델은 선택사양을 이리저리 조합하면 수천만 가지에 이른다. 우리는 수백 종류의 아스피린과 수천 종류의 맥주를 구입할 수 있다.

이 모든 것의 시장을 창출하기 위해 광고는 개인적 통제를 열광적으로 부추기고 있다. 선택하고 결정하면서 쾌락에 몰두하는 개인은 큰 장사거리다. 개인이 소비할 수 있는 돈을 많이 갖고 있을 때 개인주의는 강력하고도 벌이가 되는 세계관이 된다.

다른 한편 미국은 이 시기에 부자들이 점점 더 많은 나라가 되고 있었다. 비록 수백만 명의 사람들이 번영의 혜택을 누리지 못하고 있지만, 오늘날 평균적인 미국인들은 역사상 어떤 다른 국민들보다도 큰 구매력을 가지고 있다. 오늘날 부富라는 것은 수세기 전과는 다른 의미를 지닌다. 중세의 어느 왕자를 예로 들어보자. 이 왕자는 부유하지만 그가 소유한 것들은 대부분 양도할 수 없는 것이다. 그는 자신의 직위를 팔 수 없을 뿐더러 자신이 갖고 있는 땅을 팔고 국외로 나가 말을 살 수도 없다. 그의 부는 우리의 부와 달리 구매력으로 바로 전환될 수 없는 것이다. 반면에 우리의 부는 라인석 냉장고의 생산과정이 우리 앞에 펼쳐질 정도로 다양한 선택들에 결부되어 있다. 일찍이 어떤 다른 국민이 누렸던 것보다 더 많은 음식, 더 많은 옷, 더 많은 교육, 더 많은 음악회와 책, 더 많은 지식, 심지어는 더 많은 사랑이 우리의 선택을 기다리고 있다.

이러한 물질적 기대의 상승과 맞물려 일과 사랑의 영역에서도 만족할 만한 것의 수준이 덩달아 상승했다. 예전에는 입에 풀칠만 할 수 있으면 좋은 직업으로 간주되었지만 요즘은 그렇지 않다. 이제 직업은 의미 있는 것이어야 하며 신분상승의 기회도 제공해야 한다. 안락한 노후도 보장할 수 있어야 하고 직장 동료들도 잘 맞아야 하며 생태학적으로도 건전한 활동이어야 한다.

결혼에 대한 요구조건도 예전보다 많아졌다. 결혼은 더 이상 단순히 아이를 키우는 문제가 아니다. 자신의 배우자는 영원히 섹시하고 날씬해야 하며 재미있는 말상대가 되어주어야 하고 테니스도 잘 쳐야만 한다. 이렇듯 기대치 폭등의 바탕에는 바로 확장된 선택이 놓여있다.

그렇다면 누가 선택하는가? 바로 개인이다. 현대의 개인은 미래가 뻔했던 예전의 시골뜨기가 아니다. 오늘날 개인은 선택과 결정과 취향의 굉장한 거래소다(게다가 여성의 지위상승으로 이 시장은 두 배로 커졌다). 그리고 그 결과는 바로 새로운 종류의 자아, 곧 '최대' 자아다.

자아는 역사를 가지고 있다. 자아는 시대와 문화에 따라 다양한 속성을 지닌 채 이러저러한 형태로 오랫동안 우리 주변에 있었다. 중세부터 문예부흥 후기까지 자아는 최소의 의미를 지녔다. 예컨대 조토Giotto의 회화에서 예수를 뺀 나머지 인물들은 생김새가 다 거기서 거기였다. 그러다 문예부흥기가 끝날 즈음 자아의 팽창이 이루어졌다. 렘브란트Rembrandt와 엘 그레코El Greco의 작품에서 주변 사람들은 더 이상 합창단원 같은 모습을 하고 있지 않았다.

자아의 팽창은 우리 시대에까지 계속되었다. 부와 과학기술을 바탕으로 이제 자아는 선택하는 자아, 기쁨과 고통을 느끼는 자아, 행동을 결정하는 자아, 최대를 추구하는 또는 최소로 만족하는 자아,[45] 심지어 존중, 효능, 신뢰, 통제 같은 고상한 속성들[46]을 지닌 자아로까지 발전했다. 만족과 상실에 몰두해있는 이러한 새로운 자아를 나는 최대자아라고 부른다. 왜냐하면 이것이 몰아낸 자아는 우리 조부모들이 가지고 있던 최소자아 또는 양키자아The Yankee self이기 때문이다. 양키자아는 중세의 자아처럼 그저 행동하는 자아를 거의 벗어나지 못했다. 자아가 어떻게 느끼는지에 대해서는 분명히 별 관심이 없었다. 그것은 감정보다는 의무와 관련이 깊은 자아였다.

좋든 싫든 오늘날 우리는 최대자아의 문화 속에서 존재한다. 우리는 개별 욕구에 맞춰 제작된 무수한 상품과 서비스들 가운데에서 자유롭게 선택하며 그것들을 넘어 더욱 섬세한 자유까지 붙잡으려 한다. 그러나 자아의 팽창은 이러한 자유와 함께 몇몇 위험도 불러들인다. 그 가운데 대표적인 것이 바로 광범위하게 퍼진 우울증이다. 나는 우리 시대에 만연한 우울증이 이 최대자아의 소산이라고 생각한다.

만약 이런 일들만 일어났다면 자아의 찬양은 더욱 충만한 삶을 촉발하는 긍정적 효과를 낳았을지도 모른다. 그러나 사태는 이렇게 전개되지 않았다. 우리 시대에 자아의 번창과 동시에 일어난 것은 공동체의식의 감소와 고상한 목적들의 상실이었다. 이것들이 모두 결합되어 우울증이 뿌리 내리기 좋은 비옥한 토양을 제공했다.

(2) 공동체의 쇠퇴

삶 이상의 것에 헌신할 줄 모르는 삶은 사실상 빈약한 삶이다. 인간이 의미와 희망을 가지려면 어떤 맥락 속에 있어야 한다. 예전에 우리에게는 풍성한 맥락이 있었다. 그래서 실패에 직면해도 그 안에서 쉬면서 우리의 잔여분을 가져다가 정체감을 소생시킬 수 있었다. 이 커다란 배경을 나는 공동체라 부르고자 한다. 이것을 구성하는 것은 국가, 신, 자기 가족 등에 대한 믿음 또는 우리의 삶을 넘어서는 어떤 목적에 대한 믿음이다.

지난 25년 동안 일어난 변화들은 이런 거대한 실체들에 대한 우리의 열정을 크게 약화시켜 이제 우리는 삶에 대한 평범한 공격에도 거의 무방비 상태가 되었다. 관찰자들이 종종 지적했듯, 정치 지도자들에 대한 암살, 베트남전쟁, 워터게이트 사건 등의 경험이 축적되면서 많은 미국인들은 미국이 고상한 목적을 달성하기 위한 수단이 될 수 있을 것이라는 믿음을 접어야만 했다. 1960년대 초기에 자라난 세대는 1963년 11월 22일[47] 우리의 미래상이 완전히 허물어지는 것을 목격했을 때 나도 그랬듯 아마도 이것을 느꼈을 것이다. 우리는 우리 사회가 인간의 악을 치유할 수 있을 것이라는 희망을 잃어버렸다. 나와 같은 세대의 많은 사람들이 공포와 절망 속에서 공공 서비스 분야의 직업에서 발을 빼내어 적어도 자기 자신은 행복할 수 있을 직업으로 이동했다는 것은 어쩌면 다 아는 얘기지만 그래도 정확한 지적이다.

이렇게 공공의 이익에서 사적 이해관계로 옮아가는 경향은 마틴 루터 킹 2세, 맬컴엑스, 로버트 케네디의 암살로 한층 강화되었다. 베트남전쟁은 나보다 조금 젊은 세대에게 똑같은 교훈을 심어주었다. 10년에 걸친 전쟁의 무용함과 잔인함은 애국심과 미국에 대한 젊은이들의 열정을 부식시켰다. 그리고 베트남전쟁의 교훈을 체험하지 못한 세대에게는 워터게이트 사건이 무시할 수 없는 충격을 남겼다.

이렇게 국가에 대한 헌신은 우리에게 더 이상 희망을 선사할 능력을 잃고 말았다. 이 헌신의 기운이 쇠퇴하면서 이제 사람들은 자기 삶에 초점을 맞추고 내면에서 만족을 찾으려 했다. 여러 학자들이 지적했듯이 정치적 사건들은 국가에 대한 낡은 이념을 무색하게 만든 반면, 사회적 흐름은 신과 가족을 무색하게 만들었다. 만약 종교나 가족이 국가를 대신해 희망과 목적의 원천이 되었다면 우리가 내면으로 전환한 일은 일어나지 않았을지 모른다. 그러나 불행하게도 국가에 대한 믿음의 쇠퇴와 동시에 가족의 붕괴와 신에 대한 믿음의 쇠퇴가 함께 일어났다.

높은 이혼율, 증가된 이동성, 20년 동안 지속된 낮은 출산율 등은 가족 부식의 원인을 제공했다. 이혼이 만연한 결과 이제 가족은 예전처럼 영속적인 제도나 마음의 위안이 필요할 때 변함없이 늘 거기에 있던 피난처가 아니다. 간편한 이동성, 즉 짐을 꾸려 훌쩍 먼 거리를 이동할 수 있는 능력은 가족의 응집성을 산산이 부수는 경향이 있다. 오늘날 수많은 미국 가족들이 그러한데, 형제자매가 없거나 많아야 한 명인 상황은 개인의 고립을 낳았다. 부모가 고작 한두 명의 자녀에게 관심을 집중한 결과로 생긴 필요 이상의 배려는 단기적으로 아이들에게 만족스러운 것일지 몰라도(실제로 이들의 평균 IQ는 약 0.5점 올라갔다) 장기적으로는 자신들의 기쁨과 고통이 실제 이상으로 중대하다는 환상을 심어준다.

나와 신의 관계가 중요하다는 믿음의 결여, 국가의 자애로운 권력에 대한 믿음의 붕괴, 가족의 붕괴 등이 결합된 오늘날 우리는 어디에서 정체

성과 목적과 희망을 찾을 수 있는가? 정신적 설비가 아쉬워 주변을 둘러보아도 편안한 가죽소파와 푹신푹신한 의자들은 모조리 사라졌고 앉기 위해 남아있는 것이라고는 작고 망가지기 쉬운 접는 의자뿐임을, 다시 말해 자아뿐임을 발견하게 된다. 그리고 이 최대자아는 인생의 거대한 것들에 대한 헌신이라는 완충장치가 제거된 상황에서 우울증에 적합한 토양이 되고 있다.

개인주의의 성장과 공동체의 쇠퇴 가운데 하나만 일어났어도 우울증에 대한 우리의 취약성은 증가했을 것이다. 그러나 미국의 최근 역사에서 이 두 가지가 동시에 일어났다는 사실은 내 분석에 따르면 왜 우울증이 오늘날 유행병처럼 만연해 있는지를 설명해준다. 그리고 이 와중에 작동하고 있는 기제가 바로 학습된 무기력이다.

4장과 5장에서 보았듯이 사람들은 자기가 통제할 수 없는 실패에 직면했을 때 무기력해진다. 그리고 이 책 여러 곳에서 보았듯이 자신의 실패를 지속적이고 만연적이며 개인적인 원인들로 설명할 때 무기력이 절망이 되고 나아가 본격적인 우울증으로 발전한다.

우리는 살면서 어쩔 수 없이 많은 실패를 경험한다. 우리는 많은 것들을 열망하지만 실제로 우리가 얻는 것은 그리 많지 않다. 좌절과 패배와 거절은 우리의 일상적인 경험이다. 우리 사회처럼 개인주의적인 문화에서는 자아 이상의 것들을 별로 중시하지 않기 때문에 개인적 상실이 생겨도 사회로부터 별다른 위안을 받지 못한다. 상대적으로 '원시적인' 사회에서는 상실을 경험한 개인을 돌보는 데 공동체가 발 벗고 나서기 때문에 무기력이 절망으로까지 발전하지 않는다. 심리인류학자 벅 쉬펠린은 뉴기니어의 석기시대 부족인 칼룰리족에서 우울증에 해당하는 것을 찾으려 했으나 실패하고 말았다. 그래서 그는 개인과 부족 사이의 상호관계가 우울증을 예방한다고 주장했다. 칼룰리족의 한 사람이 돼지를 잃고 슬퍼한다면 부족에서 그 사람에게 새 돼지를 마련해줄 것이다. 집단이 상실을 보상해주기 때문에 무기력이 절망으로 발전하지 않고 상실이 낙담으로 이어지지 않는다.

그러나 우리 사회의 우울증은 단순히 개인이 사회 전체로부터 얻는 위안이 부족하다는 것만의 문제는 아니다. 극단적인 개인주의는 사람들로 하여금 평범한 실패를 지속적이고 만연적이며 개인적인 원인들로 설명하게끔 자극하여 비관적 설명양식을 여러 방면으로 극대화하는 경향이 있다. 예를 들어 개인이 성장했다는 것은 다시 말해 실패가 자기 탓일 가능성이 그만큼 크다는 뜻이다. 왜냐하면 거기에 나 말고 도대체 누가 있겠는가? 다른 한편으로 공동체의 쇠퇴는 실패가 지속적이고 만연적임을 뜻한다. 거대하고 자애로운 제도인 신, 국가, 가족 등이 더 이상 중요하지 않은 만큼 개인의 실패는 파국적으로 경험될 수밖에 없다. 개인주의 사회에서 시간이란 개인의 죽음과 함께 멈추는 것처럼 보이므로 개인의 실패 또한 영원한 것처럼 보인다. 개인의 실패는 어디에서도 위로를 받을 수 없다. 그리고 이것은 개인 삶의 모든 영역을 오염시킨다. 반면에 거대한 제도가 개인의 신념을 지배하는 곳에서는 개인의 실패가 덜 영속적이고 그것의 파급효과도 덜 광범위하게 경험된다.

세력관계 변화시키기

나의 진단을 정리하자면 다음과 같다. 우울증의 만연은 흔히들 얘기하는 개인주의의 번창과 공익에 대한 헌신의 쇠퇴에 뿌리를 두고 있다. 이것은 곧 두 가지의 해결책이 있음을 뜻한다. 첫째는 개인주의와 공동체 사이의 세력관계를 변화시키는 것이다. 둘째는 최대자아의 강점을 활용하는 것이다.

개인주의의 한계

최대자아와 그것의 함정은 개인주의의 먼 미래에 대해 무엇을 시사하는가? 나는 고삐 풀린 개인주의가 우리를 파괴하면서 결국에는 개인주의 자체까지 파괴하는 부정적 결과가 나타날 것이라고 믿는다.

우선 오늘날 우리 사회처럼 개인을 한없이 찬양하는 사회에서는 우울증이 창궐할 것이다. 그리고 개인주의가 우울증을 10배나 증가시킨다는 것이 명확해짐에 따라 개인주의는 삶의 신조로서의 설득력을 상당히 잃게 될 것이다.

다른 한편으로 어쩌면 더욱 중요한 요인은 무의미함이다. 당신 각자에게 의미가 무엇인지를 내가 이 자리에서 감히 정의하지는 않을 것이다. 그러나 의미의 한 가지 필요조건은 우리 자신보다 큰 어떤 것에 대한 애착이다. 애착을 가질 수 있는 실체가 클수록 우리는 거기에서 더 많은 의미를 끌어낼 수 있다. 오늘날 젊은 사람들에게 신에 대한 관계를 진지하게 받아들이기, 국가에 대한 의무를 걱정하기, 크고 지속적인 가족의 일원이 되기 등이 어려운 만큼 이들이 삶의 의미를 찾기란 매우 어려울 것이다.

다시 말해 자아란 의미가 뿌리내리기에 매우 부적당한 자리다.

공동체에 대한 헌신이 없는 개인주의가 우울증과 무의미함을 대규모로 산출한다면, 뭔가 다른 것이 필요하다. 과연 그것은 무엇일까? 한 가능성은 지나치게 팽창한 개인주의가 시들해지고 최대자아가 양키자아로 되돌아가는 것이다. 또 다른 두려운 가능성은 우울증을 가두고 의미를 획득하기 위해 개인적 통제와 개인에 대한 관심을 접고 개인주의가 새로이 가져다준 자유를 과감히 내팽개치는 것이다. 20세기에 우리는 여러 사회에서 자신들의 병폐를 치유하기 위해 바로 이 길로 나아갔던 비참한 사례들을 무수히 보아왔다. 최근 전 세계에 걸쳐 나타나고 있는 근본주의 종교에 대한 갈망도 이런 종류의 반응으로 보인다.

최대자아의 강점

좀 더 희망적인 두 가지 가능성을 더 생각해볼 수 있겠다. 둘 다 최대자아의 강점을 활용하려는 것으로 첫 번째는 공동체에 대한 헌신을 확장하는 방향으로 자아와 공동체 사이의 세력관계를 변화시키는 것이다. 두 번째는 낙관성 학습을 이용하는 것이다.

(1) 도덕적 조깅

비록 방어수단이 아직 많이 알려지거나 활용된 것은 아니지만 최대자아가 아주 무방비 상태에 있는 것만은 아니다. 무엇보다도 최대자아는 자기개선 능력을 지녔다. 어쩌면 자기개선의 과정 자체를 통해서 자아에 대한 지나친 몰두가 단기적으로 만족을 줄지는 몰라도 장기적으로 자아의 행복에 해롭다는 것을 자아가 깨닫게 될지 모른다.

최대자아가 취할지도 모를 한 가지 역설적인 선택이 있다. 최대자아는 자기몰두가 우울증과 무의미함을 불러온다는 것을 깨닫고 이기적인 동기에서 자기개선의 전술로 자신의 중요성을 축소시키는 선택을 할지도 모른다. 아마도 우리는 개인의 중요성에 대한 신념을 간직한 채 자신의 안락과 불편에 대한 몰두를 줄일 수 있을 것이다. 그리고 이렇게 된다면 더 큰 일들에 새롭게 애착을 갖기 위한 여지가 생길 것이다.

설령 우리가 그것을 원한다고 하더라도 우리 사회와 같은 개인주의 문화에서 공동체에 대한 헌신은 하루아침에 생겨나지 않을 것이다. 그러기에는 아직도 존재하고 있는 자아가 너무 많고, 따라서 새로운 전술이 요구된다.

조깅에 대해 생각해보자. 오늘날 많은 사람들이 조깅을 한다. 사람들은 날씨에 상관없이 새벽같이 일어나 조깅하러 나간다. 조깅이라는 활동 자체는 사실 대부분의 사람들에게 특별한 기쁨을 주지 않는다. 오히려 때로는 귀찮고 고통스럽기까지 하다. 그런데도 사람들이 조깅을 하는 까닭은 이것이 장기적으로 자신의 이해에 맞기 때문이다. 조깅을 하면 장기적으로 더 나을 것이라고, 더 오래 건강하게 살 것이라고, 또 이렇게 매일 단련하면 자신이 좀 더 매력적인 사람이 될 것이라고 믿기 때문이다. 장기적인 자기향상을 위해 매일 약간의 자기부정을 지불한다. 운동부족이 건강과 행복에 비싼 대가를 요구할 수 있다는 것을 사람들이 인식하게 됨에 따라 조깅이 매력적인 대안으로 떠오른 것이다.

개인주의와 이기심은 이것과 유사한 상황에 처해 있다. 나는 우울증이 자아에 대한 지나친 헌신과 공익에 대한 불충분한 헌신에서 일부 유래한다고 주장했다. 이런 상태는 운동부족과 특정 콜레스테롤만큼이나 우리의 건강과 행복에 유해하다. 우리 자신의 성공과 실패에만 몰두하고 공동체에 진지하게 헌신할 줄 모르는 태도는 우울증의 증가, 건강의 악화, 무의미한 삶을 낳기 때문이다. 그렇다면 우리는 어떻게 우리의 이기심을 바탕으로 자신에 대한 투자를 줄이고 공동체에 대한 투자를 늘릴 것인가? 그 대답은 아마도 '도덕적 조깅'일 것이다.

요즘 세대에게는 타인에게 기부하는 것이나 공익증진을 위해 적지 않은 시간과 돈과 노력을 들이는 희생이 부자연스러울 것이다. 오히려 오늘날에는 자기 자신을 찾는 것이 자연스럽게 다가올 것이다. 한 세대 전에는 휴식과 잔치가 자연스럽게 다가왔다. 그것은 이상적인 주일主日이었다. 그러나 우리는 어느새 이런 기쁨을 삼가는 것이 더 낫다고 확신하게 되었고, 그래서 이제 정반대의 것을 하면서 일요일을 보낸다. 운동과 다이어트가 바로 그것이다. 그러나 커다란 변화는 적어도 가능성으로 존재하고 있다.

우리 자신과 우리 자녀들의 몸에 강력하게 밴 이기심의 습관을 어떻게 깨뜨릴 수 있을까? 우리에게 필요한 항抗우울성 전술은 아마도 연습, 즉 신체적 연습이 아닌 도덕적 연습일 것이다. 다음 중 하나를 스스로 채택할 수 있는지 생각해보라.

- 작년 과세소득의 5퍼센트를 기부하라. 유나이티드 웨이같은 자선단체에 기부하지 말고 (이들은 이미 당신을 대신해 이 일을 하고 있다) 당신이 직접 다른 사람에게 기부해야 한다. 기부대상으로 고려하는 사람들에게 당신이 이를테면 3000달러를 어떤 기본 목적을 위해서 기부할 계획인지를 알려라. 예상 수혜자들을 면접하여 요망사항들을 들어보고 결정하라. 돈을 기부한 다음에는 그것이 제대로 쓰이고 있는지 확인하라.
- 당신 자신의 즐거움을 위해서 정기적으로 하던 활동들 가운데 일부를 포기하라. 예컨대 매주 한 번씩 하는 외식, 화요일 밤마다 빌려 보는 비디오, 주말마다 즐기는 사냥, 퇴근 후 집에서 하는 비디오게임, 새 신발을 장만하는 일 등등. 그래서 (일주일에 저녁 한때에 해당하는) 이 시간을 타인이나 전체 공동체의 안녕을 위한 활동에 써라. 예컨대 무료급식소 봉사 또는 교육위원회 활동 거들기, 에이즈 환자들을 방문하기, 공원 청소, 당신의 모교를 위한 모금활동 등등. 그리고 당신의 즐거운 활동을

포기함으로써 절약된 돈을 이런 목적을 촉진하는 데 써라.
- 노숙자가 돈을 달라고 하거든 그 사람과 이야기하라. 과연 그 사람이 이 돈을 비파괴적인 목적에 사용할지 당신의 능력껏 헤아려보라. 그래서 그렇게 할 것이라는 판단이 서거든 그 사람에게 돈(적어도 5달러는)을 주어라. 극빈자들이 있을 만한 곳을 종종 들러서 그들과 이야기하고 정말로 필요한 사람들에게 돈을 주어라. 일주일에 3시간씩 이 일을 하라.
- 특별히 훌륭하거나 비열한 행위에 관한 기사를 읽거든 편지를 써라. 당신의 칭찬을 활용할 수 있을 만한 사람에게 팬레터를 써라. 당신이 혐오하는 사람이나 조직에게는 행실을 고치라는 편지를 써라. 편지를 들고 정치인이나 그밖에 직접적인 영향을 행사할 수 있는 사람을 찾아가라. 일주일에 3시간을 이런 일에 써라. 그러나 서둘지 말라. 회사에 중요한 보고서를 제출할 때처럼 한 글자 한 글자 신중하게 편지를 작성하라.
- 자녀들에게 물건을 거저 주는 법을 가르쳐라. 용돈의 1/4을 따로 떼어 기부하도록 가르쳐라. 누구한테 또는 어떤 활동에 돈을 기부할지 자녀 스스로 찾아내도록 하라.

이런 일들을 굳이 사심 없이 할 필요는 없다. (이것이 공익에 미칠 영향은 별도로 치고) 당신 자신에게 유익하기 때문에 이런 일을 한다고 해서 전혀 문제될 것이 없다.

공익분야에서 사람들을 자주 만나다 보면 오히려 더 우울해질 수 있다고 주장하는 사람도 있을지 모르겠다. 그래서 우울증을 피하고자 한다면 노숙자 보호소에서 근무하며 하룻밤을 보내느니 아카풀코[48]의 부자와 미인들과 어울리는 편이 나을 것이라고 말할지 모르겠다. 또 에이즈 말기환자들을 매주 한 번씩 방문하는 것은 매주 우울증에 시달리게 될 확실한 방법이라고 생각할지도 모른다. 사실 사람에 따라서는 정말로 그러지 않으리란 법도 없다. 그러나 고통 받는 인간을 접하는 것이 우리를 슬프게 할 수는 있어도 (이 책에서 우울이란 용어를 사용해온 의미에서) '우울하게' 하지는 않는다고 주장하고 싶다. 진정으로 우울해지는 까닭은 거칠고 지저분한 빈민들, 수척해진 에이즈 말기환자들 등의 '괴물'들로 가득한 세계에 자기가 붙잡혀있는 것처럼 상상하기 때문이다. 그러나 경험이 많은 자원봉사자들은 놀랍게도 일 속에서 스스로 기운을 얻게 되었다는 이야기를 자주 한다. 가난한 사람들과 병든 사람들을 접촉하면서 이들이 괴물이 아니라 자신들과 똑같은 인간이라는 사실을 깨닫게 되었다고 이야기한다. 나아가 고통 받는 사람들에게서 어느 정도 용감한 행동은 아주 흔히 볼 수 있다는 사실, 봉사활동을 하면서 보는 것들이 자신들을 슬프게는 할지언정 우울하게 만들지는 않는다는 사실, 그리고 꽤 자주 깊은 감동을 받는다는 사실 등을 이야기한다. 이론상 무기력한 사람들이 종종 놀랄 만큼의 정신적 또는 심리적 지배력을 지니고 있음을 직접 목격하는 것은 보는 이를 자유롭게 한다.

당신이 공익에 봉사하는 활동을 꾸준히 하다 보면 그것이 당신에게 의미 있는 일이 될 것이다. 그러다 보면 자신이 예전보다 덜 우울해지고 덜 아프다는 것을, 혼자서 쾌락에 빠지느니 공익을 위해 활동하는 것이 더 즐겁다는 것을 깨닫게 될 것이다. 가장 중요하게는 당신 내면의 공허함, 고삐 풀린 개인주의가 키워온 무의미함이 의미로 채워지기 시작할 것이다.

오늘날과 같은 선택의 시대에 어떤 길을 갈 것인지는 당연히 당신의 몫이다.

(2) 낙관성 학습

최대자아의 강점을 활용하는 두 번째 방법은 이 책의 주제와 관련된다. 우리는 이 책 여러 곳에서 실패와 상실에 대한 비관적 사고방식이 어떻게 우울증으로 이어지는지 보아왔다. 그리고 우리는 실패에 직면했을 때 좀 더 낙관적으로 생각하는 법을 배움으로써 우울증을 피하기 위한 영속적인 기술을 획득할 수 있었다. 이제 우리는 이를 통해 더 많은 것을 달성하고 더 건강해질 수 있다.

그러나 최대자아가 오늘날처럼 번창하기 전에는 낙관성을 학습할 수 있다는 주장이 별 의미가 없었을 것이다. 우울증을 유전자나 그 밖의 생물학적 요인의 결과로 보는 사회가 있다면 그런 사회에서는 실패에 직면했을 때 굳이 생각하는 습관을 고쳐야할 이유를 별로 찾지 못할 것이다. 자아를 최소한으로 간주하는 사회에서는 아예 심리적인 문제에 별 관심을 기울이지 않는다. 그러나 우리 사회처럼 자아를 찬양하는 사회에서는 자아, 자아의 생각, 그 생각의 결과 등이 세심한 과학과 치료 및 자기향상의 주제가 된다. 이 향상된 자아는 비현실적인 꿈이 아니다. 이미 보았듯이 자아의 낙관성 수준은 뒤따라 일어날 일을 근본적으로 바꿀 수 있다. 나아가 자아의 낙관성 자체도 변화될 수 있다.

내 딸 라라와 같은 세대는 운이 따라준다면 우울증을 우리의 사고방식에서 비롯한 것으로 보게 될 것이다. 그리고 더 중요하게는 우리의 사고방식을 변화 가능한 것으로 보게 될 것이다. 최대자아를 보호하는 커다란 방벽의 하나는 자아가 자신의 사고방식을 변화시킬 수 있다고 스스로 믿는 데 있다. 그리고 이 믿음은 실제로 변화가 일어날 수 있게 만들 수 있다.

낙관성 학습만 가지고 밀물처럼 밀려오는 우울증을 사회 전체의 규모에서 막아내지는 못할 것이다. 낙관성은 인간 지혜에 추가된 한 가지 유용한 부가물일 뿐이다. 낙관성 자체가 우리에게 의미를 선사할 수는 없다. 낙관성은 우리가 스스로 설정한 목표를 이루는 데 유용한 도구일 뿐이다. 의미나 공허함은 선택된 목표 자체에 따라 결정될 것이다. 낙관성 학습가 공동체에 대한 새로운 헌신과 결합될 때 비로소 우리 사회에 만연한 우울증과 무의미함은 종말을 고할 것이다.

유연한 낙관성

낙관성이 우리에게 좋다는 것은 거의 틀림없는 사실이다. 게다가 낙관성은 우리를 더욱 즐겁게 만든다. 매순간 우리 머릿속에 더 유쾌한 것들이 떠오른다. 그러나 낙관성만 주문처럼 외운다고 해서 우울증과 실패와 좋지 못한 건강상태가 치유되는 것은 아니다. 다시 말해 낙관성이 만병통치약은 아니다. 우리가 앞에서 살펴보았듯이 낙관성에는 한계가 있다. 첫째, 낙관성의 효과는 문화에 따라 차이가 날 것이다. 둘째, 낙관성은 때로 현실을 직시해야 하는 상황에서 방해가 될 수 있다. 셋째, 낙관성은 일부 사람들이 자신의 실패에 대한 책임을 회피하는 데 이용될지 모른다. 그러나 이런 한계는 한계일 뿐이다. 이것이 낙관성의 혜택을 무색하게 만들지는 않는다. 오히려 이것은 낙관성을 균형 잡힌 시각에서 바라보게 만든다.

이 책의 첫 장에서 우리는 세계를 바라보는 두 가지 방식에 관해 이야기했다. 낙관적인 방식과 비관적인 방식이 그것이다. 만약 당신이 지금까지 비관적인 사람이였다면 당신은 어쩔 수 없이 비관성 속에서 살 수밖에 없었다. 그런 상황에서 당신은 빈발하는 우울증을 견디어야만 했을 것이며 당신의 직업과 건강에도 피해를 입을 수밖에 없었을 것이다. 또 당신의 마음에는 늘 검은 먹구름이 끼여 있었을 것이다. 그리고 그 대가로 예리한 현실감각과 강한 책임감을 지닌 채 살아왔을 것이다.

그러나 이제 당신은 선택할 수 있다. 낙관성을 배우면 그것의 노예가 되는 것이 아니라 필요할 때만 그 기술을 선택해 사용할 수 있게 된다.

예를 들어 당신이 낙관성 기술을 훌륭히 익혔다고 치자. 그러면 패배와 실패에 직면했을 때 예전처럼 파국으로 몰고 가는 생각에 괴로워하는 대신에 이제는 그런 생각들을 반박하여 우울함을 줄일 수 있다. 그러는 사이 또 다른 좌절이 찾아올 수 있다. 예컨대 당신의 딸아이가 유치원에서 가장 어리고 키도 가장 작다고 치자. 이대로 가다간 딸아이가 매년 동급생들보다 덜 성숙한 아이로 남을 것처럼 보인다. 그래서 유치원 선생은 이 아이를 진학시키지 말고 같은 과정을 1년 반복시키길 원한다. 이것이 이제 당신을 걱정스럽게 만든다. 딸아이를 1년 더 유치원에 보낸다는 것은 울적한 전망이다.

이런 상황에서 당신은 모든 수단을 동원해 이런 전망을 반박하는 쪽을 선택할 수 있다. 그래서 딸아이가 초등학교에 진학해야만 하는 이유들을 찾을 수도 있다. 우리 애는 IQ도 높고 음악적 재능은 이미 유치원 수준을 훨씬 넘어섰으며 게다가 얼굴도 예쁘다. 그러나 당신은 반박하지 않는 쪽을 선택할 수도 있다. 지금은 당신 자신의 우울함을 물리쳐야 할 순간이 아니라 현실을 냉정하게 바라보아야 할 순간이라고 스스로 말할 수도 있다. 우리 애의 장래가 걸린 문제 아닌가? 여기서 잘못해서 치르게 될 대가는 나 자신이 의기소침해지는 것보다 더 클 수도 있다. 그렇다면 지금은 현실을 돌아볼 시간이다. 이렇게 당신은 자신의 비관적 생각들을 반박하지 않는 쪽을 선택할 수도 있다.

이제 당신은 더 많은 자유, 또 하나의 선택을 누릴 수 있게 되었다. 우울함을 줄이기, 일을 더 잘하기, 건강해지기 등이 중요하다는 판단이 서면 당신은 낙관성을 사용하는 쪽을 택할 수 있다. 그러나 현실을 직시하기, 깨끗이 인정하기 등이 필요하다고 판단한다면 낙관성을 사용하지 않는 쪽을 택할 수도 있다. 낙관성을 배웠다고 해서 당신의 가치관이나 판단력이 손상되는 것은 아니다. 오히려 자신이 설정한 목표를 더 잘 이루기 위해 새로운 도구를 쓸 수 있는 자유가 생긴 것이다. 낙관성은 당신이 평생의 경험을 통해 체득한 지혜를 더욱 잘 발휘하도록 도와줄 것이다.

그렇다면 타고난 낙관적인 사람의 경우는 어떠한가? 비관적인 사람이 지금까지 비관성의 독재에 얽매어 있었던 것과 마찬가지로 이런 사람도 지금까지는 낙관성의 독재에 노예처럼 얽매어 있었다. 물론 이런 사람은 그동안 큰 혜택을 입었다. 비관적인 사람보다 덜 우울했고 더 건강했으며 일도 더 잘해왔기 때문이다. 게다가 높은 공직에 선출될 가능성도 더 컸다. 그러나 달콤한 환상과 빈약한 책임감이라는 대가를 지불해야 했다. 적어도 지금까지는 그러했다.

낙관성이 무슨 일을 하며 어떻게 작동하는지 알게 된 만큼 타고난 낙관적인 사람도 이제 자유로워졌다. 그도 자신의 가치관과 판단력을 동원할 수 있으며, 불길한 생각을 반박하는 매우 유효한 습관을 지금은 자제할 때라고 스스로 말할 수 있다. 지금은 조심할 순간이라고 스스로에게 말할 수 있는 것이다. 이제 그는 낙관성의 혜택과 대가를 알고 있으므로 자신의 반박기술을 사용할지 여부를 선택할 수 있게 되었다.

이처럼 낙관성의 혜택은 무한한 것이 아니다. 비관성도 사회 전체에서든 우리 개인의 삶에서든 나름의 역할을 가지고 있다. 비관성이 귀중한 전망을 펼쳐보일 때 우리는 용감하게 비관성을 감내해야만 한다. 우리가 원하는 것은 맹목적 낙관성이 아니라 유연한 낙관성, 눈을 뜬 낙관성이다. 우리는 비관성의 예리한 현실감각이 필요할 때 그것을 사용할 줄 알아야 한다. 그러나 그것의 어두운 그림자 속에서 헤매서는 안 될 것이다.

  내가 생각하기에 이런 종류의 낙관성이 가져다줄 혜택은 정말이지 무한하다.

| 감사의 글 |

 이 책이 나오기까지 결정적인 도움을 주신 네 분이 있다. 우선 누구보다도 톰 콩돈을 들어야겠다. 개인적 통제에 관해 일반인을 대상으로 한 책을 쓰기로 최종 결심을 했을 때 나는 도움이 필요했다. 전문적인 글쓰기라면 꽤 자신이 있었지만 대화체 쓰기, 글의 긴장 유지하기, 내가 아는 학자들 묘사하기와 같은 것들은 내가 지금까지 해본 것과는 전혀 다른 종류의 일이었다. 그래서 나는 톰을 만나 함께 작업하자고 그를 설득했다. 톰은 이 책의 거의 모든 문장들을 다듬었을 뿐만 아니라 책의 편제를 바꾸는 일도 도와주었다. 톰은 전문가들이 간과하기 쉬운 점들을 지적하여 나로 하여금 그것들을 다시 한 번 생각하도록 했다. 그러나 무엇보다도 고마운 것은 내 기운이 시들해졌을 때, 편집자가 불평을 늘어놓았을 때, 하드디스크가 망가졌을 때, 생각이 메말라버렸을 때 등등 어려울 때마다 늘 곁에 있으면서 힘과 용기를 불어넣어 주었다는 점이다. 이제 톰은 내게 친구가 되었다.
 포사이트 회사의 사장 댄 오랜은 이 책을 쓸 것을 내게 강력하게 권했지만 나는 망설였다. 아직 부족한 점이 너무 많았기 때문이었다. 개인적 통제에 대해 수행해야 할 실험들과, 우울증과 그에 따른 수행저하를 예방

하기 위해 작성해야 할 지침서들이 아직 많이 남아있었다. 삶의 다양한 모습들 가운데 낙관성의 효과를 아직 확인하지 못한 분야들도 너무 많았다. 그가 이런 일들을 나와 함께 해주었기 때문에 비로소 책 쓰는 일이 가능하게 되었다. 그러나 이 작업에 점점 더 진지하게 관여하게 되면서 이것이 내 일생의 작업이 될 것이라는 점을 깨달았고 내가 이 일의 책임자였으므로 이 책의 단독 저자가 되기로 했다.

그밖에도 댄은 리처드 파인을 소개시켜 주었는데, 리처드는 나의 대리인 역할을 해주었다. 「뉴욕타임스」 최근 기사에 따르면 대리인이란 "아무리 전화해도 응답이 없는" 사람이라고 한다. 하지만 리처드는 그렇지 않았다. 그는 모든 저자들이 탐낼 만한 사람이었다. 그는 이 책의 모든 단어를 적어도 네 번씩 읽었으며 그 때문에 적지 않은 단어들을 바꾸어야 했다. 우리가 첫 모임을 마쳤을 때 내가 고집불통이란 것을 눈치 챈 리처드는 "부디 책이 잘 되길 기원합니다. 그것으로 종교도 만들 수 있을 것입니다" 하고 말했다.

이 엉뚱한 말에 당황한 나는 새 장인이자 점잖은 영국인 기업가 데니스 매카시와의 만남에서 이 이야기를 들려드렸다. 그러자 그가 말했다. "그건 나도 잘 모르겠네. 하지만 큰 기업체를 한번 생각해보게나. 좋은 기업체에는 보통 연구팀과 개발팀이 따로 있지. 자네는 지난 25년 동안 개인적 통제에 대한 기본 연구를 해왔고 최근에 와서야 비로소 개발 단계에 들어선 셈이야. 이 책은 어떻게 하면 더 합리적인 삶을 살 것인지 궁금해 하는 일반인에게 자네의 기본적인 생각들을 전달하려는 것인 만큼 고도의 개발 작업이 필요하다고 볼 수 있어." 바로 이 순간 나는 이 책을 쓰기로 결심했다. 그 뒤 1년 반 동안 많은 것을 여기에 쏟아부었다. 아울러 데니스는 직업에 관한 장을 쓰는 데 소중한 조언들을 아끼지 않았다.

그밖에도 많은 분들이 나의 원고에 대해 전체적으로나 부분적으로 매우 유용한 조언들을 해주셨다.

첫째로 편집자 조나단 시걸에게 감사한다. 그는 냉정하게 원고를 읽어 내려가면서 문체뿐 아니라("늘 끝맺음을 확실히 하셔야죠") 핵심 내용 자체에 대해서도("유연한 낙관성을 강조하세요. 사람들이 비관성의 포로 대신 낙관성의 포로가 되길 바라시는 것은 아니겠지요? 비관성이 좋은 점은 무엇일까요? 낙관성보다 차라리 비관성이 더 바람직한 상황은 어떤 것일까요?" 등등) 좋은 지적을 많이 해주었다. 그의 도움으로 내용이 더욱 충실한 책이 될 수 있었다.

그다음으로 캐런 레이비치에게 감사한다. 캐런은 대화체 문장을 아주 훌륭하게 쓸 줄 알았다. 그래서 나는 그에게 포사이트 회사에서 설명양식의 변화를 위한 세미나들을 계획하고 운영했던 경험을 바탕으로 대화문장들을 많이 만들어달라고 부탁했다. 의사와 환자 또는 엄마와 자녀 사이의 대화 가운데 많은 부분은 캐런의 경험과 풍부한 상상력 덕분에 빛을 보게 되었으며 그밖에도 책의 제목과 소제목들에 대해서 장시간 나와 토론했다. 나는 캐런이 심리학자가 되길 바라지만 톰 콩돈은 캐런이 작가가 되길 바란다. 어쨌든 우리 둘 모두 그의 재능을 높이 평가한다는 사실은 일치한다.

피터 슐먼은 지난 8년 동안 내 학문연구의 관리인이자 포사이트 회사의 사업담당 부사장으로 나와 함께 일했다. 이 책의 여러 논점과 관련해 나는 피터에게 더 많은 관련 자료를 분석해달라고 부탁했다. "육군사관학교에서 낙관적인 사람들이 비관적인 사람들보다 학점 평균이 얼마나 더 높았나요?" "푸르덴셜의 특수인력도 메트라이프의 특수인력만큼 잘 합니까?" 등의 질문들에 피터는 언제나 지체 없이 신중하면서도 종종 재기 넘치는 대답을 해주었다.

내 딸 아만다 셀리그만은 현재 프린스턴대학 4학년으로 고전문학을 전공하고 있는데 작업 초기에 원고의 처음 1/3을 읽으면서 글을 현실감 있게 바꾸도록 도와주었다.

내 비서 테리 실버는 열거하기에 너무 많은 일들을 도와주었다.

그리고 1989년~1990년 펜실베이니아대학에서 내 세미나에 참석했던 스무 명의 학부생과 여덟 명의 대학원생들은 초고 전체를 읽어주었으며 그 중 많은 학생들이 유용한 조언을 해주었다.

그밖에도 많은 사람들이 각 장을 쓰는 데 도움을 주었다. 내게 함께 작업할 기회를 주거나 또는 내 작업에 직접적인 영감을 주었던 아래의 모든 이들에게 감사한다.

1장을 쓰기 시작하면서 여러 능숙한 작가들의 도움을 받았다. 랄프 케이스, 캐롤 스틸먼, 밥 트로터는 모두 맨 처음 원고를 읽은 뒤 올바른 방향으로 나를 인도하기 위해 노력했다.

2장은 학습된 무기력의 역사를 서술한 장이다. 나를 도왔던 사람들의 공헌을 2장에서 연대순으로 밝힌 바 있지만, 이 분야를 개척하고 이끄는 데 큰 도움을 주었던 스티브 마이어, 브루스 오버미어, 딕 솔로몬, 돈 히로토를 이 자리에서 따로 언급하고자 한다. 국립정신보건원, 국립과학재단, 구겐하임재단, 우드로우 윌슨 재단은 이 시기에 내 연구를 후원했다.

3장은 설명양식에 대해 논의한 장으로 이 개념이 생겨나기까지 린 아브램슨, 크리스 피터슨, 존 티즈데일, 주디 가버의 도움이 컸다. 이들에 관한 이야기는 3장에서 서술했다. 캐런 레이비치는 이 장에 소개된 질문지를 만들고 평가하는 데 도움을 주었다. 국립정신보건원은, 특히 잭 메이저와 밥 히르쉬펠트는 20년 이상 내 연구를 지원했으며 국립과학재단에도 특별한 감사를 드린다. 행동과학종합연구센터도 이 시기에 나를 후원했다.

　4장과 5장은 우울증에 관한 장이다. 우울증에 씌워있었던 신비함을 제거하고 그것을 제대로 이해하기 위한 단초를 제공했던 아론 벡과 앨버트 엘리스를 언급하지 않을 수 없다. 벡은 딘 스카일러, 미키 스턴카드와 더불어 내게 우울증의 치료가능성을 보여준 스승이었다. 제리 클러먼, 미르너 와이스먼, 재니스 이글랜드, 벅 쉬펠린은 모두 우울증의 세계적 현황을 이해하는 데 결정적인 기여를 했다. 러노 래드로프는 CES-D 검사를 개발했다. 스티브 홀론, 랍 드루베, 마크 에반스는 우울증의 인지치료에 대한 결정적인 연구를 수행했다. 이들의 협력에 감사한다. 수잔 놀렌-획세마는 반추와 우울증의 성차에 관한 이론을 고안 및 검증했다. 국립정신보건원은 이 분야의 내 연구를 지원했다. 만약 이 기관이 정서장애 분야에서 수백 명의 연구자들을 후원하지 않았다면 우울증은 여전히 치료 불가능한 신비로 남아있었을 것이다. 이 위대한 미국 기관에 인류 전체가 감사해야 할 것이다.

　6장은 성공적인 직장생활에 관한 장이다. 메트라이프생명보험은 내게 큰 영감을 주었을 뿐만 아니라 나의 많은 생각들을 검사하고 증명할 수 있는 기회를 마련해주었다. 특히 7년 동안 끈기 있게 협력해준 딕 칼로제로, 모든 것이 시작되도록 힘써준 존 크리돈, 일의 관리를 맡았던 하워드 메이스와 밥 크리민스, 귀인양식 질문지에 응답했던 알 오버랜더, 조이스 지제츠, 이반 미세를 비롯해 거의 20만 명에 달하는 입사지원자와 영업사원들에게 감사한다. 메리 앤 레이든 박사는 이 질문지 작성에 중요한 기여를 했다. 그밖에 에이미 세멜, 린 아브램슨, 로렌 앨로이, 나딘 캐슬로우는 나와 여러 번 모임을 가지면서 질문지를 다듬는 데 기여했다.

　존 라일리는 보험업계의 지도자들에게 나를 소개해주었다. 포사이트 회사의 댄 오랜과 피터 슐먼은 관련 연구들을 수행하였고 그 결과들을 분석했다. 로버트 델은 훌륭한 '특별사원'의 전형이었다. 자신의 개인적인 이야기를 책에 쓸 수 있도록 해준 그에게 감사한다. 그밖에도 귀인양식 질문지에 답해준 뮤추얼 오브 오마하, 푸르덴셜, 릴라이언스 회사의 많은 지원자들과 사원들에게 감사한다.

데니스 매카시는 낙관성과 업계에 관한 통찰을 제공했다. 로렌 앨로이와 린 아브램슨은 우울한 사람들의 현실감각에 대한 연구를 주도했던 심리학자들이다.

7장과 8장은 부모와 자녀에 관한 장으로 나딘 캐슬로우와 리처드 탄넨바움은 아동 귀인양식 질문지를 만드는 데 주도적인 역할을 했다. 어린 학생들의 무기력에 대한 캐롤 드웩의 연구는 성취와 설명양식의 관계에 대한 분야를 개척했다. 크리스 피터슨은 설명문구 내용분석 기법을 고안하였고, 글렌 엘더는 이 기법을 역사적 자료에 적용하는 데 결정적인 영감을 주었다. 마틸다 라일리, 버트 브림, 폴 발테스, 데이브 페더먼, 주디 듄이 이끈 평생발달 사회과학연구위원회는 우리의 아동종단연구를 여러 방면에서 지원하였으며 국립정신보건원은 이 연구의 자금을 제공했다.

조앤 지르구스와 수잔 놀렌-획세마는 아동의 설명양식과 우울증 분야에서 핵심적인 공헌을 했다. 이 두 사람은 8장을 읽으면서 중요한 수정을 해주었다. 뉴저지 주의 프린스턴, 트렌턴, 이스트윈저에 있는 학교들은 우리가 지난 5년 동안 학생들을 검사하도록 넓은 아량으로 허락해주었다. 이 학교들의 교사, 부모, 이사진과 특히 어린 학생들에게 깊은 감사의 말을 전한다. 신디 프루흐트만과 질다 폴은 이 연구들을 수행했다. 펜실베이니아대학의 윌리스 스테트슨과 입학처 간부들, 육군사관학교의 딕 버틀러, 밥 프리스트, 윌리엄 버크는 협력을 아끼지 않았다. 내 아들 데이비드 셀리그만은 나를 도와 사관학교에서 질문지를 돌렸다.

여러 대학원생들은 불화 중인 부부에게 다투지 말라고 순진하게 조언하는 일에 대해 유익한 조언들을 해주었다. 리사 제이콕스, 데보라 스팀스, 제인 아이즈너, 그렉 뷰캐넌, 니콜라스 맥스웰, 캐런 레이비치, 제인 길햄은 모두 8장을 꼼꼼히 읽고 서술방식에 관한 조언들을 해주었다.

9장은 스포츠에 관한 장이다. 크리스 피터슨은 설명양식과 스포츠의 관계에 대한 최초의 연구를 수행했다. 데이비드 레튜, 캐런 레이비치, 데이비드 셀리그만은 장기간에 걸쳐 이 분야 연구에 적극적으로 동참했다. 데이비드 레튜는 내셔널리그 연구를 수행했다. 엘라이어스 스포츠회사의 야구통계집은 경이로운 것이었다. 수잔 놀렌-획세마는 버클리 수영선수들에 대한 연구를 수행했다. 버클리 수영코치 노트 손튼과 카렌 모우 손튼, 누구보다도 버클리대학 수영팀의 남녀 선수들에게 특별히 감사한다.

10장은 건강에 관한 장이다. 매들런 비지테이너, 조 볼피셀리, 스티브 마이어, 레슬리 카멘, 주디 로딘은 학습된 무기력과 설명양식과 건강 사이의 관계에 대한 초기 연구를 수행했다. 크리스 피터슨과 조지 베일런트는 설명양식과 건강의 관계를 일생의 차원에서 연구했다. 주디 로딘과 샌디 레비는 건강과 면역체계와 성격의 관계에 대한 맥아더연구들을 기획하고 지도했다. 조지 해리스는 이 연구의 중요성을 내게 일깨워주었고 이것을 세상에 널리 알리는 역할을 했다. 관대하고도 대담했던 맥아더재단과 국립노화연구소는 이 연구를 후원했다.

11장은 정치와 문화, 그리고 종교에 관한 장이다. 해럴드 줄로우는 미국 정치에 대한 연구를 앞장서 수행하였으며 나는 그를 응원하는 역할을 했다. 마찬가지로 가브리엘레 외팅겐은 설명양식의 문화비교 연구를 앞장서 수행하였으며 나는 그를 응원했다. 에바 모라브스카와 가브리엘레는 유대교와 러시아정교에 대한 연구를 수행했다. 댄 골맨은 1988년의 대통령 경선을 예측해보라고 제안했으며 앨런 코스는 엄격하고도 예측력 있는 역사심리학의 가능성을 거의 20년 전에 주장했다. (아울러 앨런은 15년 전에 내 책 《무기력Helplessness》이 나왔을 때 다음 책은 정반대의 것이길 바란다고 말했던 사람이기도 하다. 그리고 실제로 그렇게 되었다) 잭 래취먼은 나를 에든버러 시의 도박장들에 데려가주었다. 가엾게도 그 역시 듀카키스에게 돈을 걸었다.

12~14장은 설명양식의 변경에 관한 장이다. 아트 프리맨과 스티브 홀론은 우울증 환자에 대한 벡의 인지치료 원리들을 우울하지 않은 사람들 대상의 예방용 훈련프로그램 및 연습으로 전환하는 작업을 주도했다. 댄 오랜과 캐런 레이비치는 이 작업을 관리하였을 뿐만 아니라 내용적으로도 중요한 공헌을 했다. 팀 벡과 앨버트 엘리스는 이 분야 전체의 토대를 놓았으며 그들의 여러 견해와 도식이 이 작업으로 통합되었다.

에드 크레이그헤드와 로버트 드몬브론은 15년 전에 아동용 예방프로그램을 최초로 작성하였으나 아직 시기가 무르익지 않았었다. 수잔 놀렌-획세마와 주디 가버 역시 아동의 우울증 예방법을 이해하는 데 중요한 기여를 하였으며 13장에 대해 유용한 제안들을 해주었다.

메트라이프생명보험과 특히 딕 칼로제로, 하워드 메이스, 밥 크리민스, 이반 미세, 조이스 지제츠, 존 크리돈은 업계에서 설명양식의 변경에 대해 연구할 때 중요한 역할들을 맡아주었다. 특히 포사이트 회사의 세미나에 참석했던 메트라이프생명보험 직원들에게 감사한다.

15장은 미래에 관한 장이다. 이 장 내용의 일부가 되어준 라라 카트리나 셀리그만에게 감사한다. 조지 해리스는 나로 하여금 우울증과 개인주의에 관해 쓰지 않을 수 없게 만들었다. 그리고 미국심리학회의 초대로 행했던 1988년 스탠리 홀 강연은 내게 이런 생각들을 펼칠 최초의 기회를 마련해주었다. 크노프 출판사의 이름을 알 수 없는 교정자의 노고도 치하하지 않을 수 없다. 그는 문예부흥기 회화에 대한 논평이 정확한지 확인하기 위해 사원의 소장품들을 직접 가서 보았다. 그것은 최고의 교정 작업이었다. 20년 이상 나의 브리지 게임 상대이자 지적 자극의 원천인 배리 슈와르츠는 나로 하여금 이기심과 개인주의의 문제 및 약한 첫패[49]에 대해 다시 생각하게 만든 주요 인물이었다.

끝으로 내 삶과 이 책에 전반적인 영향을 끼친 두 가지가 있다. 펜실베이니아대학 심리학과는 25년에 걸친 이 모든 작업의 본거지이자 후원처였다. 나는 그곳에서 스승과 제자 및 동료들에게 갚기엔 벅찰 만큼 많은 신세를 졌다.

누구보다도 라라의 엄마이자 내 아내인 맨디 매카시에게 감사하고 싶다. 그의 사랑과 지적 통찰력, 그리고 지칠 줄 모르는 지원이 없었더라면 이 책은 세상에 나올 수 없었을 것이다.

마틴 셀리그만

| 주석 |

1 영어에서는 예컨대 행동주의behaviorism에서처럼 어떤 자극의 반응으로서 행동을 기술할 때는 'behavior'를, 의사소통행위communicative action처럼 의도나 의미 등과 관련해 행동을 기술할 때는 'action'을 쓰는 경향이 있다. 이런 차이를 반영하자면 'behavior'는 행동, 'action'은 행위로 옮기는 것이 가장 적당해 보인다. 그러나 한국어에서는 이런 어법이 일상적으로 자리 잡은 것 같지 않으므로, 문체가 어색해지지 않는 범위에서만 그렇게 옮겼다.

2 촘스키는 능력competence과 수행performance을 구분하면서, 언어수행의 부재(예컨대 '전혀 듣거나 말한 적이 없는 문장') 또는 결함(예컨대 '사람들이 가끔 저지르는 말실수')이 반드시 언어능력(linguistic competence, 곧 사람들로 하여금 문법에 맞는 문장을 만들고 이해할 수 있게 해주는 지식)의 부재 또는 결함을 뜻하는 것은 아니라고 주장한다. 따라서 행동주의자들처럼 수행만 관찰해서는 능력을 제대로 이해할 수 없다는 것이다. 그 대신 촘스키는 사람들의 언어능력을 이해하기 위해 생성문법generative grammar, 곧 한 언어의 문법에 맞는 문장들을 거의 무한히 생성하는 데 쓰이는 유한한 규칙들을 찾고자 했다.

3 미국 최초의 정신분석가 양성기관인 뉴욕 정신분석연구소New York Psychoanalytic Institute는 1931년 맨해튼에 세워졌다. Ann Douglas, *Terrible Honesty: Mongrel Manhattan in the 1920s*(1996)는 1920년대 미국 문화의 중심지였던 맨해튼과 프로이트의 관계에 관해 자세히 서술하고 있다.

4 러시아 생리학자 파블로프Ivan Pavlov(1849-1936)는 특정 자극(예컨대 종소리)을 음식과 함께 개에게 반복해서 제시했더니 나중에는 그 자극만 제시해도 개가 침을 흘린다는 사실을 발견했다. 이처럼 두 자극(예컨대 종소리와 음식)이 연합되어 한 자극에 대

해 일어났던 반응이 다른 자극에 대해서도 일어나게 되는 현상을 가리켜 파블로프 조건형성Pavlovian conditioning 또는 고전적 조건형성classical conditioning이라 부른다.

5 브롱크스Bronx는 미국 뉴욕 북부의 자치 행정구임.

6 인지주의cognitivism: 행동주의와 달리 개인의 인지과정을 중시하는 심리학의 한 입장.

7 브라헤Tycho Brahe: (1546-1601) 덴마크의 천문학자.

8 위에서처럼 인간을 대상으로 무기력 실험을 한 경우에는 실험 참여자들이 우울한 마음상태로 실험실을 떠나지 않도록 조치를 취했음을 밝혀두고자 한다. 실험이 끝난 뒤에는 소음이나 기타 문제들이 애당초 풀 수 없는 것이었음을 참여자들에게 알려주어 무기력이 지속되지 않도록 했다. 〔저자 주〕

9 흠정교수Regius Professor란 국왕이 임명한 교수로 케임브리지, 옥스퍼드, 더블린, 글래스고우, 애버딘, 에든버러의 대학에 있는 제도다.

10 알렉 기네스Alec Guinness(1914-2000), 존 길구드John Gielgud(1904-2000), 로렌스 올리비에Laurence Olivier(1907-1989)는 모두 빼어난 영국 배우들이다.

11 다음 문장에 'your hope score for bad events'란 표현이 있는 것으로 보아 HoB는 'Hope Score for Bad Events', 곧 '나쁜 일에 대한 희망점수'의 약자인 듯하다.

12 심리학에서 중요한 개념인 self-esteem은 흔히 '자존심' 또는 '자기존중감'으로 번역된다. 그러나 한국어에서 '자존심'은 오늘날 대부분 부정적 맥락에서 쓰이므로 (예컨대 "저 친구는 자존심이 세서 문제야") 이 말로 옮기기가 망설여진다. '자기존중감'은 평소 쓰지 않는 조어이므로 좋은 대안이 있다면 굳이 쓰고 싶지 않다. 한국어에서 자신감, 자부심, 자존심은 조금씩 다르게 쓰인다. 자신감, 곧 어떤 일에 대하여 자신의 능력을 믿는 마음은 어떤 일에 대한 태도인 반면에 자부심, 곧 그런 자신감을 근거로 자기를 가치 있게 여기는 마음은 자신에 대한 태도다. 반면에 자존심, 곧 자기를 높이는 마음도 (자부심과 비슷하게) 자신에 대한 특정한 태도이지만, 여기서는 그런 태도의 근거에 대한 (곧 왜 자기를 높이는지에 대한) 언급이 함께 담겨있지 않은 듯하다. 자존심이란 말이 주로 비난의 의미로 쓰이는 까닭도 이처럼 근거와 무관하게 주장된 태도로 자존심이란 말이 이해되기 때문이 아닌가 싶다. 이와

달리 자부심은 태도의 근거와 건강한 긴장관계를 유지하고 있는 태도표현인 듯하다. 이런 생각으로 이 책에서는 self-esteem을 대부분 자부심으로 옮겼다.

13 원래 골든 걸Golden Girl은 1940년대 마블Marvel사의 연재만화에 등장하는 여자영웅의 이름이다.

14 미국정신의학회American Psychiatric Association에서 발행하는 《정신장애 진단 및 통계 편람》은 세계보건기구WHO에서 발행하는 《국제 질병 및 건강문제 분류》와 함께 세계적으로 가장 널리 쓰이는 정신장애 진단용 편람이다. 본문에 나오는 DSM-III-R은 1986년에 발행된 제3판 개정본이고 최근 판은 2000년에 발행된 제4판 문구개정본Text Revision인 DSM-IV-TR이며 2011년에 DSM-V가 나올 예정이다.

15 카페인과 암페타민은 신경을 흥분시키고 발륨은 신경을 안정시키는 작용을 하는 향정신성向精神性 약물들이다.

16 잭 케루악Jack Kerouac(1922–1969)은 미국의 소설가이자 시인으로서 1950년대 후반에서 1960년대 초에 이름을 날린 작가집단 '비트제너레이션Beat generation'의 대표적 인물이었다. 비트제너레이션 선언은 1952년 뉴욕타임즈에 실렸다. 비트족이라고도 불리는 이들은 사회의 경쟁과 감시체제에 반대해 자유분방한 삶과 예술을 추구하였으며 선禪, 마약, 재즈 등에 큰 관심을 보였다. 비트족은 2차 대전 후 최초의 저항문화집단으로서 히피족 등 1960년대 저항문화의 씨앗이 된 것으로 평가받는다. 본문에서 케루악 세대란 이런 비트족을 가리킨다.

17 학습심리학자들은 두 자극이 연합되어 한 자극에 대해 일어났던 반응이 다른 자극에 대해서도 일어나게 되는 현상(예컨대 종소리와 음식이 연합되어 개가 종소리만 듣고도 침 흘리는 반응을 보이는 현상)을 가리켜 파블로프 조건형성Pavlovian conditioning 또는 고전적 조건형성classical conditioning이라 부른다. 그리고 이렇게 형성된 자극과 반응 사이의 관계를 다시 없애는 과정이 소거extinction다. 월프Joseph Wolpe(1915–1997)가 개발한 공포증 치료법은 오늘날 '체계적 둔감법systematic desensitization'이라 불리는 것으로 예컨대 고양이에 대한 공포증을 가진 환자에게 고양이 사진, 옆방에 있는 고양이, 바로 옆에 있는 고양이, 고양이 쓰다듬기 식으로 점점 더 강한

자극을 주어 그것에 적응하는 훈련을 시키는 방법이다. 이것은 (과거에 충격적인 경험 등을 통해 형성된) 고양이와 공포반응 사이의 관계를 다시 없애는 소거절차에 해당한다고 볼 수 있다.

18 설명양식에 관한 질문지에 응답하지 않은 사람들의 비관성을 점수화하는 방법으로 이른바 CAVE(설명문구 내용분석)가 있다. 이것에 관해서는 7장에서 설명했다. 〔저자 주〕

19 1950년대에 심장병 전문의 프리드만Meyer Friedman 등은 사람들을 A형과 B형이라는 두 개의 인성유형personality type으로 나누면서 A형 인성을 가진 사람들이 B형보다 관상심장병에 걸릴 위험이 크다고 주장했다. 이때 A형 인성이란 1) 목표달성을 향한 채워지지 않는 욕망, 2) 어떤 상황에서도 기꺼이 경쟁하려는 마음, 3) 인정과 출세에 대한 강한 욕망, 4) 한정된 시간에 여러 가지 일을 하려는 욕망, 5) 일을 완수하기 위해 늘 분망한 태도, 6) 평균 이상의 정신적·신체적 경계태세를 보이는 사람들을 가리킨다. 프리드만의 주장이 타당한지는 오늘날 논란의 대상이 되고 있다.

20 귀인양식 질문지에 응답하지 않은 또는 응답할 처지가 아니었던 사람들의 낙관성을 검사하는 방법으로는 설명문구 내용분석이 사용되었다. 〔저자 주〕

21 스크래플scrapple은 잘게 썬 돼지고기와 야채와 옥수수 가루로 만든 튀김요리다.

22 원문에 실린 속담은 "Failure is an orphan and success has a thousand fathers"로 "실패는 아비 없는 자식이고 성공은 다들 자기가 아버지라 한다"쯤 되겠다. 심리학에서는 이처럼 사람들이 무슨 일에 실패하면 책임을 회피하고 성공하면 자신의 공로를 추켜세우는 행동경향을 가리켜 자기위주 편향self-serving bias이라고 부른다. 이런 편향은 겸양의 미덕을 강조하는 동양보다 개인의 성취를 강조하는 서양에서 더욱 뚜렷하게 나타난다고 한다.

23 4분에 1마일 달리기 경주four-minute mile는 4분 안에 1마일(1609.344미터)을 달려야 하는 중거리경주로 한때 인간에게 불가능한 일로 간주되었다. 그러나 1950년대 이래로 육상선수들이 이 4분 장벽을 넘기 시작해 지금은 17초 정도 기록이 앞당겨졌다.

24 3장에서도 언급했듯이 HoB는 'Hope Score for Bad events', 곧 '나쁜 일에 대

한 희망점수'의 약자로 보면 되겠다.
25 도시재건사업의 일환으로 애틀랜틱시티에 합법적인 카지노 시설들이 들어서기 시작한 것은 1978년부터다.
26 데비 레이놀즈는 1932년 생으로 미국의 유명한 여배우이자 가수였다.
27 미국 통속심리학에서 이른바 알파아동alpha child은 지배적이고 남성적이며 좌뇌 중심으로 생각하고 행동하는 아동을 가리키는 반면, 오메가아동omega child은 복종적이고 여성적이며 우뇌 중심으로 생각하고 행동하는 아동을 가리킨다. 또는 형제자매들 가운데 부모가 가장 먼저 고개를 돌려 관심을 보이는 아이가 알파아동이라는 정의도 있다. 참고로 알파(A, α)는 그리스어의 첫째 자모고 오메가(Ω, ω)는 마지막 자모다.
28 여기에 예로 든 아이들과 치료환자들은 연구 참여자들의 신분보호를 위하여 꾸며 낸 인물들임을 밝혀둔다. (저자 주)
29 그윈과 사무엘은 둘 다 1960년 생으로 미국 메이저리그 야구선수였다. 그윈은 미국 야구역사상 최고의 타자 중 한 명으로 꼽히며 어느 한 시즌에도 .309 이하의 타율을 기록한 적이 없다고 한다. 반면에 사무엘이 1983년부터 1998년까지 16시즌에 걸쳐 기록한 타율 평균은 .259였다.
30 칸세코와 구든은 야구선수고 버드는 농구선수다.
31 제임스는 야구의 역사와 통계에 관한 책을 20권 이상 쓴 야구 평론가이며, 엘라이어스 스포츠회사는 프로스포츠 분야의 역사자료와 통계서비스를 제공하는 회사다.
32 패럿츠 비크는 캄보디아의 한 지역으로 베트남전 당시 공산군의 근거지로 이용되다 1970년 미군과 남베트남군의 침공을 받았다.
33 여기서 주디와 마티는 모두 애칭으로 각각 주디스 로딘과 마틴 셀리그만을 가리킨다.
34 '도덕적 다수파'는 미국의 보수적인 기독교 정치단체다.
35 '부두경제정책'이란 당시 레이건 정부의 경제정책을 비꼰 표현으로 1980년 공화당 예비선거에서 부시가 레이건 진영의 공급주도경제학supply-side economics을 주술종교인 부두교의 주술처럼 황당하다고 비판하며 처음 쓴 말이다.

36 나바호족은 미국 애리조나, 뉴멕시코, 유타 주의 보호구역에 사는 인디언족이다.

37 외팅겐-외팅겐과 외팅겐-슈필베르크는 중세 독일 바이에른 주에 있던 분국의 이름이자 그곳을 통치하던 영주 가문을 가리킨다.

38 이 원고를 편집할 즈음 (1990년 4월) 나는 동독사람들의 설명양식이 정치적으로 중요했던 지난 몇 달 동안에 매우 크게 변한 것을 보고 깜짝 놀랐다. 우리의 이론을 따르자면 한 사회의 재건과 번영은 그 사회의 설명양식에 따라 일부 좌우될 것이다. 만약 동독사람들의 설명양식이 이제 낙관적인 것으로 바뀌었다면 동독의 미래는 밝을 것이다. 반대로 만약 설명양식이 1984년 때처럼 암울하게 남아있다면 동독의 경제적·정신적 복구는 일반 예상보다 훨씬 더딜 것이다. 우리는 다음과 같이 예견해볼 수 있겠다. 동독, 체코슬로바키아, 루마니아, 폴란드, 헝가리, 불가리아 등지에서 설명양식의 변화는 이들 국가들이 새롭게 획득한 자유를 얼마나 성공적으로 활용할 것인지를 예측할 것이다. (저자 주)

39 헤브리디스제도Hebrides는 영국 스코틀랜드 북서안에 있는 500여 개의 섬들을 가리키며 스코틀랜드 본토에 더 가까운 내內헤브리디스제도와 더 떨어진 외外헤브리디스제도로 나뉜다.

40 나초nacho는 둥글고 얇게 구운 옥수수떡에 치즈나 칠리소스를 얹어 구운 멕시코 음식이다.

41 3부에서 사용된 ABC 모형은 선구적 심리학자 앨버트 엘리스Albert Ellis가 개발했다. (저자 주)

42 중독자 가족 모임은 상조모임 또는 지지집단이란 유족, 알코올 중독자 가족 등 공통의 고민을 가진 사람들이 모여 서로 여러 가지 도움을 주고받는 집단을 가리킨다.

43 시카고 컵스는 시카고에 연고지를 둔 미국 메이저리그 야구팀이다.

44 라인석rhinestone은 수정, 유리, 아크릴 등으로 만든 모조 다이아몬드로 주로 의복 등에 장신구로 쓰인다.

45 경제학이나 의사결정이론에서 '최소로 만족하기satisficing'란 어떤 변수의(굳이 최대

치가 아니더라도) 적어도 특정한 최소수준을 달성하려는 행동을 가리킨다. 이 용어를 처음 사용한 사람은 미국의 정치학자 허버트 사이몬Herbert Simon이다. 그는 이윤의 극대화가 기업가의 행동원리라는 경제학의 전통 가정에 반대하면서 미래의 불확실성과 정보획득에 드는 현재의 비용 때문에 완전히 합리적인 의사결정이 불가능하다고 주장했다. 사이몬에 따르면 실제 행위자들은 '제한된 합리성bounded rationality'만을 지니고 있으며, 이들의 의사결정은 '최소로 만족하기satisficing', 다시 말해 최적의optimal 또는 최선의best 것은 아니더라도 그런대로 괜찮은good enough 것을 선택하기에 근거한다.

46 마지막 예로 언급된 이른바 고상한 속성들이란 자아에 대한 심리학적 개념 또는 이론으로 오늘날 자주 얘기되는 "자기존중감 또는 자부심", "자기효능감self-efficacy", "자신감self-confidence", "자기통제력self-control" 등을 염두에 둔 말이다.

47 이날은 미국 35대 대통령 존 F. 케네디가 암살된 날이다.

48 멕시코 남서부의 태평양 연안에 있는 항구도시. 국제적 휴양지로 유명하다.

49 약한 첫패weak no trump란 카드놀이의 일종인 브리지의 한 게임방법을 가리킨다.

50 Peterson, C. & Seligman, M. E. P., *Character strengths and virtues: A handbook and classification*(Oxford University Press, 2004).

| 참고문헌 |

1장

- 1959년에 노암 촘스키는: N. Chomsky, *Review of Verbal Behavior* by B.F. Skinner, Language, 35(1959), 26–58.
- 자유에는: 제럴드 클러먼은 연방 약물·정신위생국Alcohol, Drug Abuse, and Mental Health Administration 국장으로 재직할 당시 미국에 얼마나 많은 정신질환이 있는지 알아보기 위한 여러 대규모 연구들을 지원했다. "The Age of Melancholy?", *Psychology Today*, April 1979, pp. 37–42 참조. 여기에는 오늘날 우울증의 만연을 경고하는 몇몇 통계수치들이 제시되어 있다.
- 우울증에 관한: 프로이트의 정신분석 이론과 관련하여 비록 사변적이지만 매혹적인 다음 논문을 참조하라. "Mourning and Melancholia," in *Standard Edition of the Complete Psychological Works of Sigmund Freud*, ed. and trans. J. Strachey, Vol. 14(London: Hogarth Press, 1957; originally published 1917), 237–58. 프로이트는 정상인의 비탄mourning과 정신질환자의 우울병melancholia을 구분한다. 반면 요즘의 심리학 연구들은 이 두 상태의 연속성을 강조한다.
- 우울증을 바라보는: 생의학적 입장의 열렬한 주창자들이 내놓은 두 가지 훌륭한 연구 성과는 다음과 같다. R.R. Fieve, *Moodswing*(New York: William Morrow, 1975) 그리고 좀 더 전문적인 D.F. Klein and J.M. Davis, *Diagnosis and Drug Treatment of Psychiatric Disorders*(Baltimore: Williams and Wilkins, 1969).
- 사람들은 저마다: '가슴 속에 품고 있는 말the word in heart'이란 적절한 표현은 로버트슨 데이비스Robertson Davies의 경탄할 만한 수필 "What Every Girl Should Know," in *One Half of Robertson Davies*(New York: Viking, 1977)에서 따온 것이

다. 물론 그밖에도 나는 그의 덕택을 많이 보았다.

2장

- 개 때문이야: 전이실험은 궁극적으로 파블로프 조건형성이 도구적 학습을 촉진 또는 억제할 수 있다는 사실을 증명했다. R. A. Rescorla and R.L. Solomon, "Two-Process Learning Theory: Relationship Between Pavlovian Conditioning and Instrumental Learning," *Psychological Review*, 74(1967), 151-82 참조.
- 나는 무기력에 관한: 동물 대상의 무기력 실험에 대한 더 자세한 설명과 완벽한 문헌 목록은 M. Seligman, *Helplessness: On Depression, Development, and Death*(San Francisco: Freeman, 1975)를 볼 것. 또한 S.F. Maier and M. Seligman, "Learned Helplessness: Theory and Evidence," *Journal of Experimental Psychology*: General, 105(1976), 3-46도 참조할 것.
- 행동주의자들과: 학습된 무기력에 대한 행동주의적 견해와 인지적 견해 사이에 며칠에 걸쳐 벌어진 논쟁은 *Behavior Research and Therapy 18*(1980), 459-512에 소개되어 있다. 이 글을 보면 누가 논쟁의 승자인지 당신 스스로 판단할 수 있을 것이다.
- 행동주의자들의 억지스런: 대원의 역할에 대해서는 T. Kuhn, *The Copernican Revolution*: Planetary Astronomy in the Development of Western Thought (Cambridge, Mass.: Harvard University Press, 1957), 59-64 참조.
- 히로토의 실험에서는: D.S. Hiroto, "Locus of Control and Learned Helplessness," *Journal of Experimental Psychology*, 102(1974), 187-93 참조.

3장

- 이 이론은: 성취상황에서 귀인이론의 역할에 대해서는 B. Weiner, I. Frieze, A. Kukla, L. Reed, S. Rest, and R.M. Rosenbaum, *Perceiving the Causes of Success and Failure*(Morristown, N.J.: General Learning Press, 1971) 그리고 줄리언

로터Julian Rotter의 고전적 논문 "Generalized Expectancies for Internal Versus External Control of Reinforcement," *Psychological Monographs*, 80(1966)(1, Whole No. 609) 참조.

· 그러는 와중에: 「이상심리학회지」 특별판 *Journal of Abnormal Psychology*, 87(1978)에는 아브램슨, 셀리그만, 티즈데일 공저의 재정식화, 최초의 무기력이론에 대해 주로 비판적인 10여 편의 다른 논문들, 몇 편의 열띤 답변과 반박이 실려 있다. 일이 있은 뒤로 설명양식, 학습된 무기력, 우울증에 관한 수백 편의 학술논문과 다수의 박사학위논문이 발표되었다. 이 엄청난 양의 글들을 통해 논란은 계속되었지만, 우리의 이론이 예측한 것처럼 비관적 설명양식과 우울증 사이에 확실한 관계가 있다는 점에 대해서는 자연스럽게 의견의 일치가 이루어졌다. P. Sweeney, K. Anderson, and S. Bailey, "Attributional Style in Depression: A Meta-analytic Review," *Journal of Personality and Social Psychology*, 50(1986), 974-91에서는 내 실험실에서 이루어진 모든 연구를 제외한 104편의 연구를 개관하고 있다. C. Robins, "Attributions and Depression: Why Is the Literature So Inconsistent?" *Journal of Personality and Social Psychology*, 54(1988), 880-9에서는 비관성과 우울증의 관계를 예측과 달리 발견하지 못한 연구들이 모두 부적절하게 작은 표본을 사용했다고 결론내리고 있다.

H. Tenen, and S. Herzberger, "Attributional Style Questionnaires," in J. Keyser and R.C. Sweetland, eds., *Test Critiques*, Vol. 4(1986), 20-30는 이 질문지의 역사와 사용을 개관한 논문이다.

· 사람들이 희망을: 희망이론의 가장 최신판은 L.Y. Abramson, G.I. Metalsky, and L.B. Alloy, "Hopelessness Depression: A Theory-Based Process-Oriented Sub-type of Depression," *Psychological Review*, 96(1989), 358-72.

· 이것은 좀 더: 한편으로 자기비난과 책임, 다른 한편으로 무기력 사이의 갈등을 최초로 논의한 글은 우울증에 관한 명쾌한 논문인 L.Y. Abramson and H. Sackeim, "A Paradox in Depression: Uncontrollability and Self-blame," *Psychological*

Bulletin, 84(1977), 838-51. 이 논문에서 저자들은 우울한 사람이 자기 삶의 비극을 자기 탓으로 돌리면서 동시에 자기가 무기력하다고 믿는 것이 도대체 어떻게 가능한가라는 질문을 던진다.

4장

내가 알기로 우울증의 심리학에 관한 가장 분명하고도 포괄적인 참고서적은 여전히 아론 벡이 1967년에 쓴 고전 《우울증Depression》(New York: Hoeber)이다. 우울증 치료에 대한 뛰어난 안내서로는 Albert Ellis, *Reason and Emotion in Psychotherapy* (New York: Stuart, 1962) 그리고 A.T. Beck, A.J. Rush, B.F. Shaw, and G. Emery, *Cognitive Therapy of Depression: A Treatment Manual* (New York: Guilford, 1979) 참조.

· 비관성이 높고 우울한: 우리 주변에 있는 복잡한 물체들의 작동방식을 풀어헤쳐보고 싶으면 David Macaulay, *The Way Things Work* (Dorling Kindersley, 1988)를 볼 것.

· 양방향 우울증은 언제나: M.G. Allen, "Twin Studies of Affective Illness," *Archives of General Psychiatry*, 33(1976), 1476-8.

· 세계적으로 뛰어난: 벽지 이야기의 출처는 Beck, et al., *Cognitive Therapy of Depression*, 130-1.

· 지금 바로 이 순간: CES-D 검사는 널리 사용되고 있는 우울증상 척도다. L. Radloff, "The CES-D scale: a self-report depression scale for research in the general population," *Applied Psychological Measurement*, 1(1977), 385-401 참조.

· 검사를 치르면서: "The Age of Melancholy?" (Psychology Today, April 1979, 37-42)에서 제럴드 클러먼은 우울증의 만연을 경고하는 통계수치들을 제시하면서 "우울의 시대"라는 표현을 썼다. 우울증의 만연을 확인한 2개의 대표적인 연구로는 L. Robins, J. Heizer, M. Weissman, H. Orvaschel, E. Gruenberg, J. Burke and D. Regier, "Lifetime Prevalence of Specific Psychiatric Disorders in Three Sites," *Archives of General Psychiatry*, 41(1984), 949-58 그리고 G. Klerman,

P. Lavori, J. Rice, T. Reich, J. Endicott, N. Andreasen, M. Keller and R. Hirschfeld, "Birth Cohort Trends in Rates of Major Depressive Disorder Among Relatives of Patients with Affective Disorder," *Archives of General Psychiatry*, 42(1985), 689-93. 이 두 연구는 정신질환을 본격적으로 공부하고자 하는 학생들에게 매우 귀중한 보고다.

다만 이 중요한 연구들에서 생의학적으로 경도된 저자들은 오늘날 우울증이 그렇게 많이 나타나는 것이 "장기간에 걸친 유전자-환경 상호작용"을 시사한다고 말하고 있는데, 나는 이 점에 동의하지 않는다. 나는 이들이 제시한 자료에서 그런 상호작용의 증거를 전혀 발견할 수 없다. 오히려 그것은 순전히 환경적인 영향으로 보인다. 유전적으로 취약한 사람들(인척들)과 일반 국민(유행병 감염권 인구) 모두가 과거보다 훨씬 높은 비율로 우울해진 것으로 보인다.

· 심각한 우울증은: 우울증이 예전보다 이른 나이에 시작된다는 발견은 다음 논문에서 수행된 자료의 수학적 정밀분석의 결과다. T. Reich, P. Van Eerdewegh, J. Rice, J. Mullaney, G. Klerman and J. Endicott, "The Family Transmission of Primary Depressive Disorder," *Journal of Psychiatric Research*, 21(1987), 613-24.

· 라이트 형제가 만든: 지능의 모형 제작에 관한 이 재치 있는 언급은 시모어 페이퍼트 Seymour Papert가 1970년경 한 심리학토론회에서 아마 지금은 살아있지 않을 참석자들에게 한 말이다.

· 다른 한편 피험자로: 정신병리학적 모형의 적절성 기준을 열거한 논문으로는 L.Y. Abramson and M. Seligman, "Modeling Psychopathology in the Laboratory: History and Rationale," in J. Maser and M. Seligman, eds., *Psychopathology: Experimental Models*(San Francisco: Freeman, 1977), 1-27. 이 논문에서 제시한 핵심 기준은 모형에서 도출된 증상들과 정신병리 사이의 일치다. 독자들도 알 수 있겠듯이, 이 기준은 우리의 경우에 매우 잘 충족되고 있다.

학습된 무기력과 DSM-III-R에 따라 진단된 우울증 사이에 증상의 밀접한 일치가 존재한다는 주장을 가장 상세히 전개한 논문으로 J.M. Weiss, P.G. Simson, M.J.

Ambrose, A. Webster, and L.J. Hoffman, "Neurochemical Basis of Behavioral Depression," *Advances in Behavioral Medicine*, 1(1985), 253-75. 그밖에도 이 논문과 셔먼/페티의 중요한 연구는 학습된 무기력과 우울증 사이에 강력한 뇌화학적·약리학적 유사성이 있음을 보이고 있다. 예컨대 A.D. Sherman and F. Petty, "Neurochemical Basis of Antidepressants on Learned Helplessness," *Behavioral and Neurological Biology*, 30(1982), 119-34 참조.

5장

- "이들은 곤경에 처한 ······: 인용문의 출처는 A.T. Beck, *Cognitive Therapy and the Emotional Disorders*(New York: New American Library, 1976).
- 심리학에서 일어난: 월프의 혁명적 발견이 실린 책은 J. Wolpe, *Psychotherapy by Reciprocal Inhibition*(Stanford: Stanford University Press, 1958). 공포증에 대한 프로이트의 이론은 유명한 1909년의 어린 한스Hans 사례에 바탕을 두고 있다. S. Freud, "The Analysis of a Phobia in a Five-year-old Boy" in *Collected Papers of Freud*, Vol. Ill(London: Hogarth Press, 1950), 149-289 참조. 월프의 치료법은 치료결과에 대한 많은 연구를 낳았는데, 대부분 이 공포증 치료법이 매우 효과적이며 프로이트 이론이 예측했던 증상 대체도 나타나지 않았음을 보여주고 있다. 그러나 이 치료법의 작용인자가 무엇인지에 대해서는 여전히 논란이 일고 있다. 이런 논의들을 개관한 것으로는 A.E. Kazdin and L.A. Wilcoxon, "Systematic Desensitization and Nonspecific Treatment Effects: A Methodological Evaluation," *Psychological Bulletin*, 83(1976), 729-58.
- 우리의 추론은: 국립정신보건원과 공동으로 수행한 이 연구는 최근에 발표되었다. I. Elkin, P. Pilkonis, J.P. Docherty, and S. Sotsky, "Conceptual and Methodological Issues in Comparative Studies of Psychotherapy and Pharmacotherapy," *American Journal of Psychiatry*, 145(1988), 909-17. S.D. Hollon, R.J. DeRubeis, and M.D. Evans, "Combined Cognitive Therapy

and Pharmacotherapy in the Treatment of Depression," in D. Manning and A. Frances, eds., *Combination Drug and Psychotherapy in Depression* (Washington, D.C.: American Psychiatric Press, 1990). 이 논문은 삼환식tricyclic 항우울제뿐만 아니라 인지치료도 좋은 효과를 낳는다는 사실을 보여줌과 아울러 치료의 작용방식까지 추적했다는 점에서 더욱 중요한 연구라 할 수 있다. 예측하건대 이 연구는 이 분야의 고전이 될 것이다.

- 학습된 무기력이: 설명양식과 우울증에 대한 자세한 개관 및 포괄적인 참고문헌을 보려면 다음 세 논문을 참고하라. C. Peterson and M. Seligman, "Causal Explanations as a Risk Factor for Depression: Theory and Evidence," *Psychological Review*, 91(1984), 347-74. P. Sweeney, K. Anderson, and S. Bailey, "Attributional Style in Depression: A Meta-Analytic Review," *Journal of Personality and Social Psychology*, 50(1986), 974-91. L.Y. Abramson, G.I. Metalsky, and L.B. Alloy, "Hopelessness Depression: A Theory-Based Process-Oriented Sub-type of Depression," *Psychological Review*, 96(1989), 358-72.

- 첫째, 항우울제와: 삼환식 항우울제뿐만 아니라 인지치료도 우울증을 분쇄한다는 사실, 인지치료의 작용이 설명양식의 변경에 근거한다는 사실, 치료가 끝난 뒤의 설명양식이 재발을 예측한다는 사실 등의 근본적 발견은 곧 발표될 3편의 주요 논문에 실려 있다. 이 논문들의 제 1 저자는 각각 스티브 홀론Steve Hollon, 랍 드루베Rob DeRubeis, 마크 에반스Mark Evans이다. "타냐" 인용문은 이 연구의 필기록에서 뽑은 것이다. 이 책에 실린 다른 환자들의 인용문과 마찬가지로 이름과 신원관련 사항은 신원보호를 위해 변경된 것이다.

- 나쁜 일에 관해서: 반추의 최근 연구에 크게 기여한 세 명의 심리학자는 줄리어스 쿨Julius Kuhl, 수잔 놀렌-획세마Susan Nolen-Hoeksema, 해럴드 줄로우Harold Zullow이다. J. Kuhl, "Motivational and Functional Helplessness: The Moderating Effect of State Versus Action-Orientation," *Journal of Personality and Social*

Psychology, 40(1981), 155-70. H.M. Zullow, "The Interaction of Rumination and Explanatory Style in Depression," Master's Thesis(University of Pennsylvania, 1984), S. Nolen-Hoeksema, *Sex Differences in Depression* (Stanford: Stanford University Press, 1990) 참조.

· 기본적으로 여성의 문제인: 여성이 남성보다 더 우울증에 시달린다는 것은 논란의 여지가 없지만, 왜 그런지는 뜨거운 논쟁거리다. 이 문제를 개관한 아마도 가장 훌륭한 글로는 S. Nolen-Hoeksema, "Sex Differences in Depression: Theory and Evidence," *Psychological Bulletin*, 101(1987), 259-82 그리고 그의 주저 《우울증의 성차Sex Differences in Depression》를 들 수 있다.

· 여기에는 다섯 가지: 인지치료의 5대 책략 가운데 4개의 출처는 A.T. Beck, A. J. Rush, B. F. Shaw, and G. Emery, *Cognitive Therapy of Depression: A Treatment Manual*(New York: Guilford, 1979). 다섯 번째(가정을 따지기)는 엘리스만의 책략이다(A. Ellis, *Reason and Emotion in Psychotherapy*, [New York: Stuart, 1979]). 벡과 엘리스의 치료법은 오늘날 매우 비슷하지만 몇 안 되는 차이 가운데 하나가 바로 가정 따지기다. 이 책략은 벡의 소크라테스식 치료법에서는 별로 사용되지 않지만 엘리스의 반反전도사식 치료법에서는 큰 비중을 차지한다.

6장

· 사실 내가: 판매와 설명양식에 관한 대부분의 자료는 버지니아 폴스처치Falls Church 시에 있는 포사이트Foresight 회사와 이 회사의 고객회사들의 내부보고서에 실린 것들이다. 그 중에서 공개된 두 편은 다음과 같다. M. Seligman and P. Schulman, "Explanatory Style as a Predictor of Performance as a Life Insurance Agent," *Journal of Personality and Social Psychology*, 50(1986), 832-8 그리고 P. Schulman, M. Seligman, and D. Oran, "Explanatory Style Predicts Productivity Among Life Insurance Agents: The Special Force Study"(미발표 원고로 다음 주소에서 입수 가능하다. Foresight, Inc., 3516 Duff Drive, Falls Church, Va.

22041 [703-820-8170]).
- 나는 언젠가: Jill Neimark, "The Power of Positive Thinkers," *Success Magazine*, September 1987, 38-41.
- 그날 저녁: Lionel Tiger, *Optimism: The Biology of Hope* (N.Y.: Simon and Schuster, 1979).
- 10년 전에: L.B. Alloy and L.Y. Abramson, "Judgment of Contingency in Depressed and Nondepressed Students: Sadder but Wiser," *Journal of Experimental Psychology: General*, 108(1979), 441-85. 이것은 우울한 사람들이 현실을 정확히 평가한다는 사실을 최초로 증명한 연구로서 이미 고전이 되었다 하겠다.
- 우울한 사람들이: P. Lewinsohn, W. Mischel, W. Chaplin, and R. Barton, "Social Competence and Depression: The Role of Illusory Self-perceptions," *Journal of Abnormal Psychology*, 89(1980), 203-12. 이 연구는 대인능력의 판단에서 우울한 사람들의 정확성을 증명했다.
- 또 다른 증거는: 우울한 사람들의 정확성은 기억과 관련해서도 타당한 듯하지만 그 증거는 일관되지 않다. 예컨대 R. DeMonbreun and E. Craig-head, "Distortion of Perception and Recall of Positive and Neutral Feedback in Depression," *Cognitive Therapy and Research*, 1(1977), 311-29를 볼 것.
- 우리는 설명양식에 관하여: 우울하지 않은 사람들의 편향을 개관한 것으로는 C. Peterson and M. Seligman, "Causal Explanations as a Risk Factor for Depression: Theory and Evidence," *Psychological Review*, 91(1984), 347-74.
- "세상을 제대로 볼": Ambrose Bierce, *The Devil's Dictionary* (N.Y.: Dover, 1958 [original edition 1911]).

7장

- 이른바 CASQ: CASQ는 8~12세 아동의 설명양식을 측정하는 데 가장 널리 쓰이는

검사법이다. M. Seligman, N.J. Kaslow, L.B. Alloy, C. Peterson, R. Tannenbaum, and L.Y. Abramson, "Attributional Style and Depressive Symptoms Among Children," *Journal of Abnormal Psychology*, 93(1984), 235-8 참조.

· 아이들도 우울해진다: 예컨대 J. Puig-Antich, E. Lukens, M. Davies, D. Goetz, J. Brennan-Quattrock, and G. Todak, "Psychosocial Functioning in Prepubertal Major Depressive Disorders: I. Interpersonal Relationships During the Depressive Episode," *Archives of General Psychiatry*, 42(1985), 500-7. 이 책이 제작되는 사이에, 어린 아동의 심각한 우울증에 관한 미국의 대표적 연구자인 킴 퓌그-앤티취Kim Puig-Antich가 47세의 나이로 갑자기 사망했다. 매우 인간적이고 뛰어난 통찰력을 지녔던 그를 잃은 것은 정신의학과 심리학 분야에 큰 손실을 안겨주었다.

· 잠시 초등학교: 캐롤 드웩은 교실 안의 무기력에 관한 대표적 연구자다. 그는 동료들과 함께 여기에 자세히 소개된 연구를 수행했다. 개관을 위해서는 C.S. Dweck and B. Licht, "Learned Helplessness and Intellectual Achievement," in J. Garber and M. Seligman, eds., *Human Helplessness: Theory and Applications*(New York: Academic Press, 1980), 197-222를 볼 것.

· 1981년 독일: M. Seligman and G. Elder, "Learned Helplessness and Life-Span Development," in A. Sorenson, F. Weinert, and L. Sherrod, eds., *Human Development and the Life Course: Multidisciplinary Perspectives* (Hillsdale, N.J.: Erlbaum, 1985), 377-427.

· 크리스의 아이디어: 이야기문구에 대한 평가방법을 자세히 익히고 싶으면 다음 논문의 부록으로 실린 지침서를 보라. P. Schulman, C. Castellon, and M. Seligman, "Assessing Explanatory Style: The Content Analysis of Verbatim Explanations and the Attributional Style Questionnaire," *Behavior Research and Therapy*, 27(1989), 505-12. 반나절이면 능숙한 평가자가 될 수 있을 것이다.

· 아이들이 삶의: 취약요인에 대한 이 중요한 연구의 출처는 G.W. Brown and T. Harris, *Social Origins of Depression*(London: Tavistock, 1978).

8장

· 자기 자녀가 우울한지: 여기 소개된 아동용 우울평가척도는 CES-DC 검사를 내가 약간 수정한 것이다. CES-DC 검사를 개발한 연구는 M. Weissman, H. Orvaschell, and N. Padian, "Children's Symptom and Social Functioning: Self-Report Scales," *Journal of Nervous and Mental Disease*, 168(1980), 736-40.

· 나는 좀 더 부연설명을: 캐롤 드웩의 또 다른 연구로는 C.S. Dweck and B. Licht, "Learned Helplessness and Intellectual Achievement," in J. Garber and M. Seligman, eds., *Human Helplessness: Theory and Applications*(New York: Academic Press, 1980), 197-222를 볼 것.

· 그리고 마침내 1985년: 프린스턴-펜실베이니아 종단연구를 통해 나온 대표적 논문으로는 S. Nolen-Hoeksema, J. Girgus, and M. Seligman, "Learned Helplessness in Children: A Longitudinal Study of Depression, Achievement, and Explanatory Style," *Journal of Personality and Social Psychology*, 51(1986), 435-42를 볼 것.

· 부모 사이의 심각한: 이혼, 별거, 특히 부모의 다툼이 자녀에게 놀랄 만큼 해로운 영향을 미친다는 데에 최근 연구들은 어느 정도 의견의 수렴을 보이고 있다. 3개의 중요한 참고문헌은 다음과 같다. J. Wallerstein and S. Blakeslee, *Second Chances: Men, Women, and Children a Decade After Divorce*(New York: Ticknor & Fields, 1989). E.M. Hetherington, M. Cox, and C. Roger, "Effects of Divorce on Parents and Children," in M.E. Lamb, ed., *Non-traditional Families*(Hillsdale, N.J.: Erlbaum, 1982), 233-88. E.M. Cummings, D. Vogel, J.S. Cummings, and M. El-Sheikh, "Children's Responses to Different Forms of

Expression of Anger Between Adults," *Child Development*, 60(1989), 1392-1404.
- 내가 이런 부모들에게: 다툼의 해소에 대한 실험과 관련해서는 E.M. Cummings et al., "Children's Responses to Different Forms of Expression of Anger Between Adults"를 볼 것.
- 혹시 다투기로: 분노의 파괴적 효과와(지나치게 부풀려진) 건설적 측면을 대담하면서도 솜씨 있게 개관한 책으로는 C. Tavris, *Anger: The Misunderstood Emotion*(New York: Simon and Schuster, 1982).
- 이 책 4장과: 우울증의 성차를 뛰어나게 다룬 글로는 S. Nolen-Hoeksema, "Sex Differences in Depression: Theory and Evidence," *Psychological Bulletin*, 101(1987), 259-82와 그의 주저 《우울증의 성차》(Stanford: Stanford University Press, 1990)를 들 수 있다.
- 그로부터 일주일 뒤: 이 연구는 레슬리 카멘Leslie Kamen과 공동으로 수행되었다. 그러나 피터슨Peterson과 배럿Barrett이 본질적으로 똑같은 연구를 다른 대학에서 동시에 수행하고 있었던 관계로 우리의 연구는 출판이 금지되었다. C. Peterson and L. Barrett, "Explanatory Style and Academic Performance Among University Freshmen," *Journal of Personality and Social Psychology*, 53(1987), 603-7.
- 그러나 학교에 해당하면서도: 육군사관학교 연구의 공동 수행자는 피터 슐먼Peter Schulman 외에 사관학교의 딕 버틀러Dick Butler, 봅 프리스트Bob Priest, 윌리엄 버크William Burke였다. 그러나 역시 가장 중요한 공헌을 한 사람들은 1991년에 입학해 3년 동안 이 연구에 협조했던 1200명의 생도들이다.

9장

- 더 나아가 우리는: 흥미진진한 야구통계연감 《엘라이어스》는 압박 상황에서 행해진 타격과 투구를 살핀 우리 연구의 기본 자료였다. S. Siwoff, S. Hirdt, and T. Hirdt, *The 1988 Elias Baseball Analyst*(New York: Collier, Macmillan Publishing

Company, 1988)을 볼 것. 우리는 이것 외에 1985년, 1986년, 1987년 연감도 사용했다.

- 1988년 10월: M. Seligman, S. Nolen-Hoeksema, N. Thornton, and K.M. Thornton, "Explanatory Style as a Mechanism of Disappointing Athletic Performance," *Psychological Science*, 1(1990), 143-6.

10장

- 다니엘이 복부암의: 다니엘 이야기의 출처는 M. Visintainer and M. Seligman, "The Hope Factor," *American Health*, 2(1983), 58-61.
- 당시 예일대학의: E. J. Langer and J. Rodin, "Effects of Choice and Enhanced Personal Responsibility for the Aged: A Field Experiment in an Institutional Setting," *Journal of Personality and Social Psychology*, 34(1976), 191-9.
- 매들런 비지테이너는: M. Visintainer, J. Volpicelli, and M. Seligman, "Tumor Rejection in Rats After Inescapable or Escapable Shock," *Science*, 216(1982), 437-9.
- 실제로는 거의 첫 번째였다: L.S. Sklar and H. Anisman, "Stress and Coping Factors Influence Tumor Growth," *Science*, 205(1979), 513-15.
- 매들런의 또 다른: M. Seligman, and M. Visintainer, "Tumor Rejection and Early Experience of Uncontrollable Shock in the Rat," in F.R. Brush and J.B. Overmier, eds., *Affect, Conditioning, and Cognition: Essays on the Determinants of Behavior*(Hillsdale, N.J.: Erlbaum, 1985), 203-10.
- 무기력한 쥐의: 매우 전문적인 이 분야에 대한 쓸모 있는 입문서로는 S.F. Maier, M. Laudenslager, and S.M. Ryan, "Stressor Controllability, Immune Function, and Endogenous Opiates," in *Affect, Conditioning, and Cognition*, 203-10.
- 비관성과 질병 사이의: C. Peterson, "Explanatory Style as a Risk Factor for Illness," *Cognitive Therapy and Research*, 12(1988), 117-30.

- 또 다른 연구에서는: S. Greer, T. Morris, and K.W. Pettingale, "Psychological Response to Breast Cancer: Effect on Outcome," *The Lancet*, II(1979), 785-7.
- 그 뒤에 수행된: 미발표 원고인 S. Levy, M. Seligman, L. Morrow, C. Bagley, and M. Lippman, "Survival Hazards Analysis in First Recurrent Breast Cancer Patients: Seven Year Follow-up."
- 그러나 이런 연구결과에 대한: B.R. Cassileth, E.G. Lusk, D.S. Miller, L.L. Brown, and C. Miller, "Psychosocial Correlates of Survival in Malignant Disease," *New England Journal of Medicine*, 312(1985), 1551-5. 그리고 M. Angell, "Disease as a Reflection of the Psyche," *New England Journal of Medicine*, 312(1985), 1570-2.
- 약 10년 전에: R. Bartrop, L. Lockhurst, L. Lazarus, L. Kiloh, and R. Penney, "Decreased Lymphocyte Function After Bereavement," *The Lancet*, I(1979), 834-6.
- 그밖에 우울은: M. Irwin, M. Daniels, E.T. Bloom, T.L. Smith, and H. Weiner, "Life Events, Depressive Symptoms, and Immune Function," *American Journal of Psychiatry*, 144(1987), 437-41.
- 이것을 검증해보기: 미발표 원고인 L. Kamen, J. Rodin, C. Dwyer, and M. Seligman, "Pessimism and Cell-mediated Immunity."
- 위 물음에 답하기 전에: M. Burns and M. Seligman, "Explanatory Style Across the Lifespan: Evidence for Stability over 52 years," *Journal of Personality and Social Psychology*, 56(1989), 471-7.
- 우리에게는 아래와 같은: C. Peterson, M. Seligman, and G. Vaillant, "Pessimistic Explanatory Style as a Risk Factor for Physical Illness: A Thirty-five-year Longitudinal Study," *Journal of Personality and Social Psychology*, 55(1988), 23-7.

11장

- 세미나에서 우리는: E. Erikson, *Young Man Luther*(New York: Norton, 1957).
- 미국 유권자들은: H.M. Zullow, G. Oettingen, C. Peterson, and M. Seligman, "Pessimistic Explanatory Style in the Historical Record: CAVE-ing LBJ, Presidential Candidates and East versus West Berlin," *American Psychologist* 43(1988), 673-82. 그리고 H.M. Zullow and M. Seligman, "Pessimistic Rumination Predicts Defeat of Presidential Candidates: 1900-1984," *Psychological Inquiry* 1(1990).
- 1983년에 나는: Zullow, et al., "Pessimistic Explanatory Style in the Historical Record" 그리고 G. Oettingen and M. Seligman, "Pessimism and Behavioural Signs of Depression in East versus West Berlin," *European Journal of Social Psychology* 20(1990), 207-20.

12장

12~14장의 연습들은 4~5장에서 언급한 바 있는 아론 벡과 앨버트 엘리스의 독창적인 연구들에서 처음으로 시작되었다. 이들은 우울증에 이미 시달리고 있던 사람들의 증상을 덜어줄 목적으로 이런 기법들을 고안했다. 그러나 1987년에 메트라이프생명보험은 이 기법들을 예방 차원에서 정상인들에게 적용할 수는 없는지 포사이트 회사에 문의하였고, 그 결과 우울과 거리가 먼 판매인력을 대상으로 이것들을 사용하게 되었다. 나는 밴더빌트대학 교수이자 《인지연구와 치료Cognitive Research and Therapy》 편집자인 스티븐 홀론Steven Hollon과 뉴저지 의치대학 교수이자 인지치료 분야의 세계적 지도자 중 한 명인 아서 프리맨Arthur Freeman에게 인지치료의 기본 기법들을 위에 언급한 두 방향으로 변화시키는 일을 도와달라고 부탁했다. 포사이트 회사의 댄 오랜Dan과 메트라이프생명보험의 딕 칼로제로Dick Calogero는 이 워크숍 사업의 관리를 맡았고 캐런 레이비치Karen Reivich는 여기서 만들어진 지침서들의 제1편집자였다. 12~14장의 내용은 이 사업에서 우리가 한 일과 함께 배웠던 것들에 많이 의존하고 있다.

• 낙관성 학습은 무근거한: 인지치료의 작동방식을 기술하기 위해 "부정적이지 않은 사고의 힘power of non-negative thinking"이란 표현을 처음으로 사용한 사람은 내가 알기로 템플대학의 교수인 필립 켄달Phillip Kendall이다.

14장

이 장에 소개된 기법들은 포사이트 회사의 원조를 받아 개발된 것들이다. 나는 스티븐 홀론, 아서 프리맨, 댄 오랜, 캐런 레이비치와 함께 우울하지 않은 영업사원들이 예방 목적으로 사용할 수 있도록 인지치료 기법들을 체계화했다. 이 자료를 바탕으로 포사이트에서는 하루, 이틀, 나흘 코스의 워크숍들을 사업용으로 개발했다. 관련 인쇄물을 구입하려면 다음 주소로 문의하라. Foresight, Inc., 3516 Duff Drive, Falls Church, Va. 22041 [703-820-8170].

15장

오늘날 우울증의 만연에 끼친 개인주의의 영향에 대한 더 자세한 논의는 M. Seligman, "Why Is There So Much Depression Today? The Waxing of the Individual and the Waning of the Commons," *The G. Stanley Hall Lecture Series*, 9(Washington, D.C.: American Psychological Association, 1989). 그밖에 M. Seligman, "Boomer Blues," *Psychology Today*, October 1988, 50-5도 보라.

283쪽 그렇다면 누가 선택하는가?: 개념틀은 다르지만 비슷한 주장을 통찰력 있게 제기한 책으로 C. Lasch, *The Culture of Narcissism*(New York: Norton, 1979).

자아는 역사를 가지고: 중세와 문예부흥기 회화의 배경인물들에 대한 이 지적은 헨리 글라이트먼Henry Gleitman이 어느 날 밤 포커를 즐기던 중에 한 것이다. 글라이트먼이 자신의 베스트셀러 심리학개론서에 사용할 것을 내가 가로챈 것이 아니길 바란다.

자아의 팽창은: '양키자아'라는 표현은 개인주의에 관한 나의 대학원 세미나에서 해럴드 줄로우가 제일 먼저 사용했다.

• 우리는 살면서: 칼룰리족에 관한 연구를 보려면 E. Schieffelin, "The Cultural

Analysis Of Depressive Affect: An Example from New Guinea," in A. Kleinman and B. Good, eds., *Culture and Depression*(University of California Press, 1985).

- 어쩌면 이기심은 우리가 생각하는 것만큼 확고한 습관이 아니며 생각보다 쉽게 수정 가능할지 모른다. 이 점에 대해서는 B. Schwartz, *The Battle for Human Nature*(New York: Norton, 1988)를 참고하라.